# 醴陵年鉴

LILING YEARBOOK

## 2021

（总第 35 卷）

醴陵市档案馆
醴陵市党史和市志研究室 编

方志出版社
Publishing House of Local Records

图书在版编目（CIP）数据

醴陵年鉴. 2021 / 醴陵市档案馆，醴陵市党史和市志研究室编. -- 北京 : 方志出版社，2021.12
ISBN 978-7-5144-5175-7

Ⅰ. ①醴… Ⅱ. ①醴… ②醴… Ⅲ. ①醴陵—2021—年鉴 Ⅳ. ①Z526.44

中国版本图书馆CIP数据核字（2021）第275599号

醴陵年鉴（2021）

编　　者：醴陵市档案馆　醴陵市党史和市志研究室
责任编辑：齐　笑

出 版 者：方志出版社
地址　北京市朝阳区潘家园东里9号（国家方志馆4层）
邮编　100021
网址　http://www.zgfzcb.cn

发　　行：方志出版社图书经销中心
电话（010）67110500

经　　销：各地新华书店
印　　刷：株洲市金和印务有限公司

开　　本：889×1194　1/16
印　　张：17.5
字　　数：539千字
版　　次：2021年12月第1版　2021年12月第1次印刷
印　　数：0001～1200册

ISBN 978-7-5144-5175-7　定价：298.00元

# 醴陵年鉴编辑委员会

# 醴陵年鉴编辑部

# 醴陵市行政区划图

醴陵市行政区划图　审图号：湘S（2017）207号　编制：湖南省第一测绘院　监制：湖南省国土资源厅　出版：湖南地图出版社

# 编 辑 说 明

一、《醴陵年鉴》一年一卷，逐年出版，本卷（2021）为第35卷。它以马克思列宁主义、毛泽东思想、邓小平理论、“三个代表”重要思想、科学发展观、习近平新时代中国特色社会主义思想为指导，坚持辩证唯物主义和历史唯物主义的立场、观点和方法，记载2020年度全市的政治、经济、文化、社会生活等方面的情况和重要事件，汇集信息资料，为各级领导决策和各界人士了解醴陵提供参考依据，为今后续修地方志收集和储存史料。

二、《醴陵年鉴（2021）》采用分类编辑法，以条目为主要记事形式，基本结构为类目、分目、条目3个层次，个别分目下设次级分目。根据全市政治、经济、社会发展等实际情况，《醴陵年鉴（2021）》在篇目结构上有部分调整，共设特载、醴陵概览、大事记、中国共产党醴陵市委员会、醴陵市人民代表大会、醴陵市人民政府、中国人民政治协商会议醴陵市委员会、中国共产党醴陵市纪律检查委员会、民主党派、群众团体、军事、法治、综合经济管理、农业、工业、贸易·粮食、城建·环保、交通·邮政·通信、财政·税务、银行·保险、民政·社会保障、教育、文化和旅游·体育·传媒、医疗卫生、区·街道·镇、附录、索引类目，有138个分目、877个条目。全书有彩版25版、照片77张、表格14个。

三、本年鉴文字由全市各撰稿单位提供，经单位负责人审核，由年鉴编辑部编辑、审校。由于统计数据的来源、口径、方式、时间的不同，所载数据存在不一致的情况，请读者以《醴陵市2020年国民经济和社会发展统计公报》为准（其中人口数以公安局年报为准）。文中数据增减比率在未注明的情况下均为与上年同期比较值。文中未特别注明的“省”“市”分别为“湖南省”“醴陵市”。

四、本年鉴照片主要由市融媒体中心、市创建工作领导小组办公室提供，部分照片由其他单位提供，所有照片均标注供图单位或作者。本书照片未经供图单位或作者授权，任何单位或个人均不可转载、修改、编辑和复制。

◎醴陵全景图（市档案馆 供图）

# 城市名片

CHENG SHI MING PIAN

- 综合实力全国百强第 45 位
- 基本竞争力全国百强第 64 位
- 全国营商环境百强第 30 位
- 全国工业百强第 77 位
- 全国创新百强第 88 位
- 中国陶瓷之都
- 国家园林城市

◎望江楼（市渌江集团 供图）

- 国家卫生城市
- 全国文明城市提名城市
- 全国创新社会治理最佳案例
- 全国全面小康百佳示范市
- 国家慢性病综合防控示范区
- 全国农村承包地确权登记颁证工作典型地区
- 全国农村集体产权制度改革试点典型单位
- 全国易地扶贫搬迁工作担当有为集体

# 醴陵数字 2020

LI LING SHU ZI 2020

土地面积 :2156.6 平方公里

户籍人口：1040615 人

地区生产总值：737.6 亿元

第一产业增加值：71.5 亿元

第二产业增加值：383.8 亿元

第三产业增加值：282.3 亿元

三次产业结构：9.7:52.0:38.3

财政总收入：94.5 亿元

一般公共预算收入：43.2 亿元

公共财政预算支出：77.5 亿元

农作物播种面积为：111.7 千公顷

粮食总产量：48.43 万吨

工业总产值：增长 3.9%

规模以上工业企业：565 家

规模以上工业企业产值：增长 5.1%

陶瓷产业产值：增长 4.3%

鞭炮烟花产业产值：下降 3.6%

建筑业增加值：增长 7.6%

房地产开发企业：57 家

商品房销售面积：82.5 万平方米

◎渌江书院
（渌江书院建设项目指挥部办公室 供图）

商品房销售额：43.2 亿元
固定资产投资：增长 4.2%
工业投资：增长 8.7%
高新技术产业投资：下降 57.2%
基础设施投资：增长 2.6%
民生投资：下降 0.7%
房地产开发投资：增长 15.6%
社会消费品零售总额：249.8 亿元
外贸进出口总额：4.88 亿美元
接待国内外游客：677.98 万人次
旅游综合收入：73 亿元
金融机构各项存款余额：428.9 亿元
金融机构各项贷款余额：316.1 亿元
基础教育学校：558 所
学校、幼儿园教职工：11541 人
医疗卫生机构：700 个
每千人口拥有医护人员：医生 2.19 人、护士 3.2 人
自然村通水泥（沥青）路：79.36 公里
城乡居民人均可支配收入：38654 元

——数据统计摘自《2020 年醴陵市国民经济和社会发展统计公报》

# 建设

富强
美丽
幸福
文明

# 醴陵

◎ 2021年2月2日，醴陵市第十六届人民代表大会第六次会议召开 （杨炼 摄）

◎ 2021 年 1 月 8 日，中共醴陵市委十二届一次全体（扩大）会议暨市委经济工作会议召开 （宋丹 摄）

◎ 2021 年 2 月 1 日，政协醴陵市第十四届委员会第六次会议召开 （杨炼 摄）

# 产业发展

◎ 2020 年“产业项目建设年”第一次集中开工活动（宋丹 摄）

◎ 2020 年 4 月 29 日，平汝高速隆兴坳互通项目建设启动仪式在枫林镇隆兴坳村举行（杨炼 摄）

◎ 2020 年 10 月 22 日，中盐红四方湖南基地一期项目竣工投产仪式在醴陵东富工业园举行（宋丹 摄）

◎ 2020 年 5 月 20 日，正邦集团现代化生态循环农业全产业链项目暨唐人神集团生猪生态产业链项目框架协议签约仪式举行 （宋丹 摄）

◎ 2020 年 7 月 3 日，醴陵市举行 2020 年二季度重大招商引资项目集中签约仪式，17 个重大项目吸引投资 98.29 亿元 （杨炼 摄）

◎ 2020 年，醴陵市实现原产地证书 24 小时、365 天全天候、智能化、“无人式”智能审核

◎均楚周坊金妙茶厂采茶忙 （杨炼 摄）

◎杨木档油茶示范园 （市林业局 供图）

# 脱贫

## 攻坚

（市扶贫开发办公室　供图）

◎ 2020 年 3 月 27 日，醴陵市 2020 年“百企千岗万人携手”就业扶贫攻坚暨人才招聘会在中国陶瓷谷国际会展中心举行

◎ 2020 年 8 月 27 日，醴陵市扶贫开发领导小组第三次全体会议召开

◎巾帼合作社“吕夫子”系列农产业直播带货

◎ 2020 年 9 月 28 日至 10 月 3 日，“瓷博会”展馆设置消费扶贫农产品展销专区

◎湖南农业大学教授肖铁光（右一）到横江村传授蜜蜂养殖技术

◎ 2020 年 10 月 11 日，央视一套晚间新闻报道醴陵市做好陶瓷文章，带领百姓致富的经验做法

◎ 2020 年 10 月 26 日，国务院扶贫办《中国扶贫》专题推介醴陵市防返贫致贫监测及帮扶机制的经验

# 文艺

## 文博

◎ 2020 年 5 月 25 日，醴陵市左家老屋开放暨红色研学旅行活动启动仪式举行 （宋丹 摄）

◎ 2020 年 1 月 16 日，以“文心清远”为主题的醴陵市书画院首届院展，在“1915”醴陵国际陶瓷文化特色街区开幕 （杨炼 摄）

◎ 2020 年 11 月 20 日，李可染·李庚绘画作品展开幕式暨李可染美术学院陶瓷艺术实践基地揭牌仪式在醴陵市举行 （杨呈祥 摄）

◎ 2020 年 5 月 27 日，沈潭镇美田桥家风馆（市融媒体中心 供图）

◎ 2020 年 9 月 29 日，民盟中央美术院醴陵分院挂牌成立（宋丹 摄）

◎ 2020 年 8 月 1 日，《李畋传奇》首映仪式（宋丹 摄）

# 城市创建

（市城市创建工作领导小组办公室 供图）

2020 年，醴陵市全面巩固国家园林城市创建成果，成功创建国家卫生城市、全国文明城市提名城市，圆满实现市第十二次党代会提出的“三创”目标（2018 年成功创建省级文明城市，2019 年成功创建国家园林城市，2020 年成功创建国家卫生城市、全国文明城市提名城市）。

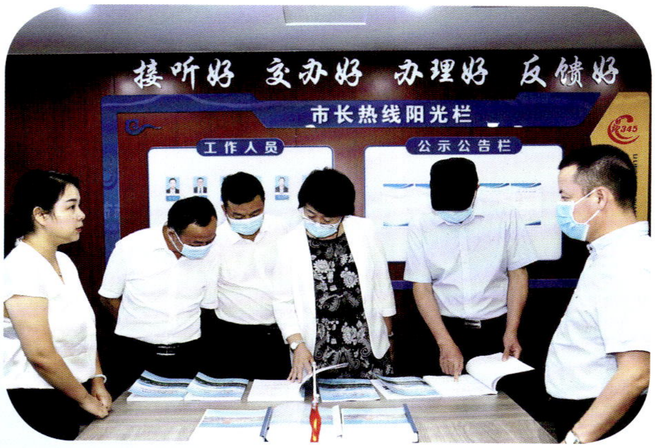


◎国家爱卫专家在醴陵开展国家卫生城市现场评估

◎湖南省爱卫办在醴陵市举行湖南省国家卫生城市技术评估培训会

◎醴陵市创建国家卫生城市技术评估工作汇报会

◎醴陵市召开创建全国文明城市动员大会

**成功创建国家卫生城市**。把疫情防控纳入国家卫生城市创建范畴，坚持一手抓疫情防控、一手抓对标创建，全面整改国卫专家暗访交办事项、全力迎接国卫专家现场技术评估。2020 年 8 月 17 日— 18 日，国家爱卫专家组现场检查时认为，醴陵市创建国家卫生城市工作领导重视程度高、宣传氛围浓、群众参与度高、评估指标完成好、城市环境优、市民获得感强。2021 年 1 月 14 日，全国爱卫会发布《关于命名 2018—2020 周期国家卫生城市（区）的决定》（全爱卫发〔2021〕2 号），醴陵市荣获“国家卫生城市”称号。

◎创建办组织开展爱卫月活动

◎志愿者参与文明劝导活动

**荣获全国文明城市提名城市**。以习近平新时代中国特色社会主义理论为指导，持续开展社会主义价值观、十九届三中、四中、五中全会精神宣传，深入开展文明实践引领、道德风尚培育、健康生活倡导等文明行动和文明镇村、文明家庭、文明单位、文明校园等创建活动，稳步推进新时代文明实践中心建设。紧紧围绕《全国文明城市测评体系》要求，对照创建标准八大类、150 项测评指标内容逐一督查指导，在 2020 年 6 月接受省级文明城市年度测评并高分通过。综合 2018—2020 年三年成绩，醴陵市文明城市创建工作位居全省前列，市民文明素质、城市文明程度、城市文化品位、群众生活质量持续提升，城市治理能力和治理水平不断提高，群众获得感、幸福感、安全感明显增强。2021 年 1 月 29 日，中央文明办下发《中央文明办关于确定 2021—2023 年创建周期全国文明城市提名城市名单的通报》（文明办〔2021〕1 号），确定醴陵市为 2021—2023 年创建周期全国文明城市提名城市。

◎“一江两岸”二期

**全面巩固国家园林城市创建成果**。起草《十四五醴陵市城市绿地系统规划》编制工作；建立监督平台，对新增建设项按照绿色生态要求，实行园林绿化“三同时”动态化监管；对道路、公园、游园等城市绿化实行精细化管养；组织开展 3·12 植树活动，发动群众植绿补绿，市民绿化意识普遍增强。

# 疫情阻击

◎ 2020 年 12 月 7 日，醴陵市委新冠肺炎疫情防控工作指挥部会议召开 （市融媒体中心 供图）

◎新冠肺炎疫情防控期间，火车站在出站口安排客运员手持测温仪为出站旅客测体温 （市卫生和健康局 供图）

◎ 2020 年 9 月 18 日，醴陵市委新冠肺炎疫情防控工作指挥部举行湖南（醴陵）国际陶瓷产业博览会新冠肺炎疫情处置联合应急演练 （市卫生和健康局 供图）

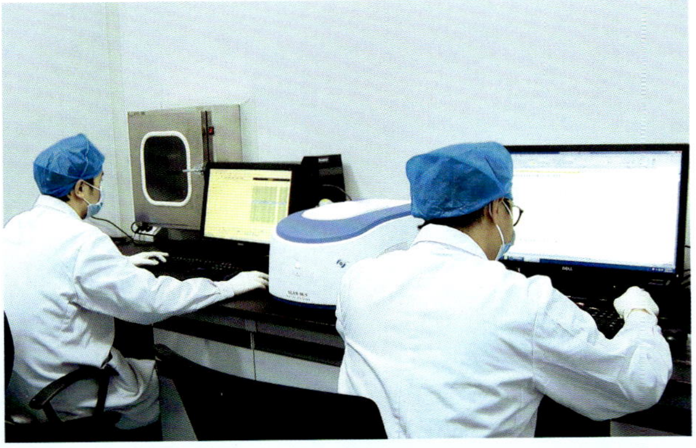

◎ 2020 年 2 月 16 日，湖南师范大学附属湘东医院的新冠病毒核酸检测实验室完成验收，投入使用，本地样本检测流程只需 4 小时 （市融媒体中心 供图）

◎新冠肺炎疫情防控期间，网格员走进街头巷尾，成为防控一线的信息员、联络员、宣传员、战斗员，落实防疫措施，筑牢疫情防控网格 （杨炼 摄）

# 公益事业

（湖南建宸置业有限公司 供图）

◎湖南建宸置业有限公司支持醴陵市专业型特色人才培养，资助湖南工业大学醴陵陶瓷学院 2020 年公共管理硕士班

◎湖南建宸置业有限公司向渌江中学捐资，用于表彰优秀教师

捐赠证书

DONATIONCERTIFICATE

捐赠单位 湖南建宸置业有限公司

捐赠金额 300万

醴陵市教育基金会

二〇二〇年十二月

◎湖南建宸置业有限公司向醴陵市教育基金会捐赠 300 万元

◎湖南建宸置业有限公司捐资表彰和奖励 2020 年高考取得优异成绩的师生

◎湖南建宸置业有限公司向实验小学捐赠教师节教师慰问金仪式现场

◎ 2020 年 8 月 15 日，湖南建宸置业有限公司捐建的综合服务性公厕“瓷城驿站”启用

◎湖南建宸置业有限公司冠名赞助第一季“人文蔚起 书香醴陵”渌江讲坛 · 建宸大课堂

◎湖南建宸置业有限公司向醴陵援鄂医疗队伍捐赠慰问金，向市疫情防控指挥部捐赠慰问金和抗疫物资

# 2020湖南（醴陵）国际陶瓷产业博览会

◎ 2020年9月28日，2020湖南（醴陵）国际陶瓷产业博览会开幕式举行（王志翔 宋丹 贺宇 摄）

◎“中国陶瓷之都”授牌仪式（王志翔 宋丹 贺宇 摄）

◎“瓷博会”内场（王志翔 宋丹 贺宇 摄）

◎“瓷博会”开幕式烟花燃放（王志翔 宋丹 贺宇 摄）

◎“瓷博会”开馆仪式（宋丹 摄）

◎“瓷博会”重大项目签约仪式（杨炼 摄）

◎“瓷博会”陶瓷展品（宋丹 摄）

# 2020湖南醴陵房地产博览会

◎ 2020年11月20日，2020湖南醴陵房地产博览会开幕式（宋丹 摄）

◎ 2020湖南醴陵房地产博览会网络直播推介（宋丹 摄）

◎ 2020湖南醴陵房地产博览会内场（宋丹 摄）

# 湖南省瓷茶产业融合发展大会

◎ 2020 年 8 月 22 日，湖南省瓷茶产业融合发展大会举行，重点推进醴陵陶瓷与安化黑茶产业跨界融合发展（宋丹 摄）

◎湖南省瓷茶融合产业发展大会开幕式（唐愚斌 摄）

◎瓷茶产品推介（唐愚斌 摄）

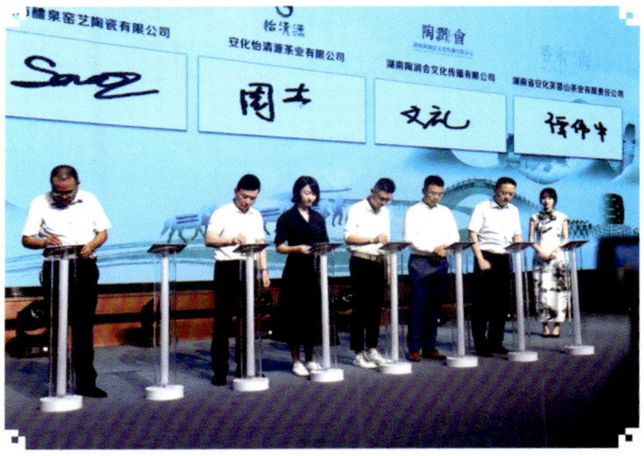

◎瓷茶企业现场签约（唐愚斌 摄）

◎瓷茶互动体验活动（唐愚斌 摄）

◎瓷茶产品展示（唐愚斌 摄）

# 醴陵市职业服装展示对接会

◎ 2020 年 10 月 16 日，2020 湖南服饰博览会暨芦淞服饰节——醴陵职业服装展示对接会举行（市融媒体中心 供图）

◎醴陵市人民政府与株洲市职工大学签订战略合作协议（市融媒体中心 供图）

◎ 湖南省服装行业协会为醴陵市颁发“职业服装活力集群”奖牌，并为 19 家醴陵服装企业颁发“职业服装市场拓展奖”“职业服装创新质量奖”“职业服装原创品牌奖”奖牌（宋丹 摄）

◎职业服饰展示（宋丹 摄）

# 目 录

## 特 载



## 醴陵概览



## 大 事 记

## 中国共产党醴陵市委员会

## 醴陵市人民代表大会



## 醴陵市人民政府

## 中国人民政治协商会议醴陵市委员会



## 中国共产党醴陵市纪律检查委员会



## 民主党派



## 群众团体

## 军　事



## 法　治

## 综合经济管理

## 农 业

## 工　业

## 贸易·粮食

## 城建·环保

## 交通·邮政·通信



## 财政·税务



## 银行·保险

## 民政·社会保障

## 教　育

## 文化和旅游·体育·传媒



## 医疗卫生

## 区·街道·镇

## 附　录



## 索　引

# 全面贯彻落实“三高四新”战略<br>奋力当好湘赣边区域合作示范区建设排头兵

## ——在市委十二届十次全体（扩大）会议暨市委经济工作会议上的讲话

中共醴陵市委书记 胡湘之

（2021 年 1 月 8 日）

### 一、充分肯定来之不易的新业绩

2020 年是挑战重重的一年，也是收获满满的一年；是风雨兼程的一年，也是砥砺奋进的一年。面对新冠肺炎疫情冲击、经济下行压力增大的少有困难局面，全市上下保持定力，顶住压力，精准发力，夺取了疫情防控和经济社会发展“双胜利”。地区生产总值增长 3.9%，地方收入增长 5.6%，规模工业增加值增长 3.7%。经济增长呈现由负转正、稳步回升、质效提升的良好态势，各项事业开创稳中有进、进中争先的生动局面。经济综合发展和基本竞争力实现“双进位”，分别名列全国百强第 45 位、第 64 位，跻身全国营商环境百强第 30 位、工业百强第 77 位、创新百强第 88 位，入选全国全面小康百佳示范县（市）。

**1．切实强化政治建设。**深入学习贯彻习近平新时代中国特色社会主义思想和习近平总书记视察湖南重要讲话精神，把旗帜鲜明讲政治放在第一位，牢固树立“四个意识”（政治意识、大局意识、核心意识、看齐意识），自觉坚定“四个自信”（道路自信、理论自信、制度自信、文化自信），坚决做到“两个维护”（坚决维护习近平总书记党中央的核心、全党的核心地位，坚决维护党中央权威和集中统一领导）。市委常委会带头加强政治学习，全面推行“第一议题”制度（将专题学习习近平新时代中国特色社会主义思想、中共十九大精神和习近平总书记重要讲话精神作为各类各级会议的第一议题，推动学习常态化、制度化），严格落实党委中心组学习制度，全年集中学习 14 次。推动“不忘初心、牢记使命”主题教育制度化常态化，微课堂、微宣讲、读书月、报告会、红色讲堂等活动经常性活跃在机关、在基层。

**2．切实抓好疫情防控。**始终把人民群众生命安全和身体健康放在第一位，以最广泛的防疫动员、最严格的责任落实、最严密的疫情排查、最有力的隔离阻断、最及时的医疗救治、最准确的信息报送推进疫情防控，统筹防控资金6500万元，5000余名机关干部驻村、驻企、驻社区，协助基层开展防疫工作。自2020年2月9日起，新增确诊、疑似、待排除病例全部“清零”，是全省最早的低风险县市之一，也是全省复工复产较早达到90%以上的县市。在常态化疫情防控期，醴陵一直保持零感染。

3. **切实打赢三大攻坚战。**积极克服疫情和汛情影响，1441户3312名剩余贫困人口顺利通过脱贫验收，脱贫攻坚取得决定性胜利。坚守“三保”（保基本民生、保工资、保运转）底线，化解隐性债务4.2亿元，成功退出一类预警单位，财政运行稳定，基层运转有序。深入推进污染防治，建成18个镇区污水处理设施，完成城市黑臭水体整治。经过多年艰辛治理，渌江水质稳定保持II类。全年空气优良天数达358天，同比增加18天。

4. **切实加快转型升级。**陶瓷产业获批省级产业集群建设试点，湖南省陶瓷研究所成建制划归醴陵。花炮产业完成“一证多厂”专项整治，玻璃产业年产值突破30亿元。开展温暖企业“三百”（百家单位帮扶、百家企业成长、企业问题百日销号）行动，为企业减负3.1亿元，投放支持企业复工复产贷款17.7亿元。市场主体新增7844家，达57981家，“四上”企业（规模以上工业企业、资质等级建筑业企业、限额以上批零住餐企业、规模以上服务业企业）新增92家，达955家。华鑫电瓷、时代金属、银和瓷业、红官窑4家企业入选国家级“小巨人”企业。华联瓷业上市和国光瓷业复牌顺利推进。经开区完成调区扩园，在全省园区综合排名中前进23位，排名第11位。

5. **切实推进项目建设。**实施重点项目192个，征地423.13公顷，征拆房屋823栋（套），清零项目60个，征拆征收工作居株洲第一。中建材碲化镉、服饰产业园、醴娄高速、湘东农副产品大市场等176个项目开工建设，双创中心、中盐红四方等68个项目建成运营，陶子湖、渌江新城、东富工业园、横店产业园等片区开发项目加速推进。全年引进项目136个，合同引资440.4亿元。

6. **切实提升城市品质。**“三创四化”（创建国家卫生城市、全国文明城市、国家园林城市以及绿化、亮化、美化和数字化）取得阶段性重大成果，成功创建国家园林城市、国家卫生城市，进入全国文明城市提名程序。累计整治马路市场55个、改造老旧小区69个、提质城区公厕55座，新建城市污水管网20公里，城市生活污水处理率达95%。“瓷城驿站”投入使用，“一江两岸”人气高涨。青云桥建成通行，城区范围跨江公路桥、人行桥增至9座。五彩陶瓷小镇入选全国精品特色小镇，醴陵获评“中国陶瓷之都”。

7. **切实推动乡村振兴。**种植粮食69.19千公顷、产粮48.43万吨，超额完成全年任务。6家企业入选“湘赣红”区域公用品牌，醴陵玻璃椒、醴陵油茶等特色产品走向省内外。深入推进“四治一改”（治垃圾、治厕所、治污水、治村容村貌，改陋习），农村生活垃圾无害化处理率达100%，卫生厕所普及率达98.6%。累计流转土地27.67千公顷，流转率达74.2%，居全省前列。上洲社区、茶田村、汆溪村“三变改革”（资源变资产、资金变股金、农民变股东）试点顺利推进。农村集体产权改革、农村承包地确权登记颁证等工作获评全国先进。

8. **切实深化改革开放。**97项重点改革任务全面完成。经营类事业单位改革、园区体制改革、平台公司改革、社会治理体制改革成效明显。园区“金库”上线运行。渌江集团信用评级提升至AA+。监督与服务微信群入选全国创新社会治理最佳案例，醴陵市成为“全国网格标准试点”城市。停运5年的醴茶铁路客运恢复运营，株醴融城步伐加快。烟花爆竹组建产业联盟。湘赣边区域合作示范区建设取得积极进展。成功举办第五届瓷博会、湖南省首届瓷茶产业融合发展大会、职业服装展示对接会、烟花鞭炮出口产销对接会，醴陵对外影响越来越广泛。

9. **切实增进民生福祉。**民生100工程全面完成，城、乡居民人均可支配收入达44981元、30777元，分别增长4.8%、7.1%。新增城镇就业6962人，就业形势总体平稳。高考二本及以上上线率达67.6%，连续10年获评株洲市高中教育质量建设先进县（市），教育工作进入省真抓实干督查激励表彰公示名单。成功创建国家慢性病综合防控示范区，湖南中医药大学附属醴陵医院正式挂牌。湘雅乡情、医共体工作经验在全省推介。圆满完成第七次人口普查工作。加强食品、药品监管，获评首批省级食品安全示范市。赴省进京上访批次、人次实现“双下降”，社会大局平稳可控。

10. **切实加强党的建设。**市级领导带头联系基层党建帮扶点，整顿转化23个软弱涣散基层党组织。1636个党支部全部通过“五化”（支部建设标准化、组织生活正常化、管理服务精细化、工作制度体系化、阵地建设规范化）验收。压实“两个责任”（党委主体责任、纪委监督责任），坚持惩防并举，突出抓好扶贫、项目、招投标等重点领域专项治理，保持反腐高压态势。严格落实“三个区分开来”（把干部在推进改革中因缺乏经验、先行先试出现的失误和错误，同明知故犯的违纪违法行为区分开来；把上级尚无明确限制的探索性试验中的失误和错误，同上级明令禁止后依然我行我素的违纪违法行为区分开来；把为推动发展的无意过失，同为谋取私利的违纪违法行为区分开来），为48名干部澄清正名。深化政治巡察，巡察覆盖率达100%。认真落实意识形态工作责任制，新时代文明实践中心建设实现全覆盖，市融媒体中心高分通过国家级评估验收。醴陵市入选中宣部“百城千县万村调研行”首批调研点。大力弘扬红色文化，耿传公祠、左家老屋等成为全省红色旅游目的地。李立三故居成功创建AAAA景区。黄小玲被评为全国劳动模范，赵石毛入围“中国好人榜”。加强党对统战工作的领导，党外干部培养经验在全省推介。坚持党管武装，连续8年实现“零”退兵，征兵工作获评全省先进。市人民法院绩效考核居全省基层法院首位。市人民检察院获评全省扫黑除恶专项斗争先进集体。工青妇、科协、残联、老龄老干、档案史志等工作都有新的进步。市委总揽全局、协调各方，市人大依法履职、有效监督，市政府依法行政、狠抓落实，市政协参政议政、建言献策的良好局面进一步巩固和发展。

“十三五”圆满收官，醴陵取得让人民满意、令人瞩目、可载入史册的成就。综合实力大提升。地区生产总值达737.6亿元、园区技工贸收入达585.5亿元，分别是2015年的1.4倍、2.1倍。税收占比由51.1%提高到69.4%，提高18.3个百分点。县域综合实力由82位提升至45位，5年前进37位。产业转型大升级。先后引进安装1000余台陶瓷智能生产设备，建成8条烟花爆竹、7条服饰自动化生产线，传统产业逐步告别手工时代。陶瓷、花炮产值占工业总产值比重由74%优化至66%。东富工业园入驻企业从1家增长至22家，年产值从10亿元增长至45亿元。玻璃、新材料、电子信息等新兴产业方兴未艾。城乡环境大改善。城市建成面积由29平方公里增加到42平方公里，城市人口由25万增加到30万。累计改造大街小巷129条，建成26个共4.2万平方米的“口袋公园”，新增停车位1万余个。镇区镇貌都有明显改变。城市变得更大、更高、更美、更配套，既厚重如山，又上善若水，已成为醴陵的一张名片。社会治理大加强。推行“三基一网”（着力抓基层、着力打基础、着力强基础，全面推行网格化管理），建立820个基层网格、4000余个到户微信群，打通服务群众“最后一米”。出台“六基”（基本组织、基本职能、基本队伍、基本制度、基本机制、基本保障）规则，规范村级运行，村级运转经费提高到33万元/村、45万元/社区。安全生产、社会综治两项工作分别连续4年、3年获评全省先进，醴陵被评为省级平安县，真正为人民群众缔造可以预期、可以信赖的社会环境。民生事业大发展。彻底消灭绝对贫困。民生支出占比连续5年超过7成。五项社会保险参保总人数增长至108万。零就业家庭动态援助率保持100%。城、乡居民人均可支配收入分别是2015年的1.4倍、1.5倍。5年累计招录教师2161名、医护人员440名充实基层一线，醴陵教育、醴陵医疗、醴陵文化逐步形成品牌。人民群众真正享受到优美环境、优越生活、优良秩序、优质服务。

在肯定成绩的同时，也要清醒地看到问题和不足，主要体现在：一是整体实力还不够强。地区生产总值、支柱产业、园区还没有迈过千亿关口。发展不充分、不彻底、不全面、不持续问题较突出。二是领军项目还不够多。与先进地区相比，表面是实力的差距，实际是项目的差距，最终还是观念、审批、招商、服务等方面的差距。三是营商环境还不够优。土地、资金、人才等要素盘活不够、流动不畅，“中梗阻”“吃拿卡要”等现象依然存在，很多企业想干事、能干事却不好下手、无处下手，挫伤各方创新创业积极性。四是执行落实还不够快。自动自发不够、主动担当不够、集中精力不够。有的面对矛盾缺乏斗争精神，能推则推、能拖则拖，甚至避而远之。有的没钱不干事，有钱也干不好事，等等。这些问题必须着力加以解决。

## 二、深刻把握发展面临的新形势

“十四五”时期，是醴陵市开启全面建设现代化新征程、向第二个百年奋斗目标进军的关键期，也是经济社会全面转型升级的攻坚期。机遇与挑战并存，希望和困难同在，但机遇多于挑战，希望大于困难。从国际看，世界正处于百年未有之大变局，全球经济今年有望出现恢复性增长，但复苏不稳定不平衡，新冠疫情的持续蔓延和中美关系的纷繁复杂更增加多重不确定性。从国内看，稳中向好、长期向好的趋势没有改变，以国内大循环为主体、国内国际双循环相互促进的新发展格局正在加快形成，国际货币基金组织预测今年中国经济将增长8%左右。从省市看，习近平总书记亲自擘画的“三高四新”（三个高地：着力打造国家重要先进制造业高地；具有核心竞争力的科技创新高地；内陆地区改革开放高地。四新使命：在推动高质量发展上闯出新路子；在构建新发展格局中展现新作为；在推动中部地区崛起和长江经济带发展中彰显新担当；奋力谱写新时代坚持和发展中国特色社会主义的湖南新篇章）战略，为湖南加快发展指明前进方向、提供根本遵循、带来战略机遇。省委高位推进长株潭一体化、湘赣边区域合作，株洲市委规划“一谷三区”（加快建设更具实力的中国动力谷；加快建设具有核心竞争力的科技创新引领区，加快建设“一带一部”改革开放先行区，加快建设城乡融合发展幸福区），提出打造醴炎经济走廊、株醴都市圈，都赋予县域发展新动能。从自身看，经过“十三五”以来的建设发展，全市经济总量不断扩大，发展基础得到夯实，干部作风持续好转，特别是随着一大批项目竣工投产，一大批产业迅速成长，醴陵完全具备又好又快、率先发展的条件。省市主要领导对醴陵寄予厚望。省委书记许达哲连续2年将醴陵作为调研考察第一站，勉励醴陵要发挥湖南“东大门”优势，当好湘赣边区域合作示范区建设排头兵。株洲市委书记毛腾飞将醴陵作为联系点，要求我们在推动高质量发展上走在前列。

立足国内外经济发展的大背景，正确审视醴陵现状，积极回应各级各界期盼，未来五年全市经济社会发展的总体要求是：全面落实中共十九大和十九届二中、三中、四中、五中全会精神，坚持以习近平新时代中国特色社会主义思想为指导，深入贯彻习近平总书记对湖南工作系列重要讲话指示精神，深入贯彻省委“三高四新”、株洲市委“一谷三区”等战略部署，深入贯彻新发展理念，坚持稳中求进、进中争先工作总基调，以推动高质量发展为主题，以深化供给侧结构性改革为主线，以改革创新为根本动力，以满足人民日益增长的美好生活需要为根本目的，统筹发展和安全，着力建设现代化经济体系，主动融入新发展格局，拓展发展新空间，推进县域治理体系和治理能力现代化，加快构建“一核两轴一廊六区”区域发展格局，加快打造产业之城、开放之城、创新之城、文化之城、宜居之城，加快迈进以千亿产值、千亿产业、千亿园区为主要内涵的县域经济千亿时代，努力建设现代化新醴陵，奋力当好湘赣边区域合作示范区建设排头兵。

按照这一总体要求，具体要把握好以下五个方面：

**一是深刻把握醴陵在贯彻“三高四新”战略中的新担当。**省委十一届十二次全会作出大力实施“三高四新”战略，奋力建设现代化新湖南的重大决策。醴陵作为全国百强、全省四强，要在落实“三高四新”战略中勇挑重担、走在前列，彰显更大担当、更大作为。

**二是深刻把握长株潭一体化和湘赣边区域合作的新机遇。**省委提出长株潭一体化要“高位统筹、同向发力、创新协同、政策一体、齐抓落实”，强调湘赣边区域合作示范区要打造成乡村振兴的示范。醴陵地处长株潭一体化核心区，是湘赣边区域合作示范区重要节点。随着一体化的深入推进和示范区的加快建设，将特别有利于醴陵向国家和省市争取政策项目资金，特别有利于吸引各类社会资本前来投资。

**三是深刻把握加快乡村振兴、建设现代化新醴陵的新使命。**习近平总书记强调，脱贫攻坚之后，乡村振兴是历史性重大转折，要举全党全社会之力推进乡村振兴。醴陵在2017年就实现整体脱贫、同步全面小康，在全省率先开启了基本现代化建设新征程，今年进入全面建设现代化的新阶段。现代化建设重点在乡村，难点也在乡村。两项重大历史使命相互交汇、环环相扣，必须统筹谋划、一体推进，让乡村振兴成为现代化新醴陵的生动注脚。

**四是深刻把握“一核两轴一廊六区”的新格局。**“一核”，即提质老城区、开发新城区、做大经开区，打造县域发展主核心；“两轴”，即做大做强106国道产业提质升级轴及东城大道（沪昆高速、莲株高速）开放发展轴；“一廊”，即打造以渌江水系为依托的渌江生态走廊；“六区”，即着力建设陶瓷花炮转型区、绿色生态涵养区、湘赣边开放合作示范区、产城融合区、现代农旅融合区、服饰产业升级区。

**五是深刻把握“千亿时代”“五城发展”的新目标。**“十四五”时期，我们要迈进以“千亿产值”“千亿产业”“千亿园区”为主要内涵的县域经济“千亿时代”。“千亿产值”，地区生产总值每年增长8%左右，用3～4年时间突破1000亿元；“千亿产业”，陶瓷产业产值每年增长10%左右，用3年时间突破1000亿元，形成世界级产业集群；“千亿园区”，经开区技工贸总值每年增长12%左右，用4年时间突破1000亿元，成功创建国家级开发区。我们要深入推进“五城发展”。产业之城，就是要建设规模更大、结构更优、质量更高的先进制造业高地，推动综合实力在全国排名稳步上升。开放之城，就是要建设全方位的内陆改革开放高地，打造名副其实的国际陶瓷之都、湘赣边区域性中心城市。创新之城，就是要建设具有核心竞争力的科技创新高地，力争科研经费支出占比、万人发明专利拥有量等核心指标达到省市一流水平。文化之城，就是要建设特色鲜明的国家历史文化名城，充分展示醴陵的千年文化、热血人文、工业文明，让书香气息绕梁不绝、千年不散。宜居之城，就是要建设共建共治共享的全国文明城市，让每一块土地都能彰显人间大爱大美，每一位公民都能享受社会公平公正，人人拥有放飞梦想、实现抱负、赢得出彩的机会和舞台。

## 三、加快打造县域发展的新优势

2021年是建党100周年的大庆之年，是实施“十四五”的开局之年，是全面开启现代化新征程的首战之年。今年全市主要预期目标是：地区生产总值增长8%左右，地方一般公共预算收入增长5%，规模工业增加值增长9%，固定资产投资增长10%，社会消费品零售总额增长10%。城镇调查失业率低于省市，居民收入高于经济增长。生态环境质量明显改善，全面完成能耗“双控”（能源消耗总量和强度）目标。粮食播种面积和产量保持稳定。

做好今年工作，要坚持系统观念，强化“一个意识、五种思维”。机遇意识。醴陵处在战略机遇期，我们绝不能无所作为、坐失良机。必须主动出击、大胆出手，把握、利用并将机遇转化为醴陵发展的实效。高地思维。打造产业高地、创新高地、开放高地、城市高地、环境高地，确保各项工作在株洲领先、全省率先、全国争先。项目思维。坚持项目为王，工作向项目优先部署，干部向项目优先安排，资金向项目优先倾斜，引进建设一批大项目、好项目、引领一方的项目。绿色思维。将“两山”（绿水青山就是金山银山）理念贯穿发展始终，把该管的坚决管起来，该封的坚决封起来，该堵的坚决堵起来，该严的坚决严起来，让绿水青山惠及当代、福泽后代。民本思维。把人民放在心中最高位置，无论什么时候、什么场合、什么情况，都突出民生主体，一切工作面向基层、服务民生。底线思维。坚守安全、稳定、民生、环保“四条底线”，不留死角、不存侥幸，营造风清气正、安定和谐的好环境。

具体抓好以下十个方面的工作：

**1．着力打造先进制造业高地。**推进“制造强市七大工程”，构建高质量的现代产业体系。壮大产业集群。全面落实链长制、产业协会、企业联合党委“三方发力、同频共振”的工作机制，完善11条重点产业链规划，以链式发展带动产业集聚。重点打造陶瓷、花炮、玻璃、服饰4大产业集群，培育陶瓷智能制造标杆企业10家以上，将花炮企业控制在150家以下，确保中建材碲化镉、服饰产业园等项目竣工运营。梯度推进国家级陶瓷产业小镇和省级玻璃产业小镇、花炮产业小镇、服饰产业小镇建设。引进轨道交通、新能源、新材料、电子信息等领域企业各3家以上，加快培育新的支柱产业。推动园区升级。紧扣“千亿产业园区、国家级开发区”目标，加快陶子湖片区、株醴新城片区、东富工业园片区开发。以“四升级一加强”为重点，系统推进园区行政审批、绩效薪酬、亩均效益、人事制度等改革，加快园区规划提质，完善园区设施配套，确保园区技工贸总值达到660亿元以上，财政收入达到12亿元以上。实施企业上市倍增三年行动，重点培育打造华联瓷业、恒茂高科等一批本土上市企业。发展数字经济。用好“思伯云”等工业智能云平台，引导广大中小企业“上云”发展，促进数字技术运用于企业设计、生产、营销、管理、服务全过程。加快5G商用部署，新建基站230个以上，实现全市5G大范围连续覆盖，重点镇区、产业园区等全域覆盖。

**2．着力打造科技创新高地。**实施“创新引领七大计划”，全面提升创新发展竞争力。坚持人才引领。围绕“事业留人、感情留人、适当待遇留人”，完善人才政策，探索建立靶向引才、专家荐才机制，把对人才的服务做得更暖心一些。抓住全省柔性引才试点契机，大力实施“瓷城人才引领行动”，确保引进科技创新人才100名以上。突出企业主体。加大企业研发政策支持力度，推动企业成为技术创新和成果转化的主体。特别是要依托龙头企业，加快布局建设陶瓷产业智能装备研究院、新型玻璃研发中心等一批国家级创新平台，突破装备自动化、新材料、陶瓷3D打印等一批“卡脖子”技术。今年株洲市级以上创新平台要达到50家以上。优化创新生态。做大做强陶瓷学院，推进陶瓷烟花学校与陶瓷技师学院合并升格，打通基础研究、应用研究、产业转化的堵点，力争转换科技成果30项以上。开展“十佳产业工匠”评选，办好创新创业大赛，激发全民创新热情。

**3．着力打造内陆改革开放高地。**大力实施“改革开放七大行动”，用改革的办法、开放的手段来加快发展。推动更深层次改革。紧紧扭住供给侧结构性改革这条主线，统筹推进投融资体制、要素市场化配置、“放管服”等重点领域改革。实行政府权责清单制度，进一步厘清政府、市场、社会的关系。深化“一件事一次办”改革，确保“网上办掌上办就近办”事项达90%以上。全面完成综合行政执法改革。扩大更宽领域开放。成定制举办陶瓷博览会、花炮博览会、服装展示会，办好全国创新社会治理典型案例颁奖暨经验分享活动。积极对接中国（湖南）自贸区，用好外贸转型升级基地、铁海联运“五定班列”、盐田国际内陆港等开放通道和平台。营造更优服务环境。不断完善、严格落实“四个十条”（《关于促进经济开发区招商引资的十条政策》《关于促进陶瓷产业发展的十条政策》《关于促进花炮产业发展的十条政策》《关于促进大众创业万众创新的十条政策》），持续降低企业用电用工用地等各方面成本。坚持市级领导“五个一”[联系一个基层党建（乡村振兴）帮扶点、联系一个城市创建帮扶点、联系一个脱贫攻坚帮扶村、联系帮扶一批企业、联系帮扶一个（批）重点项目（含重点招商项目）]，真联系、真帮扶，构建亲清政商关系。企业家是经济发展的主体和主流，要大力弘扬企业家精神，真正尊重企业家、关心企业家、支持企业家，让企业家安心扎根醴陵、干事创业。

**4．着力打造湘赣边区域合作示范区。**这是湖南省委书记许达哲着眼湖南全局，为湘赣边发展锚定的新坐标、提出的新任务。要以《湖南省推进湘赣边区域合作示范区建设三年行动计划》为统领，切实推动取得新的重大进展。要在基础建设上体现示范，重点配合做好醴茶铁路电气化改造、韶山至井冈山“两山”铁路建设、醴娄高速建设等工作，确保岳汝高速隆兴坳互通7月1日前通车。要在产业发展上体现示范，重点加快陶瓷博物馆和陶瓷研究所提质改造，确保7月1日前对外开放。要在红色旅游上体现示范，抢抓长征国家文化公园（湖南段）

建设机遇，打造湘赣边红色旅游重要节点。策划好“毛主席考察农民运动”旅游线路，推动先农坛、东富寺申报国家级文保单位。尽快启动蔡申熙、宋时轮、程潜等先辈先烈生平业绩展项目，把左家老屋建设成为讲好红色故事、传承红色基因的示范景点。要在乡村振兴上体现示范，开展全域美丽乡村示范创建，到2023年实现美丽乡村全覆盖。用好用活“湘赣红”区域公用品牌，争取更多醴陵企业纳入使用范畴。

5. **着力实施扩大内需战略。**把扩大内需同深化供给侧结构性改革、改善人民生活品质有机结合起来。促进消费升级。出台落实鼓励消费政策措施，巩固提升汽车、家电、家居等实物消费，重点提质信息、健康、家政、养老等服务消费，积极培育体验消费、网络消费。文旅行业是消费新蓝海，要做活做热陶瓷小镇、“一江两岸”等优质文旅资源，打造独具魅力的醴陵消费IP。扩大有效投资。围绕重点产业、“两新一重”（新型基础设施建设、新型城镇化建设，交通、水利等重大工程建设）等实施一批项目，确保全年引进项目130个以上，引资600亿元以上，征地400公顷、征拆房屋1200栋（套）、清零项目50个以上。同时，加大政府投资和民间投资统筹力度，支持民企参与交通、水利、市政公用事业领域建设运营。畅通流通环节。完善社会信用体系，建立健全以信用为基础的新型监管机制，降低流通环节中的交易成本。完善综合交通运输体系、商贸物流体系，加快建设湘赣边区域物流枢纽，提升醴陵在国内大循环、国内国际双循环中的区域整体价值。

6. **着力推进以人为核心的新型城镇化。**关键是提高城镇管理精细化、制度化、智慧化水平，提升人民群众的自豪感、幸福感、获得感。加快株醴融城。对接株洲“一核一圈一廊”（“中心城区核心增长极”“株醴都市圈”“醴炎县域经济走廊”）区域格局，统筹推进规划融城、交通融城、产业融城，加快株醴都市圈建设。严控东城大道两厢土地开发，抓好土地储备和拆违控违。争取长株潭城际铁路、渌江航道综合开发、通用机场等项目落地，打造水陆空立体交通网。完善城市功能。实施城市更新行动，建设海绵城市、韧性城市、精致城市。运用5G、大数据等，打造“智慧醴陵”。推进老旧小区改造，加快绿色装配式建筑发展，推进既有住宅加装电梯工作。大力治理交通乱象，大幅提升通行效率。改造姜湾上正街、滨河路等排水管网，推进第二自来水厂等工程，补齐市政公用基础设施短板。提升城市品质。将“三创四化”进行到底，加快创建全国文明城市，打造国家历史文化名城。建好“一江两岸”、望江楼、五彩广场、陶子湖公园等项目，推出一批具有醴陵印记的文化地标和文化景观。打造一批特色小镇，以点带面，加速城乡一体发展。

7. **着力绘就乡村振兴壮美画卷。**把解决好“三农”问题作为重中之重，加快推进农业农村现代化。大力发展现代农业。强化农业种质资源保护和利用，加快推进高标准农田建设，推动种植结构调整，坚决防止耕地“非农化”“非粮化”，确保粮食播种面积66.67千公顷以上，粮食总产量5亿千克以上。以打造“六大强农行动”（品牌强农、特色强农、质量强农、产业融合强农、科技强农、开放强农）升级版为抓手，进一步打响醴陵茶油、醴陵玻璃椒等特色品牌，培育壮大一批新型农业经营主体。生猪生产要尽快恢复到正常年份水平。大力实施乡村建设行动。完善乡村空间规划编制，规范村庄建设。建好农村水电路气讯“五张网”，争创“国家级四好农村路示范县”。以“四治一改”为重点，持续抓好农村人居环境整治，确保农村安全饮水、卫生厕所、生活污水处理、垃圾转运处理“四个全覆盖”。加快推进农村“三变改革”，确保今年覆盖率达到50%以上，明年实现全覆盖。稳妥推进农村集体经营性建设用地入市，有序引导社会资本投入农村领域。大力推动脱贫攻坚与乡村振兴有效衔接。严格落实“四个不摘”（摘帽不摘责任、摘帽不摘政策、摘帽不摘帮扶、摘帽不摘监管）要求，探索建立解决相对贫困问题的长效机制，健全防止返贫致贫监测帮扶机制，确保脱贫成果长效稳固。

8. **着力加强生态文明建设。**让绿色成为醴陵的鲜明底色和广泛共识。推进低碳发展。对标碳达峰、碳中和要求，推动单位地区生产总值二氧化碳排放下降。全面推进城乡生活垃圾分类和减量化、资源化，加快城市生活垃圾资源化处理等项目建设。今年所有公共机构和20%的村要实现垃圾分类减量，确保到2023年全域覆盖。启动国家生态文明建设示范县（市）创建工作，让绿色消费、绿色居住、绿色出行成为新时尚。改善生态环境。持续打好蓝天碧水净土保卫战，解决群众反映强烈、影响社会稳定和可持续发展的突出环境问题，确保空气优良天数比例、PM2.5年均浓度、断面水质优良率、饮用水水源水质优良率均优于省市。持续抓好上级环保督察反馈突出问题整改，深化“五江十四水”（渌江、澄潭江、城市内江、铁河、磨子石河，官庄水库、望仙桥水库、雪峰山水库、荷田水库、周坊水库、藕塘水库、明兰水库、鸭塘水库、小洞塘水库、寺冲水库、龙龟山水库、大坝冲水库、焦坑水库、左权湖水库）系统联治，将渌江打造成省际样板河。今明两年要完成所有农村黑臭水体治理，稳定保持全域II类水。深入推进国土绿化行动，新造林1.6千公顷以上、植树210万株以上。健全环保体系。严格落实生态保护红线、环境质量底线、资源利用上线和生态环境准入清单“三线一单”制度，完善环境治理领导责任、企业责任、全民行动、市场监管等体系，织牢生态环境“防护网”。

**9. 着力保障和改善民生。**顺应群众新期盼，既尽力而为又量力而行，集中财力办好一批民生实事。要让基本保障更健全。坚持就业优先，做好高校毕业生、农民工、退役军人等重点群体就业，新增城镇就业7000人以上、农村劳动力转移就业3500人以上。推动社保提标扩面，确保城乡低保、特困供养不低于省市平均。完善“空巢老人”“留守儿童”服务体系，鼓励镇村干部带头当好“代理儿女”“代理家长”。落实“房住不炒”，促进房地产市场健康发展。要让社会事业更繁荣。建设高质量教育体系，加快创建全国首批义务教育优质均衡发展县（市）。完成师大附属学校、新三中建设，推进南门中学、珊田小学整体搬迁，新增城区学位2600个以上。深化医共体建设，常态化开展“湘雅乡情”，确保本地就诊率达到95%以上。要让文化生活更充实。创新实施文化惠民工程，提质改造一批“农家书屋”，建设一批街头图书站，每周举办一次读书分享活动。加强公共文体设施建设，办好全民运动会。策划一批经典线路，升级一批精品景点，打造一批精美设施，加快创建国家全域旅游示范区。

**10. 着力统筹抓好安全和发展。**注重堵漏洞、强弱项，有效防范和化解各类风险挑战。完善政府债务风险常态化监控机制，坚决控增量、化存量，加快平台公司市场化转型。完善安全生产责任落实机制，切实减少一般事故，防止较大事故，杜绝重特大事故。完善社会治理机制，深化网格化基座和市镇村三级综治中心等“一基座三中心”建设，用好“网格化+微信群”管理，织牢线上线下两张网，提升县域社会治理水平。完善治安防控机制，严厉打击各类违法犯罪活动，打造更高水平的法治醴陵、平安醴陵。完善常态化疫情防控机制，严防死守，确保不出现规模性输入和反弹。同时，统筹安排好春节市场供应，加强煤油电气保供，保障好群众生产生活。

## 四、全面激发干事创业的新活力

把党的领导贯穿到经济社会发展全过程，充分调动各方面的积极性和创造性。

**（一）突出政治引领，强化向心力。**以政治建设为统领，抓好党的创新理论武装，推动学习贯彻新思想走深走实。深入挖掘和利用醴陵红色资源，教育引导广大党员干部传承红色基因，发扬斗争精神、增强斗争本领。完善政治建设长效机制，推动政治建设考察全覆盖。认真落实重大事项请示报告制度，健全党内政治生活专项检查制度，让党内政治生活进一步严起来、实起来。充分发挥党委总揽全局、协调各方的作用，有效调动人大、政府、政协等各个方面的积极性。发挥统一战线独特优势，加强党管武装工作，落实党的知识分子、民族、宗教、侨务等政策，充分发挥民主党派、工商联和无党派人士作用，凝聚“党政军民学”各方面的力量。

**（二）突出思想建党，厚植凝聚力。**牢牢掌握意识形态主导权，把意识形态工作责任制落到实处。坚持“两项制度”，即“第一议题”制度、党委（党组）理论学习中心组学习制度。促进领导干部常学常新，不断提高政治判断力、政治领悟力、政治执行力。做强“两个阵地”，即市委党校培训主阵地、“渌江讲坛”宣讲主阵地。组织一批有深度、有成效的培训，推出一批有影响、有特色的课程。用好“两个中心”，即新时代文明实践中心、县级融媒体中心。开展“两大行动”，即党史宣传教育行动、先进典型表彰行动。市级领导要带头讲党课，推进党史教育进机关、进学校、进农村、进社区。挖掘一批先进典型，表彰一批能力突出的“十佳党员”“十佳村书记”“十佳青年干部”。

**（三）突出固本强基，提升战斗力。**建强引领发展的基层组织。实体化运行街道“大工委制”和社区“兼职委员制”，统筹推进机关、“两新”组织（新经济组织和新社会组织）、国企、学校、医院等领域党建品牌创建，力争创建5个省级标杆党组织。以“党建链”带动“产业链”，打造具有醴陵特色的“产业链”党建品牌。严格落实“六基”规则，增强村集体“造血”功能，力争集体经济超过10万元的村达到90%以上。锻造带头冲锋的基层队伍。全面落实基层建设“1＋5”（2019年7月，中共湖南省委出台《关于全面加强基层建设的若干意见》及《规范乡镇（街道）职责权限实施方案》等5个配套文件，对全面加强基层建设作出系统部署）文件，抓好换届选举工作，选优配强村（社区）“两委”班子。健全完善村（社区）党组织书记选拔任用、教育培养、考核管理、保障激励等工作机制。抓好农村党员集中轮训，全年轮训党员不少于1.2万人。打造功能完善的基层阵地。巩固“五化”创建成果，管好用好270个村级综合服务平台。强化党建引领“网格”建设，推广“红色物业”，推进基层公共服务（一门式）全覆盖。

**（四）突出队伍建设，增强执行力。**坚持正确用人导向。在用人标准上，坚持好干部标准，严把政治关，做到德才兼备、以德为先、任人唯贤。在选人方式上，坚持党管干部原则，广泛听取意见，拓宽用人视野，做到优中选优。在干部结构上，统筹使用各年龄段干部，做好年轻干部、女干部和党外干部培养选拔工作。提高干部能力素养。完善干部教育师资库建设，健全干部培训长效机制，着力提升干部“七种能力”（政治能力、调查研究能力、科学决策能力、改革攻坚能力、应急处突能力、群众工作能力、抓落实能力）。实行专业化干部培养工程，有计划地组织干部到高等院校、发达地区接受“专技”培训。注重实践锻炼，选派一批优秀干部到乡村振兴、信访维稳、征地拆迁、招商引资等重难点工作一线。给予充分关怀关爱。严格执行加班补休、补贴等激励保障制度，让干部享受到应有的尊重。严格落实“三个区分开来”，完善干部尽职免责办法，严肃查处诬告陷害等行为。进一步整合督查检查，减少资料台账，持续为基层干部松绑减负。

**（五）突出正风肃纪，形成震慑力。**把“严”的主基调长期坚持下去，推动“两个责任”和“一岗双责”（“一岗”指一个领导干部的职务所对应的岗位；“双责”指一个领导干部既要对所在岗位应当承担的具体业务工作负责，又要对所在岗位应当承担的党风廉政建设责任制负责）有效落实。准确运用监督执纪“四种形态”（党内关系要正常化，批评和自我批评要经常开展，让咬耳扯袖、红脸出汗成为常态；党纪轻处分和组织处理要成为大多数；对严重违纪的重处分、作出重大职务调整应当是少数；而严重违纪涉嫌违法立案审查的只能是极少数），聚焦重点人、重点事和重大风险点，抓早抓小、防微杜渐。坚决反对一切形式主义和官僚主义，抓好项目建设、污染防治、信访维稳等领域作风问题专项治理，大力倡导马上就办、真抓实干。着力整治“打牌子”“提篮子”和围标串标等违纪违法问题，着力破除各类形形色色的潜规则，一体推进不敢腐、不能腐、不想腐体制机制建设，推动全市党风政风和政治生态持续向好。

同志们，今年是建党100周年，全市上下要以系列庆祝活动为契机，精心组织主题宣传，做好全面建成小康社会和市十二次党代会以来工作总结宣传，组织深入学习党史、新中国史、改革开放史和社会主义发展史，从党的百年历史中汲取不忘初心、砥砺奋进的蓬勃力量。

同志们，征途漫漫，惟有奋斗。让我们紧密地团结在以习近平同志为核心的党中央周围，激情干事，担当作为，全面推进“五城发展”（加快打造产业之城、开放之城、创新之城、文化之城、宜居之城），加快迈进“千亿时代”，奋力当好湘赣边区域合作示范区建设排头兵，以优异成绩向建党100周年献礼！

# 醴陵市人民代表大会常务委员会工作报告

## ——在醴陵市第十六届人民代表大会第六次会议上

市人大常委会主任 贺小玲

（2021 年 2 月 3 日）

## 2020 年工作回顾

2020 年是醴陵发展历程中极不平凡、极具挑战、极富成效的一年。一年来，市人大常委会在中共醴陵市委的坚强领导下，以习近平新时代中国特色社会主义思想为指导，守正创新、夯基固本，切实履行宪法和法律赋予的各项职责。全年共召开常委会会议 8 次、主任会议 10 次，开展执法检查、专题调研 12 次，听取审议报告 35 个，作出决议、决定和审议意见 8 项，圆满完成了市十六届人大五次会议确定的各项目标任务，为推进全市民主法治建设和经济社会高质量发展作出了积极贡献。

### 一、把握根本点，始终坚持党的领导

人大常委会是党领导下的政治机关，切实把党的领导贯穿于人大工作各方面、全过程。

**旗帜鲜明讲政治。**把政治建设摆在首位，切实增强“四个意识”，坚定“四个自信”，做到“两个维护”。主动对标对表党中央和省委、株洲市委、醴陵市委决策部署，严格执行请示报告制度，向市委请示报告人大有关工作 13 次，做到市委有号召，人大就有响应；市委有决策，人大就有贯彻；市委有部署，人大就有行动。坚持党管干部原则与人大依法任免有机统一，及时听取任免事项报告，组织任前法律知识考试、任职承诺发言和宪法宣誓等，确保党组织推荐的人选通过法定程序成为国家机关工作人员，全年共依法任免国家机关工作人员 29 人次，接受株洲市、醴陵市代表辞职 15 名，补选株洲市、醴陵市代表 13 名。

**筑牢思想强引领。**坚持把学习习近平总书记重要讲话精神作为“第一议题”，召开党组会议和中心组学习 11 次。认真落实“三会一课”（定期召开支部党员大会、支部委员会、党小组会，按时上好党课）、民主生活会、主题党日活动等党的组织生活制度，党组成员带头讲授党课 7 次。积极配合市委第一巡察组对人大机关党总支开展巡察，反馈的 18 个问题全部整改到位。参与组织“七五普法”“国家宪法日”等宣传活动，推动国家根本政治制度和宪法精神深入人心。持续开展“青年党员领学”活动，青年干部领学 13 次，微宣讲、读书会、红色讲堂等活动常态化活跃在人大机关、代表小组，党建经验做法被湖南省人大宣传推介。

**围绕中心促发展。**坚持将人大工作与中心工作有机统一、同频共振。市人大常委会深入基层党建（乡村振兴）、城市创建、脱贫攻坚等“五个一”帮扶点，全年累计开展督导帮扶 110 余次，解决各类问题 60 余个。牵头全域旅游示范区创建工作，芋园文化旅游景区（李立三故居）成功创建 AAAA 景区，耿传公祠、左家老屋等成为全省红色旅游目的地，醴陵获评湖南省首批全域旅游示范区，获得全省文化旅游真抓实干督查激励表彰。牵头“三创四化”工作，取得阶段性重大成果，荣膺国家园林城市、国家卫生城市、全国文明提名城市。牵头瓷茶产业融合，成功举办湖南省首届瓷茶融合发展大会，打响“潇湘五彩茶、釉下五彩瓷”产业新名片。联系城市外环线项目，协调解决施工中存在的困难，实现全线通车。联系船湾服饰产业园，协调、组织职业服装展示对接会，打造“中国职业服装之乡”区域品牌。协调“食为天”种养合作项目，助推农民专业合作社做大做强。联系中模绿建、德兴瓷业等 13 家重点企业，鼓励、帮助企业渡过难关发展壮大。人大机关干部结对帮扶 12 个村 53 户 164 名贫困群众，全部高质量脱贫出列。

### 二、牢记出发点，始终密切联系群众

把为民造福、为民服务作为人大工作的出发点，充分发挥人大制度优势，密切联系服务群众，推动发展成果共建共享。

**为人民代言。**着眼发展大局，围绕事关经济社会发展的重大事项，依法行使重大事项决定权，作出批准部分行政区划调整等8项决议决定。听取《株洲市城市综合管理条例》贯彻落实情况汇报，认真开展老旧小区改造工作情况调研活动，推动城市管理不断优化和老旧小区提质改造升级。对醴陵市贯彻执行《湖南省中小学校幼儿园规划建设条例》情况进行调研，针对学校布局不够合理、条例落实不够到位等问题，提出合理化建议，推动办好人民满意教育。

**帮人民解困。**新冠肺炎疫情发生以来，市人大常委会、镇街人大、各级人大代表以人民生命健康为重，以敢于斗争、敢于胜利的大无畏气概，奋力夺取统筹疫情防控和经济社会发展“双胜利”。市人大常委会正副主任共督导15个镇街51个村居，牵头包案联系点的涉湖北、武汉重点人员；人大机关干部下沉到企业、社区，连续值守40余天。镇街人大承担疫情防控事项累计320余项。五级人大代表捐款50余万元、捐赠口罩120余万个，志愿服务达2300余人次。市人大常委会坚决贯彻市委决策部署，支持政府根据防控需要采取临时性应急管理措施，对陆续出台的惠民利企政策落实情况进行监督。高度重视信访工作，全年共办理群众来信193件，接待群众来访117人次，转办、交办、督办涉法涉诉信访件96件，及时回应群众诉求，切实维护群众合法权益。

**让人民做主。**制定出台《醴陵市实施民生实事项目人大代表票决制工作的意见（试行）》。认真开展镇级民生实事项目人大代表票决制试点工作，试点由1个镇扩面至嘉树、枫林、白兔潭等7个镇，票决产生项目13个，总投资2200余万元，票决赞成率、项目满意率分别达97%、95%。市人大常委会、镇人大主席团积极争取财政安排专项经费，并运用多种形式加强监督，保障民生实事项目票决制工作有序有效实施。由“为人民作主”到“让人民作主”的试点经验，在株洲市票决制工作现场推进会上向全市推介。

## 三、夯实着力点，始终聚焦依法监督

把监督工作作为人大履职的“第一菜单”，做到正确监督、有效监督，更好助力“四个醴陵”（富强、美丽、幸福、文明新醴陵）建设。

**精选监督议题。**把事关改革发展稳定的重大问题和社会普遍关注的突出问题作为监督重点。专题听取和审议2019年财政收支预算调整方案、本级财政决算报告，强化财政预算约束、绩效管理和债务风险防范化解。对2020年财政预算草案编制情况、国民经济发展计划和财政预算执行情况及预算调整情况进行全过程审查监督，支持市人民政府做好“六稳”（稳就业、稳金融、稳外贸、稳外资、稳投资、稳预期）工作，落实“六保”（保居民就业、保基本民生、保市场主体、保粮食能源安全、保产业链供应链稳定、保基层运转）任务。加强对《中华人民共和国中医药法》贯彻实施情况的监督，要求加大普法宣传力度、突出中医药人才培养、着力促进中医药事业发展。听取和审议国有资产管理工作、退役军人服务保障体系建设等情况报告，促进全市各项工作依法依规有序开展。

**创新监督形式。**推进工作监督和法律监督、专项监督和综合监督相结合，彰显监督叠加连环效应。组织人大代表考察“两院”工作，听审评议刑事案件、民事案件达82人次。深入开展《株洲市农村村庄规划建设管理条例》执法检查，由市人大常委会正、副主任带队，组成综合组和5个检查小组，按照组织发动、自查自评、检查小组检查、迎接株洲市执法检查、审议、整改落实6个步骤开展工作，单位自查489户，上户抽查153户，限期整改问题35个，有力遏制农村违法乱占耕地建房现象，在株洲市执法检查中得到高度肯定，“十问十看”（在《株洲市农村村庄规划建设管理条例》执法检查中采用的工作方法）被誉为“醴陵经验”，先后被省人大、株洲市人大刊物刊登推介。围绕安全生产、粮食生产、道路交通秩序管理开展专项工作评议，组织150名市、镇人大代表上户走访，召开座谈会12场，发放调查问卷7500余份，收集、归纳意见和问题46条，现场议、当场评、限期改，3个被评议责任单位均被评为“满意单位”。认真开展规范性文件备案审查，对57件规范性文件进行登记、备案和审查，听取规范性文件备案审查工作情况汇报，要求完善备案审查工作机制，不断提高专业水平。

**务求监督实效。**整合审计专业力量开展监督，对于审计发现问题的整改措施及效果持续跟踪。做好监督后半篇文章，建立跟踪问效机制，努力做到整改不到位不放过、问题不解决不放过、人民不满意不放过。持续督导、常态化听取整改工作情况，财政年初预算预备费安排未达到规定比例、乡镇农科站资产管理未到位等问题得到及时整改。围绕百姓关注的生态环境问题，市人大常委会坚持年年听、年年议，专题听取环保工作情况汇报、《株洲市畜禽养殖污染防治条例》贯彻执行情况汇报，提出坚持因地制宜、明确工作重点、部门齐抓共管等具体建议，助力打好污染防治攻坚战。深入开展“环保世纪行”“农产品质量安全行”“三湘农民健康行”“民族团结进步行”“司法公正醴陵行”等活动。

## 四、紧扣关键点，始终突出代表履职

人大代表是人民代表大会的主体。牢固树立尊重代表、依靠代表、服务代表的理念，不断加强和改进代表工作。

**加强学习培训，让代表履职“有底气”。**安排乡镇人大主席到长沙参加《湖南省乡镇人民代表大会工作条例》学习培训，对新任人大主席、副主席进行任职培训，组织代表、人大干部学习《中华人民共和国民法典》，累计开展各种形式学习培训6批次，培训300余人次。为代表订阅《中国人大》《人民之友》等杂志600余份，发放相关业务书籍700余份，编印代表履职手册和常用法律法规知识汇编500余份，让代表通过学习“充电”，提升履职能力。

**完善长效机制，让代表履职“聚人气”。**健全常委会联系代表、代表联系群众“双联”机制，深化“驻室接待日”工作制，建成24个代表工作室，组织各级代表驻室接待450余人次，构筑了民意表达“高速公路”。落实列席常委会会议代表座谈交流工作制度，积极推动人大代表常态化参与人大常委会、“一府一委两院”重要会议活动，组织各级人大代表参加执法检查、专题视察、专项评议、走访调研等活动，拓宽代表履职渠道。建设人大代表履职智能系统，开启“互联网＋代表工作”新模式。组织9名驻醴株洲市代表向市人大常委会报告履职情况，指导各镇、街组织市镇代表向选民报告履职情况。

**丰富活动方式，让代表履职“接地气”。**通过代表小组和代表专业小组的形式，积极组织、指导、服务国、省、株洲市、醴陵市人大代表在闭会期间开展活动80余次，为代表审议报告、提出建议、履行职责打好基础。市人大代表驻嘉树镇、驻板杉镇、驻来龙门街道3个先进代表小组，王辉、邓勇、周春芳等26名履职积极分子，《关于尽快启动仙岳山片区陶瓷装备产业园规划布局的建议》等5件优秀代表建议，获市人大常委会表彰。

**抓好建议督办，让代表履职“更硬气”。**将代表满意、群众认可作为办好议案、建议、批评、意见的第一标准，主动对接协调，加大跟踪督办，增强办理实效。围绕群众“急难愁盼”问题，全年收集整理城乡基础设施建设、教育文化、政务服务、基层治理等方面意见和建议85条，其中《关于加快教育城乡均衡发展，破解“城市挤、农村弱”现象的建议》等5件建议列为重点督办件，由常委会正副主任牵头督办，专门委员会领衔日常督办。代表议案建议实行全链条监督、全过程服务，建议办理工作由“事事有答复”转变为“件件有成效”，代表见面率、事项办结率、工作满意率均达100%。

## 五、巩固支撑点，始终强化自身建设

着眼新时代人大工作的新任务新要求，扎实推进自身建设，不断改进工作作风、提升工作能力。

**强化力量支撑。**在市委高度重视、大力支持下，进一步充实人大力量，选优配强各委办主任，“75后”委办正、副主任占比达50%。设立代表服务中心，增加4个专门编制。定期召开乡镇人大主席、副主席工作座谈会，加强对乡镇人大工作的联系和指导。以《湖南省乡镇人民代表大会工作条例》贯彻实施为契机，充实一批优秀年轻干部，落实专项工作经费，提档升级活动场所，推动乡镇人大工作做实做活。

**强化制度支撑。**认真执行《中共醴陵市委关于提高新时代人大工作和建设水平的实施意见》，把制度优势转化为工作实效。先后出台“十要十不”（要同党中央保持高度一致，不妄议组织；要积极弘扬正能量，不信谣传谣；要爱岗敬业，按时上下班，不擅离职守、敷衍塞责；要严格财经纪律，加强经费管理，不违规接待、违规使用公车和随意向其他单位拨款；要从小事做起厉行节约，随手关灯、水龙头等，不铺张浪费、奢靡享乐；要文明用餐，杜绝浪费，主动使用公筷公勺，不食用野生动物；要积极参加“三会一课”、党日活动等，不无故缺席；要廉洁从政，不利用职务之便谋取私利；要做好机关卫生保洁，不随意乱丢乱放乱扔垃圾；要带头养成热爱读书、热爱运动等健康生活方式，不沉迷于赌博等低俗兴趣爱好）。党员承诺、机关管理规定等文件，以制度管人理事。完善常委会党组议事规则和关于改进常委会会议审议工作若干规定，进一步规范议事和决策程序，确保集体行使职权和科学民主决策。

**强化舆论支撑。**在媒体平台开辟“代表风采”专栏，专题报道人大代表先进事迹。成功举办醴陵人大设立常委会40周年座谈会，全方位展示醴陵民主政治建设的光辉历程和喜人成就。醴陵人大常委会作为全省唯一县级人大常委会代表参加全国人大工作座谈会并发言。《千年产业文明中的人大担当——醴陵人大助推产业转型升级纪实》获评湖南省地方人大设立常委会四十周年实践探索课题二等奖，并作为优秀论文上报全国人大常委会。配合、承接全国人大、省人大、株洲市人大等到醴陵市考察调研30余次，向《人民之友》，“湖南人大”“株洲人大”公众号等推送信息60余条，在相关省级媒体发表文章10余篇，在汇报交流、宣传推介中扩大人大工作影响，展示大美醴陵形象。

各位代表，同志们！市人大常委会所取得的成绩和进步，是市委高度重视、加强领导的结果，是常委会组成人员、各专门委员会和人大机关工作人员共同努力的结果，是市人民政府、市监察委员会、市人民法院、市人民检察院密切配合的结果，也是全市人民、各级人大和人大代表以及社会各界大力支持的结果。在此，我代表市人大常委会，向大家致以崇高的敬意和诚挚的感谢!

市人大常委会工作还存在一些不足，依法监督的实绩实效还需进一步增强；视察调研的广度深度还需进一步拓宽；代表作用发挥和履职能力还需进一步提升；议案、建议、批评和意见的督办力度还需进一步加大。我们将虚心听取各方面意见，不断加强和改进各项工作。

## 2021年主要工作

2021年是建党100周年的大庆之年，是实施“十四五”规划的开局之年，是全面开启现代化新征程的首战之年。市人大常委会工作的总体要求是：以习近平新时代中国特色社会主义思想为指导，坚持党的领导、人民当家作主、依法治国有机统一，全面贯彻落实中央和省委、株洲市委、醴陵市委重大决策部署，紧紧围绕醴陵市委提出的“五城发展”“千亿时代”“湘赣边区域合作示范区建设排头兵”等目标任务，依法履职尽责，主动担当作为，不断丰富人民代表大会制度在醴陵的生动实践，奋力开创新时代人大工作新局面。

按照这一总体要求，具体要把握好以下方面：

**坚持一个统领。**坚持用习近平新时代中国特色社会主义思想指导和统领人大工作，深学笃行习近平总书记关于人民代表大会制度的重要思想，着力在学懂弄通做实上下功夫，在深化消化转化上见成效。

**牢记两大誓词。**始终牢记入党誓词和宪法宣誓誓词，既讲好党言党语，又讲好法言法语，坚持和完善人民代表大会制度的时代内涵和实践功效，切实把制度优势转化为治理效能。

**创建三个机关。**自觉服从市委领导，主动服务全市大局，努力把人大机关建设成为党领导下的政治机关，成为全面担负起宪法法律赋予的各项职责的工作机关，成为同人民群众保持密切联系的代表机关。

**强化四大理念。**“手握宪法”，弘扬宪法精神，深化法治建设，推动国家法律法规在醴陵落地见效。“脚沾泥土”，落实习近平总书记考察湖南时提出的“人大代表要更加密切联系群众”重要指示精神，促进人大常委会广泛密切联系代表，各级代表广泛密切联系人民群众，做到“脚下沾满泥土，眼中饱含真情”。“心系百姓”，人大代表来自人民，必须始终把人民放在心中最高位置，推动解决群众关心的热点难点问题，努力当好全市人民的孺子牛、拓荒牛、老黄牛。“干在一线”，强化人大处于民主法治建设、密切联系人民群众、集体行使国家权力的一线意识，保持“一线状态”、展现“一线风采”，有效履行人大各项职能。

重点做好六个方面的工作：

**一、持续助推经济发展。**依法审查批准市本级预决算及国民经济和社会发展计划，认真审查批准市“十四五”规划和二〇三五年远景目标纲要。全面启动人大预算联网监督系统，加强对财政经济运行的监督。重点加大对财政支出预算、财政资金使用绩效、政策实施效果的监督力度。加强国有资产管理监督。持续关注政府债务管理。继续开展财政“同级审”工作，对审计过程中查出的问题进行跟踪监督。加大对重大事项的监督力度，完善重大决策出台前向本级人大报告的制度和程序。

**二、着力改善民生福祉。**坚持以人民为中心，推动政府及职能部门工作效能持续提高和民生福祉不断改善。聚焦生态文明，开展《中华人民共和国水污染防治法》《株洲市城市生活垃圾管理办法》贯彻落实情况调研，听取第二自来水厂建设情况报告。聚焦“三农”工作，听取全市农田水利建设情况报告，开展涉农专题调研，推动产业发展、农民增收、乡村振兴。聚焦社会关切，开展醴陵市营商环境情况调研，听取并审议《中华人民共和国职业教育法》《中华人民共和国体育法》等贯彻实施情况报告。继续深入开展“五行”(“环保世纪行”“农产品质量安全行”“三湘农民健康行”“民族团结进步行”“司法公正行”)活动，注重结合实际、突出特色、彰显实效。

**三、认真履行监督职责。**深化宪法学习宣传教育，听取醴陵市“七五”普法工作情况报告，维护宪法尊严和权威，发挥人大在宣传和贯彻实施宪法中的重要作用，教育引导国家工作人员带头尊崇宪法、学习宪法、遵守宪法、维护宪法、运用宪法。强化司法公正监督，开展法官检察官履职评议，深化旁听评议庭审工作，助推以审判为中心的司法制度改革向纵深推进。继续组织《株洲市农村村庄规划建设管理条例》实施情况执法检查，规范农村村庄规划建设工作。增强刚性制约，把好“红头文件”关，抓好规范性文件备案审查工作，实现备案审查工作制度化、规范化、数字化。

**四、依法抓好换届选举。**2021年，县乡两级人大都将换届选举。换届选举是全市人民政治生活中的一件大事，也是人大常委会履行政治责任的一项重大任务。市人大常委会将按照中央、省委、株洲市委和醴陵市委的统一部署，坚持党的领导，充分发扬民主，严格依法办事，做好组织、协调、指导等工作。贯彻新修正的选举法，建好代表资源库，把好代表连任关，完善代表结构，提高代表素质，使选出的代表体现先进性、纯洁性、广泛性。认真做好醴陵市级换届选举工作，加强对乡镇选举委员会的领导，会同相关部门做好代表名额分配、候选人提名推荐和审核等基础工作。围绕换届选举中的新情况、新问题，加强法律监督和工作指导，实现换届选举依法有序、风清气正、圆满成功。

**五、充分发挥代表作用。**用好代表履职系统，完善代表履职管理和代表小组活动制度，落实代表“驻室接待”制度，推动各级人大代表进室联系群众、履职为民。把代表工作室建在产业链上，“面对面”“心贴心”“实打实”建言献策。坚持邀请代表列席会议，及时向代表通报人大工作情况，推动“一府一委两院”与代表的密切联系，拓宽代表知情知政渠道。做好代表建议办理和督办工作，对社会关注度高、意见比较集中的代表建议进行重点办理、督办。坚持“群众提、代表定、政府办、人大评”方式，规范有序、务实高效在市、镇两级全面推行民生实事项目人大代表票决制工作，建立人大常委会组成人员督办项目、人大代表分小组联系项目的监督机制，适时听取和审议政府民生实事项目完成情况报告，并进行满意度测评。积极为代表出席会议、参加集中视察、专题调研、提出议案建议等履行法定职责提供服务保障，引导代表争当传承建党百年红色基因、弘扬社会正能量的“播种机”，推动“五城发展”、迈进“千亿时代”的“实践者”，建设湘赣边区域合作示范区的“排头兵”。

**六、不断加强自身建设。**进一步加强政治理论和业务知识学习，努力提升依法监督、依法履职的能力本领。进一步改进工作作风，贯彻全面从严治党要求，持之以恒正风肃纪，健全人大机关组织和工作制度，做到忠诚干净担当、廉洁勤政有为。进一步压实意识形态工作责任制，充分宣传人民代表大会制度优越性。进一步加强调查研究，坚持和人民群众坐在同一条板凳上搞调研，把情况摸清，把问题找准，把建议提好。进一步加强对乡镇人大在政策法规、工作程序、制度建设、履行职责等方面的指导，落实《湖南省乡镇人民代表大会工作条例》，推动乡镇人大工作常态化、制度化。进一步激活人大常委会组成人员、人大代表、人大工作者的活力，创造性地做好各项工作，打造更多具有醴陵辨识度的人大工作品牌。

各位代表、同志们，站在“两个一百年”奋斗目标的历史交汇点，醴陵“五城发展”“千亿时代”的宏伟蓝图正在徐徐展开。让我们更加紧密团结在以习近平同志为核心的党中央周围，在市委的坚强领导下，同心同德、群策群力，全面建设现代化新醴陵，以优异成绩向建党100周年献礼！

# 政府工作报告

## ——在醴陵市第十六届人民代表大会第六次会议上

市人民政府市长　王利波

（2021 年 2 月 2 日）

### 一、2020 年和“十三五”时期取得辉煌成就

2020 年，是极不寻常、极具挑战、砥砺奋进的一年，是决战决胜脱贫攻坚、建设更高水平全面小康社会和“十三五”规划的收官之年。一年来，面对新冠肺炎疫情冲击、经济下行压力增大的少有困难局面，我们坚决贯彻习近平新时代中国特色社会主义思想，在市委的坚强领导下，在市人大、市政协的监督支持下，认真把握高质量发展要求，深入打好“三大攻坚战”（防范化解重大风险攻坚战、精准脱贫攻坚战、污染防治攻坚战），扎实做好“六稳”“六保”工作，着力抓好“一活动一行动”（产业项目建设年活动、温暖企业行动），各项经济指标“由负转正”，夺取了疫情防控和经济社会发展“双胜利”。全年实现地区生产总值增长 3.9%，地方财政收入增长 5.6%，城、乡居民人均可支配收入分别增长 4.8%、7.1%。综合实力、基本竞争力位列全国百强第 45 位、第 64 位，跻身全国工业百强第 77 位、创新百强第 88 位。获评“中国陶瓷之都”、全国全面小康百佳示范市。

**（一）产业转型步伐加快。**工业稳固发展。规模工业增加值增长 3.7%，陶瓷产业集群入选省先进制造业产业集群，五彩陶瓷小镇入选全国精品特色小镇。省陶瓷研究所成建制划归醴陵，陶瓷博物馆改造升级有序推进。与安化县、石门县等地达成战略合作，实现瓷茶跨界融合。促进烟花爆竹安全绿色发展，落实“四个一批”（提高标准，巩固提升一批；整合资源，兼并重组一批；严格执法，淘汰关闭一批；政策引导，转型退出一批）举措，花炮企业整合至 180 家。成功举办职业服装展示对接会，服饰产业获评“职业服装活力集群”。旗滨电子玻璃、节能玻璃生产线建成投产，碲化镉发电玻璃项目加快推进。电子信息产业园开工建设。新增国家级专精特新“小巨人”企业 4 家，省级上云标杆企业增至 7 家，高新技术企业达 138 家。农业提质升级。推进高标准农田建设，完成种植结构调整 3166.67 公顷，播种粮食 69.19 千公顷，产粮 48 万吨。培育省市农业产业化龙头企业 43 家，7 个农产品获国家级绿色食品认证。农村集体产权改革、农村承包地确权登记颁证等工作获评全国先进。油茶产业发展态势良好，成功入围全省综合油料大县和茶油大县。服务业持续攀升。成功举办陶瓷博览会、房地产博览会、花炮产销对接会。大力发展全域旅游，左家老屋对外开放，芋园文化旅游景区成功创建 AAAA 景区，全年接待游客 677.98 万人次，实现旅游综合收入 73 亿元。全省第一家县级出口信用统保平台、续贷受理中心落户醴陵。金融机构各项存贷款余额分别为 428.9 亿元、316.1 亿元。

**（二）“三大攻坚战”纵深开展。**脱贫攻坚取得决定性成果，3312 名剩余贫困人口全部脱贫。完成“四类对象”（建档立卡贫困户、低保户、农村分散供养特困人员、贫困残疾人家庭）“边缘户”（人均可支配低于国家扶贫标准 1.5 倍左右，以及因病、因灾、因残、因新冠肺炎疫情影响等引发的刚性支出明显超过上年度收入和收入大幅缩减的非建档立卡贫困户）住房保障任务 997 户，贫困人口和档外“五类人员”（建档立卡以外的低保户、分散供养特困人员、重病户、重残户、边缘户）饮水安全问题全面解决。建立防止返贫致贫监测和帮扶机制，脱贫质量稳步提升。污染防治成效明显。全年空气质量优良天数达 358 天。完成东岸河、西山渠等黑臭水体治理。重点水域畜禽全面退养、网箱养鱼全部取缔，渌江水质稳定保持 II 类。修复治理重金属污染土地 666.67 公顷，污泥无害化处置率达 100%。金融风险有效防控。健全政府性债务管理机制，稳妥化解隐性债务，债务率进一步下降。推进平台公司改革，渌江集团信用评级提升至 AA+。严厉打击涉众型非法经营活动，守住了不发生系统性、区域性金融风

险的底线。

（三）**“一活动一行动”扎实推进**。深入开展产业项目建设年活动，新签约项目136个，合同引资440.4亿元，其中10亿元以上项目12个，50亿元以上项目3个，三类“500强”项目9个。实施重点项目192个，华联华瓷汇总部等176个项目开工建设，中盐美福等68个项目竣工投产。大力开展“净地”行动，完成60个项目“清零”交地，征地423.13公顷，拆迁房屋823栋（套），动态储备土地133.33公顷。深化温暖企业“三百”行动，为企业减负3.1亿元，投放支持企业复工复产贷款17.7亿元。新增市场主体7844家，总数达57981家。持续推进园区攻坚三年行动，完成调区扩园，在全省园区综合排名中前进23位、位列第11位，实现技工贸总收入585.5亿元，增长10%。陶子湖、渌江新城、东富工业园、横店产业园等片区开发项目加速推进。醴瓷电商产业园投入运营。新开工标准厂房21万平方米，建成标准厂房16万平方米。

（四）**城乡环境持续优化**。深入开展“三创四化”，成功创建国家卫生城市。青云桥建成通行，礼品街正式开放。新妇幼、五彩广场等项目加快推进。完成老旧小区改造项目41个，开工棚户区改造项目3个，新改扩建农贸市场36个。新建城市污水管网20公里，城市生活污水处理率达95%。强力控违治违，拆除各类违法建设120处。完成自然村通水泥（沥青）路80公里，S104（云龙楠山铺至醴陵塘坊）、S204（醴官线和桎马线）、S330（美田桥—贺家桥—攸县新市）等道路路基拓宽全面开工，平汝高速隆兴坳互通加快推进。醴茶铁路恢复客运运营。开展“四治一改”，新改建卫生厕所2万座、农村公厕23座。完成14个镇垃圾中转站主体建设，启动垃圾焚烧发电项目，创建垃圾分类示范镇（街道）2个、村（社区）24个，农村生活垃圾无害化处理率达100%。启动18个集镇污水处理设施建设，农村生活污水处理率达86.6%。新建整修大小水利工程1103处，完成小型水库除险加固22座。建成新时代文明实践所24个、村级实践站270个、文明实践广场21个。

（五）**民生福祉有效改善**。保障体系不断健全。发放各类社会救助资金1.9亿元，城乡居民医保参保率达95%。社区日照中心覆盖率、城乡居民养老保险参保率均达100%。新增城镇就业6962人，实现零就业家庭动态援助率100%。社会事业加快发展。湖南师范大学附属学校、新三中建设有序推进。新改扩建义务教育学校35所，增加学位2600个、公办园位1.2万个。紧密型医共体建设列为国家试点，“湘雅乡情·专家醴陵行”常态化开展。成功创建国家慢性病综合防控示范区，湖南中医药大学附属醴陵医院正式挂牌。社会大局和谐稳定。开展安全生产专项整治三年行动，安全形势持续稳定向好。深入推进扫黑除恶专项斗争，坚决遏制各类违法犯罪，“社区警务＋楼栋守护”模式入选全国社会治理创新案例。开展信访维稳“三无”（无积案、无越级上访、无涉稳事件）创建，切实将问题解决在基层、矛盾化解在初始。顺利完成第七次全国人口普查工作。全力保障“舌尖上的安全”，获评全省首批食品安全示范市。加强国防动员和后备力量建设，征兵工作获评全省先进。

各位代表，面对突如其来的新冠肺炎疫情，市委、市政府把确保人民群众生命安全和身体健康作为头等大事，第一时间启动一级响应、组建应急体系，按照“一案一专班、一类一对策、一日一督查、一事一调度”要求，做到全覆盖排查、全方位防控、全过程管理。坚持“外防输入、内防反弹”防疫策略，建立常态化疫情防控机制，严格落实重点场所、重点单位、重点人群防控措施，建成5家核酸检测实验室，实现居民健康卡注册使用全覆盖。在广大医护人员、基层干部、公安干警和社会志愿者等全市干群的共同努力下，疫情防控工作取得了重大战略性成果，全年没有出现死亡病例和医务人员感染，是全省最早的低风险县市之一。

各位代表，一年来，我们坚持把加强政府自身建设，作为提高施政能力和服务水平的重要抓手。推进行政审批制度改革，梳理权力清单和责任清单3496项，完成“一件事一次办”事项6.2万件。坚持依法行政，自觉接受人大工作监督与法律监督、政协民主监督和社会监督，承办人大代表建议85件，政协委员提案95件，办复率均为100%。做到开门问策、汇聚民智，如期完成“十四五”规划编制工作。实行月度重点工作预安落实销号制度，推广运用智能办公系统，行政效率显著提高。高质量发展、农村人居环境整治、公立医院综合改革、教育、文旅、财政等多项工作获省真抓实干督查激励表彰。牢固树立过“紧日子”思想，做到有保有压，有效提高了财政资金使用效率。认真履行党风廉政建设责任，深化廉政风险防控，强化审计、统计等监督，营造干事创业的良好氛围。

与此同时，机关事务、海关、消防、气象、水文、住房公积金、档案史志、工会、共青团、妇女儿童、老龄、科协、文联、侨联、残联、民族宗教、水库移民等工作均取得新成效。

各位代表！2020年主要目标任务的顺利完成，为“十三五”画上了圆满句号。“十三五”时期，是我市发展历史上十分重要、充满风险挑战、经受重大考验的五年，醴陵取得让人民满意、可载入史册的成就。

这五年，我们加快建设“富强醴陵”，综合实力显著增强。全市地区生产总值、财政总收入、社会消费品零售总额分别是2015年的1.4倍、2倍、1.5倍，外贸进出口总额突破5亿美元关口。综合实力百强排名跃升37位，稳居全省县域第一方阵。园区技工贸收入是2015年的2.2倍，东富工业园入驻企业从1家增长至22家，年产值从10亿元增长至45亿元。推广智能制造，先后引进安装1000余台陶瓷智能生产设备，建成8条烟花爆竹、7条服饰自动化生产线。玻璃产业发展强劲，新材料、电子信息等新兴产业来势见好，规模以上工业企业增加49家。全域旅游蓬勃发展，共接待游客3482.7万人次，获评中国文旅产业最具开发价值县。三次产业结构比由9.1∶64∶26.9优化为9.7∶52∶38.3。

这五年，我们加快建设“美丽醴陵”，城乡面貌显著改观。持续开展“三创四化”，成功创建国家园林城市、国家卫生城市、省级文明城市，获全国文明城市提名。城市建成区面积由29平方公里增加至42平方公里，城市人口由25万人增加到30万人。累计改造大街小巷129条，建成26个4.2万平方米“口袋公园”，新增停车位1万余个。“一江两岸”文化休闲带建成开放，千年遗迹“醴陵门”原址重现，酒吧街人气火爆。全市森林覆盖率56%，城市建成区绿化覆盖率40.4%，空气优良率上升至97.8%，水环境质量得到有效改善。开展农村人居环境整治三年行动，获评全省“四好农村路”（建好、管好、护好、运营好农村公路）示范市、美丽乡村建设先进市。好山好水好风光成为厚重的城市底色。

这五年，我们加快建设“幸福醴陵”，民生保障显著加强。彻底消灭了绝对贫困，提前3年实现整体脱贫、同步全面小康。民生支出占比连续5年超过7成。五项社会保险参保总人数增长至108万。零就业家庭动态援助率保持100%。城、乡居民人均收入分别是2015年的1.4倍、1.5倍。醴陵陶瓷学院建成开学，连续10年获评株洲市高中教育质量建设先进单位。基层医疗卫生条件大幅改善，建制镇卫生院“三大设备”（X线检查机器、彩超、生化仪）全部配齐，本地就诊率提高至93.8%。公共服务设施覆盖率达97%，成功创建国家公共文化服务体系示范区。醴陵教育、医疗、文化逐步形成品牌。

这五年，我们加快建设“文明醴陵”，社会治理水平显著提高。深入开展文明创建，连续3年获评株洲市文明建设先进市，孙家湾镇、东岗村等获评“全国文明村镇”，沩山村获评“中国历史文化名村”。黄小玲获评全国劳动模范，赵石毛等入围“中国好人榜”。网格化服务管理经验被全国推介，获评全省创新社会治理试点县（市）。扫黑除恶专项斗争得到中央督导组充分肯定，禁毒工作成效明显，安全生产、社会综治两项工作分别连续4年、3年荣获全省先进，获评全省平安县（市）。城市文明程度进一步提升，和谐氛围进一步浓厚，醴陵处处都有靓丽的风景、市民个个争做文明的使者。

各位代表！奋斗充满艰辛，收获来之不易。“十三五”时期成绩的取得，得益于习近平新时代中国特色社会主义思想的正确指引，得益于市委的坚强领导、科学决策，得益于市人大、市政协的有力监督、鼎力支持，得益于全市上下的同心同德、奋力拼搏。在此，我代表市人民政府，向广大干部群众，向各级人大代表、政协委员，向民兵预备役官兵、武警部队、消防人员、政法干警，向医护人员、人民教师和离退休老领导、老同志，向关心支持醴陵发展的社会各界人士，致以崇高的敬意和衷心的感谢！

在盘点成绩的同时，我们也清醒地看到，当前还存在一些不容忽视的问题：一是受疫情影响，全球经济大幅萎缩，国际贸易壁垒增多，经济下行压力加大，实体经济面临不少难题；二是发展风险叠加，政府债务、生态环境、安全生产、信访维稳等方面隐患不容忽视；三是产业结构还不够优，大项目好项目还不够多，发展不充分、不彻底、不全面、不持续问题比较突出；四是公共服务供给保障能力还需加强，就业、教育、医疗、养老、出行等方面还存在不少群众“急难盼愁”问题；五是政府效能有待提高，专业化治理能力和水平与高质量发展要求还有差距，个别干部担当落实本领还有待增强，营商环境有待优化。对此，我们将下定决心、下大力气，切实加以解决。

## 二、科学谋划“十四五”发展

“十四五”时期是我国全面建成小康社会、实现第一个百年奋斗目标之后，乘势而上开启全面建设社会主义现代化国家新征程、向第二个百年奋斗目标进军的第一个五年。从国际看，当今世界正经历百年未有之大变局，新冠肺炎疫情全球大流行加速大变局演进，带来产业链供应链深度重构调整，外部环境不稳定性不确定性明显增加。从国内看，稳中向好、长期向好的趋势没有改变，以国内大循环为主体、国内国际双循环相互促进的新发展格局正在加快形成；习近平总书记赋予湖南“三高四新”发展新使命，加快推进长株潭一体化、湘赣边区域合作和“一谷三区”等省市战略，为醴陵建设国际陶瓷之都和湘赣边区域性中心城市提供坚实支撑。从醴陵看，经过近几年的持续较快发展，全市顶层设计深入人心，产业发展活力迸发，区位优势更加凸显，实干氛围日益浓厚，这些都为我们谋求更高层次跨越打好坚实基础。我们必须坚定信念，保持定力，激发活力，精准发力，奋力谱写建设现代化新醴陵的崭新篇章。

"十四五"时期全市经济社会发展的总体要求是：全面落实中共十九大和十九届二中、三中、四中、五中全会精神，坚持以习近平新时代中国特色社会主义思想为指导，深入贯彻习近平总书记对湖南工作系列重要讲话指示精神，深入贯彻省委"三高四新"、株洲市委"一谷三区"等战略部署，深入贯彻新发展理念，坚持稳中求进、进中争先工作总基调，以推动高质量发展为主题，以深化供给侧结构性改革为主线，以改革创新为根本动力，以满足人民日益增长的美好生活需要为根本目的，统筹发展和安全，着力建设现代化经济体系，主动融入新发展格局，拓展发展新空间，推进县域治理体系和治理能力现代化，加快构建"一核两轴一廊六区"区域发展格局，加快打造产业之城、开放之城、创新之城、文化之城、宜居之城，加快迈进以千亿产值、千亿产业、千亿园区为主要内涵的县域经济"千亿时代"，努力建设现代化新醴陵，奋力当好湘赣边区域合作示范区建设排头兵。

"十四五"时期全市经济社会发展的主要目标是"千亿时代""五城发展"。我们要加快迈进以千亿产值、千亿产业、千亿园区为主要内涵的县域经济"千亿时代"。千亿产值，地区生产总值每年增长8%左右，用3～4年时间突破1000亿元；千亿产业，陶瓷产业产值每年增长10%左右，用3年时间突破1000亿元，形成世界级产业集群；千亿园区，经开区技工贸总值每年增长12%左右，用4年时间突破1000亿元，成功创建国家级开发区。我们要深入推进"五城发展"。产业之城，建设规模更大、结构更优、质量更高的先进制造业高地，推动综合实力在全国排名稳步上升。开放之城，建设全方位的内陆改革开放高地，打造名副其实的国际陶瓷之都、湘赣边区域性中心城市。创新之城，建设具有核心竞争力的科技创新高地，力争科研经费支出占比、万人发明专利拥有量等核心指标达到省市一流水平。文化之城，建设特色鲜明的国家历史文化名城，充分展示醴陵的千年文化、热血人文、工业文明，让书香气息绕梁不绝、千年不散。宜居之城，建设共建共治共享的全国文明城市，让每一块土地都能彰显人间大爱大美，每一位公民都能享受社会公平公正，人人拥有放飞梦想、实现抱负、赢得出彩的机会和舞台。

各位代表！时代的华章，总是在砥砺奋进中书写；历史的画卷，总是在逐梦前行中绘就。圆满实现"十四五"既定目标，务必牢牢把握醴陵在贯彻"三高四新"战略中的新担当，长株潭一体化和湘赣边区域合作的新机遇，加快乡村振兴和建设现代化新醴陵的新使命，"一核两轴一廊六区"的新格局，"千亿时代""五城发展"的新目标，实现"十四五"时期更高质量、更可持续、更具韧性的发展。

## 三、奋力实现"十四五"良好开局

2021年是建党100周年的大庆之年，也是实施"十四五"的开局之年，更是全面开启现代化新征程的首战之年，做好今年工作意义重大。要切实强化"一个意识、五种思维"（机遇意识，高地思维、项目思维、绿色思维、民本思维、底线思维），确保"十四五"开好局、起好步。今年全市经济社会发展的主要预期目标是：地区生产总值增长8%左右，地方一般公共预算收入增长5%，规模工业增加值增长9%，固定资产投资增长10%，社会消费品零售总额增长10%。城镇调查失业率低于省市，居民收入高于经济增长。生态环境质量明显改善，全面完成能耗"双控"目标。粮食播种面积和产量保持稳定。

突出抓好"四个十大"：

**十大产业项目：**①瓷城古韵・一江两岸文化休闲项目，②年产300兆瓦碲化镉薄膜发电玻璃生产线（一期），③陶瓷博物馆展陈及装修改造，④青泥湾现代农业综合开发，⑤明月49兆瓦风电项目，⑥焰火燃放场，⑦中盐美福年产100万吨缓控释复合肥（湖南）生产基地，⑧职业服饰产业园（一期），⑨湘赣内陆港，⑩湘东农副产品批发大市场。

**十大基础设施项目：**①醴娄高速公路（G60复线），②第二自来水厂，③陶子湖生态水利综合开发及区域路网，④新城污水处理厂，⑤城乡生活垃圾资源化处理，⑥仙岳山景区建设，⑦LNG储备库，⑧平汝高速隆兴坳互通，⑨S330红色旅游公路，⑩黄沙变电站。

**十大创新项目：**①旗滨电子玻璃（二期），②陶瓷研究所改造升级，③银和新业态发展文创园，④新型陶瓷智能化生产线，⑤飞鹿防水材料生产基地，⑥电子玻璃研发中心，⑦滨华电瓷电器检测检验有限公司试验中心（二期），⑧超、特高压绝缘子研发中心（二期），⑨轨道交通部件研发生产基地（二期），⑩5G陶瓷滤波器技术研发及产业化项目。

**十大民生实事：**①新改扩建骨干道路和农村公路200公里、改造危桥10座，②改善60个村1万户的用电质量，③完成13个集镇污水处理设施建设，④改造老旧小区19个，⑤渌水样板河综合治理，⑥新改建18个农贸市场，⑦新增集镇天然气用户2000户，⑧新（改）建农村户用厕所5000户，⑨资助家庭经济困难学生15000人，⑩新增城区停车位750个。

重点做好以下六个方面工作：

**（一）着力抓产业、促转型，在实施"三高四新"战略中彰显新担当**

**做强主导产业。**着力打造先进制造业高地，推进"制造强市七大工程"（主导产业集群发展工程、战略性新兴产业培育工程、品牌质量提升工程、产业链供应链提升工程、产业基础再造工程、数字经济赋能工程、园区提质升级工程）。加强关键核心技术攻关，尽快解决一批“卡脖子”问题。牢固树立产业链思维，建立健全现代陶瓷产业体系，加快陶瓷产业公共服务平台建设，不断提升产业链上下游配套集聚能力。推动陶瓷行业信息化改造升级，培育示范车间、示范工厂10家以上。加强研发能力建设，将陶瓷研究所打造成研检产学游“五位一体”、开放式的新型研发机构。加快醴陵窑国家考古遗址公园建设，完成陶瓷博物馆改造升级工程，打造醴陵陶瓷文化的宣教平台。把握智能电网建设新机遇，加快突破高压、特高压电瓷产品的开发及产业化技术，推动电瓷行业向电瓷电器方向发展，提高产品附加值。推动陶瓷与相关产业深度融合发展，打造陶瓷新模式、新业态。鼓励企业在国内主要城市、机场、高铁站等开设陶瓷展销窗口，提升醴陵陶瓷品牌知名度和影响力。启动花炮物流中心、焰火燃放场建设，举办花炮专场订货会，做好第19届国际烟花论坛筹备工作。着力扶优扶强，将花炮企业整合至150家左右。启动服饰产业园建设，壮大职业服装产业集群。

**坚定主攻方向。**大力发展玻璃产业，建好玻璃产业园，力争5年实现产值100亿元，打造中南地区最大的玻璃研发生产基地。大力发展装备制造业，完成时代金属轨道交通生产基地和元创机械升级改造项目。大力发展电子信息产业，推进电子信息产业园建设，引进一批优质企业入驻。大力发展现代物流业，建好湘赣内陆港，完善物流体系。大力发展数字经济，加快5G商用部署，新建基站230个以上。坚持“房住不炒”定位，稳控住房价格，推进住房销售平价走量，实现房地产市场平稳健康发展。构建电商经济新业态，力争培育引进电商企业40家，实现线上交易额5亿元以上。

**建好主要阵地。**坚持把园区作为产业发展的主战场，着力打造“135”（在全省建设100个左右创新创业园区，建成3000万平方米左右标准厂房，引进5000家左右创新创业企业）工程升级版。紧扣“千亿产业园区、国家级开发区”目标，加快陶子湖片区、株醴新城片区、东富工业园片区开发，启动陶瓷装备制造产业园建设相关工作。以“四升级一加强”（承载能力升级、体制机制升级、产业生态升级、营商环境升级和全面加强干部队伍建设）为重点，系统推进园区改革，加快规划提质，完善设施配套，确保园区技工贸总收入达到660亿元以上，财政收入达到12亿元以上。梯度推进国家级陶瓷产业小镇和省级炻瓷产业小镇、玻璃产业小镇、花炮产业小镇、服饰产业小镇建设。

**强化主打措施。**着力打造科技创新高地，实施“创新引领七大计划”（关键核心技术攻关计划、基础研究发展计划、科技成果转化计划、创新主体增量提质计划、瓷城人才引领行动计划、创新平台建设计划、创新生态优化计划），全面提升创新发展竞争力，积极创建省级创新型县（市）。充分发挥企业在科技创新中的主体作用，开展中小企业科技创新“破零倍增”行动，支持领军企业组建创新联合体，确保转换科技成果30项以上。实施质量强市战略，完善质量工作管理体系，打造以质量为核心的区域品牌。着力打造改革开放高地，实施“改革开放七大行动”（深化国资国企行动、投融资体制行动、要素市场化配置行动、营商环境优化行动、“走出去”行动、“引进来”行动、开放平台建设行动），用改革的办法、开放的手段来加快发展。紧紧扭住供给侧结构性改革这条主线，统筹推进投融资体制、要素市场化配置等重点领域改革。推动平台公司转型发展，提高国有资本运营效率，实现资源优化配置。设立线上线下展销窗口，支持外贸企业拓展“一带一路”沿线市场，促进醴陵特色产品营销。做好申报国家文化出口基地相关工作。继续办好陶瓷博览会等专业展会，培育3～5个比较优势明显、带动力强的展会品牌。

**（二）着力抓投资、稳消费，在坚持扩大内需战略基点中寻求新突破**

**全力招商引资。**坚持引资引技引智相结合，围绕11个优势产业链，瞄准“三类500强”（世界财富500强、中国企业500强、民营企业500强）、上市公司、行业龙头，开展主题招商活动。不断创新驻外招商、资本招商、中介招商、线上招商等新模式，推动更高水平“引进来”，力争全年引进项目130个以上，引资600亿元以上。通过向外聘请、潜在挖掘、本地培育等方式，进一步扩大专业招商队伍，提升招商能力。建立招商项目全程跟踪制度，全力做好后续服务工作。持续开展“三乡”（迎老乡、回故乡、建家乡）大行动，推动醴商回归、人才回引、资金回流。

**加快项目建设。**继续开展产业项目建设年活动，实施年度重点项目212个，完成年度投资228亿元。加大项目开竣工力度，确保121个项目开工建设，92个项目竣工投产。完成国土空间总体规划编制，做好用地指标、占补平衡手续报批等基础工作。继续开展“净地行动”，征地400公顷、征拆房屋1200栋（套）、“清零”项目50个以上，切实保障项目用地。加强策划包装，着力“上争外引”，有效破解项目资金瓶颈。启动220千伏醴陵东变电站、110千伏陶子湖变电站建设，确保110千伏黄沙变电站和35千伏中塘变电站建成投运。加强宏观调控，保障“煤电油气运”等生产要素供给。

**优化营商环境。**持续开展温暖企业“三百”行动，坚持市级领导“五个一”，真联系、真帮扶，构建亲清政商关系。实施企业上市倍增三年行动，重点培育打造华联瓷业、恒茂高科、华鑫电瓷等一批本土上市企业，推动国光瓷业尽快复牌。筛选一批成长型企业进行重点帮扶，全力推进小微企业入规升级。严格落实减税降费政策，降低民营企业用电用工用地等各方面成本，推动民营企业发展壮大。积极开展政银企对接，引导和鼓励金融机构加大信贷投放力度。依法保护企业合法权益，维护企业生产经营秩序。大力弘扬企业家精神，提振企业发展信心，让民营经济创新源泉充分涌流、民营企业创造活力竞相迸发。

**推动消费升级。**把扩大消费同改善人民生活品质结合起来，大力推动需求侧改革，挖掘内需潜力。出台落实鼓励消费政策措施，巩固提升汽车、家电、家居等实物消费，重点提质信息、健康、家政、养老等服务消费，积极培育体验消费、网络消费。开展内容丰富、形式多样的消费促进活动，搭建供需对接平台，引导生产供给，满足人民群众个性化、多样化、品质化消费需求。大力推进集购物、餐饮、休闲、娱乐于一体的商业综合体和夜间消费集聚区建设，培育独具魅力的醴陵消费 IP。

**（三）着力抓基层、打基础，在全面推进乡村振兴中开拓新局面**

**发展现代农业。**推进“六大强农”行动，重点构建“一中心四片区”（“一中心”即以醴陵城区的城郊现代农业、休闲农业为中心；“四片区”即东乡片区重点发展特色蔬菜、油葵产业，西乡片区重点发展瓜蒌、莲藕产业，南乡片区重点发展玻璃椒、红薯产业，北乡片区重点发展油料作物产业）现代农业生产体系。巩固 16.73 千公顷种植结构调整面积，打造万亩示范片，推进 3.6 千公顷高标准农田建设。坚决遏制耕地“非农化”“非粮化”，守住 42.67 千公顷耕地红线，实现粮食生产“三个一”（粮食播种面积 100 万亩以上，粮食总产 10 亿斤以上，粮食总产值 10 亿元以上），保持全国全省粮食生产先进地位。大力发展精细农业，建好渌潭江两岸蔬菜供应示范基地。立足本地特色资源，加快“种养加”等乡村产业发展，打造更多“湘赣红”品牌。做好地方品种的提纯育壮，稳步推进“两品一标”（绿色食品、有机农产品，农产品地理标志）产品认证，培育省市级龙头企业 5 个以上。

**建设美丽乡村。**开展全域美丽乡村示范创建，到 2023 年实现美丽乡村全覆盖。完成桎马线、醴官线、鸡马线等路面建设，新改扩建一批乡村道路，争创“国家级四好农村路示范县”。持续推进“五小”（小水窖、小水池、小泵站、小塘坝、小水渠）水利建设，加快灾毁设施修复。完成年度农网改造项目，扩大农村天然气覆盖面。以“四治一改”为重点，推行垃圾分类，实现减量化、资源化、无害化处理；推进农村生活污水治理，确保饮用水安全；严格执行“首厕过关”制，保证农村改厕质量；完善乡村空间规划编制，落实《株洲市农村村庄规划建设管理条例》，规范农村建房；深化移风易俗，充分挖掘优秀农耕文化蕴含的思想观念、人文精神、道德规范，弘扬主旋律和社会正气。

**巩固脱贫成果。**巩固拓展脱贫攻坚成果同乡村振兴有效衔接，确保工作不留空档，政策不留空白。坚持“脱贫不脱政策”，继续落实防止返贫致贫监测和帮扶机制，持续跟踪脱贫人口和边缘人口收入变化，做到脱贫人口不返贫、边缘人口不致贫。发展壮大扶贫产业，做好脱贫人口稳岗就业，强化易地搬迁后续扶持，提高搬迁群众收入。

**促进增收致富。**深化农村改革，完成土地确权登记颁证，开展土地承包再延长 30 年试点工作。推进农村宅基地制度改革，加强审批监管。推动“三变”改革，确保今年覆盖率达到 50% 以上。发展壮大农民合作社，促进村集体经济发展和农民增收。加强农民技能培训，培育一支爱农业、懂技术、善经营的新型职业农民队伍。发展劳务经济，引导农村剩余劳动力走出土地、走向城市、走进工厂。推动向基层放权赋能，切实减轻基层特别是村级组织负担，努力为基层干部干事创业提供舞台，让吃苦者更吃香、实干者得实惠成为鲜明导向！

**（四）着力抓建设、强管理，在湘赣边区域合作示范区建设中做出新贡献**

**精致建设。**启动 G106 醴陵城区绕城公路等道路建设，做好渌水航道、通用机场、高铁枢纽站、长株潭中心站等项目前期工作。启动城市绿地规划专项编制工作，建好陶子湖公园、五彩广场等城市“绿心”。编制《海绵城市建设实施规划》，完成姜湾上正街、滨河路等易涝点排水管网建设，加快形成排涝闭合圈。有机整合城管执法岗亭与环卫工人休息室功能，新建 3 座连体式环卫工人休息室。加快老旧小区改造，全面推进既有住宅加装电梯，加强配套设施建设，提供优居生活。

**精细管理。**巩固“三创四化”成果，全力创建全国文明城市和省级历史文化名城，着力打造有颜值、有气质、有内涵、有品位的美丽宜居城市。实施城市更新行动，拓展数字城管系统功能，提升城市管理智能化水平。开展市容环境秩序集中整治，加强违停治理，加快推进城乡生活垃圾资源化处理项目。严控新增违法建设，进一步清理违建存量。开展文明单位、无烟单位、园林式单位等创建活动，有效保护城市历史风貌，留住城市记忆，让山水相依、人文相融成为新的城市名片。

**精准对接。**围绕建设湘赣边区域性中心城市，贯彻落实《湖南省推进湘赣边区域合作示范区建设三年行动计划》，加强与周边县市的协同合作，促进交通互联、产业互补、资源互享、文化互融。大力发展湘赣边红色旅游，配合做好醴茶铁路电气化改造、韶山至井冈山铁路建设等工作，策划推出“毛主席考察农民运动”精品线路。推动先农坛、东富寺申报国家级文保单位，把左家老屋建设成“讲好红色故事、传承红色基因”的示范景点。按照株洲市“一核一圈一廊”区域格局，统筹推进规划、交通、产业的融城对接，加快建设株醴都市圈。做好东城大道沿线产业发展布局规划。

**（五）着力抓生态、优环境，在践行“绿水青山”理念中描绘新画卷**

**让天更蓝。**聚焦“蓝天300天”目标，严格落实长株潭城市群大气环境联防联控工作机制，不断改善市域空气质量。对标碳达峰、碳中和要求，调整优化产业结构、能源结构，推动单位地区生产总值二氧化碳排放下降。强化生产工艺废气治理，进一步减少大气污染物排放总量。落实“黄标车”限行管理，推动空气质量持续改善。

**让水更清。**完成湘江保护和治理第三个“三年行动计划”，推进水资源、水环境、水生态“三水共治”，确保渌江水质持续保持Ⅱ类。完善“河长制”工作机制，全面压实市镇村三级河长责任，深入推动“五江十四水”治理。做好入河排口清理整治工作，开展造纸、化工、养殖等专项整治行动，将渌江河打造成“水清岸绿河畅景美”的省际样板河。

**让地更净。**聚焦土净地肥美，强化土壤污染管控和修复。深化重金属污染耕地治理，加强涉重金属行业企业排查整治，提升固体废物专业化处置能力。扎实推进长江经济带生态环境突出问题整改，着力抓好均楚镇潘家冲萤石矿相关问题整治。加快茶山镇石景冲村矿区污染治理。同时，切实推动环保督察问题整改，充分调动群众参与环境保护的积极性，争创生态文明建设示范县（市）。

**（六）着力抓民生、增民利，在满足人民群众美好生活需要中实现新作为**

**抓好常态化疫情防控。**全力做好“外防输入、内防反弹”工作，严防进口冷链食品疫情风险。健全公共卫生和疾病预防控制体系，引导全社会增强防控意识，构筑常态化疫情防控社会大防线。加强“三医联动”（医疗、医保、医药改革联动），巩固紧密型医共体建设成果，推动基层医院发展和学科建设，让人民群众享受到更普惠的医改成果。促进中医药传承创新发展，争创全国基层中医药示范市。持续打击欺诈骗取医保基金行为，不断提升医保基金使用效率。

**切实强化兜底保障。**实施积极的就业政策，推动就业服务平台村居全覆盖，确保新增城镇就业7000人以上、农村劳动力转移就业3500人以上。规范发展第三支柱养老保险，落实多层次的养老保障政策，扩大企业参保覆盖面。推进养老机构提质升级三年行动，加快王仙镇区域性中心敬老院建设。统筹城乡社会救助体系，争创全省民政工作创新发展实验区。深化拓展“互联网＋慈善”网络募捐新模式，促进公益慈善事业长远发展。

**大力发展社会事业。**实施教育优先发展战略，统筹推进城乡义务教育一体化改革发展，加快创建全国义务教育优质均衡发展县（市）。增加普惠性学前教育资源，构建更加完善的学前教育公共服务体系。完成新三中及湖南师大附属学校建设，力争今年秋季学期投入使用。推进城区学位扩容，做好南门中学、珊田小学整体搬迁前期工作。办好职业教育，推动湖南陶瓷技师学院与醴陵陶瓷烟花职校合并转设为高职学院。完善城乡公共体育配套设施，广泛开展全民健身运动。推进军民融合深度发展，抓好全民国防教育。

**扎实办好民生实事。**实行民生实事项目人大代表票决制度，通过“群众提、代表定、政府办、人大评”的方式，实现政府决策与群众需求的精准对接、高度融合。不断完善责任落实、实施推进、考核考评等工作机制，把坚持党的领导、充分发扬民主、依法接受监督落实到代表票决制的每个环节。认真做好项目征集、组织实施等各项工作，切实把群众的“急难盼愁”问题反映上来、收集起来，让民生实事体现民之所想、民之所需，真正做到群众的事情，群众说了算！

**全面加强社会治理。**以开展安全生产专项整治三年行动为抓手，统筹推进重点行业领域治理，坚决打赢防范化解重大安全风险攻坚战。深入开展交通问题顽瘴痼疾集中整治，维护良好交通秩序。有序开展城乡房屋安全隐患排查整治，确保住房安全。运用5G、大数据、云计算等技术，打造覆盖市镇村三级的综合指挥智能化平台，推动市域社会治理现代化。持续开展“平安醴陵”创建，积极探索与城乡治理体系相适应的新型警务机制，实现基层风险联防、问题联治、平安联创。深入开展扫黑除恶专项斗争，严打盗抢骗、毒黄赌、食药环等违法犯罪行为。抓好信访维稳“三无”创建，守住“五个不发生”（不发生政治性事件、重大群体性事件、重大安全生产方面的事故、特种刑事案件和特种重大治安案件、不实舆情炒作）底线。保持对涉众型非法经营活动的高压态势，确保金融生态安全。

## 四、建设人民满意的服务型政府

坚持以人民为中心，把握好政策时度效，全面推进政府治理体系和治理能力现代化，努力打造对党忠诚、一心为民、团结担当、清正廉洁的服务型政府。

**坚持真抓实干。**大力弘扬“马上就办、真抓实干”作风，无论工作多么艰难、矛盾多么尖锐、情况多么复杂，始终保持昂扬斗志、克难状态，推动政府各项工作高质量开展。坚持把人民安居乐业、安危冷暖放在心上，着力解决好群众关心的就业、教育、社保、医疗、住房、养老、食品安全、社会治安等实际问题，努力让群众看到变化、得到实惠。

**坚持依法行政。**进一步提高公职人员法治素养，规范行政行为，将政府工作全面纳入法治轨道。落实行政执法“三项制度”（行政执法公示制度、执法全过程记录制度、重大执法决定法制审核制度），深化行政执法体制改革，强化行政监督。深入开展法治宣传教育，积极创建省级法治政府建设示范市。坚决做到在市委的统一领导下开展工作，自觉接受人大法律监督、政协民主监督和社会公众监督，高质量办好人大代表建议和政协委员提案。

**坚持廉洁自律。**深化“放管服”（简政放权、放管结合、优化服务）改革，全面推行“一件事一次办”，推进“互联网+政务”运用。公开办事指南、明确审批标准、规范审批流程、落实“好差评”制度，提升行政权力网上公开透明运行水平。进一步树牢系统性过“紧日子”思想，加强财政收支管理，确保公共资金安全高效使用。认真履行全面从严治党主体责任，严格落实中央八项规定及其实施细则精神，严防群众身边的腐败问题，建设风清气正的廉洁政府。

各位代表！我们通过奋斗，披荆斩棘，走过了万水千山。我们还要继续奋斗，勇往直前，创造更加灿烂的辉煌。让我们更加紧密地团结在以习近平同志为核心的党中央周围，在市委的坚强领导下，和全市人民一道，全面推进“五城发展”，加快迈进“千亿时代”，奋力当好湘赣边区域合作示范区建设排头兵，以优异成绩向建党100周年献礼！

# 中国人民政治协商会议醴陵市委员会常务委员会工作报告

## ——在政协醴陵市第十四届委员会第六次会议上

市政协主席 江曙明

（2021 年 2 月 1 日）

### 2020 年工作回顾

过去的一年，市政协坚持以习近平新时代中国特色社会主义思想为指导，在中共醴陵市委的坚强领导下，坚持团结和民主两大主题，坚持建言资政和凝聚共识双向发力，坚持继承和创新有机结合，切实发挥政治协商、民主监督、参政议政职能作用，为“四个醴陵”建设贡献了智慧和力量。

**（一）坚持政治统领，夯实共同思想政治基础**

**提高政治站位。**认真学习贯彻习近平新时代中国特色社会主义思想以及加强和改进人民政协工作的各项要求，发挥政协党组把方向、管大局、保落实的领导作用，团结广大政协委员和社会各界人士进一步增强“四个意识”、坚定“四个自信”、做到“两个维护”。自觉维护党委领导，向市委请示报告重大事项，邀请市委、市政府领导出席重点履职活动，始终在党委领导下主动负责、协调一致地开展工作。认真开展《中共醴陵市委关于新时代加强和改进人民政协工作的实施意见》出台的相关工作，积极推动市政协“两个薄弱”（基础工作薄弱、人员力量薄弱）问题解决，为做好新时代政协工作打牢基础。

**注重理论武装。**建立健全以市政协党组理论学习中心组学习为引领，灵活多样、广泛参与的学习体系。围绕习近平总书记关于政协工作的重要论述和在湖南考察时重要讲话精神、中共十九届五中全会精神等内容，深入开展党组会议专题学习、主席会议集体学习、界别集中交流、座谈研讨等学习活动 120 余次。引导广大委员从历史高度理解人民政协的地位和作用，从政治高度领会党对政协工作的新期待新要求，从使命高度把握当前和今后一个时期政协工作的着力点，进一步增强做好新时代政协工作的政治自觉和思想自觉。

**改进党的建设。**市政协党组切实履行政治责任，认真贯彻中央和省、市委关于加强政协党的建设工作的意见，每年 2 次以上专题研究党建工作，部署落实政治、思想、组织、作风和纪律建设各项任务。制定《市政协党组成员联系政协常委实施办法》《市政协专门委员会功能型党支部实施方案》，推进党的组织对党员委员、党的工作对政协委员“两个全覆盖”。把意识形态工作与政协履职工作同部署、同落实，大力营造积极健康、蓬勃向上的舆论氛围。参加全省政协系统党的建设工作座谈会，介绍醴陵工作做法。

**（二）坚持服务大局，积极融入高质量发展**

**助推产业提质升级。**紧扣陶瓷、花炮、服饰、玻璃、农业等产业深入调研。围绕陶瓷产业智能制造与创新发展、工业化赋能与区域品牌建设多措并举、多点发力。牵头举办陶瓷博览会、提质改造醴陵陶瓷博物馆，推进省陶瓷研究所整体回归及建设发展，支持陶瓷企业加强信息化建设，组织申创“中国陶瓷之都”，持续提升陶瓷产业影响力和发展后劲。积极走访花炮企业，参加四川省、福建省、贵州省等地的花炮产销订货会和招商洽谈活动，帮助花炮企业去库存、消隐患、拓市场；到船湾镇、东富镇、明月镇等地调研，就服饰产业园建设、玻璃产业园发展和油茶、玻璃椒等特色农业培育建言献策，促进各个产业集群做大做强。一年来，深入企业、部门、乡村、社区走访调研 230 余次，开展座谈协商交流 45 场，收集问题、意见和建议 127 条。在十四届五次会议上，广大委员围绕产业发展、乡村振兴、人才培养、民生改善等方面，开展大会发言、联组发言、小组讨论等协商议政活动 280 余人次。委员建议得到党政领导重视和肯定，市委、市政府主要领导对大会发言全部作出批示。

**助推打赢“三大攻坚战”。**主席会议专题调研醴陵市“三大攻坚战”推进情况，找准履职的切入点和着力点。紧扣“脱贫攻坚政策落实情况”开展视察，就“建立巩固脱贫的长效机制”调研协商。组织委员开展“三个一”（一名政协委员帮助一个贫困孩子完成学业，结对一个贫困家庭增加收入，有条件的委员帮助贫困家庭一名成员解决就业）“三进三助”（湖南省政协打造“务实”政协的一项品牌活动，实施五年的帮扶计划，主要内容是组织政协委员进企业、进园区、进乡村，助推企业发展、园区升级、乡村振兴）“助力巩固脱贫攻坚成果万户帮扶行动”等活动，结对帮扶困难群众131户，开展集体帮扶活动53场，帮助困难群众就业37人。连续3年跟踪关注渌江河环境变化，围绕“渌江流域综合治理”召开专题议政性常委会议，邀请市委、市政府领导和13个部门负责人参加，通过《关于“坚持渌江流域综合治理，推动生态环境持续改善”的常委会议建议案》，从“健全完善机制，更好激发河长制工作活力”“运用多种方式，提升畜禽粪污处理能力”等六个方面提出思考和建议。

**助推市委各项部署落实。**面对突如其来的新冠肺炎疫情，市政协积极响应，广大委员与全市上下勠力同心、奋勇拼搏，参加医疗救助、社区值守、捐款捐物、复工复产等2700余人次。在疫情常态化形势下，市政协机关全力投入市委中心工作。认真做好联系的14个重点项目的协调服务工作，助推醴陵风电项目成功并网发电、36个农贸市场新建改造等。深入走访企业，宣传惠企政策，帮助开拓市场，收集问题28个，提出建议19条。圆满完成党建帮扶、城市创建、村级换届等工作。委员们关注经济社会发展，全年围绕智能制造装备产业发展、优化营商环境政策落实、老年人保健产品市场监管等21个课题，开展调研、视察、座谈等活动85场，提出建议96条；关心教育事业，支持醴陵教育基金会开展工作，资助学生45人；关爱弱势群体，慰问孤寡老人和困难群众320余人；捐款捐物折合人民币112万元。彰显人民政协聚力攻坚的组织优势，展现广大委员为国履职、为民尽责的拳拳之情。

**（三）坚持履职为民，助力增进民生福祉**

**提案督办促进民生改善。**坚持把群众利益放在第一位置，树立提案民生指向。在五次全会前，列出80余个提案参考选题，近半为民生课题。坚持重点提案督办制度，探索开展重点提案办理评议，选择“城区自来水水质监管”“公办幼儿园教师编制问题”等6件提案由市政协主席会议成员领衔督办，通过以上率下、示范引领，推动提案办理水平不断提升。全年共收到提案98件，审查立案94件，在43家承办单位的支持配合下，已经全部办复。提案反映的生态环境、城市管理、教育医疗、就业创业、公共交通等一大批民生问题得到较好解决。

**建言资政贴近民生热点。**坚持把群众呼声作为第一信号，做到群众有所呼、政协有所为，群众有所盼、委员有所言。参与安宁疗护工作专题调研，视频连线全国安宁服务政策研讨座谈会，提出“将安宁疗护服务纳入医保范围”“加强基层医务工作者服务培训”等建议，得到全国政协社会和法制委员会主任沈德咏等领导和专家的肯定。紧扣“健康养老”课题开展调研，召开“聚焦健康养老，推进康养产业发展”专题协商会议；从转变思想观念、医养融合发展、创新康养模式等6个方面提出25条建议。委员们做生活中的有心人，关注身边微小事，全年提交“规范乡村道路标识标牌”“合理调整路边停车位收费标准”等微建议151条，转交部门办理82条，办复率100%，小建议改进大民生。

**民主监督回应民生诉求。**坚持以人民为中心，发挥协商式监督的职能优势。聚焦民生热点，回应群众期盼，选择“农村人居环境整治实效”“天然气安全管理”“加强应急管理”等6个课题开展专项视察监督，组织座谈交流，有关视察报告和建议及时反映给党政部门。开展“市委书记、市长对市政协大会发言批示精神落实情况”督查，研究分析存在的问题，视察报告及时报送党政领导。继续向5个市直单位委派了民主监督小组，各小组恪守“议政不扰政、帮忙不添乱”的原则，围绕乡村规划、环境保护、文明城市创建等内容，开展活动38次，通过盯住问题不放、围着问题去想，提出“尽快启动生活垃圾焚烧发电项目建设”“以新发展思维推进我市矿业绿色发展”等建议27条。

**（四）坚持凝心聚力，营造开放和谐的良好氛围**

**合作共事广开言路。**坚持中国共产党领导的多党合作和政治协商制度，定期召开市政协与民主党派、工商联座谈会，了解工作开展情况，听取意见、建议。通过大会发言、联合调研、集体视察等多种途径，为党派团体履行职责搭建平台、创造条件。一年来，各民主党派、工商联、无党派人士共参加政协集体活动120余人次，在政协会议发言50余人次；提交各类发言材料30余篇、提案28件、社情民意信息和微建议80余条。支持民主党派利用醴陵市陶瓷产业和陶瓷大师优势成立书画院、美术院，加强对外联络交流。鼓励民主党派开展助力产业发展、助推乡村振兴、关爱留守儿童等活动。民盟经济科技支部被民盟中央授予“优秀基层组织”称号。

**团结协作广聚力量。**加强党外知识分子、非公经济人士、新的社会阶层人士的团结引领工作。支持省陶瓷协会、省电瓷商会、市蓝天救援中心等社团开展工作。加强与广州市、深圳市等醴陵外地商协会的联络交流，参加郑州市株洲商会成立和醴陵宣传推介大会，发挥商协会在招商引资、人才引进等方面的独特作用。加强与宗教界代表人士的团结联谊，走访宗教团体，开展规范宗教庙宇管理情况视察，维护社会和谐稳定。

**加强宣传广交朋友。**做好省政协“助力我省外贸企业出口转内销”“文化产业传承与发展”等课题组和株洲市政协特邀等界别在醴陵市调研的相关工作。参加省政协“加快乡村人才队伍建设，推动乡村振兴”专题协商会议，介绍醴陵市柔性引才的工作做法。接待江苏省、河南省、江西省等地各级政协18批次到醴陵市调研，介绍法治建设、园区发展等方面的工作举措，扩大醴陵市对外影响。组织委员赴浙江省杭州市、山西省晋中市等地学习陶瓷窑址保护、道路治超治限等方面的经验，为醴陵市相关工作开展拓宽视野、打开思路。推动政协知识走进党校课堂，为2020年科干班学员讲授《人民政协的前世今生》。加大政协工作宣传力度，全年在《人民政协报》、省政协新闻网、株洲政协等市级以上媒体刊发稿件320余篇，新闻稿件数量居株洲县市区政协第一。

**（五）坚持固本强基，促进履职提质增效**

**搭建委员履职平台。**利用“政协云”、微信公众号和委员工作群，发布学习信息、推送学习资料230余篇，组织交流研讨16次，为委员搭建“线上+线下”学习平台。健全大会发言评选机制，坚持质量优先，不搞平衡照顾，持续打造优质大会发言。根据重点协商课题的需要，邀请陶瓷产业、职业教育、农业农村等方面专家学者进行座谈交流，拓展视野，增长知识，提升协商建言质量。统一标准、统一风格、统一管理，先期建设4个委员工作室，努力发挥学习交流平台、协商议政阵地和联系群众窗口的作用。经济界委员工作室获评全省示范性政协委员工作室。

**加强委员服务管理。**坚持新任委员集体谈话制度，引导委员敬重政协事业、珍惜政协荣誉，主动履职尽责。创新考察方式，邀请市委统战部一起考察界别和委员履职情况，对标新时代政协工作新要求，推动委员履职从注重“做了什么”“做了多少”向“做出了什么效果”转变。实行正向激励，评选表彰优秀活动小组、优秀组长、优秀委员。宣传委员履职风采，推荐一批委员接受省市媒体采访，报道委员履职事迹及成果，不断激发委员自豪感、责任感、使命感。

**提升机关工作水平。**加强政治建设，增强政治判断力、领悟力、执行力。巩固支部“五化”建设成果，配合市委巡察组对机关党组织的巡察。明确责任分工，注重执行落实，增强机关协调、服务、保障能力。加强调查研究，注重理论与实践相结合。一批调研报告、理论文章在省、株洲市获奖，其中《关于新时代加强和改进县级政协界别建设的思考》获省政协理论研究论文一等奖。加强人文关怀，举办各类集体活动，培育积极健康向上的机关文化，不断增强机关凝聚力向心力。

各位委员、同志们，一年来的工作成绩，得益于市委的坚强领导，得益于市人大、市政府和社会各界的大力支持，得益于政协各参加单位和广大委员的团结奋斗。在此，我谨代表市政协常委会，向全体委员，向所有关心支持政协工作的各位领导和同志们、朋友们，表示衷心的感谢！

面对新时代加强和改进人民政协工作的新要求，我们的工作还存在不少差距。如知情明政的平台和机制还有待进一步完善，建言资政的精准度和操作性还有待进一步加强，履职活动的广度和深度还有待进一步拓展。我们将高度重视，在今后的工作中切实加以解决。

## 2021年工作安排

2021年是中国共产党建党100周年，是“十四五”的开局之年，是开启全面建设社会主义现代化新征程的起步之年。全市政协工作的总体要求是：以习近平新时代中国特色社会主义思想为指导，深入学习贯彻习近平总书记关于加强和改进人民政协工作的重要思想，在中共醴陵市委的坚强领导下，坚持发扬民主和增进团结相互贯通、建言资政和凝聚共识双向发力，把握加快乡村振兴、建设现代化新醴陵的新使命，“一核两轴一廊六区”的新格局，“千亿时代”“五城发展”的新目标，主动担当、积极作为，为推动醴陵高质量发展贡献政协力量。

**（一）更加注重维护核心，切实担负政治责任**

政协组织是政治组织，必须旗帜鲜明讲政治。我们要始终把加强政治建设摆在首位，坚决贯彻落实以习近平同志为核心的党中央决策部署，不断强化政治引领作用。

**强化党的领导。**坚持在市委领导下谋划、推动工作，站在一起、想在一处、干在一块。重大事项及时向市委请示报告，重点工作围绕全市大局进行，重要安排在广泛征求意见的基础上报市委批准后实施。协助市委开展《关于新时代加强和改进人民政协工作的实施意见》和“党政主要领导对政协建议的批示精神”贯彻落实情况督查。准确把握政协性质定位、工作要求，确保政协事业始终沿着正确方向前进。

**深化理论学习。**自觉以习近平新时代中国特色社会主义思想武装头脑、指导实践。发挥市政协党组的领导核心作用和常委会、主席会的示范带动作用，通过党组理论学习中心组学习、专题研讨等形式，重点学习中共十九届五中全会精神、习近平总书记关于加强和改进人民政协工作的重要思想，自觉运用党的先进理论指导新时代政协工作实践。

**优化党建工作。**坚持党建工作和业务工作“两手抓、两手硬”，以抓党建凝聚人心，以强党建形成合力。落实党组成员联系政协常委工作制度，收集有关意见，强化团队引领力。完善专委会功能型党支部工作制度，不断提升党员委员政治理论素养，更好发挥先锋模范作用，推动“两个全覆盖”不断提升水平。

**（二）更加注重围绕中心，紧扣发展献计出力**

党委所指，政协所向。紧紧围绕市委、市政府中心工作和高质量发展履职尽责，助推醴陵市“十四五”阶段实现良好开局。

**协商资政彰显时代性。**立足“十四五”时期新的发展环境和阶段特征，把协商的重点放在“三高四新”、长株潭一体化、湘赣边区域合作示范区建设等战略部署与全市经济社会发展实际的科学结合上。聚焦“提升科技创新能力，引导和支持企业自主创新和成果转化”“‘湘赣红’品牌使用和优质农产品培育”“增强红色旅游的吸引力和竞争力”等课题，深入调查研究，认真开展常委会议协商、主席会议协商、界别协商等工作。

**民主监督突出实效性。**针对市委重点工作的推进落实和民生领域热点难点问题开展民主监督。围绕“农村生活污水处理全覆盖”“老旧小区提质改造”等课题开展专项视察。就提案办理和市政府2021年十大民生实事的落实等工作开展协商监督。继续选择5家市直单位委派民主监督小组。广泛听取各方意见建议，紧盯问题促整改，跟踪问效促落实。

**建言献策体现全局性。**贯彻高质量发展理念，把握国内和国际两大循环的形势要求，着眼于城市和乡村两大战场、产业和文化两种气息，瞄准深化改革的堵点、群众利益的热点、创新创造的难点等问题，建睿智之言。聚焦“加强城市文化的挖掘与保护，助推国家历史文化名城建设”“发展职业教育，为产业发展提供人才支撑”“提质农村道路，助力乡村振兴”等方面，深入调研，科学论证，提供有价值、可操作的务实之策。

**（三）更加注重把握重心，不断彰显制度优势**

政协工作主体是委员，作用发挥靠委员。要深入贯彻中央政协工作会议精神，将服务委员履职、提升履职质效作为工作重点，推动政协协商更加成熟、更加定型。

**完善协商工作机制。**坚持市委会同市政府、市政协制订年度协商计划制度。改进年度协商计划的课题征集、协商程序等规则，强化引领性、权威性和系统性。加强协商前的准备工作，优化协商中的组织工作，完善协商后的反馈工作，不断提高政协协商质量。大力培育协商文化，坚持体谅包容、求同存异，积极营造既畅所欲言、各抒已见，又理性有度、合法依章的良好协商氛围，更好发挥专门协商机构作用。

**促进履职成果转化。**完善履职成果跟踪反馈机制，坚持对建议案、大会发言、重要视察监督报告、重点提案等办理情况进行跟踪，适时开展“回头看”，促进相关建议和监督意见的落实见效。以“新时代基层政协社情民意工作机制建设”为主题开展调研，更好发挥社情民意直通车作用。深化“政协云”运用，丰富“醴陵政协”微信公众号内容，推动网络协商更加丰富高效。

**探索政协协商与基层协商有效衔接。**扩大政协协商基层参与面、界别群众工作覆盖面。建立健全镇（街）政协工作机制，发挥政协工作联络处作用。探索建设“有事好商量”等协商平台，鼓励结合各自特点，邀请市直部门、乡村干部、群众代表开展联动，调研协商经济社会发展中的困难和问题的解决。让政协渠道成为党委政府与基层群众和谐互动的有效途径，切实把政协制度的优势转化为参与基层治理的效能。

**（四）更加注重凝聚人心，广泛汇聚智慧力量**

建设现代化新醴陵，需要全市上下勠力同心、砥砺奋进。要充分发挥人民政协统一战线组织作用，为实现新的奋斗目标找出最大公约数、画出最大同心圆。

**加强思想引领。**把坚持和发展中国特色社会主义作为巩固共同思想政治基础的主轴。深入贯彻中央和省委、市委重要工作会议精神。全体委员要积极发挥桥梁纽带作用，广泛深入联系界别群众，在界别群众中多做雪中送炭、扶贫济困的工作，多做春风化雨、解疑释惑的工作，多做理顺情绪、化解矛盾的工作。通过人民政协制度运行、民主程序和有效工作，把党的主张和市委决策部署转化为社会各界的共识，更好发挥人民政协“重要阵地”“重要平台”“重要渠道”的功能作用。

**深化团结联谊。**发挥人民政协作为实行新型政党制度重要政治形式和组织形式的作用，加强与各党派团体、无党派人士的沟通联系，完善各民主党派以本党派名义在政协发表意见、提出建议以及共同开展活动的工作机制。邀请民主党派、工商联负责人共同参与政协调研视察、集体学习等活动。支持民盟中央美术院醴陵分院、民进开明画院陶瓷美术研究院和醴陵书画院等，发挥大师密集、联系广泛的优势，邀请各级各方嘉宾到醴陵市参加活动，提升醴陵影响力，推进产业和文化发展。健全同党外知识分子、非公有制经济人士、新的社会阶层人士的联系机制，畅通意见诉求表达渠道。

**密切交流协作。**继续开展主席会议成员联系委员企业活动，服务民营经济发展。发挥文史工作“存史、资政、团结、育人”的功能，开展《红色印记》编辑工作。加强与省政协、株洲市政协的联系对接，积极参加有关调研协商活动，不断改进醴陵市政协工作，进一步提升醴陵好形象。组织委员就产业品牌打造、文明城市创建、美丽乡村建设赴外地学习交流，为推进醴陵市工作提供参考。加强醴籍在外人士联络联谊，保持与外地醴陵商协会的密切联系，为醴陵发展集聚人心和力量。

**（五）更加注重坚守初心，努力加强自身建设**

人民政协为人民。要坚持为国履职、为民尽责的情怀，进一步加强自身建设，切实保持政协委员和政协机关两支队伍的生机与活力。

**激发委员履职热情。**举办“书香政协”系列活动，开展“委员大讲坛”，增强委员专业素养，实现届内委员培训全覆盖。邀请有关单位通报工作情况，帮助委员知情明政。举办委员沙龙活动，用“委员讲、委员听、委员议”的方式，促进委员在不断分享和交流互动中共同进步。及时宣传报道各专委会、各界别的履职活动，总结工作经验，进一步扩大政协的社会影响，努力做到政协工作“有声有色”。

**强化委员责任担当。**认真落实习近平总书记在湖南考察时对政协委员提出的具体指示，引导广大委员更好联系和服务所在界别的群众。组织全体委员积极参加建党100周年系列庆祝活动，大力弘扬红色基因和优良传统，从党的百年历史中汲取不忘初心、砥砺奋进的精神力量。发挥好政协委员工作室作用，鼓励政协委员定期值班，积极开展协商活动，及时收集界别群众意见、建议。探索委员履职情况向委员单位反馈机制，建立委员向所在专委会述职机制，加强履职量化考核动态管理和结果运用。

**提高机关工作效能。**不断提高干部政治素养和业务能力。在统筹协调上发力，着力提高服务协商质量、会商督办质量，确保上下协调畅通、决策有效落实。在服务委员履职上发力，不断完善委员履职平台，重视发挥专委会和界别的基础性作用，为委员主体作用的发挥提供坚强保障。在服务中心上发力，始终以勇于争先的干劲，高质量完成市委交给的中心工作任务。以一线的标准、一线的激情，干出一流的工作业绩。

各位委员、同志们，躬逢“两个一百年”的历史交汇期，投身新时代的盛世伟业，人民政协使命光荣、责任重大。让我们更加紧密地团结在以习近平同志为核心的党中央周围，在中共醴陵市委的坚强领导下，激情干事，担当作为，为当好湘赣边区域合作示范区建设排头兵、全面推进“五城发展”、加快迈进“千亿时代”而努力奋斗！

# 醴陵概览

## 人口·区划

【概况】醴陵市辖19个镇、4个街道、1个示范区和湖南醴陵经济开发区，总面积2156.6平方公里，总人口104.06万人。

【人口】2020年末，全市户籍人口为1040615人，其中农业人口589419人，非农业人口451196人。总人口中，男性532625人、女性507990人，男女性别比为104.85。根据第七次全国人口普查结果，全市共有常住人口88.6万人，其中4个街道共有28.67万人，占比32.36%。

【区划】2020年末，醴陵市所辖的19个镇和4个街道共有58个社区、213个行政村；其中来龙门街道管辖的黄沙、珊田、清潭、双江村和长庆寺、马脑社区委托长庆示范区管理，国瓷街道管辖的八里庵、姜湾、国光、车顿桥、五里牌社区委托来龙门街道管理。

**2020年街道、乡镇人口区划一览表**

表1

| 街道、乡镇 | 总面积（平方公里） | 户籍人口（人） | 政府驻地 | 所辖建制村、社区 |
|---|---|---|---|---|
| 来龙门街道（5个村、10个社区） | 40.8 | 76633 | 四塘社区 | 珊田、东岸、马脑、清潭、长庆寺、黄沙、双江、文庙、北门、胜利、四塘、马放塘、狮子坡、丁家坊、上洲 |
| 国瓷街道（7个村、5个社区） | 48.5 | 56680 | 国光社区 | 玉瓷、姜东、华塘、石塅、横店、土株岭、古城、八里庵、姜湾、国光、车顿桥、五里牌 |
| 仙岳山街道（6个村、4个社区） | 36.5 | 40740 | 碧山村 | 碧山、河西、江源、五里墩、万宜、金石、南门、碧山、书院、财源塔 |
| 阳三石街道（8个村、4个社区） | 33.3 | 51210 | 泉湖村 | 泉湖、立三、企石、玉屏山、荆潭湾、石里浦、伏龙、立新、阳三石、阳东、渌江、城南 |
| 李畋镇（14个村、2个社区） | 122 | 67606 | 南桥社区 | 车上、塘坊、麻石、华埠、利群、花麦、洪源、石溪、裕民、凤形、潼塘、新树、清水、大草坪、富里、南桥 |
| 白兔潭镇（10个村、2个社区） | 71.3 | 51343 | 白市社区 | 田心、余溪、黄甲、洙塘、峤岭、山水、泉沅、长庆、柏大、荷田、白市、金牛 |

续表 1-1

| 街道、乡镇 | 总面积（平方公里） | 户籍人口（人） | 政府驻地 | 所辖建制村、社区 |
|---|---|---|---|---|
| 浦口镇（12个村、4个社区） | 78.5 | 57873 | 天符村 | 保丰、三铺、李洲、荣坪、河泉、花椒、浦口、茅坪、仙石、合水、荷花、泮川、天符、贯古、联盟、王坊 |
| 王仙镇（10个村、2个社区） | 85.9 | 47226 | 王仙村 | 李山、观口、书堂、司徒、香水、三狮、申熙、灌冲、温泉、大屏山、王仙、仙瓷 |
| 沩山镇（7个村） | 86 | 20014 | 新东堡村 | 新东堡、青泉、大林、沩山、老鸦山、泉水、漏水坪 |
| 东富镇（10个村、1个社区） | 80.4 | 39376 | 东兴社区 | 东富、西林、莲旗、楚同桥、龙源、枧头洲、森冲、横新、芷泉、莲石、东兴 |
| 孙家湾镇（6个村） | 52.8 | 22546 | 龙虎湾村 | 观前、李家山、孙家湾、西岸、龙虎湾、文家湾 |
| 泗汾镇（7个村、4个社区） | 70.6 | 39703 | 陈家垅村 | 符田、石虎、石湾、泗汾、陈家垅、花茂、茶田、何田、枧上、双塘、农场 |
| 船湾镇（10个村、2个社区） | 120.6 | 52023 | 乐家社区 | 台前、船湾、玉堂、星桥、狮力、清水江、杨木档、荆村、东山、增加滩、乐家、四方 |
| 沈潭镇（7个村、2个社区） | 53.5 | 28710 | 夏星社区 | 江田、柞市、美田桥、庞龙、三星里、双垅、鳌仙、沈潭、夏星 |
| 嘉树镇（7个村） | 63.1 | 24483 | 嘉树村 | 杉仙、嘉树、豆田、玉茶、新井、罗儒、渗泉 |
| 明月镇（15个村、5个社区） | 169.1 | 74576 | 大障社区 | 东江、罗夹口、江边铺、新联、盐山、湾富、申明、汪家垅、天华、汪家桥、陶家垅、水口山、七星、新台、档梓山、白果、马恋、大障、贺家桥、云岩 |
| 茶山镇（13个村、5个社区） | 166.8 | 65408 | 茶山社区 | 铁河口、汤家坪、西塘坪、大西垅、筱溪、转步口、冷水、长马、梅霞、东岗、上湖、茶溪、石均塘、长沙岭、神福港、龙井、栗山坝、茶山 |
| 均楚镇（11个村、2个社区） | 172.4 | 41094 | 金山社区 | 樟桥、青山、周坊、老湾、殷家冲、军山、大垅洲、长午新、马家垅、黄田、黄谷、金山、均楚桥 |
| 石亭镇（9个村、1个社区） | 106.2 | 38590 | 石亭社区 | 永红、石塘岭、苏家垅、长塘、樟树、上保、长岭、姑仙、花溪、石亭 |
| 板杉镇（10个村） | 89.9 | 39278 | 长坡口村 | 板杉、夏坪桥、竹花山、七里山、流碧桥、八步桥、寨下、擂鼓桥、东冲铺、长坡口 |
| 左权镇（11个村、1个社区） | 123 | 46068 | 篾织街社区 | 仙霞、清安铺、油田、玉皇阁、陈东、青泥、将军、石羊、永兴、花桥、新阳、篾织街 |
| 枫林镇（11个村、2个社区） | 100.5 | 41575 | 黄獭嘴社区 | 大湾、双井、蕉源、金狮、彰仙、隆兴坳、蒋家桥、金阳、时轮、五石、枫林市、金桥、黄獭嘴 |
| 官庄镇（7个村） | 184.9 | 17860 | 大坝村 | 官庄、大坝、横江、潭塘、瓦子坪、桃花、阳坑 |

（周慧敏）

## 气候特征与气象灾害

【气候特征】2020年，醴陵市全年平均气温、最低气温、最高气温均偏低，整体降水量偏多，降水时空分布不均匀，光照偏多，气候为正常年景。

**气温** 全年平均气温18.8℃，较常年偏高1.0℃，较上年偏高0.2℃，属偏高年份。年平均最高温度23.4℃，较常年偏高0.9℃，较上年偏低0.1℃；年平均最低温度15.8℃，较常年偏高1.2℃，较上年偏高0.5℃。冬季平均气温13.4℃，较常年偏高6.4℃，较上年偏高6.2℃，为正常年份；春季平均气温10.8℃，较常年偏低6.4℃，较上年偏低7.1℃，为偏低年份；夏季平均气温23.4℃，较常年偏低4.5℃，较上年偏低5.1℃，为偏低年份；秋季平均气温27.8℃，较常年偏高8.9℃，较上年偏高7.2℃，为偏高年份；4月、8月、9月、10月和12月的平均气温距均偏低，2月和5月平均气温距均偏高。年内的极端最高气温为38.1℃（8月1日），极端最低气温为零下2.8℃（12月31日）。

**降水** 2020年，全市平均年降水量1629.6毫米，较常年偏多104.1毫米，为偏多年份，较上年偏少46.5毫米。除2月、3月、5月降水距平百分率处在正常区间外，其余月份降水较气候平均值均有较大变化，其中4月、8月显著偏少，10月、11月、12月异常偏少，7月、9月显著偏多，1月、6月异常偏多。冬季平均降水量299.1毫米，较常年偏多61.8毫米，降水距平百分率为20.2%，为偏多年份；春季平均降水量为496.4毫米，较常年偏少63.3毫米，降水距平百分率为15%，为偏少年份；夏季平均降水量603.8毫米，较常年偏多117.4毫米，降水距平百分率为19.3%，为偏多年份；秋季平均降水量190.9毫米，较常年偏少40.6毫米，降水距平百分率为19%，为偏少年份。

**日照** 2020年，全市日照时数为1510.9小时，较常年偏少25.7小时，较上年偏多100.8小时，属偏少年份。2月、3月、4月日照时数较气候平均值偏多，剩余月份为偏少。9月日照时数仅47.5小时，较气候平均值偏少69.2%，属异常偏少；5—12月日照时数对比上年同时段日照时数偏少，给洪涝灾害带来气象条件。冬季日照时数281.7小时，较常年偏多55.4小时，较上年偏多125.6小时；春季日照时数233.9小时，较常年偏少70.2小时，较上年偏多9.7小时；夏季日照时数389.1小时，较常年偏少201.4小时，较上年偏少113.2小时；秋季日照时数496.7小时，较常年偏多80.5小时，较上年偏少43.8小时。

【主要气候事件及影响】**暴雨洪涝** 2020年，全市出现3次暴雨过程。5月5—8日，出现暴雨天气，其中5月5日凌晨出现雷雨大风天气，最大瞬时风速达18.7米/秒。全市受灾2306人，倒塌房屋17户28间，严重损房30户42间，一般损房50户67间，直接经济损失3175.64万元。5月28日20时至6月8日20时，全市累计降水量为306.7毫米，达到重度洪涝标准，受此轮连续强降雨和上游来水影响，全市受灾38672人，紧急避险转移2302人，紧急转移安置8900人，无人员伤亡，倒塌房屋23户29间，严重损房36户45间，一般损房58户70间，直接经济损失9597万元。6月24日20时至25日20时，出现短暂暴雨天气过程，未造成洪涝灾害。7月8日8时至11日8时，出现强降水暴雨天气过程，7月10日18时30分启动防汛Ⅳ级应急响应，7月11日9时解除Ⅳ级应急响应。此次灾害过程，全市受灾402人，转移安置人口8人，无人员伤亡和房屋倒损，直接经济损失788.9万元。

**高温热害** 2020年，全市日最高温度≥35℃的高温日数为56天，较常年偏多19.9天，属显著偏多年份，高温日数呈上升趋势。8月1日至9月2日，醴陵市持续长时间出现晴热高温少雨天气，累计降雨量仅77.9毫米，最高气温≥35℃高温日数达23天，异常偏多，给工业、农业、人民生产生活等带来不利影响。（沈钰琳 康思倩）

## 国民经济和社会发展

【概况】2020年，醴陵市实现地区生产总值737.6亿元，按可比价计算，增长3.9%。分产业看，第一产业实现增加值71.5亿元，增长3.5%；第二产业实现增加值383.8亿元，增长4.3%，其中工业增加值增长3.9%；第三产业实现增加值282.3亿元，增长3.2%。三次产业结构由上年的8.4∶51.8∶39.8调整为9.7∶52.0∶38.3。三次产业对经济增长的贡献率依次为5.8%、67%和27.2%，分别拉动经济增长0.2个、2.6个和1.1个百分点。年内，醴陵市县域经济综合发展和基本竞争力实现“双进位”，分别位列全国百强县（市）第45位和第64位。

**2020 年醴陵市地区生产总值分行业情况一览表**

表 2

| 指标名称 | 绝对数（亿元） | 比重（%） | 同比增长（%） |
|---|---|---|---|
| **地区生产总值** | 737.6 | 100 | 3.9 |
| 按产业分 | | | |
| 第一产业 | 71.5 | 9.7 | 3.5 |
| 第二产业 | 383.8 | 52 | 4.3 |
| 第三产业 | 282.3 | 38.3 | 3.2 |
| 按行业分 | | | |
| 农、林、牧、渔业 | 73.5 | 10 | 3.6 |
| 工业 | 320.9 | 43.5 | 3.9 |
| 建筑业 | 63 | 8.5 | 7.6 |
| 批发和零售业 | 107.8 | 14.6 | 3.5 |
| 交通运输、仓储和邮政业 | 23.8 | 3.2 | -1.5 |
| 住宿和餐饮业 | 12.1 | 1.6 | -7.9 |
| 金融业 | 14.5 | 2 | 7 |
| 房地产业 | 33.8 | 4.6 | 4 |
| 营利性服务业 | 28.6 | 3.9 | 8.2 |
| 非营利性服务业 | 59.5 | 8.1 | 3.1 |

【农业】2020 年，全市农林牧渔业总产值增长 3.7%，农林牧渔服务业总产值增长 7.3%。全市农作物播种面积为 111.7 千公顷，其中粮食作物种植 69.19 千公顷。粮食总产量 48.43 万吨，其中稻谷产量 46.49 万吨；蔬菜产量 85.1 万吨，增长 3.2%；水果产量 10.3 万吨，增长 5.1%。全市种植面积 2 公顷以上种粮大户、家庭农场、农民种植专业合作组织等规模经营主体共增至 7870 户（个），流转耕地 27.67 千公顷，流转率 74.2%。全市肉类总产量 6.11 万吨，下降 21.6%；水产品产量 2.8 万吨，增长 3.9%。出栏肉猪 70.2 万头，下降 9.8%；出栏羊 42.2 万只，下降 3.5 %；出笼家禽 793.3 万羽，增长 26.6%。全市农业机械总动力 127.43 万千瓦，比上年增加 2.5 万千瓦，农机综合作业水平达 84.1%。基本实现机耕机收全覆盖。全市共有农村饮水安全工程建设项目 7 处，巩固和新增自来水人口 1.48 万人。

【工业】2020 年，全市工业总产值增长 3.9%，工业增加值增长 3.9%，其中规模以上工业企业 565 家，产值增长 5.1%，规模以上工业增加值增长 3.7%。按可比价计算，工业经济拉动地区生产总值增长 2.2 个百分点，对经济增长贡献率达 56.8%。工业增加值占地区生产总值比重为 43.5%，同比下降 0.3 个百分点。万元规模工业增加值能耗增长 0.47%。高新技术产业增加值占工业增加值比重为 48.4%。工业固定资产投资增长 8.7%。陶瓷、鞭炮烟花两大传统支柱产业产值增速呈现“一正一负”，分别增长 4.3% 和下降 3.6%。日用陶瓷行业产量增长 3%，工业陶瓷行业产量增长 2.2%，鞭炮烟花行业产量下降 3.9%。服装行业产值增长 7.6%，玻璃行业产值增长 34.2%，汽配行业产值增长 4.9%。

【建筑业、房地产业和固定资产投资】2020 年，全市具有资质等级的总承包和专业承包建筑企业 33 家，完成产值 101.9 亿元，增长 12.8%；建筑房屋施工面积 356.9 万平方米，增长 4.8%，房屋竣工面积 306.9 万平方米，增长 7.1%。年末，全市拥有房地产开发企业 57 家，完成商品房施工面积 409.9 万平方米，下降 2%；实现商品房销售面积 82.5 万平方米，下降 1.6%；完成销售额 43.2 亿元，下降 11.7%，其中住宅销售额 40.2 亿元，下降 10.5%。全市固定资产投资增长 4.2%。分产业来看，第一、二、三产业分别增长 24.4%、5.2%、0.5%。从投资方向来看，工业投资增长 8.7%，其中技术改造投资下降 16.1%；高新技术产业投资下降 57.2%，基础设施投资增长 2.6%，民生投资下降 0.7%，房地产开发投资增长 15.6%。

【交通运输、邮电通信业】2020 年，交通运输、仓储和邮政业增加值下降 1.5%。全年完成自然村通水泥（沥青）路建设 79.36 公里、农村公路窄路加宽建设工程 11.15 公里，改造危桥 13 座，完成农村公路交通安全设施 194 公里，完成农村公路日常养护 327.17 公里。全市有公共汽电车运营车辆 158 台、营运线路 11 条，总营运里程 154 公里，全年公交客运总量达 2568.4 万人次。新建农村招呼站 10 个，行政村客班车通车率达 100%。完成邮电业务总量 6.8 亿元。年末，移动电话用户达 90.9 万户，互联网用户达 27.7 万户。

【内外贸易、旅游和招商引资】2020 年，完成社会消费品零售总额 249.8 亿元，下降 2%。分地域看，城镇实现消费品零售额 220.9 亿元，下降 2.1%；农村实现消费品零售额 28.9 亿元，下降 2%。分行业看，批发和零售业实现零售额 220.8 亿元，下降 2%；住宿和餐饮业实现零售额 29.1 亿元，下降 2.3%。年内，新批自营进出口企业 62 家。截至年末，全市有自营进出口权的企业 459 家。实现进出口业绩“破零”和“倍增”企业 25 家。完成外贸进出口总额 4.88 亿美元，下降 4.9%。全年全市接待国内外游客 677.98 万人次，下降 1.9%；实现旅游综合收入 73 亿元，下降 0.9%。实际利用外资 3.1 亿美元，增长 15.5%；内联引资 85.5 亿元，增长 23.4%。

【财政、金融】2020 年，全市实现财政总收入 94.5 亿元，完成一般公共预算收入 43.2 亿元，下降 1.6%。其中上划收入 10.7 亿元，下降 13.9%。完成税收收入 30 亿元，占一般公共预算收入比重为 69.4%。公共财政预算支出 77.5 亿元，增长 1.5%，其中教育、科学技术、社会保障和就业、卫生健康、文化体育与传媒支出分别为 10.9 亿元、4.3 亿元、11.3 亿元、8 亿元、1.2 亿元，分别增长 4.8%、43.5%、3.9%、5.2%、67.2%；农林水事务、住房保障支出 8.5 亿元、1.9 亿元，分别下降 27.9%、13.5%。年末，全市金融机构各项存款余额 428.9 亿元，比年初增加 36.2 亿元，增长 9.2%，其中住户存款余额 341.1 亿元，比年初增加 37.2 亿元，增长 12.3%；各项贷款余额 316.1 亿元，比年初增加 50.7 亿元，增长 19.1%。

【节能降耗、环境保护和安全生产】2020 年，万元规模工业增加值能耗增长 0.47%。全年空气质量优良天数 358 天，优良率 97.8%。完成东岸河、西山渠等黑臭水体治理。重点水域畜禽全面退养、网箱养鱼全部取缔，渌江水质稳定保持 II 类。修复治理重金属污染土地 666.67 公顷，污泥无害化处置率达 100%。全市新增造林面积 1730 公顷，森林覆盖率稳定在 56% 以上，城市建成区绿化覆盖率达 40.4%。全年发生各类生产安全事故 11 起，死亡 11 人，受伤 2 人。其中烟花鞭炮企业发生伤亡事故 1 起，死亡 1 人。发生道路交通事故 10 起，死亡 10 人，受伤 2 人。

【教育、科学技术】2020 年，全市有各类基础教育学校 558 所（含教学点 63 所）、中等职业学校 3 所，其中有十二年一贯制学校 1 所（第八中学）、完全中学 2 所（第七中学、株洲市五雅中学）、高级中学 4 所、初级中学 31 所、九年一贯制学校 11 所、小学 151 所、幼儿园 294 所和特殊教育学校 1 所。有在校学生、在园幼儿 156470 人，其中中学生（含中职学生）48188 人、小学生 69160 人、在园幼儿 38969 人、特殊教育学校学生 153 人。学校、幼儿园有教职工 11541 人。2020 年高考，全市有普高考生 3297 人，一本上线 1256 人，比上年增加 78 人，上线率 38.1%，比上年增长 0.5 个百分点，二本以上（含二本）上线 2229 人，比上年增加 157 人，上线率 67.6%；高考分数 600 分以上 178 人，比上年增加 75 人。全市小学入学率 100%、辍学率为零、升学率 100%，初中辍学率为零、升学率 100%，幼儿三年入园率 93.1%。全年全市共申请专利 1252 件，其中申请发明专利 148 件、专利授权 999 件。建成省级星创天地 1 家和株洲市级工程技术研究中心 1 家、企业技术创新中心 1 家，共有省级以上研发平台 29 个。有 52 家企业获得省级研发奖补资金 603 万元。年内全市新增 31 家高新技术企业，年末拥有高新技术企业 138 家，实现高新技术产业增加值 155.4 亿元，增长 6.6%，高新技术产业增加值占 GDP 比重为 21.1%。

【文化、体育和卫生】2020 年，全市广播综合覆盖率达 100%，电视综合覆盖率为 100 %，收视收听率进一步提升；电视频道播出节目近 700 期。推出“遇见·千年醴瓷”“走向我们的小康生活”等主题报道、系列报道 60 余组；推出创建工作、瓷博会、脱贫攻坚等 20 余个大型专题汇报片；《今日醴陵》全年刊发 96 期，推出《加快迈进县域经济千亿时代》《同心战疫 · 醴陵一定会赢》等专版近 30 个；新媒体平台“醴陵云”APP

发布文章14891篇。“醴陵发布”微信公众号发布文章1607篇。“醴陵市融媒体中心”抖音号、“醴陵融媒”视频号发布视频300余条。醴陵云“即时报”推送500余条。线上品牌“醴视频”推送150余条；醴陵交通生活频道完成23档栏目600余期节目的制播。全年全市举办大型文化体育活动83场次，送戏下乡125场次，放映公益电影3228场次；市文化馆、图书馆和乡镇综合文化站全部实现免费开放。年末，全市拥有各级各类医疗卫生机构700个，其中驻醴医疗卫生机构2个、市直医疗卫生机构7个、民营医疗卫生机构16个、建制镇卫生院19个、卫生院分院11个、街道社区卫生服务中心5个、村卫生室495个、诊所和医务室145个。有执业（助理）医师2128人、执业护士3103人，每千人口拥有医生2.19人、护士3.2人；有一级及以下机构全科医生189人、乡村医生301人，有床位6251张，每千人口拥有床位6.45张。有基层公卫专（兼）职专干257人，其中妇幼专干60人、计免专干37人、传染病专干26人。城乡居民医疗保险参保82.6万人，参保率95%；累计住院报销18.4万人次，基本医疗报销4.6亿元，报销比例47.58%；累计门诊报销人次13.7万人次，报销金额5799.5万元，报销比例72.3%。

【人民生活和社会保障】2020年，全市城乡居民人均可支配收入38654元；其中城镇居民人均可支配收入44981元，较上年增加2060元，增长4.8%；农民居民人均可支配收入30777元，较上年增加2040元，增长7.1%。民生领域支出60亿元，占公共财政支出的77.3%。全市新增城镇就业6962人，新增农村劳动力转移就业3699人，城镇人口登记失业率3.64%。全市“三项六险”[养老保险（企业职工养老保险、城乡居民养老保险、被征地农民养老保险）、工伤保险、失业保险]社会保险总参保人数82.36万人，社保基金总收入27.70亿元、总支出27.47亿元。社保卡制卡人数达75.9万人，社保基金规范运作率和安全完整率均达100%。新改扩建农村敬老院10所，农村“五保”分散供养标准达5616元/年，农村“五保”集中供养标准达6360元/年。发放住房困难租赁补贴391户。截至年末，全市11057户36519名贫困人口全部脱贫，其中年内脱贫1441户3312人，贫困发生率由2019年底的0.37%降为零。派驻醴陵市级工作队164支344人，镇级工作队73支146人，派出结对帮扶干部4998人，每个干部平均结对帮扶2.21户，“两个帮扶”（驻村帮扶、结对帮扶）实现全覆盖。

说明：

1. 人口·区划、国民经济和社会发展分目中部分数据为初步统计数，正式统计数据以《醴陵市统计年鉴（2021）》为准；

2. 地区生产总值、各产业增加值绝对数按现价计算，增长速度按可比价计算；

3. 增长数均为同比增长数；人均地区生产总值按近两年常住人口平均数计算；部分数据因四舍五入的原因，存在着与分项合计不等的情况。（周慧敏）

# 大 事 记

## 1月

2日　省委副书记、省长许达哲到醴陵市调研，深入白兔潭镇佘溪村了解特色产业、村集体经济、基层组织建设和村民自治等方面情况，到醴茶线下穿渌江大道交叉口检查铁路沿线外部环境隐患集中整治情况，考察了解湖南华联玉祥瓷业智能制造项目建设和企业运营、研发情况，并走访省陶瓷研究所、湖南工业大学醴陵陶瓷学院。副省长陈飞、省政府秘书长王群参加调研。

是日　株洲市委书记、市人大常委会主任毛腾飞到醴陵市为民服务窗口及企业生产、项目建设一线，调研“一件事一次办”改革、安全生产、产业项目建设等工作。

3日　醴陵市召开交通问题顽瘴痼疾集中整治行动暨春运工作动员大会，对前期梳理出的7类交通问题17个顽瘴痼疾具体问题，制定59条整治措施，计划开展为期1年的集中整治，确保交通安全管理人防、物防、技防措施得到强化。

15日　醴陵市首个总投资10亿元的贺家桥风电工程项目开工建设。项目总装机规模50兆瓦，计划安装20台单机，同期建设一座110千伏的升压站。

16日　以“文心清远”为主题的市书画院首届院展在“1915”醴陵国际陶瓷文化特色街区开幕，共展出市书画院27名青年艺术家的中国画、油画、雕塑、书法等作品100余件，展览持续至2月9日。

18日　省委宣传部副部长、网信办主任周湘率送温暖慰问团，到醴陵市走访慰问“中国好人”、第五届湖南省道德模范、第四届“感动株洲十大人物”潘尧生，并送去慰问金。

22日　醴陵市举行2020“迎老乡、回故乡、建家乡”新春交流会，市委书记胡湘之出席并讲话。

23日　醴陵市公安局联合市烟草专卖局查处一起网售假烟案，查获假烟144万支，涉案金额145万元。

## 2月

16日　湖南师范大学附属湘东医院的新冠病毒核酸检测实验室完成验收并投入使用，本地样本检测流程只需4小时。

26日　省应急管理厅厅长李大剑率队到醴陵市调研安全生产，并召开烟花爆竹产业转型升级座谈会。株洲市副市长顾峰，醴陵市委书记胡湘之，市委副书记、市长董巍分别参加。

## 3月

3日　醴陵市举行2020年“产业项目建设年”第一次集中开工活动，醴陵经开区恒茂鲲鹏计算机产业配套基地、华联华瓷汇总部2个重点项目同时开工。

5日　共青团醴陵市委组织开展“学雷锋、树新风，文明战‘疫’我先行”活动，560余名志愿者参加防疫宣传、卫生清洁等志愿服务活动。

7日　省委常委、省委组织部部长王少峰到市供销社农资配送中心调研春耕备耕工作。

10日　国务院新冠肺炎疫情联防联控湖南指导组组长、中国计生协会党组成员、副秘书长何翔率队到醴陵市，调研指导新冠肺炎疫情防控工作。

11日　省委宣传部公布“第五批湖南省爱国主义教育基地”名单，市烈士陵园和渌江书院入选。

14日　省文明办发布《关于2019年湖南省城市文明程度指数测评结果的通报》，醴陵市以93.21分的成绩位居县级城市第一名。

18 日　中共中央办公厅、国务院办公厅复工复产调研工作组第二组到醴陵市调研，由来湘调研工作组第二组组长、国家税务总局大企业税收管理司一级巡视员胡先明担任组长并且率队。调研组深入泗汾镇枧上农场社区、供销社农资储备配送中心和天睿航天育种高科技农业产业示范园，实地了解春耕生产、农资储备配送等方面情况。

25 日　市人民检察院办理的旷某申请立案监督案被最高人民检察院评选为第一批“群众信访件件有回复”典型案例，此案为全省唯一入选案例。

## 4 月

3 日　醴陵市举行迎接到湖北省武汉市、黄冈市和株洲市渌口区一线支援防疫的医务人员返醴活动，向英雄致敬。

是日　醴陵市举行 2020 年一季度重大招商引资项目签约仪式，成功签约 15 个项目，合同资金 137.8 亿元。

10 日　省文化和旅游厅副厅长郭固权一行到醴陵市，调研全域旅游发展、红色旅游建设等情况，实地走访李立三故居、耿传公祠、醴陵博物馆和醴陵中国陶瓷谷。

14 日　株洲军分区司令员率株洲市贸促会、退役军人事务局、建设银行等帮扶后盾单位，到醴陵市枫林镇时轮村调研脱贫攻坚工作。

是日　省委常委、政法委书记李殿勋到醴陵市，调研市人民法院诉源治理工作，株洲市委常委、政法委书记杨玉芳，醴陵市委书记胡湘之，市委副书记、市长董巍参加。

15 日　醴陵市出台《支持外贸企业十二条》，从开拓市场、降低成本、稳岗就业、物流保障、企业帮扶等方面全方位为企业减负，帮助企业渡过难关、稳健发展。

16 日　株洲市委副书记王宏斌到醴陵市枫林镇调研乡村振兴、春耕生产等工作。

17 日　2020 年株洲市“走红色之路，做红色传人”大中小学学生红色研学旅行活动在李立三故居启动。

18 日　醴陵市完成滨河路、瓷城大道等主干道沿线的 8 个 5G 网络基站建设，基本实现主城核心区域的网络全覆盖。

20 日　醴陵市首场“例行”招聘会在市人力资源市场举行。从该月起，每月 20 日定期举办招聘会，求职者只需携带个人资料，即可进场面试应聘。

27 日　市商务和粮食局发布消息，一季度全市电商交易额超过 12 亿元，同比增长 26.8%。

29 日　市人民政府与中国出口信用保险公司湖南分公司签订小微企业出口信用保险政府统保平台合作协议，此平台是全省第一家针对小微外贸企业的县级政策性保险统保平台。

是日　醴陵市启动为期 2 个月的征地拆迁“净地行动”，计划完成腾地 183.51 公顷，拆迁房屋 206 栋（套），涉及 38 个项目，21 个土地储备项目，需在 6 月 30 日前完成拆迁、补偿等相关工作，达到净地出让标准。

是日　湖南省平江至汝城高速公路隆兴坳互通项目建设启动仪式在市枫林镇隆兴坳村举行，市委书记胡湘之参加并且调度部署相关工作。

30 日　在株洲市实施教师素养提升“十百千万”工程 2020 年工作会议上，醴陵市获批新增特级教师工作站 2 个，分别为株洲市特级教师工作站驻醴陵一中站、株洲市特级教师工作站驻湖南师大附属株洲市五雅中学站。至此，全市共有特级教师工作站 5 个。分别为醴陵一中刘建辉特级教师工作站、醴陵二中唐新秋特级教师工作站、醴陵四中郭智特级教师工作站、来龙门中心校张菊英特级教师工作站、五雅中学王晓林特级教师工作站。

## 5 月

7 日　在湖南省民事行政公益诉讼检察工作会议上，市人民检察院党组书记、检察长黄晓军作题为《注重协同创新，守护公益核心，着力推进检察公益诉讼向纵向发展》的经验发言，分享公益诉讼检察工作经验。

是日　醴陵市 2020 年交通问题顽瘴痼疾集中整治治超工作“雷霆行动”启动。全市设立 5 个联合治超执勤卡点，实行 24 小时联合治超，打击超限超载车辆和非法改拼装车辆。

12 日　赣湘线第四轮行政区域界线联检工作动员会在醴陵市召开，湘赣两省民政厅负责人以及两省 9 个市、20 个县（市、区）的民政部门相关负责人参会。

13—14 日　株洲市委书记、市人大常委会主任毛腾飞在醴陵市调研并主持召开县域经济发展座谈会。

14 日　株洲市委书记、市人大常委会主任毛腾飞在醴陵市包案下访处理 2 起信访问题。

19 日　2020 中国旅游日湖南宣传活动、2019 湖南省十大文旅地标授牌仪式在常德市举行，株洲醴陵“中国陶瓷谷”被授予 2019 湖南十大文旅地标。

是日　全市 270 个村（社区）2020 年第一季度财务报表全部在“幸福株洲醴陵监督与服务微信群”内公开。醴陵市成为株洲市首个在监督与服务微信群开展村级财务公开试点的县。

是日　省社会科学普及宣传活动组委会办公室公布“第八批湖南省社会科学普及基地”名单，醴陵陶瓷博物馆榜上有名。

是日　长沙银行与市人民政

府签订战略合作协议。市委书记胡湘之，长沙银行党委书记、董事长朱玉国参加签约仪式。

20日　正邦集团现代化生态循环农业全产业链项目暨唐人神集团生猪生态产业链项目框架协议签约仪式举行。市委书记胡湘之，市委副书记、市长董巍参加。

21日　湖南省副省长陈飞到醴陵市调研陶瓷专题博物馆、涉铁等工作。省政府副秘书长易佳良，株洲市委书记、市人大常委会主任毛腾飞，株洲市副市长何朝晖，醴陵市委书记胡湘之，市委副书记、市长董巍，市政协主席江曙明参加。

是日　中国工艺美术大师工作委员会“百名大师进校园”讲座在腾讯会议平台线上开讲。首位开讲者——中国工艺美术大师、高级工艺美术师黄永平以“釉下五彩瓷”为主题，宣讲醴瓷文化。

24日　株洲市娄底商会考察团到醴陵市浦口镇调研。

25日　醴陵市举行左家老屋开放暨红色研学旅行活动启动仪式，省文化和旅游厅副厅长郭固权出席并宣布活动启动。

是日　醴陵市召开2020年温暖企业“三百”行动一季度点评暨企业问题集中交办会，对70家企业急需解决的问题进行集中交办。

26日　湖南省会展业工作会议暨2020湖南省会议展览业协会大会在醴陵市中国陶瓷谷国际会展中心召开。会议公布了全省第一批11个品牌展会，湖南（醴陵）国际陶瓷产业博览会被评为AAA级品牌展会，中国烟花爆竹博览会暨醴陵烟花爆竹交易会被评为A级品牌展会。

是日　醴陵市举行人才工作颁奖仪式暨“湘雅乡情·专家醴陵行”活动品牌建设座谈会，市科技和工业信息化局等10家单位获“人才工作突出贡献奖”，市卫生健康局局长邓少仁等10人获“人才工作标兵”称号。

28日　市左权民兵应急连基干民兵全副武装，受命紧急拉动，在左家老屋前举行点验仪式。

31日　中国人民政治协商会议醴陵市第十四届委员会第五次会议在中国陶瓷谷国际会展中心开幕。

## 6月

1日　醴陵市第十六届人民代表大会第五次会议在中国陶瓷谷国际会展中心开幕。

2日　国家卫生健康委办公厅公布“第五批国家慢性病综合防控示范区”名单，醴陵市榜上有名。

4日　“守护一江碧水·建设渌水幸福河湖”渌水流域河长巡河毅行活动在市渌江广场举行。醴陵市委副书记、市长董巍参加启动仪式。

11—12日　醴陵市举行烟花鞭炮出口产销对接会。来自美国、日本等国家和中国香港地区、江西省等地的43家花炮出口贸易企业和花炮主产区企业，以及醴陵市37家烟花鞭炮出口企业代表展开合作交流。

12日　在醴陵市三级干部会议上，15家企业共获得2019年“四个十条”政策奖补资金2347万余元。

15日　在株洲市文化旅游产业链推进大会上，沩山釉下五彩瓷艺术村项目、瓷谷二期（磨山谣）文旅商业街区开发项目完成现场签约。沩山釉下五彩瓷艺术村项目位于醴陵市沩山村，计划投资1亿元，将把沩山村打造成为集展览、生产、创作、交流、体验于一体的釉下五彩瓷艺术村。瓷谷二期（磨山谣）文旅商业街区项目位于市经开区中国陶瓷谷，计划投资5亿元。项目内容包括磨山谣演绎剧场、窑棚美食街区、老街情景购物区、萌宠乐园、磨山磨盘、湘东美食街、金银饰街，打造集“吃、住、行、游、购、娱”于一体的文旅地标。

是日　醴陵市11路公交线开始试运行，全长10.7公里，起点为醴陵汽车南站，终点为东富工业园，共计18个站点。东富工业园成为城市公交运行系统内的一环。

19日　醴陵市人民政府与株洲海关签署“共同推进醴陵市开放型经济发展”合作备忘录。株洲海关关长戴勇，醴陵市委副书记、市长董巍参加签署仪式。

是日　市监察委员会派出长庆示范区监察办公室挂牌运行。至此，全市24个镇（街道、示范区）派出监察办公室全部挂牌成立，人员全部到位。

22日　市梧桐山生态公园破土动工。项目总用地面积26139平方米，总建筑面积16595.26平方米，总投资1.4亿元，工程建设期预计2年，分两期建设。

29日　市人民政府与省轻工盐业集团签署协议，确定原省陶瓷研究所整体成建制划归醴陵市管理。

30日　在全省深化民生领域突出问题整治统筹做好疫情防控和食品安全工作电视电话会议上，醴陵市被命名为第一批“湖南省食品安全示范市”。

是日　醴茶铁路恢复旅客列车开行仪式举行。副省长陈飞宣布醴茶铁路恢复旅客列车开行，株洲市委书记、市人大常委会主任毛腾飞致辞。醴茶铁路原名湘东铁路，是株洲第一条区域铁路，北起沪昆铁路醴陵段，向南接衡茶吉铁路茶陵段，全长127.8公里。1973年1月11日通车，2015年7月停运。此次醴茶铁路恢复客运后，将在长沙至炎陵间开行普速列车1对（K9033/6、K9034/5次），沿途经停株洲、醴陵、攸县、茶陵4个站，列车运行速度为80公里/小时。

是日　副省长陈飞到醴陵市调研新型火药示范应用工作，株洲市委书记、市人大常委会主任毛腾飞陪同调研。

## 7月

1日　发改委发布《关于公布特色小镇典型经验和警示案例的通知》，全国20个精品小镇成为“第二轮全国特色小镇典型经验”推介对象，醴陵五彩陶瓷小镇名列其中，是全省唯一入选的特色小镇。

3日　醴陵市举行2020年二季度重大招商引资项目集中签约仪式，17个重大项目吸引投资98.29亿元。

是日　株洲市政协特邀界别（县市区政协主席）到醴陵市开展培育千亿陶瓷产业调研，株洲市政协主席蔡溪出席调研座谈会并讲话。

是日　省委常委、省委统战部部长、渌水流域省级河长黄兰香到醴陵市，对渌水进行巡河并调研同心美丽乡村创建工作。株洲市委书记、市人大常委会主任毛腾飞，株洲市委常委、统战部部长覃万成，醴陵市委书记胡湘之参加。

4日　2020年全国“创新社会治理典型案例”征集活动结果公布，醴陵市“全面推行监督与服务微信群，走好新时代网上群众路线”获评最佳案例。

5日　醴陵市启动烟花爆竹企业高温停产工作，持续至8月31日结束。其中，未通过限温审批的企业在10日前停止所有工序生产，限温生产企业经审批备案后可生产至7月31日，8月1日起全市所有烟花爆竹生产企业有药工序不得组织生产。

6日　湖南师范大学附属陶子湖学校项目建设签约仪式举行。市委副书记、市长董巍出席并致辞，长沙有色冶金设计研究院有限公司党委副书记、总经理谭荣和参加。

8日　省政协副主席张大方到醴陵市调研陶瓷产业发展情况。株洲市政协副主席余明刚、金继承，醴陵市政协主席江曙明参加。

是日　省民政厅党组书记、厅长唐白玉到醴陵市，就“三个清单”制定等工作开展调研。株洲市委书记、市人大常委会主任毛腾飞，醴陵市委书记胡湘之，市委副书记曾毅鹏参加调研。

是日　株洲市委书记、市人大常委会主任毛腾飞到来龙门街道上洲社区，调研指导软弱涣散基层党组织整顿工作。

14日　驻株洲市省人大代表第二小组到醴陵市，就“推动醴陵陶瓷与安化黑茶产业融合发展”开展调研活动。省人大常委会副主任杨维刚，株洲市人大常委会党组书记、副主任彭建忠参加。

是日　中科院亚热带农业生态研究所副所长、研究员，九三学社中科院亚热带农业生态研究所支社主委陈洪松率11名专家到醴陵市调研，为醴陵农业产业发展出谋划策。

17日　在杭州阿里巴巴西溪园区举行的湖南数字乡村峰会暨“湘品网上行”活动上，醴陵市、南县和桂东县与阿里巴巴集团数字乡村与区域经济发展事业部签订数字乡村合作协议，共建数字乡村样板县。

18日　在北京市举办的“纪念网格化模式全国推广15周年暨新一代网格化人才培养计划启动仪式”上，市委政法委、市网格化管理服务中心被授予全国网格标准试点单位。

24日　省政协常委、港澳台侨和外事委主任王玉立率队到醴陵市调研文化产业传承与发展情况，株洲市政协副主席余明刚、醴陵市政协主席江曙明参加。

25日　2020湖南红色旅游文化节暨湘潭首届红色文化产业博览会在韶山市开幕。醴陵市有醴泉窑艺、红官窑、新世纪艺术馆和芋园文化公司4家企业参展，市委副书记、市长董巍参加开幕式，并看望醴陵参展企业。

28日　赛迪顾问县域经济研究中心发布《2020中国县域经济百强研究》，醴陵位列中部地区全国百强县综合排名第13位，较上年上升1位。

29日　省侨联公布两批“湖南省华侨文化交流基地”名单，醴陵陶瓷博物馆、渌江书院和耿传公祠入选。

## 8月

1日　根据“爆竹始祖”李畋生平事迹改编，再现李畋坎坷爱情、磨砺仕途以及发明爆竹历程的影片《李畋传奇》首映仪式，在醴陵中国陶瓷谷国际会展中心举行。电影于8月10日在全国院线公映。

2日　“人文蔚起·书香醴陵”渌江讲坛·建宸置业大课堂开讲活动在渌江书院启幕。省作家协会主席王跃文以“文学的力量”为题开讲，并与其余6名专家学者共同被聘为渌江讲坛客座教授。

8日　醴陵市举行湖南省吉泰农牧股份有限公司、湖南农业大学、中国农业科学院家禽研究所三方合作签约仪式，建立稳定的产学研合作关系。中国工程院院士、湖南农业大学畜牧学科带头人印遇龙，中国农业科学院家禽研究所所长邹剑敏等出席签约仪式。

12日　市卫生健康局、疾病预防控制中心、健康教育所联合发布2020年醴陵城乡居民健康素养水平为21%，较2016年增长8.84个百分点，继续保持稳定上升态势。

13日　省委人才工作领导小组办公室发布2020年“湖湘青年英才”支持计划公示名单，株洲时代金属制造有限公司总经理顾宏宇入围。

14日　株洲市教育局、株洲市教育基金会举行2020年空军飞行学员录取通知书暨奖学金颁发仪式。空军航空大学录取的7名飞行学员中，有3名来自醴陵市第一中学、2名来自醴陵市第二中学。

15日　醴陵市首座由政府主导、社会参与、企业捐建的综合服务性公厕“瓷城驿站”启用。

18日　“潇湘五彩·瓷茶风云”湖南省瓷茶产业融合发展大会暨文旅推广活动新闻发布会在长沙市举行。益阳市安化县与株洲市醴陵市宣布结为“友好县市”，联合出台《关于支持安化黑茶·醴陵陶瓷产业融合发展的若干意见》，共同设立专项基金，每年统筹安排2000万元，对推动陶瓷、茶叶产业发展及深度融合有突出贡献的单位或个人进行奖补。

是日　省军区政治工作局副主任一行到醴陵市就国防教育基地建设工作开展调研，株洲军分区司令员张台华陪同。

20日，自然资源部法规司副司长李维兵一行到醴陵市实地调研农村乱占耕地建房问题摸排工作。

21日　市蓝天救援队、新的社会阶层人士联谊会工作人员在“一江两岸”沿岸、西山大桥、江源大桥等人员密集区投放200个救生圈，用爱心筑牢生命防线。

是日　赣湘线8号界桩更换完成并通过验收，标志着醴陵市2020年行政区域界线联检工作全部完成。

23日　“神韵安化 五彩醴陵”——瓷茶旅融合发展精品线路推介会在长沙市举行。省文化和旅游厅发布5条瓷旅、茶旅融合发展自驾游线路：釉下五彩古瓷城之旅、湖湘地理梅山文化之旅、魅力湘西探秘之旅、古巴陵洞庭湖寻古之旅、湘南“半条被子”红色之旅。会上，安化县人民政府、醴陵市人民政府共同签订《安化·醴陵文旅友好城市合作框架协议》，安化县文化旅游广电体育局、醴陵市文化旅游广电体育局与湖南省旅行社协会共同签订《瓷茶旅融合发展精品线路旅行社送客入村奖励协议》。

27日　醴陵市玉瓷路棚户区改造项目安置区地块、莲旗安置区二期地块完成“净地”，保证项目如期进场施工。

28—30日　湖南醴陵红官窑瓷业有限公司作为株洲市代表，参加在山东国际会展中心举办的第四届“中华老字号（山东）博览会”。醴陵红官窑瓷业始建于1905年，是“湖南老字号”企业。博览会上，醴陵红官窑瓷业共设2个展位，现场展销“毛瓷”和具有现代审美特色的经典瓷器。

30日　株洲市委书记、市人大常委会主任毛腾飞到醴陵市调研陶瓷产业发展等工作。

是日　湖南省举行长益高速公路扩容工程通车、六条高速公路开工建设动员大会，其中醴娄高速公路扩容工程开工分会场设在醴陵市。醴娄高速公路扩容工程起于醴陵市与江西交界的金鱼石，与沪昆高速公路相接，经渌口区、天元区、湘潭县、湘乡市、双峰县，止于娄底市。项目主线按双向六车道高速公路标准建设，总投资约250亿元，设计速度120公里/小时，全长约155公里。

## 9月

3日　退役军人事务部发布公告，公布第三批185名著名抗日英烈、英雄群体名录。在南京保卫战中壮烈牺牲的醴陵籍原国军少将程智入选著名抗日英烈名录。

4日　民进中央脱贫攻坚民主监督工作顾问、全国人大监督和司法委员会委员谢勇一行到醴陵市调研陶瓷产业发展情况。

是日　醴陵市举行鱼类人工增殖放流活动，畜牧水产部门联手志愿者向渌江一次性投放300万尾鱼苗。

7日　株洲市委党史研究室联合醴陵市党史和市志研究室，在醴陵市军干所树立“中国革命委员会湖南醴陵分会”革命遗址标识，在泗汾镇镇南桥树立“北伐战争旧址——镇南桥”革命遗址标识。

8日　省产业园区建设领导小组公布《全省2019年度省级及以上产业园区综合评价情况的通报》，湖南醴陵经济开发区综合评价排名在全省134家省级以上园区中位列第11名，获评省级先进园区。

是日　醴陵市举行2020年欢送新兵入伍仪式暨文艺演出，株洲市委常委周杰出席并致辞。

9日　为期3天的2020年腾讯“99公益日”活动结束。市慈善会发起的“乡村振兴·大美醴陵”募捐项目共有85542人次助力，累计筹集善款433.6万元，其中公众筹款400万元，获得腾讯基金会配捐资金33.6万元。

是日　市蓝天救援中心在北门社区揭牌成立。市应急救援队伍又添新军。

是日　省工信厅、永州市政府联手组团到醴陵市考察园区发展。株洲市副市长王卫安，醴陵市委副书记、市长董巍参加。

10日　湘赣边烟花爆竹重点县市安全监管协作（又称“F4产业联盟”）首次会议召开。会上，浏阳市、醴陵市、上栗县、万载县应急管理局共同签订《湘赣边烟花爆竹重点县市安全监管协作（F4产业联盟）协议》。

16日　醴陵市社会各界齐聚

左家老屋，纪念中国人民抗日战争暨世界反法西斯战争胜利75周年，缅怀左权将军。

17日　醴陵籍著名书法家李铎因病去世，享年90岁。

18日　醴陵市举行“人才绿卡”政策发布会，成为全省首个推出电子“人才绿卡”的县级城市。

是日　醴陵市组织开展“瓷城有大爱·消费助扶贫”农产品展销活动，在24个镇街（示范区）均设有专门的扶贫消费点。当天农产品成交额达273万余元，收到订单金额517万余元。

21日　醴陵市举行2020年“大爱瓷城·金秋助学”资助金发放仪式，413名贫困大一新生获得资助。

22日　株洲市委书记、市人大常委会主任毛腾飞一行，到醴陵市调研粮食生产、粮食收购等工作。

是日　2020隆平丰收节醴陵分会场——优质超级稻晶两优1212现场测产及稻谷收购签约仪式在泗汾镇石虎村举行。

23日　国家统计局党组成员、副局长李晓超到醴陵市调研农村生猪养殖、双季稻种植等工作。副省长隋忠诚，省统计局党组书记、局长刘文杰，国家统计局湖南调查总队党组书记、总队长胡国亮，株洲市委书记、市人大常委会主任毛腾飞，副市长顾峰，省农业农村厅副厅长唐建初，醴陵市委书记胡湘之参加。

25日　株洲市关爱乡村教师健康行·医药保健箱醴陵市捐赠活动举行，将总价值140余万元的4657个医药保健箱赠送给醴陵市乡村教师。

是日　长沙市醴陵商会成立大会在望城区铜官窑古镇举行。长沙市醴陵商会是由新华联集团董事局主席兼总裁傅军、金东集团董事长吴向东、金荣集团董事长李文金、新三润集团董事长李性虎等醴陵籍企业家共同发起成立的非营利性社会组织，为在长沙的醴陵籍企业家、创业者提供业务交流、资源整合、企业服务等，首批会员达180余名。

26日　全国首家醴陵釉下五彩瓷“云博物馆”——陈扬龙窑上线，通过“陈扬龙窑陶瓷艺术体验馆”页面，可线上欣赏《小菖兰》《冰清玉洁》等百余件陈扬龙经典作品。

是日　民进中央脱贫攻坚民主监督工作顾问、全国人大监察和司法委员会委员谢勇一行到株洲市调研，并在醴陵市出席“开明画院陶瓷美术研究院”和“株洲开明陶瓷书画院”挂牌仪式。

27日　由株洲、醴陵两级市委、政府为加快打造以现代陶瓷产业文明为主要特征的历史文化名城而确立的重大战略性产业项目——“1915”醴陵国际陶瓷文化特色街区全面开街。

28日　2020湖南（醴陵）国际陶瓷产业博览会在醴陵市五彩陶瓷特色小镇开幕。开幕式上，中国轻工业联合会、中国陶瓷工业协会授予醴陵市“中国陶瓷之都”牌匾。当天签约重点项目36个，合同引资120亿元。此次瓷博会为期6天，以“五彩醴陵 中国瓷都”为主题，设陶瓷综合馆、品牌陶瓷馆、醴陵陶瓷馆、国际陶瓷馆、产业互动馆5个展馆。来自国内外的372家企业参展，吸引国内外采购商代表1000余人。此次瓷博会设置全国高校陶瓷作品邀请展、“北京艺术毕业季”走进醴陵、第二届湘赣边红色文化陶瓷体验之旅等23项系列活动，拓展“陶瓷+”体验。

## 10月

11日　中央电视台综合频道《晚间新闻》栏目的系列报道“全面建成小康社会，百城千县万村调研行”，以“做好陶瓷文章，带动百姓致富”为题，聚焦醴陵，展现群众的获得感和幸福感。

13日　省政协党组成员、副主席贺安杰到醴陵市调研。

16日　在湖南服饰博览会暨芦淞服饰节上，醴陵市举行职业服装展示对接会。醴陵市有湖南国盛服饰有限公司、湖南省韶峰服饰有限公司等19家企业参展，集中展示执法、消防等22类职业服装。现场签约项目21个，总金额12.5亿元。

19日　醴陵市委第一巡察组对仙岳山街道财源塔社区、来龙门街道八里庵社区、国瓷街道古城村等5个村（社区）党组织进行巡察。这是醴陵市首次对村（社区）开展专项巡察，为期2个月。

22日　中盐红四方湖南基地一期项目竣工投产仪式在醴陵东富工业园举行。该基地是中盐集团农肥业务板块的重要战略支撑点，项目一期的竣工投产标志着红四方肥业在湖南扎根。

是日　国家卫生健康委体改司副司长庄宁率调研组到醴陵市，调研综合医改工作。

23日　2020湖南（金秋）文物博览会开幕式在省博物馆举行，开幕式上宣布了“十三五”湖南省博物馆十大陈列展览精品名单、优秀名单，以及湖南文物保护利用创新发展百佳案例名单。醴陵市博物馆的《全域旅游背景下醴陵市博物馆通过“总—分馆”模式让藏品“活”起来的探索》被评为全省优秀文博资源拓展与文旅融合案例，《醴陵市博物馆征集永胜瓷厂十一层玲珑词雕大宝塔》被评为全省优秀文物征集与捐赠案例。

24日　学习贯彻习近平总书记考察湖南重要讲话精神省委宣讲团报告会在醴陵市举行，省委宣讲团株洲分团成员张莉作宣讲报告。市委书记胡湘之主持报告会并讲话，市政协主席江曙明参加。

26日　醴陵市重点优抚对

象优惠体检活动启动。醴陵市退役军人事务局将对全市重点优抚对象3年内分3批次开展优惠体检，掌握健康状况，提升医疗保障水平。

27—28日　副省长陈文浩深入茶陵县、攸县、醴陵市等地调研林业及生态环境保护工作。株洲市委书记、市人大常委会主任毛腾飞，醴陵市委书记胡湘之，醴陵市政协主席江曙明参加调研。

28日　全省首个县级邮政管理机构——醴陵邮政管理局揭牌。省邮政管理局党组书记、局长朱汉荣，株洲市副市长王卫安，醴陵市委书记胡湘之参加。

30日　最高人民检察院调研组到醴陵市调研检察技术工作。

## 11月

2日　位于醴陵东富工业园的湖南滨华电瓷电器检测检验有限公司项目一期建成投产，标志着醴陵电瓷行业告别了外地检测的历史。

4日　湖南省老字号企业——湖南醴陵红官窑瓷业有限公司入选中国国际进口博览会非遗及老字号联名款衍生品开发项目。

5日　第三届中国国际进口博览会在上海市举行。醴陵市的陈扬龙窑受省文旅厅邀请，代表醴陵釉下五彩瓷烧制技艺，亮相“人文交流活动”项目湖南展区。

7日　2020中国（北京）国际精品陶瓷展览会举行。株洲市委副书记王洪斌，醴陵市委书记胡湘之、市政协主席江曙明参加开幕式，并且到“五彩醴陵·中国瓷都”区域品牌展厅看望参展企业代表。

9日　炎陵县委书记尹朝晖率队到醴陵市考察调研，醴陵市委书记胡湘之、市委副书记曾毅鹏参加。两县（市）领导就如何继续做好精准帮扶等工作开展交流。

13日　中国县域工业经济发展论坛发布《中国工业百强县（市）、百强区发展报告（2020）》，在“中国工业百强县（市）”“中国创新百强县（市）”榜单中，醴陵市分列第77位和第88位

16日　工业和信息化部办公厅发布“第二批专精特新小巨人企业培育”名单。醴陵市有4家企业入选，分别为醴陵华鑫电瓷科技股份有限公司、株洲时代金属制造有限公司、湖南银和瓷业有限公司、湖南醴陵红官窑瓷业有限公司。

是日　湖南醴陵陶瓷职业教育集团成立大会在市陶瓷烟花职业技术学校举行。省教育厅职成处副处长周芳友、株洲市教育局纪检书记晏贤明、职成科科长刘深涌出席并讲话。

17日　赛迪营商环境百强县（2020）研究成果在北京市发布，全国营商环境百强县名单揭晓，醴陵市位列全国第30位、全省第4位。

20日　醴陵市举行2020年度转业士官安置选岗现场会，参加公开选岗的转业士官按照打分高低依次现场选岗，全部一次性成功选岗，安置率、选岗率均为100%。

是日　李可染·李庚绘画作品展开幕式暨李可染美术学院陶瓷艺术实践基地揭牌仪式在醴陵市举行。北京李可染画院院长李庚，湖南工业大学党委书记谭益民，党委副书记、校长刘扬，副校长金继承，醴陵市委书记胡湘之参加。

20—22日　醴陵市举行2020湖南醴陵房地产博览会。成交房屋4604套，成交面积59.99万平方米，成交金额32.24亿元。

23日　株洲市学习泸溪经验提升乡村教育水平现场会在醴陵市召开。株洲市委副书记、市委教育工作领导小组组长王洪斌，株洲市人民政府副市长杨胜跃，株洲市教育局党委书记、局长吴安浩，醴陵市委书记胡湘之，各县市区委教育工作领导小组负责人、分管教育的副县（区）长、教育局局长等70余人参加会议。与会人员现场考察醴陵市板杉镇流碧桥小学、板杉中学、沩山镇佛年小学3所乡村学校。

24日　湘赣边烟花爆竹重点县（市）安全监管协作（F4产业联盟）第二次会议召开，四县（市）签订《湘赣边烟花爆竹重点县（市）安全监管协作（F4产业联盟）决议》，共谋湘赣两地烟花鞭炮高质量、安全生产大计。

27日　央视网、《健康报》、《中国卫生》杂志、《经济观察报》、财新传媒、红星新闻、《中国县域卫生》、《湖南日报》等媒体到醴陵市，调研采访深入推进综合医疗改革工作的典型经验和做法。

29日　中国工艺美术大师黄永平非遗传承基地在“1915”醴陵国际陶瓷文化特色街区开馆。中国工艺美术学会理事长才大颖，市政协主席江曙明参加。

30日　醴陵市为期45天的东城大道集中整治超限超载“清零行动”结束，共查处超限超载车辆280台。

## 12月

11日　“海外侨胞故乡行——走进湖南”活动走进醴陵市。来自46个国家和地区的120余名海外嘉宾、海外侨胞共聚醴陵，省侨联党组书记黄芳，株洲市委常委、统战部部长覃万成，株洲市人大常委会副主任钟燕，株洲市政协副主席晏首先，醴陵市委书记胡湘之参加。

15日　以“创新创业·逐梦醴陵”为主题的醴陵市第五届创新创业大赛闭幕。自11月18日开赛以来，经过多轮角逐，湖南凯恩利液压机械制造有限公司自主研发+智能制造工业阀

和插装阀系列产品项目、湖南金锐美新材料有限公司的陶瓷复合刀片产业项目分获创业组和创新组一等奖，各获现金奖励5万元。

是日　醴陵市举行“三变改革，五大合作”股份合作社成立暨揭牌仪式。市委书记胡湘之、全国“三农”专家卢水生参加。

16日　全国县域经济专业研究咨询机构和社会智库——中郡研究所发布《第二十届县域经济与县域发展监测评价报告》，第十届全国县域经济百强排名榜单同时公布，醴陵市分列县域经济与县域综合发展第45位、县域经济基本竞争力第64位，分别比上年提升1位和6位。

是日　醴陵人大设立常委会四十周年座谈会召开。市委书记胡湘之，市委副书记、提名市人民政府市长候选人王利波，市人大常委会主任贺小玲，以及历届人大常委会主任陈启来、金德凡、李理参加。

21日　中国博物馆协会发布第四批国家一、二、三级博物馆名单，醴陵市博物馆上榜国家二级博物馆。

24日　醴陵市城乡生活垃圾预处理及焚烧发电项目开工建设。项目位于茶山镇转步口村生活垃圾填埋场红线范围内，占地7.8公顷，总投资约5亿元，近期规划处理生活垃圾600吨/日、21.9万吨/年，焚烧系统年运行时间大于8000小时，可产生的年上网电量约7080万千瓦时，预计2022年9月建成投入使用。

25日　醴陵市老旧小区居民家庭油烟污染净化治理项目开始实施。按照计划，市住房保障服务中心等部门将分期分批对8032户老旧小区居民家庭更换新油烟净化设备。　（韩芳子）

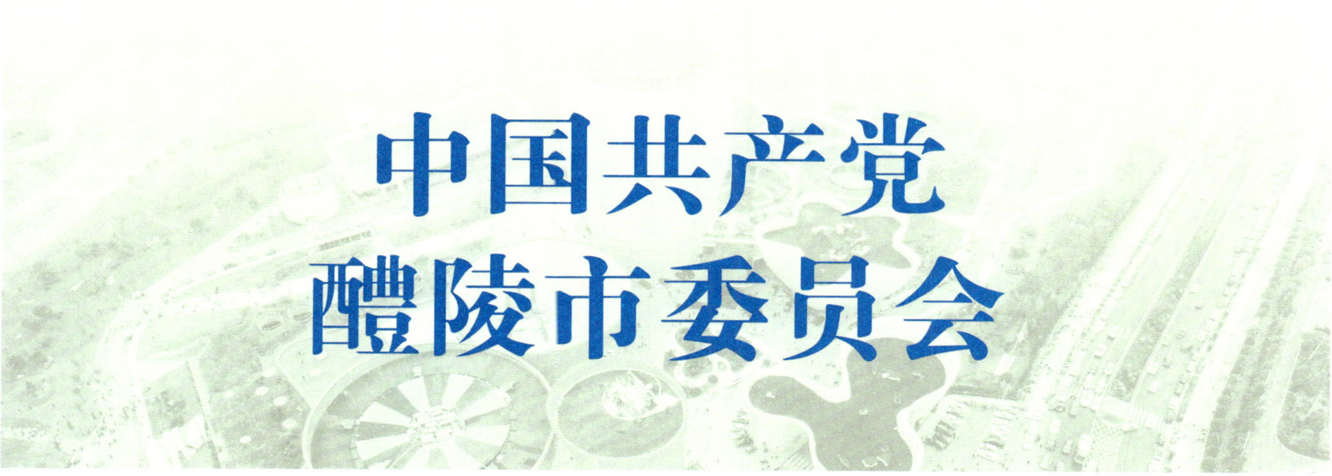

# 中国共产党醴陵市委员会

## 综　述

【概况】2020年，醴陵市实现地区生产总值增长3.9%，地方收入增长5.6%，规模工业增加值增长3.7%。经济增长呈现由负转正、稳步回升、质效提升的态势，各项事业开创稳中有进、进中争先的局面。经济综合发展和基本竞争力实现“双进位”，分别名列全国百强第45位、第64位，跻身全国治理能力百强第25位、全国营商环境百强第30位、工业百强第77位、创新百强第88位，入选全国全面小康百佳示范县（市）。

【政治建设】2020年，中共醴陵市委常委会带头加强政治学习，全面推行“第一议题”制度，落实党委中心组学习制度，共集中学习14次。深入学习贯彻习近平新时代中国特色社会主义思想和习近平总书记视察湖南重要讲话精神，把旗帜鲜明讲政治放在第一位，牢固树立“四个意识”，自觉坚定“四个自信”，坚决做到“两个维护”。推动“不忘初心、牢记使命”主题教育制度化常态化，微课堂、微宣讲、读书月、报告会、红色讲堂等活动经常性活跃在机关、在基层。

【疫情防控】新冠肺炎疫情防控期间，始终把人民群众生命安全和身体健康放在第一位，统筹防控资金6500万元，5000余名机关干部驻村、驻企、驻社区协助基层开展防疫工作。自2月9日起，全市新增确诊、疑似、待排除病例全部“清零”，是全省最早的低风险县市之一，也是全省复工复产较早达到90%以上的县市。常态化疫情防控期间，一直保持零感染。

【“三大攻坚战”】2020年，全市1441户3312名剩余贫困人口通过脱贫验收，脱贫攻坚工作取得决定性胜利。坚守“三保”底线，化解隐性债务4.2亿元，退出一类预警单位，财政运行稳定，基层运转有序。推进污染防治，建成18个镇区污水处理设施，完成城市黑臭水体整治。渌江水质稳定保持II类。全年空气优良天数达358天，较上年同期增加18天。

【产业转型升级】2020年，陶瓷产业获批省级产业集群建设试点，湖南省陶瓷研究所成建制划归醴陵。花炮产业完成“一证多厂”专项整治，玻璃产业年产值突破30亿元。开展温暖企业“三百”行动，为企业减负3.1亿元，投放支持企业复工复产贷款17.7亿元。市场主体新增7844家，达57981家，“四上”企业新增92家，达955家。醴陵华鑫电瓷科技股份有限公司、株洲时代金属制造有限公司、湖南银和瓷业有限公司、湖南醴陵红官窑瓷业有限公司4家企业入选国家级“小巨人”企业。华联瓷业上市和国光瓷业复牌顺利推进。湖南醴陵经济开发区完成调区扩园，在全省园区综合排名中前进23位，排名第11。

【项目建设】全年实施重点项目192个，征地423.13公顷，征拆房屋823栋（套），清零项目60个，征拆征收工作居株洲市第一。中建材碲化镉、服饰产业园、醴娄高速、湘东农副产品大市场等176个项目开工建设，双创中心、中盐红四方等68个项目建成运营，陶子湖、渌江新城、东富工业园、横店产业园等片区开发项目加速推进。全年引进项目136个，合同引资440.4亿元。

【提升城市品质】2020 年，“三创四化”取得阶段性重大成果，成功创建国家园林城市、国家卫生城市，进入全国文明城市提名程序。累计整治马路市场 55 个、改造老旧小区 69 个、提质城区公厕 55 座，新建城市污水管网 20 公里，城市生活污水处理率达 95%。“瓷城驿站”投入使用，“一江两岸”人气高涨。青云桥建成通行，城区范围跨江公路桥、人行桥增至 9 座。五彩陶瓷小镇入选全国精品特色小镇，醴陵市获评“中国陶瓷之都”。

【推动乡村振兴】2020 年，全市种植粮食作物 69.19 千公顷，产粮 48.43 万吨，超额完成任务。6 家企业入选“湘赣红”区域公用品牌，醴陵玻璃椒、醴陵油茶等特色产品走向省内外。深入推进“四治一改”，农村生活垃圾无害化处理率达 100%，卫生厕所普及率达 98.6%。累计流转土地 27.67 千公顷，流转率达 74.2%，居全省前列。上洲社区、茶田村、汆溪村“三变改革”试点顺利推进。农村集体产权改革、农村承包地确权登记颁证等工作获评全国先进。

【深化改革开放】2020 年，97 项重点改革任务全面完成。经营类事业单位改革、园区体制改革、平台公司改革、社会治理体制改革成效明显。获批设立湖南醴陵经济开发区国库，园区规划范围内中国陶瓷谷、东富工业园实现的本级财政收入为园区财政收入。渌江集团信用评级提升至 AA +。监督与服务微信群入选全国创新社会治理最佳案例，醴陵市成为“全国网格标准试点”城市。停运 5 年的醴茶铁路客运恢复运营，株醴融城步伐加快。烟花爆竹组建产业联盟。湘赣边区域合作示范区建设取得进展。成功举办 2020 湖南（醴陵）国际陶瓷产业博览会、湖南省首届瓷茶产业融合发展大会、醴陵职业服装展示对接会、烟花鞭炮出口产销对接会。

【增进民生福祉】“民生 100”工程全面完成，城、乡居民人均可支配收入达 44981 元、30777 元，分别增长 4.8%、7.1%。新增城镇就业 6962 人，就业形势总体平稳。高考二本及以上上线率达 67.6%，连续 10 年获评株洲市高中教育质量建设先进县（市），教育工作进入省真抓实干督查激励表彰公示名单。成功创建国家慢性病综合防控示范区，湖南中医药大学附属醴陵医院挂牌。湘雅乡情、医共体工作经验在全省推介。完成第七次人口普查工作。加强食品、药品监管，获评首批省级食品安全示范市。赴省进京上访批次、人次实现“双下降”，社会大局平稳可控。

【加强党的建设】市级领导带头联系基层党建帮扶点，整顿转化 23 个软弱涣散基层党组织。1636 个党支部全部通过“五化”验收。压实“两个责任”，坚持惩防并举，突出抓好扶贫、项目、招投标等重点领域专项治理，保持反腐高压态势。严格落实“三个区分开来”，为 48 名干部澄清正名。深化政治巡察，巡察覆盖率达 100%。认真落实意识形态工作责任制，新时代文明实践中心建设实现全覆盖，市融媒体中心高分通过国家级评估验收。醴陵市入选中宣部“百城千县万村调研行”首批调研点。弘扬红色文化，耿传公祠、左家老屋等成为全省红色旅游目的地。李立三故居成功创建 AAAA 景区。黄小玲被评为全国劳动模范，赵石毛入围“中国好人榜”。加强中国共产党对统战工作的领导，党外干部培养经验在全省推介。坚持党管武装，连续 8 年实现“零”退兵，征兵工作获评全省先进。（付威波）

## 党校工作

【概况】2020 年，中共醴陵市委党校（醴陵市行政学校）（以下简称“市委党校”）举办各类培训班 60 期，培训轮训 5501 人次；其中科级干部培训、中青年干部培训班、青干暨团干班、政工人事干部培训班等 10 期主体班为市委干部教育年度干训计划内任务，培训轮训干部 972 人次。做好宣讲工作，年内有 13 堂精品课被推送至株洲市各县市区。组织教职人员深入乡镇（街道）、机关单位、村（社区）、企业等宣讲习近平新时代中国特色社会主义思想和中共十九届五中全会精神 32 场次，受众 2142 人。出版校刊《醴陵党校》专题宣传全国两会、中共十九届五中全会精神等，弘扬主旋律，传递正能量。年末被评为“株洲市党校行政学院（校）系统综合先进单位”。

【教学工作】一是抓实学员管理。推行“四级”（市委组织部、党校、送训单位、班委会）联动学员管理机制，实行学员量化考核办法。实行班支两委、学员协同管理模式，全年主体班学员到训率 100%，到课率 99.5%，优良率 100%。二是强化教学管理。组织年初和年中 2 次集体备课，推出 15 堂新课，对课程教学内容、教学方式群策群力提出可行性的修改意见和建议，将高质量课程排入主体班。实行外请授课教师、授课内容审核制度，确保党校课堂无杂音。实行班主任跟班听课制度，在 10 期主体班中安排 12 名班主任跟班听课，既能及时反馈授课教师的课堂效果，又能保证课堂纪律，形成良好的教风。三是创新教学方式。推行现场教学、体验教学、互动教学、案例教学、研讨教学，抓牢党性教育和理想信念教育。定期举办读书分享会、辩论赛、主题党日活动、新闻发布会、“学习强国”知识竞赛等活动，以鲜活的形式延伸和补充党性教育、理想信念内容。

【科研工作】2020年，市委党校有1个省级课题结题，2个省级课题立项，1个株洲市级课题立结项。首次与株洲市委党校开展课题合作。选送12篇调研报告及论文送省、株洲市参评，获得省一等奖2篇、二等奖3篇、三等奖1篇，株洲市一等奖1篇、二等奖2篇、三等奖1篇。完成《醴陵文化十讲》改版工作。醴陵全域旅游干训教材进入撰写阶段。截至年末，校刊《醴陵党校》出版至44期，成为对外展示和交流的名片。（荣　敏）

## 市委巡察工作

【概况】2020年，在中共醴陵市委巡察工作领导小组的统筹下，中共醴陵市委巡察工作领导小组办公室（以下简称“市委巡察办”）完成中共醴陵市第十二届委员会第九轮、第十轮、第十一轮巡察工作，对30个单位党组织开展常规巡察。将意识形态、防范化解重大风险、精准脱贫、污染防治、扫黑除恶等内容纳入常规巡察，有效提升全覆盖监督质量。自2017年开展巡察工作以来，共下发立行立改问题747条，完成整改747条；移交问题线索273条，办结203条，立案53人，给予党纪政务（纪）处分39人，组织处理290人。坚持“巡乡带村”制度。在对镇（街道、长庆示范区）开展巡察时，对辖区内村（社区）党组织一并进行延伸巡察，把巡察利剑直插基层。截至12月，完成巡察镇（街道、长庆示范区）24个，覆盖村（社区）党组织270个，巡察覆盖率100%，共发现村（社区）问题31个，向市纪委移交问题线索7条，市纪委立案6人，给予党纪处分3人。建立健全各项制度。出台《醴陵市巡察干部抽调及管理办法》《市委巡察组临时党支部制度》《巡察工作保密制度》《关于建立市委巡察机构与市纪委监委工作协调机制的实施意见》等规范性文件，重新修订完善《巡察工作操作手册》，将原有的巡察工作人才库扩容至450人。

【巡察整改工作】一是改进巡察反馈机制。从第九轮巡察开始，建立领导小组成员和分管市级领导参与巡察反馈会的机制，传导整改压力，市纪委监委、市委组织部、市委巡察办、市委巡察组派员到被巡察单位参加民主生活会，对做好巡察整改提出具体要求。被巡察单位均召开了巡察整改专题会议，制定巡察整改方案，明确整改责任人、整改时限，压实整改责任。二是建立巡察整改监督机制。明确巡察整改督查由市纪委监委牵头，市委组织部、市委巡察办、市委巡察组协助配合的巡察整改监督机制，印发《关于做好巡察整改情况公开工作并报送有关材料的通知》。截至年末，被巡察党组织立行立改问题120个全部完成整改，“三个聚焦”（要聚焦落实党的政策、要聚焦组织动员群众、要聚焦培育壮大村级集体经济）等方面问题343个，整改完成330个，建立或完善制度63项，并在市纪委监委网站上进行公开。三是充分运用巡察成果。提出的意见建议得到落实。各轮巡察报告经市委书记胡湘之在书记专题会上审定后，共向市委、市政府及相关部门提出意见建议29条，全部得到回复。加强问题线索办理力度。为解决醴陵市巡察移交问题线索积压的问题，市纪委监委加强巡察移交问题线索的查处力度，组织对巡察移交问题线索的集中办理行动。截至年末，市纪委对移交的273条问题线索，办结190条，办结率为69.59%。市委巡察办将被巡察单位的领导干部情况报告抄送至市委组织部，市委组织部以此作为选人用人的重要依据。（朱莹莹）

## 市委办公室工作

【概况】2020年，醴陵市委办公室围绕全市工作大局，践行“五个坚持”（坚持绝对忠诚的政治品格、坚持高度自觉的大局意识、坚持极端负责的工作作风、坚持无怨无悔的奉献精神、坚持廉洁自律的道德操守）根本要求，把旗帜鲜明讲政治作为生命线，提升参谋力、统筹力、落实力、保障力，全面提高“三服务”（服务领导与上级机关、服务市直部门与镇街、服务群众）工作水平，打造市委“坚强前哨”和“巩固后院”。各项工作取得新成效，整治“两个主义”（形式主义和官僚主义）专项行动、体制机制创新工作经验在全省推介，绩效评估等工作在株洲市持续保持领先。

【政研工作】2020年，市委政研工作紧扣市委中心工作、紧贴市委领导思路、紧跟上级工作要求，牵头起草“醴陵市十四五和二〇三五年远景目标的建议”，为醴陵“十四五”发展出谋划策；起草市委主要领导讲话、汇报材料210余篇，全面小康建设、巡察工作等10余篇经验文章在省级以上内刊发表；围绕市委中心工作、民生热点问题撰写调研报告20余篇，为市委领导科学决策提供依据。审核把关各类新闻稿件382条，其中《全面推进“五城发展”，加快迈进“千亿时代”》《突出高质量发展主题，加快迈进县域经济千亿时代》《打造先进陶瓷产业链，构建陶瓷产业发展格新局》等文稿在《湖南日报》《株洲日报》《株洲工作》上刊发。围绕产业发展、招商引资、项目建设、社会治理等领域开展调查研究，撰写调研报告20余篇。（钟 剑）

【改革工作】2020年，10大类99项改革全面铺开，其中97项完成，2项有序推进。涉农改革、“放管服”改革、事业单位分类改革、园区体制改革、平台公司改革、社会治理体制改革成效明显。农村“三变”改革试点取得实质性进展；152项事项实现“一件事一次办”；公立医院综合改革得到省级表彰，医共体建设被列为国家试点；柔性引才打造“醴陵样本”，被列为全省唯一柔性引才县级试点单位；监督与服务微信群入选全国创新社会治理最佳案例，醴陵市成为“全国网格标准试点”城市。（钟 剑）

【办文办会】2020年，严格执行精简文件制度，送审送签市委、市委办各类文件87份，实现发文“只减不增”目标。传阅各类文件447份，文件运转效率逐步提高。向株洲市委办公室报备市委规范性文件9份，审查通过率为100%。档案事业发展工作思路纳入醴陵市“十四五”规划，明确今后五年档案工作的发展方向。开展“国际档案日”系列宣传活动，举办新修订《中华人民共和国档案法》培训班2次。组织和协调市委常委会、市委全会、三级干部会等全市性大型会议20余次，组织协调陶瓷博览会、服饰产业对接会、瓷茶融合活动等大型活动90余次，组织市委主要领导督查、调研、现场办公活动50余次，均无一例差错。参与和承办接待重要来宾70余批次，其中接待省部级以上重要来宾19批次，接待水平不断提升。（李玉伟 王 露）

【信息工作】2020年，信息工作围绕市委中心工作，围绕参政议政主题，围绕经济社会发展的重点难点，质量和水平持续提升。全年编辑各类信息800余条，报送《要情汇报》42期，提供决策信息80余条，“醴陵党办”公众号累计推送新闻信息500余条，关注人数近4000人，点击量近18万次。党委信息工作在株洲市排名前列。（蔡 啸）

【督查工作】2020年，承办株洲市委领导批示件、督查督办平台交办件75件，完成醴陵市委领导批示件25件，形成专题汇报材料66篇，未发生迟报、漏报、误报现象；制定《2020年度督查检查考核计划清单》，印发督查专报、督查通报、交办函、督办函25件，有力推动相关工作开展；牵头开展全市整治形式主义、官僚主义突出问题和“指尖上的形式主义”专项行动，全市文件、会议、督查考核同比精简9%、25%、11%。（王 丽）

【“马上就办”工作】2020年，共受理株洲市“马上就办、真抓实干”网络问政平台诉求、建议76条，均在规定时间内进行回复，满意率达100%，及时解决一批民生热点难点问题；全年向株洲市“马上就办”办公室上报“五问工作法”月报表、“马上就办”信息49篇；每月收集整理市级领导“五个一”活动情况并及时呈报市委、市政府主要领导。（王 丽）

【保密工作】2020年，市保密委贯彻落实中央关于保密工作的要求，全方位开展保密宣传教育，发放宣传资料5000余份，培训干部4800余人次。全年培训新任公务员、中青年干部、各单位新聘工作人员1800余人次。对全市13个核心涉密单位和20个重点涉密单位开展保密检查，做好各单位涉密专机的装机工作、保密综合网的建设工作和互联网安全检测器安装工作。联合公安、市场监管、自然资源等部门开展专项保密检查10余次；监管各类涉密考试10场次。获得湖南省和株洲市“十三五”时期保密工作先进集体称号。（叶 红）

【对台工作】2020年，组织干部参加省委台办组织的对台干部专题培训班，学习中央、省委对台方针政策，提升服务能力。为4家台企协调购买口罩200万个，督促企业夯实防疫责任，6家台企有序复工复产。加强与台湾醴陵同乡会的联系，更新在台同乡会重点联络对象名单。做好湖南省委台湾工作办公室联系（政党）处到醴陵调研服务工作。与湖南醴陵红官窑瓷业有限公司、醴陵市新世纪陶瓷有限公司联络，落实国务院台湾事务办公室交办的购买釉下五彩陶瓷杯用于海峡两岸交流、株洲市委台湾工作办公室交办的购买陶瓷板画馈赠台胞等事宜。（陈志亮）

【外事工作】2020年，市委外事办牵头成立外事专班组，指导镇（街道）、职能单位落实对境外到醴人员的新冠肺炎疫情管控。全年境外到醴人员共计776人，无一人感染。主动靠前服务，及时协调涉外企业复工复产中遇到的困难和问题，多渠道帮助企业促成订单，以务实举措和贴心服务帮企业共度难关。向友好城市日本瑞浪市捐赠口罩1万只，双方书函保持定期联系，友好城市交往取得突破性进展。协助做好瓷博会、

烟花鞭炮出口产销对接会等重点节会外宾邀请工作，不断扩大醴陵知名度和影响力。（吴　田）

【机要密码工作】2020年，机要密码部门为党政领导提供安全、优质、高效的密码通信服务，实行24小时“岗不离人、人不离岗”文电处理，共办理文电652份，实现“无事故、无差错、无错情”目标；承接中办、省、株洲市局领导到醴陵市指导工作，并开展2次领导随行服务；调试加密视频会议、党委视频会议和智真会议20余次。年内，组织全体机要干部参加7批次业务培训活动，其中省局组织的集中培训2次受训4人，视频会议培训3次，内部学习培训2次；组织机要干部参与《中华人民共和国密码法》知识测试及中央电报专管员业务知识测试，均以优秀的成绩通过。围绕密码机构、密码安全管理、密码设备装备等工作广泛开展调研，编写1980—2020年机要大事记。完成省级刊物投稿工作。参与完成醴陵市相关部门单位电子政务内网建设工作。12月，召开密码工作领导小组专题会议，研究部署信创工程相关工作并形成会议纪要。连续5年获评株洲市党政密码工作先进单位，1名机要干部被评为“全省党政系统先进机要工作者”。（成　澍）

## 档案史志工作

【概况】2020年，醴陵市档案史志工作以夯实党史基础业务工作为着力点，传承红色基因，坚持依法修志、依法治志，立足服务全市工作大局，不断完善设施设备，各项工作成效明显。市档案馆（市党史和市志研究室）被省人力资源和社会保障厅、省档案局评为“湖南省档案工作先进集体”，被中共湖南省委党史研究院评为“湖南省党史工作先进单位”。4月，根据《中共醴陵市委机构编制委员会关于明确中共醴陵市委办公室所属事业单位职能配置、内设机构和人员编制规定的通知》，设立市档案馆（市党史和市志研究室）为市委办所属公益一类正科级事业单位，确定其主要职责、内设机构、人员编制及所属事业单位情况。

【档案保护与开发利用】2020年，市档案馆共接待档案查阅咨询2000余人次，办理档案查阅取证340次，调取案卷1万余卷（盒）次。年内，接收全市农村土地确权、省陶瓷研究美术大师个人档案等专门档案，接收市政府办、花炮检测中心、市住房保障中心、市商务局、市供销社等20余个全宗单位文书档案1.2万余卷（盒），收集反映醴陵情况的《湖南日报》70余篇、《株洲日报》600余篇，收集报刊、杂志20余种500余册。加强档案信息基础设施建设，完成市政府办、市档案局、市委组织部、市走访办等单位和省陶瓷研究所大师档案等5000余盒档案的数字化工作，电子化目录著录近10万条，馆藏纸质档案数字化率达20%。做好档案库房安全管理工作，制定《档案库房安全制度》《信息机房安全管理制度》《设备管理制度》《安全应急预案》《网络与信息安全应急预案》等档案管理制度，将责任落实到人，并对涉密信息、涉密人员进行保密教育，配合保密局对涉密电脑进行技术检查防护。制订醴陵市新型冠状病毒感染肺炎疫情防控工作材料归档范围，下发《关于做好新型冠状病毒感染肺炎疫情防控工作文件材料收集归档工作的通知》，推进新型冠状病毒感染肺炎疫情防控工作文件材料收集归档工作。开展“6·9国际档案日”宣传活动，发放宣传资料400余份，接待群众咨询200余人次。

【党史工作】2020年，启动并完成《中国共产党醴陵百年大事记》《中国共产党醴陵历史百年图志》编纂工作。完成《醴陵人民革命斗争史》送审，进入印刷出版流程。完成省、株洲市党史部门交办的党史人物、党史事件、党史故事征研任务，协助省委宣传部完成《湖南为什么这么红》醴陵人物及事件编纂工作。与株洲市委党史研究室合作启动《张子意传》编纂。承担中央党史和文献研究院关于耿飚、宋时轮人物传的撰写工作。为加强红色资源的开发和利用，参与全市各种红色资源开发利用及宣传活动。参加株洲市和醴陵市红色研学旅行活动，引导和激励广大青少年从小树立坚定理想信念，当好红色基因的传承者、实践者。参与左权、耿飚等醴籍重要党史人物生平业绩布展和望江楼展陈工作。协助相关部门审核关于李立三、宋时轮等醴籍革命家的生平事迹资料。参与市县两级红色故事整理编纂工作，根据蔡升熙烈士革命事迹，编辑整理红色故事1篇。与株洲市委党史研究室合作开展全市红色革命遗址保护补充立碑工作，在全市范围内摸底、筛查，首批完成镇南桥、中国革命委员会湖南醴陵分会2个红色革命遗址树标立识工作。

【志鉴工作】2020年，志鉴工作继续坚持依法修志、依法治志，立足服务全市工作大局。完成《醴陵年鉴》2020年卷的审稿工作，并送方志出版社审核。完成《株洲年鉴》《湖南年鉴》醴陵部分的组稿工作，分别向株洲市地方志编纂室、湖南省地方志编纂院报送8000余字的醴陵部分的年鉴稿件。指导完成《殷家冲村志》编纂工作，进入出版印刷阶段。

开展青山村志调研，指导启动《青山村志》编纂工作。协助《中国国家地理》杂志社，搜集整理醴陵历史、地理、文化等相关知识。与20余个市县区完成志鉴交换。开展史志成果信息化工作，借助“史志醴陵”公众号平台，编辑上传史志电子资料，方便公众共享史志成果。（周 礼）

## 组织工作

【概况】2020年，醴陵市委组织部聚焦主责主业，积极履职履责，主动担当作为，队伍建设不断加强，基层基础全面夯实，柔性引才成效明显，为全市统筹新冠肺炎疫情防控和经济社会发展、决战脱贫攻坚、决胜全面建成小康社会提供坚强的组织保证。

【干部工作】2020年，继续着力选拔政治强、懂专业、善治理、敢担当、作风正的干部，共调整干部3批次，涉及干部128人次，提拔科级干部41人，其中正科级6人、副科级35人；进一步使用科级干部3人，其中正科级1人、副科级2人；安排“三方面人员”[村（社区）党组织书记、大学生村官、乡镇（街道）事业编制人员]和选调生比选考录的12人到乡镇党政领导班子任职。强化干部教育。全年选送95名干部参加中央、省、株洲市组织的各类培训。创新干部教育方式方法，推进“学习强国”进干训主体班课堂，在2020年中青班培训中先行先试。整合红色资源，打造耿传公祠—醴陵烈士陵园、李立三故居—南四区苏维埃革命烈士纪念馆、先农坛—东富寺3条党性教育红色精品路线，优化升级《烽火岁月家园情》等10堂红色故事课程。强化监督管理。全年收集监督信息91条，为从严选任干部提供参考依据。协助完成49名处级领导干部《重大事项报告表》填报工作，完成株洲市委组织部2批次15人次干部个人房产查询工作。检查全市2092名备案人员“一人多证”情况，发现有1名干部有2张身份证，督促其办理注销业务。核实及认证1名干部出生日期，完成3名干部任职合规性审查资料上报工作，完成2293名公职人员指纹信息补采工作。做好日常信访接访，处理来信来访25件次，受理“12380”电话举报1件。函询4人，开展经济责任审计5人，开展自然资源资产离任审计1人。强化公务员管理，年内全市新招录公务员45人，按照乡镇、街道当前干部配备情况及招录公务员自身情况进行合理分配。开展公务员职务与职级晋升工作，晋升四级主任科员44人，晋升三级主任科员70人，晋升二级主任科员43人，晋升一级主任科员37人，晋升四级调研员22人。强化干部档案管理，累计审核档案754卷，发现293处存疑信息，完善专项审核82份，补充档案材料316份。

【党建工作】2020年，党建工作围绕中心工作，实施组织力提升工程，基层党建工作质量实现稳步提升。强化理论学习，开展市委理论学习中心组集中学习12次、主题宣讲活动1000余场次。通过“三会一课”、支部主题党日、党委（党组）中心组学习和党员干部教育培训等方式，组织党员干部学习贯彻习近平新时代中国特色社会主义思想、习近平总书记考察湖南重要讲话精神、中共十九届五中全会精神等，推动习近平总书记有关讲话精神在醴陵落地见效。夯实基层基础。抓实提质增效，推进党支部“五化”提质工程，全市1636个党支部全面验收，23个软弱涣散村（社区）党组织整顿全面达标，135个村（社区）党总支升格为党委；抓实党员管理，分期完成基层一线党代表、市直机关、国企党组织书记、党务骨干、村（社区）书记和党建专干900余人次集中培训；抓好基层保障，推动资金、待遇等资源向基层倾斜，村级运转经费提高至34.6万元/村、45万元/社区，让基层组织有钱办事；发展壮大村级集体经济，重点扶持白兔潭镇田心村、王仙镇三狮村等12个村，每年拿出150万元奖励集体经济发展较好的村，村级集体经济平均收入达10.34万元/村；高标准新建149个、改建100个村级综合服务平台，新建8个邻里中心、20个五彩社区和2个工委党校，建立陶瓷产业链党建工作机制，选派市级领导兼任街道大工委书记，建成30个小区党支部，有效巩固全国城市基层党建示范县（市）成果。凸显党建引领作用，在新冠肺炎疫情防控中，全市2026个基层党组织4.6万名党员当先锋作表率。548名科级干部点对点驻企指导规模以上企业，266名机关干部联络服务小微企业，组建69个驻企防疫联络组，帮助企业复工复产和疫情防控。2396名机关干部进社区、小区、楼栋、超市，当好战斗员、信息员，166名第一书记和190名驻村工作队员结对做好全市建档立卡贫困户新冠肺炎防疫工作，老党员、老干部、志愿者1350人组成250支村级巡逻队，开展“五大一改”（大宣传、大清洁、大消毒、大保护、大清查，改变农村陋习）专项行动，相关经验做法5次被人民网和中国共产党新闻网推介。脱贫攻坚工作中，市级领导联点帮扶，党员干部结对帮扶，全市17个省级贫困村全部退出，11057户36519名建档立卡贫困户人口全部脱贫。为做好村级换届选举工作，开展调研走访、摸底排查、谈心谈话、财务审计等筹备工作，换届知晓率达100%、参会率达91%、参选率达92%。派出12个工作督查指导和风气监督组，开展巡回督导5轮，换届过程风清气正；选举出“两委”班子成员1509人，平均年龄41.28岁，比上届下降7.9岁，大专以上学历人数占比52.7%，女性干部占比40.5%，队伍结构和素质得到优化提升。

【人才工作】提升人才服务水平。出台《醴陵市鼓励柔性引才实施办法（试行）》《醴陵市科技专家服务团管理办法》《醴陵市“人才绿卡”实施办法（试行）》等政策性文件，探索“政府+市场”模式，建立以“人才绿卡”为统领的人才服务体系，打造横店人才公寓，建设青年人才驿站。打造有影响的人才活动。召开“湘雅乡情·专家醴陵行”活动品牌建设研讨会，致敬援助湖北武汉抗击新冠肺炎疫情的湘雅醴籍专家；举办醴陵市首届“我是青年演说家”比赛，激发广大青年干部职工干事创业热情；举办第五届创新创业大赛；组织农业、工业、电商等行业的26家优秀企业深度参与株洲市人才集训营暨直播带货大赛活动。做好人才表彰工作。奖补科技专家主导的创新创业项目10个，表彰人才工作突出贡献单位10个和标兵10人；评选农村青年致富带头人10人；奖励新冠疫情防控贡献突出的醴籍专家43人。推进柔性引才省级试点工作。打造“组团式人才共享”模式，搭建用人单位和科研院所之间双向流动与双向选择的人才共享平台；对接省硅酸盐学会、省作物学会、省园艺学会、省土肥学会、省畜牧水产学会等学会组织和中科院亚热带农业生态研究所，组织专家先后4次到醴陵调研，吸引近100名专家教授到醴陵服务；组建农业、工业、医卫、教育、文化5个科技专家服务团分团，引进专家456人，服务全市165家企事业单位，实现人才组团化、专业化、项目化、市场化。陶瓷研究所与中国科学院沈阳自动化研究所（昆山）智能装备研究院达成合作协议，共同开展陶瓷智能制造急需人才的引进培养工作，构建陶瓷装备专家服务团队，计划搭建集研发、转化和维护于一体的人才服务平台。

【老干部工作】打造“美在金秋”党建阵地。按照省委老干部局统一部署，将原老干局办公楼建设成“美在金秋”醴陵老党员之家。马放塘等7个社区、市教育局等13个单位、市老干部（老年）大学等2个功能性支部部署建立第一批“美在金秋”老党员之家，提高离退休党员党建活力。开展示范支部创建。年内，市税务局离退休一支部获评省级示范支部，市住房保障服务中心等4个离退休支部获评株洲市“五好”示范支部。对2019年获评株洲市和醴陵市“五化”示范支部分别给予创建经费补助。落实政策待遇。落实离退休党员党费全额返还政策，全市共返还2019年度离退休党员党费30.3万元。为13个离退休支部下拨党建活动经费2.6万元。及时落实建国初期参加革命工作老干部医疗生活补贴、离休干部遗孀生活补贴、离退休支委工作补贴等待遇。提供关怀慰问。为离休干部和副县级退休干部推行健康管理服务，协调解决老干部需要的电动轮椅、住房困难、家庭赡养纠纷等问题。注重在日常和重要时间节点，为离退休支部书记、离休老党员代表、抗美援朝离休老干部等送上关怀慰问。对41名困难离退休干部和遗孀开展困难帮扶，送去帮扶资金6.3万元。 （谭 斌）

## 宣传工作

【百城千县万村调研】2020年，醴陵市入选由中共中央宣传部开展的全面建成小康社会“百城千县万村”调研活动，列入全国第一批21个调研点，《加快建设富强美丽幸福文明新醴陵——统筹城乡一体发展的全面小康建设之路》的调研报告获评优秀调研报告。9月21日至10月11日，《人民日报》、新华社、中央广播电视总台、《光明日报》、《经济日报》等8家媒体深入宣传报道醴陵小康建设成果。

【理论学习】2020年，市委理论学习中心组组织集中学习14次，中心组成员撰写心得体会和调研理论文章50余篇。持续做好“学习强国”学习平台推广使用，登稿550篇，其中全国平台51篇。开展“学习正当时，书香最致远”系列活动，探索推动“学习强国”学习平台进党校。开展理论宣讲，围绕学习宣传中共十九届四中、五中全会精神，习近平总书记考察湖南重要讲话指示精神等，累计宣讲1000余场次。

【意识形态工作专项巡察和督查】2020年，狠抓意识形态工作责任制落实，开展第九轮、第十轮、第十一轮意识形态专项巡察，对李畋镇、阳三石街道等7个镇（街道）、市交警大队等23个市直单位进行意识形态工作专项巡察，对全市53个单位进行意识形态工作专项督查，查找问题，加强整改。通过巡察、督查推动意识形态工作责任的落实，强化各党委（党组）对意识形态工作的领导。不定期召开全市意识形态工作联席会和舆情分析研判会，及时掌控意识形态安全风险。

【新闻宣传】2020年，醴陵市在中央、省、株洲市主要新闻媒体发稿3100余篇，其中中央、省级媒体2300余篇，市融媒体中心建设高分通过省级评估验收。《人民日报》海外版讲述醴陵抗疫故事；央视《新闻联播》头条稿件《让党旗在疫情防控斗争第一线高高飘扬》以醴籍专家吴安华为典型，报道湖南前往武汉支援的事迹；醴陵防疫经验被各大媒体报道，新闻点击量超200万次；央视《正点财经》《新闻直播间》栏目分别报道醴陵治超“雷霆行动”；醴陵外卖小哥冒雨扶“水马”事迹被《人民日报》、新华社、中央电视台《晚间新闻》《新闻直播间》等栏目争相报道，阅读总量突破1000万次；中国陶瓷谷出镜电视剧《最好的时代》。连续4年在全省率先完成年度党报党刊发行工作。完成瓷博会、瓷茶产业融合发展大会、醴陵职业服装产品展示对接会等大型活动宣传任务。

【网宣网管】2020年，共办理各级舆情540余件，编发《涉醴舆情》8期、《舆情周报》24期，处置突发舆情10余起。加强网评员队伍建设，提高舆论引导能力，组织舆情引导200余批次，被省委网信办评为“网评队伍建设先进集体”。走好网上群众路线，收集办理群众诉求4000余件，满意率达99.8%，连续2年获评红网“网民留言办理先进单位”。

【文明创建】2020年，醴陵市通过省级文明指数测评复查，进入全国文明城市提名程序。建成县级新时代文明实践中心1个、镇级实践所24个、村级实践站270个和实践广场30余处。成立市志愿服务促进中心，负责志愿服务的组织协调等事务。联合红网开发“醴陵文明实践云”APP，注册志愿服务组织85个、志愿者12.4万余人，开展志愿服务350余场。孙家湾村、东岗村获评全国文明村，财源塔社区、市人社局、新世纪艺术馆分别获评省文明社区、文明窗口、文明风景旅游区；来龙门街道马放塘社区工作人员陈毅获评省疫情防控最美志愿者，青云中学学生王童羽获评省新时代好少年。开展道德模范、身边好人典型选树活动，醴陵市班龙服饰广场党总支书记、总经理赵石毛入围“中国好人榜”，醴陵金塔集团工业瓷厂退休职工徐建平、沩山镇东堡中学教师罗敏获评“湖南好人”，徐建平、叶志钢（生前系孙家湾镇孙家湾村党总支书记）获评株洲市第六届道德模范。

【文化建设】2020年，芋园文化景区获批国家AAAA景区，市博物馆获批国家二级博物馆，成功创建首批省级全域旅游示范区，中国陶瓷谷入选湖南十大文旅地标，陶瓷博物馆获评“第八批湖南省社会科学普及基地”称号。醴陵市委、市政府和新三润集团共同打造电影《李畋传奇》在全国院线公映。编纂出版“醴陵历代名人录”“开卷有益”等文化丛书。丰富群众文化生活，全年放映公益电影3228场，送戏下乡125场；举办渌江讲坛文化活动90余场。弘扬红色文化，举办左家老屋开放仪式，新增渌江书院、烈士陵园2个省级爱国主义教育基地。开展“走红色之路·做红色传人”红色研学旅行活动，举办“纪念抗日战争胜利75周年缅怀左权将军”群众性纪念活动，红色资源保护利用经验获全省推介。（戴　鹏）

## 统一战线工作

【概况】截至2020年末，有5个民主党派在醴陵市设有机构和组织，共有成员383人。全市拥有佛教、道教、基督教、天主教四大教别，有登记备案的宗教活动场所203处，另有民间信仰场所343处；全市有台资企业（机构）7家，总产值过3亿元。全市有各类民营经济市场主体72996个，占全部市场主体99.3%，其中民营企业6670个，占全部法人单位99.1%，“四上”民营企业876个，民营经济占地区生产总值比重81.3%，2020年实现民营经济增加值700亿元。全市有登记在册的社会团体134家，有代表性的新媒体10家，有20名国家级陶瓷艺术大师和86名省级陶瓷艺术大师，民营企业中管理和技术人员达2万余人。

【发挥政治引领作用】坚持统战系统联合学习制度，组织联合学习10次。开设“醴商大讲坛”，开讲7期，注重对青年民营经济人士的培养和引导。挖掘、收集统战成员中的先进典型，召开抗疫先进事迹报告会，奋战在抗疫一线的统战成员宣讲自己的抗疫故事。民进会员、市新的社会阶层人士联谊会会长黄小玲获评“全国劳动模范”。

【搭建民主协商平台】制定并落实政党协商计划，通过召开党外代表人士座谈会、政府工作报告征求意见协商会、“十四五”规划编制协商座谈会、集中谈心与个别交心等形式听取党外代表人士意见建议。各民主党派、工商联围绕重点工作开展调研，上报专题调研文章15篇。

【实践创新】依托醴陵陶瓷产业特色，经过多方争取，民盟中央美术院醴陵分院、民进中央开明画院陶瓷美术研究院和株洲开明陶瓷书画院先后在醴陵市挂牌成立。创新社会阶层人士统战工作载体，打造“醴瓷荟”实践创新基地，获评株洲市级实践创新基地。成立市党外知识分子联谊会，把党外知识分子组织起来、团结起来，更好地发挥作用。

【助力企业发展】开展温暖企业“三百”行动、“万企大走访、同心促发展”等活动。参与制定《醴陵市柔性引才实施办法》《醴陵市科技专家服务团管理办法》等，为企业“组团式”引进急需人才；发挥民主党派、党外知识分子人才集聚优势，引进专家、高校等为醴陵农业、工业产业把脉问诊，促进产业转型升级。成立长沙市醴陵商会，醴籍企业家、河南良灿实业有限公司董事长洪德良当选郑州市株洲商会会长，异地商会成为对外交流、对内引流的重要平台。

【民生实事】2020年，市委统战部助力乡村振兴战略，深化“同心美丽乡村”创建，美田桥村成功创建省级同心美丽乡村。通过广泛摸底，挖掘统战元素，植入扶贫车间建设，打造“同心扶贫车间”，全市建成统战扶贫车间84个，吸纳贫困劳动力1291名。开展服务民生系列活动，新冠肺炎疫情防控期间，统战系统捐款202.62万元，捐赠57.47万元物资；民革关爱抗战老兵、民盟残疾人培训、民进禁毒宣传、新阶联关爱留守儿童及农工党、九三学社健康义诊等活动形成品牌。

【党外干部培养】关注党外干部成长，联合组织部门组成调研组，深入到党外干部所在单位开展调研，形成调研报告，助推党外干部梯队培养；出台并实施《醴陵市党外科级干部综合评价暂行办法》，建立以党外干部为主体的党外代表人士综合评价体系，评价结果作为党外代表人士培养使用、政治安排等的重要依据。

（黎　巍）

## 机构编制

【概况】截至2020年年末，全市有市直党政群机关、政法系统、镇、街道办事处机构84个。全市行政编制总计2422名，其中市直党政群机关896名、政法系统652名、镇和街道874名（含财政所）；实有行政人员2148人，其中市直党政群机关857人、政法系统603人、镇和街道688人（含财政所）。全市工勤编制总计127名，实有工勤人员56人。全市有事业单位595个，其中全额拨款机构549个（不含57个小学教学点）、差额补贴机构31个、经费自筹机构15个。全市有事业编制14017名，其中全额拨款编制11478名、差额拨款编制2415名、经费自理编制124名。实有事业单位人员11081人，其中全额拨款9405人、差额拨款1593人、经费自理83人。

【事业单位改革】一是完成事业单位“三定规定”（职能配置、内设机构和人员编制规定）的编制工作。以中共醴陵市委机构编制委员会（以下简称“市委编委会”）名义行文，共出台“三定规定”41份。二是推进生产经营类事业单位改革。年内，全市有4个单位涉及生产经营类事业单位改革，分别为市自来水公司、市剧院、市花鼓戏剧团、市电影公司，均确定为转企改制。改革后，市文化旅游广电体育局所属市花鼓戏剧团、市剧院、市电影公司3个生产经营类事业单位予以撤销，其编制予以收回；市自来水公司的事业单位建制予以撤销，其编制予以收回。

【综合行政执法改革】一是组建5个领域的执法机构。经株洲市机构编制委员会办公室批复，在市市场监督管理局、市文化旅游广电体育局、市交通运输局、市农业农村局分别加挂对应的“综合行政执法局”牌子，核增专职副局长（副科级）职数1名；分别组建对应的综合行政执法大队，副科级，由专职副局长兼任大队长。市城市管理和综合执法局核增专职副局长（副科级）职数1名，组建城市管理和综合行政执法大队，由专职副局长兼任大队长。二是制定执法队伍的“三定规定”。以主管部门为单位编制执法队伍“三定规定”，经单位申报、市编办初审、单位确认盖章和市编办集中会审4个步骤后，报市委编委会审议，以市委编委会名义行文，全市执法队伍“三定规定”全部印发完成。

【其他机构的设立、挂牌、更名和调整】24个镇（街道、长庆示范区）综合行政执法大队设立安全生产工作站，为各镇（街道、长庆示范区）综合行政执法大队的内设机构，以市应急管理局管理为主。设立市巡察数据管理信息中心，为中共醴陵市委巡察工作领导小组办公室下属正股级公益一类全额拨款事业单位。设立市文艺服务中心，为市文学艺术界联合会下属正股级公益一类事业单位。设立市企业家服务中心，为市工商业联合会下属正股级公益一类事业单位。设立市邮政业发展中心，为市交通运输局下属正股级公益一类事业单位。24个镇（街道、长庆示范区）分别设立一所公办幼儿园，为市教育局下属正股级公益二类事业单位。设立内控股，为市人力资源和社会保障局所属市社会保险服务中心正股级内设机构。对市教育局所属部分公办中小学校名称进行更名，更名后机构规格、人员编制保持不变。醴陵市教育局督导室（对外称醴陵市人民政府教育督导室）更名为醴陵市教育督导中心（对外称醴陵市人民政府教育督导中心）。市委宣传部所属“醴陵市志愿服务中心”更名为“醴陵市志愿服务促进中心”，更名后机构规格、人员编制保持不变。市农业农村局所属市农业技术推广中心升格为副科级公益一类事业单位，核定主任（副科级）职数1名。各镇（街道）内设的生态环境办公室更名为自然资源和生态环境办公室，社会治安办公室和应急管理办公室整合为社会治安和应急管理办公室。市司法局内设的社区矫正工作股加挂“醴陵市社区矫正管理局”牌子。市建筑装饰装修服务中心、市房产开发服务中心、市物业服务中心、市房屋安全服务中心和市房产法规监察队的经费性质由自收自支调整为全额拨款，事业单位类别由公益二类调整为公益一类。市散装水泥和墙体材料推广中心的经费性质由差额拨款调整为全额拨款，事业单位类别由公益二类调整为公益一类。市自然资源局所属市房屋登记中心整建制并入市不动产登记中心。市城市管理和综合执法局所属市灯饰管理所事业单位类别由公益二类调整为公益一类。（邓广云）

# 醴陵市人民代表大会

## 综　述

【概况】2020年，醴陵市共召开人民代表大会21次，其中县级人民代表大会1次、乡镇人民代表大会20次；年末，全市有各级人大代表1663人，其中在醴全国人大代表1人、省人大代表4人、株洲市人大代表65人、醴陵市人大代表314人、镇人大代表1279人。醴陵市第十六届人民代表大会设监察和司法、财政经济、教育科学文化卫生、环境资源保护、农业与农村、社会建设6个专门委员会，常委会设办公室、选举任免联络工作委员会2个工作机构及机关总支。年内，市人民代表大会常务委员会召开常委会会议8次、主任会议10次，开展执法检查、专题调研12次，听取审议报告35个，作出决议、决定和审议意见8项，完成市第十六届人民代表大会第五次会议确定的各项目标任务。

【政治建设】坚持把学习习近平总书记重要讲话精神作为“第一议题”，召开党组会议和中心组学习11次。主动对标对表中共中央和省委、株洲市委、醴陵市委决策部署，严格执行请示报告制度，向市委请示报告人大有关工作13次。认真落实“三会一课”民主生活会、主题党日活动等党的组织生活制度，党组成员带头讲授党课7次。配合市委第一巡察组对人大机关党总支开展巡察，参与组织“七五”普法、“国家宪法日”等宣传活动，推动国家根本政治制度和宪法精神深入人心。持续开展“青年党员领学”活动，青年干部领学13次，微宣讲、读书会、红色讲堂等活动常态化活跃在人大机关、代表小组，党建经验做法被湖南省人大宣传推介。

【中心工作】深入基层党建（乡村振兴）、城市创建、脱贫攻坚等“五个一”帮扶点，全年累计开展督导帮扶110余次，解决各类问题60余个。牵头全域旅游示范区创建工作，芋园文化旅游景区（李立三故居）成功创建AAAA景区，耿传公祠、左家老屋等成为全省红色旅游目的地，醴陵获评湖南省首批全域旅游示范区，获得全省文化旅游真抓实干督查激励表彰。牵头“三创四化”工作，取得阶段性重大成果，醴陵市被评为国家园林城市、国家卫生城市，入围全国文明城市提名名单。牵头瓷茶产业融合，举办湖南省首届瓷茶融合发展大会，打响“潇湘五彩茶、釉下五彩瓷”产业新名片。联系城市外环线项目，协调解决施工中存在的困难，实现全线通车。联系船湾服饰产业园，协调、组织职业服装展示对接会，打造“中国职业服装之乡”区域品牌。协调“食为天”种养合作项目，助推农民专业合作社做大做强。联系湖南中模绿建科技有限公司、湖南德兴瓷业有限公司等13家重点企业，鼓励和帮助企业渡过难关发展壮大。

【新冠肺炎疫情防控】2020年，人大机关干部下沉到企业、社区，连续值守40余天。镇（街道）人大承担疫情防控事项累计320余项。五级人大代表捐款50余万元、捐赠口罩120余万个，志愿服务达2300余人次。市人大常委会贯彻市委决策部署，支持政府根据防控需要采取临时性应急管理措施，对陆续出台的惠民利企政策落实情况进行监督。

【司法监督】2020年，听取《株洲市城市综合管理条例》贯彻落实情况汇报，认真开展老旧小区改造工作情况调研活动，推动城市管理不断优化和老旧小区提质改造升级。对全市贯彻执行《湖南省中小学校幼儿园规划建设条例》情况进行调研，针对学校布局不够合理、条例落实不够到位等问题，提出合理化建议，推动办好人民满意教育。全年办理群众来信193件，接待群众来访117人次，转办、交办、督办涉法涉诉信访件96件，及时回应群众诉求，维护群众合法权益。

【代表工作】一是加强学习培训。安排乡镇人大主席到长沙市参加《湖南省乡镇人民代表大会工作条例》学习培训，对新任人大主席、副主席进行任职培训，组织代表、人大干部学习《中华人民共和国民法典》。二是完善长效机制。健全常委会联系代表、代表联系群众“双联”机制，深化“驻室接待日”工作制，建成24个代表工作室，组织各级代表驻室接待450余人次，构筑民意表达“高速公路”。三是丰富活动方式。组织、指导和服务国家、湖南省、株洲市、醴陵市人大代表在各级人民代表大会闭会期间开展活动80余次，为代表审议报告、提出建议、履行职责打好基础。四是抓好建议督办。全年收集整理城乡基础设施建设、教育文化、政务服务、基层治理等方面意见和建议85条，其中《关于加快教育城乡均衡发展，破解“城市挤、农村弱”现象的建议》等5件建议列为重点督办件。代表议案建议实行全链条监督、全过程服务，代表见面率、事项办结率、工作满意率均达100%。

【执法检查】开展《株洲市农村村庄规划建设管理条例》执法检查，由市人大常委会正、副主任带队，组成综合组和5个检查小组，按照组织发动、自查自评、检查小组检查、迎接株洲市执法检查、审议、整改落实6个步骤开展工作，单位自查489户，上户抽查153户，限期整改问题35个，有力遏制农村违法乱占耕地建房现象，在株洲市执法检查中得到高度肯定，“十问十看”被誉为“醴陵经验”，先后被省人大、株洲市人大刊物刊登推介。

【专项工作评议】围绕安全生产、粮食生产、道路交通秩序管理开展专项工作评议，组织150名市、镇人大代表上户走访，召开座谈会12场，发放调查问卷7500余份，收集、归纳意见和问题46条，现场议、当场评、限期改，3个被评议责任单位均被评为“满意单位”。

【舆论工作】举办醴陵人大设立常委会40周年座谈会，全方位展示醴陵民主政治建设的历程和成就。醴陵人大常委会作为全省唯一县级人大常委会代表参加全国人大工作座谈会并发言。《千年产业文明中的人大担当——醴陵人大助推产业转型升级纪实》获评湖南省地方人大设立常委会四十周年实践探索课题二等奖，并作为优秀论文上报全国人大常委会。

## 市人大及常委会会议

【市第十六届人大第五次会议】5月31日至6月2日，市第十六届人民代表大会第五次会议在中国陶瓷谷国际会展中心举行。会议听取和审议市人民政府市长董巍所作的《政府工作报告》、市人大常委会主任贺小玲所作的《醴陵市人民代表大会常务委员会工作报告》、市发展和改革局局长余建明所作的《醴陵市2019年国民经济和社会发展计划执行情况与2020年国民经济和社会发展计划草案的报告》、市财政局局长谢世军所作的《醴陵市2019年财政预算执行情况与2020年财政预算草案的报告》、株洲市生态环境局醴陵分局局长许君明所作的《醴陵市2019年环境状况和环境保护目标完成情况的报告及2020年环境保护目标的报告》、市人民法院院长刘望鸣所作的《醴陵市人民法院工作报告》、市人民检察院检察长黄晓军所作的《醴陵市人民检察院工作报告》。会议通过有关决议决定，表决通过《关于设立醴陵市人民代表大会监察和司法委员会（法制委员会）、教育科学文化卫生委员会（民族华侨外事委员会）、环境与资源保护委员会、农业与农村委员会、社会建设委员会的决定》，选举于大平为市监察委员会主任，补选市第十六届人民代表大会常务委员会委员，表决通过市第十六届人民代表大会各专门委员会主任委员、副主任委员、委员名单。

【市第十六届人大常委会第二十七次会议】1月19日，市第十六届人民代表大会常务委员会第二十七次会议在市人大常委会会议室举行。会议听取和审议市人民政府关于醴陵市部分行政区划调整工作情况汇报，通过《关于批准〈市人民政府关于提请审议醴陵市部分行政区划调整方案的议案〉的决定（草案）》。会议听取和审议市十六届人大五次会议相关报告及市人大常委会2020年工作要点，听取市十六届人大五次会议筹备工作情况的汇报；并通过《关于召开醴陵市第十六届人民代表大会第五次会议的决定（草案）》。会议进行人事任免，听取市人大常委会联工委所作的《代表异动情况和补选代表资格的审查报告》。

【市第十六届人大常委会第二十八次会议】1月22日，市第十六届人民代表大会常务委员会第二十八次会议在市人大常委会会议室举行。会议通过《关于调整召开醴陵市第十六届人民代表大会第五次会议时间的决定（草案）》。

【市第十六届人大常委会第二十九次会议】4月30日，市第十六届人民代表大会常务委员会第二十九次会议在市人大常委会会议室举行。会议进行人事任免，听取和审议市人民政府2019年财政支出预算调整议案，表决通过《关于批准市人民政府〈关于提请审议调整2019年财政支出预算的议案〉的决定》。会议听取驻醴株洲市第十五届人大代表侯清瑞、王喜金、雷向军、谢朋琼履职情况报告。

【市第十六届人大常委会第三十次会议】5月28日，市第十六届人民代表大会常务委员会第三十次会议在市人大常委会会议室举行。会议听取和审议醴陵市关于《湖南省中小学校幼儿园规划建设条例》贯彻实施情况汇报，听取关于规范性文件备案审查工作情况的汇报。会议进行人事任免，听取代表异动情况和补选代表资格的审查报告，通过《关于调整召开醴陵市第十六届人民代表大会第五次会议时间的决定（草案）》，决定于2020年5月31日至6月2日，在中国陶瓷谷国际会展中心召开市十六届人大五次会议，会期3天。

【市第十六届人大常委会第三十一次会议】7月27日，市第十六届人民代表大会常务委员会第三十一次会议在市人大常委会会议室举行。会议进行人事任免，听取和审议“一府两院”半年度工作情况报告、2019年醴陵市级财政决算报告和审计报告、2020年上半年国民经济和社会发展计划和财政预算执行情况汇报，表决通过《关于批准醴陵市2019年财政总决算的决定》，并对2019年审计工作报告中所查出问题的整改工作出具审议意见书。会议听取和审议《株洲市农村村庄规划建设管理条例》执法检查情况汇报，书面听取和审议2020年上半年环境保护工作情况汇报。

【市第十六届人大常委会第三十二次会议】9月23日，市第十六届人民代表大会常务委员会第三十二次会议在市人大常委会会议室举行。会议传达学习习近平总书记9月16—18日在湖南考察的重要讲话精神。会议进行人事任免，书面听取杨冬发、余汉平、温国战、石军生、宋喧驻醴株洲市第十五届人大代表报告履职情况。会议邀请市人大代表赵石毛讲授专题党课。

【市第十六届人大常委会第三十三次会议】11月22日，市第十六届人民代表大会常务委员会第三十三次会议在市委2栋4楼会议室和市人大常委会会议室举行。会议召开专项工作评议大会，听取市应急管理局、市农业农村局、市公安局交通警察大队所作的3项专项工作情况汇报，对于3项专项工作的调查报告和市审计局、法制办作出的3个单位的审计报告、依法行政报告，部分常委会委员、人大代表作了评议发言。常委会全体组成人员、部分人大代表在认真审议的基础上对3项专项工作开展情况进行满意度测评，经过严格测评，3个被评议责任单位均为“满意单位”。会议听取审议审计意见整改落实情况汇报，听取和审议市十六届人大五次会议代表所提建议、批评和意见办理情况，书面听取和审议《株洲市农村村庄规划建设管理条例》执法检查整改落实情况汇报。（龙　隆）

# 醴陵市人民政府

## 综　述

【概况】2020年，醴陵市把握高质量发展要求，打好“三大攻坚战”，做好“六稳”“六保”工作，抓好“一活动一行动”，各项经济指标“由负转正”，夺取新冠肺炎疫情防控和经济社会发展“双胜利”。全年实现地区生产总值增长3.9%，地方财政收入增长5.6%，城、乡居民人均可支配收入分别增长4.8%、7.1%。综合实力、基本竞争力位列全国百强第45位、第64位，跻身全国工业百强第77位、创新百强第88位。获评“中国陶瓷之都”、全国全面小康百佳示范市。

【产业发展】工业稳固发展。规模工业增加值增长3.7%，陶瓷产业集群入选省先进制造业产业集群，五彩陶瓷小镇入选全国精品特色小镇。湖南省陶瓷研究所成建制划归醴陵，陶瓷博物馆升级改造有序推进。与安化县、石门县等地达成战略合作，实现瓷茶跨界融合。促进烟花爆竹安全绿色发展，落实“四个一批”举措，花炮企业整合至180家。举办职业服装展示对接会，服饰产业获评“职业服装活力集群”。旗滨电子玻璃、节能玻璃生产线建成投产，碲化镉发电玻璃项目加快推进。电子信息产业园开工建设。新增国家级专精特新“小巨人”企业4家，省级上云标杆企业增至7家，高新技术企业达138家。农业提质升级。推进高标准农田建设，完成种植结构调整3166.67公顷，播种粮食69.19千公顷，产粮48.43万吨。培育省市农业产业化龙头企业43家，7个农产品获国家级绿色食品认证。农村集体产权改革、农村承包地确权登记颁证等工作获评全国先进。油茶产业发展态势良好，成功入围全省综合油料大县和茶油大县。服务业持续攀升。举办陶瓷博览会、房地产博览会、花炮产销对接会。发展全域旅游，左家老屋对外开放，芋园文化旅游景区成功创建AAAA景区，全年接待游客677.98万人次，实现旅游综合收入73亿元。全省第一家县级出口信用统保平台、续贷受理中心落户醴陵。金融机构各项存贷款余额分别为428.9亿元、316.1亿元。

【“三大攻坚战”】2020年，脱贫攻坚取得决定性成果，3312名剩余贫困人口全部脱贫。完成“四类对象”“边缘户”住房保障任务997户，贫困人口和档外“五类人员”饮水安全问题全面解决。建立防止返贫致贫监测和帮扶机制，脱贫质量稳步提升。污染防治成效明显。全年空气质量优良天数达358天。完成东岸河、西山渠等黑臭水体治理。重点水域畜禽全面退养、网箱养鱼全部取缔，渌江水质稳定保持II类。修复治理重金属污染土地666.67公顷，污泥无害化处置率达100%。金融风险有效防控。健全政府性债务管理机制，稳妥化解隐性债务，债务率进一步下降。推进平台公司改革，渌江集团信用评级提升至AA＋。打击涉众型非法经营活动，守住不发生系统性、区域性金融风险的底线。

【项目建设】深入开展产业项目建设年活动，新签约项目136个，合同引资440.4亿元，其中10亿元以上项目12个、50亿元以上项目3个、三类“500强”项目9个。实施重点项目192个，华联华瓷汇总部等176个项目开工建设，中盐美福等68个项目竣工投产。开展“净地”行动，完成60个项目“清零”交地，征地423.13公顷，拆迁房屋823栋（套），动态储备土地133.33公顷。深化温暖企业“三百”行动,为企业减负3.1亿元，投放支持企业复工复产贷款17.7亿元。新增市场主体7844家，总数达57981家。持续推进园区攻坚三年行动，完成调区扩园，在全省园区综合排名中前进23位、位列第11位，实现技工贸总收入585.5亿元，增长12.9%。陶子湖、渌江新城、东富工业园、横店产业园等片区开发项目加速推进。醴瓷电商产业园投入运营。新开工标准厂房21万平方米，建成标准厂房16万平方米。

【环境整治】深入开展“三创四化”，成功创建国家卫生城市。青云桥建成通行，礼品街正式开放。新妇幼、五彩广场等项目加快推进。完成老旧小区改造项目41个，开工棚户区改造项目3个，新改扩建农贸市场36个。新建城市污水管网20公里，城市生活污水处理率达95%。强力控违治违，拆除各类违法建设120处。完成自然村通水泥（沥青）路80公里，S104、S204、S330等道路路基拓宽全面开工，平汝高速隆兴坳互通加快推进。醴茶铁路恢复客运运营。开展“四治一改”，新改建卫生厕所2万座、农村公厕23座。完成14个镇垃圾中转站主体建设，启动垃圾焚烧发电项目，创建垃圾分类示范镇（街）2个、村（社区）24个，农村生活垃圾无害化处理率达100%。启动18个集镇污水处理设施建设，农村生活污水处理率达86.6%。新建整修大小水利工程1103处，完成小型水库除险加固22座。建成新时代文明实践所24个、村级实践站270个、文明实践广场21个。

【民生事业】保障体系不断健全。发放各类社会救助资金1.9亿元，城乡居民医保参保率达95%。社区日照中心覆盖率、城乡居民养老保险参保率均达100%。新增城镇就业6962人，实现零就业家庭动态援助率100%。社会事业加快发展。湖师大附属学校、新三中建设有序推进。新改扩建义务教育学校35所，增加学位2600个、公办园位1.2万个。紧密型医共体建设列为国家试点，“湘雅乡情·专家醴陵行”常态化开展。成功创建国家慢性病综合防控示范区，湖南中医药大学附属醴陵医院正式挂牌。社会大局和谐稳定。开展安全生产专项整治三年行动，安全形势持续稳定向好。深入推进扫黑除恶专项斗争，坚决遏制各类违法犯罪，“社区警务＋楼栋守护”模式入选全国社会治理创新案例。开展信访维稳“三无创建”，切实将问题解决在基层、矛盾化解在初始。完成第七次全国人口普查工作。全力保障“舌尖上的安全”，获评全省首批食品安全示范市。加强国防动员和后备力量建设，征兵工作获评全省先进。（殷　维）

## 市人民政府办公室工作

【综合调研】2020年，市人民政府办公室共撰写年度政府工作报告和大会报告、领导讲话、典型发言、专项汇报等文稿材料380余篇，刊发领导署名文章3篇，发表新闻稿件8篇，编辑《每周要情》20期。围绕分布式农耕教育的探索与实践、产业突围“四个十条”、疫情背景下当地企业发展现状等内容开展实地调研，先后走访14个准农耕教育基地、30余家企业，形成调研报告4篇。（胡　飞）

【办文办会】严格执行“七个不发文”制度，严控计划外发文，共制发各类文件432份，对下发文115份，发文数量较往年大幅减少。严格按照保密制度管理、规范三密文件，共处理上级文件1005份，做到无被盗和失泄密事件发生。办会细致认真、严谨规范，全年组织市政府常务会议16次、市政府党组会议2次、市长办公会议1次、市政府专题会议3次，其他各级各类重要接待活动、重要会议10余次。（张真源）

【政务监督】修订完善市政府月度重点工作交办及评价考核办法，确保督查督办工作公平公正。全面推广使用政务督办系统，随时掌握工作推进情况，大幅提升督办效率，扎实做好迎接国务院第七次大督查和省政府2020年重点工作真抓实干综合大督查工作。全年交办重点工作任务272件，撤销32件，办结228件，办结率95%。（瞿思文）

【信息工作】推进政务公开专区标准化建设，率先在市政府门户网站开设“政府会议”栏目和图文解读专栏。全年在政府门户网共上传各类政务信息1.9万余条，公开重要通知通告信息160余人条，公开权力运行、财政资金、公共资源配置、公共服务、公共监管等方面信息3000余条。上报株洲政务信息391条，上报省办、国办约稿51篇，为领导科学决策发挥重要作用。

【市长热线】办理株洲市“12345”市长热线交办工单1186件，办结率100%；做好醴陵市“12345”市长热线服务，受理群众诉求电话25182个，群众反映的事件按期办结率为99.5%。在事件办结情况的满意度调查回访中，群众满意率达99.6%。（殷　维）

## 行政审批服务

【概况】2020年，市行政审批局

负责指导、协调、推进全市行政审批制度改革工作、“放管服”改革工作、电子政务信息化建设工作，履行对市民中心进驻单位开展事项集中审批的组织协调、管理监督和指导服务职能，集信息与咨询、审批与收费、管理与协调、投诉与监督于一体。新冠肺炎疫情防控期间，全面推行“网上办、掌上办、电话办、容缺办、邮寄办”等非直接接触服务，企业和办事群众通过湖南政务服务网、部门政务服务 APP 等各类线上方式进行业务申办，让审批“不见面”、服务“不打烊”。全年共接受群众电话、网络、微信咨询 136821 人次，累计办理各类政务服务事项 568828 件，其中网上办理事项 111989 件。

【规范事项管理】一是梳理完善事项清单。在湖南省“互联网＋政务服务”一体化平台集中录入全市 38 家单位的政务服务事项 4075 项，其中依申请 6 类 1019 项，政务服务事项实施清单填报率、发布率均为 100%。二是规范完善权责清单。市行政审批局负责督促和指导各部门梳理权责清单和进行“互联网＋政务服务”平台填报工作。截至年末，梳理市级权责事项 3286 项，填报率 100%。三是规范中介服务事项。梳理涉及 11 个行政审批职能部门中介服务事项 49 项，汇总形成《醴陵市市级行政审批中介服务事项清单》，编制《中介服务事项指南》并在政府门户网站公布，为企业和群众办事提供指引。

【“一件事一次办”改革】2020 年，醴陵市承接株洲市“一件事一次办”系统，将多部门联办“一件事”流程固化和部署至“一件事一次办”服务窗口，实现跨部门、跨层级、跨区域办理；将单部门“一件事”融合到“互联网＋政务服务”系统，通过统一办事系统、统一受理标准、统一协调培训等方式，推动“一件事一次办”改革向纵深发展。截至年末，共实现 184 件事跨域通办。

【基层公共服务全覆盖】2020 年，进一步推动基层公共服务（一门式）全覆盖，全市 24 个镇（街道、示范区）和 270 个村（社区）全部联通政务外网并完成标准化场地建设。加大对乡镇（街道）简政赋权力度，梳理镇（街道）公共服务事项 25 项、村（社区）公共服务事项 36 项和村（社区）“帮代办”事项 25 项，形成《醴陵市公共服务事项村（社区）办理清单（第一批）》，编印《醴陵市村（社区）公共服务事项办事指南》，事项办理权限下放至镇（街道）和村（社区）。

【绿色办公】2020 年，市民中心夏季空调使用时段的用电量为 12000 千瓦 / 天，比上年同期下降 9%；除使用空调时段外的整体用电量为 3700 千瓦 / 天，比上年同期下降 9.76%。水耗能 93 吨 / 天，比上年同期下降 9.7%；冬季天然气供暖耗能 1200 立方米 / 天，比上年同期下降 9.77%。通过引导干部职工养成简约适度、绿色低碳的工作方式，市民中心实现在原基础上降低 8% 的节能降耗目标。（吴贝立）

## 信访工作

【概况】2020 年，市信访局建立健全领导坐班接访、应急处置、政府机关院内信访秩序管理办法等工作制度，采取指标分解、责任交办、定期通报、强化督查、重点约谈等举措，完善考核办法，一手抓体制建设，一手抓源头治理，一批重大疑难信访问题得到化解，信访秩序明显好转，被评为株洲市目标管理考核先进单位。

【工作创新】一是整合资源，加强领导。推动中共醴陵市委退役军人事务工作领导小组办公室、市信访工作联席会议办公室、市维护稳定工作联席会议办公室 3 个议事协调机构实行“三办合一”，由市委副书记、市委政法委书记、市人民政府副市长、市公安局局长统一指挥调度，市信访局、市公安局、市退役军人事务局抽调专人合署办公，主要负责全市信访问题的交办督办、分析研判、通报考核、指挥调度、违法行为打击处理等工作。二是推行“网格＋网络＋信访”的信访管理模式，实现“枫桥经验”的醴陵化。通过推行“网格＋网络”模式，实现责任压实在网格、矛盾化解在网格、信访代办在网格、源头治理在网格、教育疏导在网格。全年全市网格员累计帮助群众解决问题 8 万余个，调解矛盾纠纷 1000 余件，向群众发放信访宣传资料 80 余万份，协助息诉罢访 400 余人次。

【信访干部成长与担当】2020 年，组织全市信访干部开展为期 2 天的信访工作业务培训，提高信访干部队伍处理复杂疑难信访问题的能力和水平；每半年从镇（街道）抽调 2 名新进公务员到信访局跟班学习，把信访部门打造成为锻炼、考察、使用干部的阵地。新冠肺炎防疫期间，市信访局全体干部深入企业和社区开展疫情防控工作，并通过网上信访等非接触方式受理群众网信、书信、来电信访案件近 106 宗，确保群众信访有渠道、信访工作不空档、为民服务不断线。（陈小文）

## 金融工作

【概况】2020年，全市金融工作以防范金融风险为重点，一手抓金融改革创新，一手抓金融安全稳定，为全市经济社会发展提供金融支持。截至年末，全市金融机构各项存款余额428.9亿元，同比增长9.2%；各项贷款余额316.1亿元，同比增长19.1%，存贷比为73.7%。信贷资金投放力度不断加大，不良风险平稳可控。农村信用评定工作全面铺开，金融生态环境持续优化。在株洲市“双比双看”竞赛活动融资力度考核中，醴陵市排名第一。全年没有发生非法集资案件，打击处置非法集资工作在株洲市考核排名第二。

【打击非法集资行为】一是抓机制建设。调整充实醴陵市处置非法集资工作领导小组，细化工作方案，完善与镇街、相关部门的联动机制，明确工作任务。成立防范化解涉众型非法经营活动稳定风险联席会议，制定议事规则，组建工作专班，安排专项经费，联席会议办公室设在政府金融工作办公室。2020年，分别召开联席会议全体会议和联席办第一次会议，各项工作有序推进。二是抓宣传教育。建立“醴陵金融”微信公众号，发布各类资讯80余条；开通处置非法集资工作短信平台，发送短信10万条；发放《致市民的一封公开信》5万份；醴陵电视台、醴陵交通广播频道每天滚动播出公益广告6条，各级各类户外显示屏每天滚动播出标语2000余次；举办大型集中宣传活动3次，发放宣传手册2000余份。三是抓监测预警。先后开展打击“三贷”（校园贷、非法高利贷、套路贷）、打击涉众型犯罪专项行动，对东风酒店附楼、步行街、醴泉路等重点地段开展风险排查整治，收集某文旅集团醴陵分公司、某金融服务公司等涉嫌非法集资线索11条。四是抓矛盾纠纷化解。协助相关部门，做好“颐和寿康”“趣分类”“会真山”“E租宝”“爱钱进”等案件的稳控工作。

【落实惠企惠民信贷政策】一是支持企业应对新冠肺炎疫情。新冠肺炎疫情期间，全市银行类金融机构争取上级支持专项信贷指标，及时发放专项贷款，开通资金拨付、信贷审批“绿色通道”，推出到期存款按原利率自动延期、逾期贷款展期等人性化服务措施。全市银行类金融机构共发放涉及应对疫情和支持企业复工复产的专项贷款7203笔17.7亿元，办理降息、展期业务307笔3.2亿元，让利1.1亿元。二是推动普惠金融。市政府金融工作办公室受理市县两级企业帮扶办交办件249件，通过上门走访、协调推动、督促督办等方式，解决企业融资问题。截至年末，全市民营及小微企业贷款余额为138.7亿元，占各项贷款的44.4%，同比增长11.5%。三是促进银企合作交流。市政府金融工作办公室牵头组织9场政银企对接会，承办长沙银行总行、中信银行湖南省分行主要负责人到醴陵市考察指导工作，醴陵市政府分别与其签订战略合作协议。四是搭建服务平台、中小企业得实惠。全省中小企业续贷受理中心首家县级分中心于4月30日在醴陵市授牌成立，截至12月，共受理90家企业续贷业务700余万元，给予授信3亿元。年末，于2019年7月引进开通的蚂蚁金服醴陵频道，贷款余额为1.49万笔3.32亿元，其中涉农贷款1.33万笔2.81亿元。

【农村信用等级评定】一是广泛发动深入宣传。分别召开市、镇（街道）、村（社区）信用评定工作动员会议，成立三级工作专班297个，发放宣传单20万份。二是突出重点形成机制。以信用农户、信用村社区、信用镇为重点，明确部门职责和评定步骤，以市政府办的名义制定下发评定管理办法，成立以市委常委、常务副市长任组长的市级信用评定委员会，将该项工作纳入防范金融风险考核内容。年内计划完成96个行政村（社区）的信用评定工作，实际完成82个村（社区），评议总户数52836户，其中信用户23962户，预授信总额11.2亿元。三是优化服务创新产品。银行类金融机构开发“湘瓷贷”“油茶贷”“摊商贷”“农担快贷”等信贷产品，加大对重点项目、重点产业、“三农”、小微企业、民生等领域的信贷投入，补齐服务短板、增强服务能力、提升服务水平，推进农村金融服务体系建设。四是激励守信惩戒失信。将信用评定等级与授信额度、贷款利率等优惠政策直接挂钩，通过以点带面的示范效应，推动农村信用环境建设。醴陵农商行对信用户给予公开授信，一级、二级、三级信用户分别授信10万元、5万元和3万元；对信用村辖区内农户，在测算利率的基础上，贷款年利率下降0.3%，授信额度提高50%；根据各村辖区内信用户信用情况，从利息收入中按一定比例，提取工作经费给予各村委会；对信用村、信用镇给予适当奖励。在村级换届选举中，将个人征信情况纳入候选资格审核。开展公职人员不良贷款清收专项行动，清收标的为1600余万元，年内完成40%的清收工作任务。（邹玮琴）

## 优化经济发展环境

【概况】2020年，醴陵市委、市政府认真贯彻实施上级文件精神，制定并印发《醴陵市优化营商环境三年行动方案（2020—2022年）》《醴陵市2020年优化经济发展环境工作要点》《关于做好支持企业复工复产政策落实》等文件，保留《醴陵市优化营商环境十条禁止性规定》《加快产业突围的实施意见（2019年修订）》《支持民营经济发展的若干意见》等5个规范性文件，深化“放管服”改革，推进优化营商环境建设，营造稳定、公平、透明和可预期的营商环境。年末，醴陵市再次上榜全国营商环境百强县，位列全国第30位、湖南省第4位。

【营造高效规范的政务环境】一是简化审批流程。推广电子营业执照和企业开办流程在线申报，整合企业登记、印章刻制、申领发票3个环节，实行一张表单、并联审批。自3月起，简易注销公示时间由45天缩短至20天。筹备制定统一的办事指南和申报表单，将建设项目选址意见书和用地预审意见书合并办理，做到一个部门审核，一个窗口进出。精简企业使用天然气申办窗口业务流程3项和申报资料3份，单个企业减少上门次数5次。压减企业高低压办电环节各1个。二是压缩审批时限。实现企业设立登记0.5个工作日内办结，企业开办登记1个工作日内办结。不动产所有登记业务类型办理时间均压缩至5个工作日内办结，其中抵押登记办理时限为1个工作日，各类注销业务、异议登记、查（解）封登记等均实现即时办结。企业天然气接入报装采取即申即报方式，对工商业用户用气报装30个工作日内完成。企业低压“三零”（零审批、零上门、零投资）服务（无外线工程）实现当日受理、次日接电，平均接电时长压减至2个工作日内，10千伏业务内部环节办理时长压减至21个工作日。三是降低办理费用。降低建筑许可办理收费，取消住建领域除人防异地建设费外全部收费项目。推行建筑施工许可农民工资保证金、开工条件审查、资金来源证明等承诺制。为落实新冠肺炎疫情影响下阶段性降低非居民用气成本和支持企业复工复产的要求，自3月10日起所有天然气非居民用户按2.64元/立方米的价格执行，2月22日至3月9日天然气非居民用户已购买的天然气调价退差退还307万元。新冠肺炎疫情期间，对直接用水企业的生产用水，执行3.64元/吨的综合水价，且用水企业可在缴纳水费时直接享受水价优惠。取消变电站间隔占用费和电力负荷管理终端设备费等电网中间环节收费。继续推行大中型企业办电“三省”（省时、省力、省钱）服务，建设电力配套项目12个，减免企业投资成本880万元。推广小微企业办电“三零”服务，为4884户低压用户减免办电成本809万元。复工复产优惠电价政策累计惠及企业客户2.86万户，减轻企业用能成本1308.57万元。四是落实减费让利政策。新冠肺炎疫情期间，全市银行业金融机构为企业减免利息279.2万元。2020年，全市新增首贷企业213户，各银行业金融机构向实体经济让利1430万元。办理再贷款5.6亿元，惠及企业1311个，办理普惠小微企业信用贷款支持计划1950.8万元，撬动信用贷款4877万元投放至实体经济，支持企业365个。1—11月，全市累计新增减税降费3.07亿元，其中2020年新出台的政策减税降费0.6亿元，2019年年中出台政策在2020年翘尾新增减税降费1.47亿元。

【营造便利开放的市场环境】一是清理中介事项。全面清理规范全市现有行政审批中介服务事项，共梳理出涉及11个行政审批职能部门的49项中介服务事项，形成《醴陵市市级行政审批中介服务事项清单》并在政府门户网站公布。对应中介服务事项，列明涉及的行政审批事项及行政审批实施机关、设定依据、中介服务实施机构、实施要求、服务方式等，同时编制中介服务事项指南并对外公布，明确办理时限、流程、办理所需材料、收费依据及标准、咨询监督方式等，为企业和群众办事提供指引。二是坚持评价制度。2020年，醴陵市首次列入湖南省优化营商环境评价28个参评县市之一，参评内容13项，市优化办和市行政审批服务局组织相关部门和36家企业参评，11月30日至12月3日完成参评工作。三是助力企业融资。加大保护力度。为贯彻落实国务院和省政府关于在市场监管领域完善企业登记窗口服务制度，推进“个转企”，助力企业融资。截至12月15日，完成“个转企”102户；为企业办理股权出质设立登记20起，出质股权数额为14906万元；办理动产抵押登记14起，为企业融资8004.3万元；新设个体工商户5510户，同比增长1.9%；新设企业1760户，同比增长15.71%；新设农民专业合作社379户，同比增长35.84%。在受到新冠肺炎疫情影响的情况下，全市各类市场主体增长幅度较上年增长0.09个百分点，市场主体总数实现逆势增长。

【营造诚实守信的信用环境】加大优化营商环境宣传力度，以“产业项目建设年”活动、温暖企业“三百”行动为主线，通过电视台等媒体宣传报道，在户外大型广告牌、LED 电子显示屏、宣传栏和重点项目工程施工现场等场所滚动播放、设置、悬挂优化营商环境内容，印发优化营商环境条例、湖南省优化经济发展环境规定和优化营商环境简报、宣传册、宣传片，各部门单位组织学习营商环境要点，营造良好舆论氛围。8 月 28 日，组织 28 个相关部门单位，参加全省优化营商环境工作现场培训会议。兑现财政奖补，自 2017 年醴陵市出台陶瓷、花炮、园区招商和创新创业“四个十条”政策以来，累计支持中小企业奖补资金 1.5 亿元，其中“双创十条”兑现奖励 1836.36 万元。有 3 家企业获得科技成果转化奖补资金 509.59 万元，有 87 家企业获得高新技术企业认定奖励 413 万元，有 14 家企业被评定为省级、株洲市级、醴陵市级企业技术中心或工程技术研究中心，共计奖励 135 万元。截至 2020 年年末，全市有高新技术企业 138 家。加快建立以信用监管为核心的新型监管方式，鼓励市场主体自由公平竞争，加强市场监管，建立企业经营预警机制，推动僵尸企业快速出清，为创新企业提供市场空间。醴陵市存贷比连续 3 年排名株洲地区第二。

【整治重点项目施工环境】2020 年，协助市公安局重点办对全市重点项目工程开展整治行动，打击强揽工程、强行参工参运、垄断地材、恶意索要、阻工闹事、黑恶势力等各类影响经济发展环境的违法犯罪行为。走访全市重点工程项目 502 家次，调处涉重点工程项目纠纷 124 起，受理涉重点工程项目涉企行政案件 7 起，行政处罚 10 人，刑事立案 10 起，刑事拘留 5 人；为重点工程项目及市委、市政府重点工作服务共出动车辆 396 台次，出动警力 927 人次。

【引才聚才】一是健全工作机制。理顺市委人才工作领导小组、领导小组办公室及柔性人才服务站工作机制，形成组织部门牵头，相关成员单位协同合作、具体落实的工作格局。二是落实引进政策。市委出台《醴陵市鼓励柔性引才实施办法（试行）》文件。年内签约科技创新人才 22 人（博士 10 人、硕士 1 人、本科 11 人），其中教授 1 名、副教授 6 名，正高级工程师 2 名、副高级工程师 1 名。三是培养科技人才。2018—2020 年，全市引进专技人才 1135 人、农业专家人才 77 人、科技创新人才 48 人，其中硕士 218 人、博士 5 人；一次性发放安家费、住房补贴 1600 余万元，投入 5000 万元建设人才公寓 266 套。对株洲市人才办、株洲市科技局认定的创新和创业领军人才给予配套资金奖励。率先在全省开展柔性引才省级试点工作，成立工业、农业、卫健、教育、文旅 5 个领域的科技专家服务团，每个团有 100 名成员，并出台《醴陵市科技专家服务团管理办法》《关于促进大众创业万众创新的十条政策》《关于印发醴陵市“人才绿卡”实施办法》等政策措施。（李燕梅）

## 机关事务管理

【概况】2020 年，市机关事务服务中心（以下简称“中心”）认真履行工作职能，做好了全市行政事业单位办公用房调配管理、公务用车综合服务平台运营、公共机构节能的事务性工作和全市行政事业单位货物、服务类政府采购的事务性工作。

【办公用房管理】一是调剂部分市直单位进驻渌江产业服务中心集中办公。制定《调剂部分市直单位进驻渌江产业服务中心集中办公调整方案》，并在 3 月 12 日市政府常务会议、4 月 1 日市委常委会议分别审议通过。7—8 月，由中心负责进驻单位与设计单位协调工作，确定装修设计方案。9—12 月，由渌江集团负责装修施工，随施工进展，中心根据部分进驻单位提出请求和实际使用需求，与渌江集团协商调整部分施工工程。2020 年年末，装修工程进入收尾验收阶段。二是做好外地交流任职市级干部周转房修缮工作。为进一步做好外地交流任职市级干部的服务保障工作，根据市委主要领导的指示和相关会议要求，启动对高端人才之家（原常委楼）二栋的 6 套住房和阳三石街道办事处宿舍的 5 套住房重新修缮和简单装修工作。根据从严控制、合理配置的原则，中心按照政府采购流程招标采购，完成装修和家具、家电的采购工作。三是做好办公用房调剂工作。经市文联请示，市领导批示同意，调剂刘家巷 14-1 号原市档案馆办公用房用于市文联下属协会集中办公。并签订办公用房使用协议，明确使用原则、期限和管理办法。

【公共机构节能】一是做好节约型机关创建工作。中心于 8 月 28 日联合市发展和改革局、市财政局印发《醴陵市节约型机关创建行动方案的通知》，要求全市各级党政机关发挥示范引领作用，推行绿色办公，养成简约适度、绿色低碳的生活和工作方式。10 月，第一批 23 家单位对照《醴陵市党政机关创建节约型机关评价指标》完成创建工作方案的制定和自评打分，23家创建单位自评打分均达80分以上。二是参与湖南省公共机构节能宣传周和低碳日活动。中心在能源管理工作群内发布活动通知，强化线上宣传。张贴节电、节水等宣传画，营造宣传氛围。在低碳日开展“五少”（少用一度电、少开一天空调、少用一滴水、少用一张纸、少开一天车）活动，体验能源紧缺。三是推进公共机构垃圾分类工作。根据湖南省人民政府办公厅印发《湖南省地级城市生活垃圾分类工作实施方案》要求和株洲市城乡生活垃圾分类工作动员精神，醴陵市安排由市城管局牵头负责全市垃圾分类工作，中心负责公共机构垃圾分类工作。

【物业管理】7月，经市领导批准，将原由市政府办负责的市委、政府机关大院物业和日常维护工作划归中心管理。2020年，中心继续聘用湖南湘银物业管理有限公司，负责市委、政府机关大院（含市委二栋及高端人才之家）的物业管理服务。在日常物业管理中，对集中办公区内外环境卫生，按照《物业服务操作手册》，实行定人员、定楼层、定标准制度，确保卫生干净整洁。实行24小时值班巡逻，定人定岗，对重点区域、重点部位进行昼夜巡查，通过高清红外网络摄像机，实行智能监控，通过人证核验系统，对外来人员进行严格的来客来访登记。物业服务热线为各办公单位提供及时服务。排查政府大楼玻璃幕墙安全隐患，及时施工更换。定期对空调机组、电梯、配电设施等进行检修保养。

【公车平台管理】一是做好了新冠肺炎疫情防控期间的公务用车保障工作。疫情防控工作期间，公车平台全体工作人员取消春节假期，出车人员24小时值班，集结待命。按照公务用车应急管理规定简化调车程序，保障全市督导组和防疫公务用车需要。公务用车保障中心严格执行出车前检测司勤人员体温、发放口罩及检查车辆安全、消毒和出车后公务用车回车库安全检查、消毒流程，保证出车人和同车人的健康出行。二是继续启用预案租用社会车辆作为公务用车。2020年，继续采用湖南雁南飞旅游服务有限公司、醴陵市顺安汽车租赁有限公司为公车平台的社会车辆定点服务企业。三是完成相关车辆置换工作。针对部分老旧车辆启动置换流程，完成5台公务用车的置换和城管执法大队5台行政执法车辆的置换，并为城管执法大队新采购调剂1台7座商务车、1台11座小型客车，用于行政执法。

【企业改制工作】做好改制企业留守人员业务管理指导工作，支付改制企业留守聘用人员工资补助及社保缴费资金61.22万元。全市共有改制企业“4050”（国有企业在改制当年，年满40岁的女职工和年满50岁的男职工）以下安置费托管人员156人，安置费托管余额23.61万元，年内核实支付2名“4050”以下安置人员托管费0.17万元。按照社保征收体制改革的要求，召集改制企业主管部门、留守人员核对参加医疗保险人员身份信息，确定了2020年度186个改制企业共计25597人（其中退休人数14770人、职工人数10827人）的续保缴费名单，明确缴费资金全部由上级和醴陵市级财政补助，配合医疗保障局做好已改制职工医保转城乡居民医保这一重大医保体制改革的政策宣传解释工作，保证已改制企业的人员全部纳入城乡居民医疗保险。

【资产管理】2020年，中心为市委组织部、市委办等5个单位办理办公用品资产调拨手续。调查改制企业药材公司王家巷3号宿舍楼资产规划情况，得到市自然资源局不能处置的相关回复。协助财政资产股、渌江集团调查市信访局、原人防办等资产配置情况。开展对原白兔潭法庭资产拟出让相关事项前期摸底工作，走访市法院、国土、乡镇、村组进行资产权属调查。收取人大宾馆、原白兔潭法庭资产出租收入25.5万元，全部上缴市财政。协助市财政局完成原毛亭安置区资产等111宗国有资产4次公开拍卖处置保证金收取、退付及成交款收取、上缴等事务性工作，共实现资产处置收入69183.05万元。审核资产处置相关资料，出具原毛亭安置区资产等25份产权交割书。

【“三供一业”工作】2020年，中心负责推进中国铁路南昌局集团有限公司南昌房建生活段醴陵职工家属区“三供一业”（供水、供电、供热及物业管理）分离移交改造项目。项目推进前期，中心收集整理资料，做好初设评审工作，并按评审意见修改设计，获得初设评审批复。项目推进中期，委托第三方开展招投标工作，引进监理公司负责工程监管，与施工企业签订施工合同，安排专业人员现场管理，每周现场督查施工进展、质量安全，现场协调解决八里坳铁路临管处排水问题；组织召开供水改造所涉社区、村及市政、供电、管网等部门参加的前期协调会及后期现场工作推进会；组织相关单位开展物业维修改造及供水改造的竣工验收工作。项目推进后期，按照中国铁路南昌局集团有限公司要求整理上报相关资料。截至年末，项目完成全部施工，进入结算评审程序。（陈敏捷）

## 退役军人事务

【概况】2020年，市退役军人事务局坚持“以退役军人为中心”的工作理念，开展“思想政治工作年”“基层基础基本建设年”等活动，开创新时代退役军人服务保障工作新局面。年内，全市24个镇（街道、示范区）退役军人服务站60%以上达到示范型标准，270个村（社区）退役军人服务站20%以上达到示范型标准；完成部分退役士兵基本社会养老保险接续工作，在全省率先组织大规模重点优抚对象优惠体检；拓宽退役军人就业渠道，保障退役军人权益，为全市退役军人提供优质服务。

【优化服务】一是及时发放各类优待抚恤资金。配合市人民武装部，代发进疆进藏补助及2019年大学生入伍补助。二是完成“褒扬纪念管理系统”中烈士纪念设施数据采集核对工作。完善市烈士陵园资料，录入13处零散烈士陵园信息，补充和完善辖区内安葬的烈士墓信息2791处。三是举办退役军人专场招聘会。年内组织专场招聘会2场，提供就业岗位。四是关注退役军人精神文化生活。年内，市退役军人事务局统计辖区内抗美援朝老兵信息，为其申报由中共中央、国务院、中央军委向参加抗美援朝出国作战健在的志愿军老战士、老同志颁发的“中国人民志愿军抗美援朝出国作战70周年”纪念章。聘请专业教练对军休干部进行门球、太极拳培训，开展政治学习、钓鱼、门球、棋牌比赛、秋游等活动30场次。

【保障退役军人权益】2020年，市退役军人事务局落实退役军人的移交安置、教育培训、就业创业、抚恤优待、褒扬等方面政策，维护退役军人合法权益。一是发放2019年自主就业退役士兵地方一次性经济补助。二是以政府安排工作方式安置退出现役的转业士官。年内接收安置符合政府安排工作条件的退役士兵，全部为服现役满12年以上的转业士官。依据“量化评分、按分选岗、公平公正、阳光操作”的安置原则，安置对象通过得分排序从高到低进行选岗，选岗率100%，安置率100%。三是执行退役士兵技能培训和就业创业政策。通过竞争性磋商采购、公开招投标的形式，确定3家机构拥有2020—2022年退役军人职业技能培训的资质。开展2020年秋季退役士兵职业教育和技能培训。四是帮扶援助困难退役军人。1—10月，完成退役军人和相关优抚对象特殊困难援助，发放救助金。配合株洲市退役军人事务局、株洲市慈善总会，开展困难烈属救助申报工作，为因重大疾病、意外伤害、自然灾害或其他原因导致家庭生活特别困难的人申请困难救助资金。摸排新冠肺炎疫情防控一线军队人员家庭信息，对其进行走访慰问，关注家庭动态。完成20世纪70年代由地方接收安置和市委办代管的军队离休干部的工资待遇代发工作。五是开展慰问活动。年内，走访慰问1～4级伤残军人家庭等退役军人代表，帮助其解决生活困难。“八一”期间，市退役军人事务局领导到镇村，参加“八一”慰问退役军人座谈会，倾听退役军人心声。七是做好优抚对象医疗保障工作。全额资助全市重点优抚对象的基本医疗保险费。资助在渌江医院治疗的重点优抚对象的一季度住院费及医药费用。全年办理重点优抚对象的住院医疗补助，发放补助资金。为入朝作战在乡老复员军人进行短期疗养，做好疗养对象接送工作。

【创新举措】一是创新工作方法。年内，根据湖南省退役军人事务厅工作安排，开展部分军队退役人员核查工作。抽调骨干10人组成工作专班，对在册享受待遇的人进行档案、社会养老保险待遇等核查，并给出初审意见。运用计算机技术，自主设计表格，实现与上级下发的核查表互换，提高工作效率，实现全部退伍人员档案信息化。二是开展重点优抚对象优惠体检工作。在全省范围内率先组织大规模重点优抚对象优惠体检，制定《全市重点优抚对象优惠体检实施方案》，计划对全市重点优抚对象分3年3批次开展优惠体检，其中首批重点优抚对象体检惠及多人。三是发挥退役军人退伍不褪色的军人本色。组织醴陵市退役军人防控疫情志愿队，发动退伍老兵加入社区支援疫情防控工作，退役军人和退役军人事务工作者参加“戎马丹心献热血”活动，共献血12400毫升。疫情防控期间，全市有多名退役军人参与疫情防控工作。四是倡导清明节网上祭扫。新冠肺炎疫情防控期间，发布烈士纪念设施临时关闭及清明节期间开展“致敬·2020清明祭英烈”网上“云”祭扫等信息，有100万余人次通过“醴陵市烈士陵园”公众号进行网上祭扫。（张水良）

# 中国人民政治协商会议醴陵市委员会

## 综　述

【概况】市政协第十四届委员会设置14个界别,其中党派类4个,分别是中共、民革、民进民盟农工党九三学社、无党派;团体类3个,分别是工青妇新、工商联、民宗台侨;界别类6个,分别是社会科学界、经济界、农业界、教育界、文体界、医药卫生界;特邀类1个,即特别邀请人士。中国人民政治协商会议醴陵市第十四届委员会委员规模为300人,常委会规模为50人;十四届五次会议有委员289人、常委会组成人员47人。市政协机关设“一办五委”,即办公室、提案和委员学习联络委员会、经济科技和外事委员会、农业农村和人口资源环境委员会、文教卫体和文史委员会、社会法制和民族宗教委员会。办公室下设委员服务中心1个,为正股级。

【助力全市中心工作】2020年,面对突如其来的新冠肺炎疫情,市政协第一时间发出倡议,号召各参加单位和广大委员全力投身抗疫一线,主席会议成员坚守各责任镇(街道)督导疫情防控,全体委员和机关干部协助复工复产复学、入社区开展测温值守,开展防疫走访和服务1200余人次,捐款捐物43万元,反映意见和建议83条。落实市委工作部署,聚焦市级领导“五个一”活动,开展脱贫攻坚、联系重点项目、企业帮扶等工作。围绕陶瓷产业智能制造与创新发展、工业化赋能与区域品牌建设多措并举、多点发力。参与瓷博会举办、醴陵陶瓷博物馆提质改造,推进省陶瓷研究所整体回归及建设发展,支持陶瓷企业加强信息化建设,组织申创“中国陶瓷之都”,持续提升陶瓷产业影响力和发展后劲。助推醴陵风电项目成功并网发电和36个农贸市场的新改扩建。

【提案工作】市政协十四届五次会议以来,全体市政协委员、政协各参加单位和各专门委员会紧紧围绕市委、市政府中心工作和人民群众普遍关心的民生问题,通过提案履职尽责,提交提案98件,经审查立案94件(含并案3件),转社情民意1件,转来信来访处理提案1件,退回提案2件。紧扣全市中心工作,围绕贯彻新发展理念、“三大攻坚战”、产业转型升级、培育新动能等建言献策,提出提案22件,占比23.4%;推进民主政治建设,围绕部门职能转变、社会治理能力、党风廉政建设等资政建言,提出提案19件,占比20.2%;聚焦大美醴陵建设,围绕加强生态建设、推进绿色发展、解决突出环境问题等集思广益,提出提案9件,占比9.6%;立足文化传承发展,围绕繁荣社会主义文艺、推动文化事业和文化产业改革发展等献计出力,提出提案10件,占比10.6%;关注增进民生福祉,围绕精准脱贫、办人民满意教育、提高人民健康水平、健全社会保障体系等汇聚良策,提出提案34件,占比36.2%。涉及提案办理的43家承办单位均已办理答复,其中提案中所提问题已经解决或基本解决的90件,列入计划拟解决的65件,因条件限制或其他原因未能采纳的2件,承办单位均认真作了说明。“关于持续推进渌江河保护工作的建议”“关于打造陶瓷工业化品牌的建议”等7件提案被评为优秀提案。

## 市政协及常委会会议

【政协醴陵市第十四届委员会第五次会议】2020年5月30日至6月1日，政协醴陵市第十四届委员会第五次会议在中国陶瓷谷国际会展中心召开。市政协主席江曙明代表政协醴陵市第十四届委员会常务委员会，向大会报告工作。市政协副主席钟富强向大会作关于第十四届委员会第四次会议以来提案工作情况的报告。周江选等5名政协委员作大会发言，陈毅等7名委员作书面发言。全体政协委员列席市十六届人民代表大会第五次会议，听取市政府工作报告、市人民法院工作报告、市人民检察院工作报告。会议协商通过《政协醴陵市十四届五次会议关于常务委员会工作报告的决议》《政协醴陵市十四届五次会议政治决议》，书面审议《政协醴陵市第十四届委员会第五次会议提案审查情况》。选举黄振伟为政协醴陵市第十四届委员会副主席，选举增补杨钟、李景兰、文志勇、胡小庆、吴远香为政协醴陵市第十四届委员会常务委员。

【政协醴陵市第十四届委员会第七次常委（扩大）会议】2020年5月28日，政协醴陵市第十四届委员会第七次常委（扩大）会议在东风大酒店6楼多功能厅召开。市委常委、常务副市长刘政凯向会议通报《2019年全市经济社会发展情况》。听取政协醴陵市第十四届委员会第四次会议以来的提案办理情况，协商通过政协醴陵市第十四届委员会第五次会议有关决定、议程和日程等草案。市政协主席江曙明就如何开好政协醴陵市第十四届委员会第五次会议作了安排部署。非常委的各委员活动小组组长、市政协各委办主任、副主任参加会议。

【政协醴陵市第十四届委员会第八次常委（扩大）会议】2020年5月31日，政协醴陵市第十四届委员会第八次常委（扩大）会议在市委2栋3楼大会议室召开。市委副书记曾毅鹏，市政协主席江曙明，市委常委、市委统战部长石勇辉，市政协副主席李忆湘、钟富强、肖建辉、易召群，副主席提名人选黄振伟出席会议，听取各联组召集人汇报联组协商情况，协商政协醴陵市第十四届委员会第五次会议的常务委员会工作报告决议草案和政治决议草案。市政协主席江曙明就开好会、履好职、建好言、选好举作了要求。非常委的各委员活动小组组长、市政协各委办主任参加会议。

【政协醴陵市第十四届委员会第九次常委（扩大）会议】2020年11月19日，政协醴陵市第十四届委员会第九次常委（扩大）会议在中国陶瓷谷国际会展中心3楼新闻发布厅举行。市政协主席江曙明主持会议。市委常委、常务副市长刘政凯、副市长王吉祥，市政协副主席李忆湘、肖建辉、易召群、黄振伟，秘书长黄志敏出席会议，市直有关部门、部分镇（街道）负责人，政协机关干部、各委员活动小组组长及部分政协委员列席会议。会上听取副市长王吉祥关于2020年醴陵市经济社会发展情况的通报。市政协副主席肖建辉对“坚持渌江流域综合治理，推动生态环境持续改善”课题调研工作及建议案（草案）作说明。熊建蓉、汪立奋、周查、蓝秀4名政协委员分别以“完善管网建设 让污水不犯河水”“重点治理生活垃圾 确保渌江良好水质”“强化监管服务 提升粪污治理水平”“积极引导公众参与 全面促进渌江群治久安”为主题作发言。生态环境局醴陵分局、水利局、住建局、畜牧水产事务中心、王仙镇等单位负责人分别发言。会议协商通过《“坚持渌江流域综合治理，推动生态环境持续改善”常委会议建议案（草案）》。（吴　军）

# 中国共产党<br>醴陵市纪律检查委员会

【概况】2020年，中国共产党醴陵市纪律检查委员会（监察委）（以下简称“市纪委监委”）机关内设办公室、组织部、宣传部、党风政风监督室、信访室、案件监督管理室、案件审理室、纪检监察干部监督室、第一至第四监督检查室、第五至第六审查调查室14个机构，有派驻市委办纪检监察组、派驻市政府办纪检监察组、派驻市住建局纪检监察组、派驻市财政局纪检监察组、派驻市教育局纪检监察组、派驻市农业农村局纪检监察组、派驻市林业局纪检监察组、派驻市发改局纪检监察组、派驻市卫健局纪检监察组、派驻市交通运输局纪检监察组、派驻市民政局纪检监察组11个派驻纪检监察机构，设立派驻镇（街道、示范区）监察办公室24个，有下属预防腐败警示教育中心1个事业单位，下辖镇（街道、示范区）和经开区纪（工）委25个。市委巡察办、巡察组归口市纪委监委管理。

【市十二届纪委五次全会】2020年3月10日，中国共产党醴陵市第十二届纪律检查委员会第五次全体会议召开。会议传达学习十九届中央纪委四次全会、十一届省纪委五次全会和十二届株洲市纪委五次全会精神，总结醴陵市2019年纪检监察工作，部署2020年主要任务。市委书记胡湘之出席会议并发表讲话，总结醴陵市全面从严治党的做法和成效，对贯彻落实中共十九届四中全会精神、深化全面从严治党提出明确要求。市委常委、市纪委书记、市监察委主任易文星代表市纪委常委会作题为《坚持稳中求进，提升监督效能，为决胜全面建成小康社会提供坚强保障》的工作报告。会议以视频会议形式举行，市区设1个主会场、2个分会场，各镇（街道、示范区）设分会场。

【强化政治监督】2020年，市纪委监委进一步落实政治监督责任。巩固“不忘初心、牢记使命”主题教育成果。协助市委出台“两个责任”清单。全年市级领导开展廉政谈话1500余人次。抓好省委巡视办反馈的4大项13项问题的整改落实。完善巡察工作干部抽调管理办法、保密制度、协调机制等，实现问题整改到岗到人到位。深入开展村（社区）“两委”换届风气专项监督，查处违反换届纪律5人，联审核查反馈有关问题43个。深化政治巡察，将意识形态作为巡察的重要内容，“巡镇延村”覆盖率100%，受理巡察移交问题线索34条，党纪立案处分12人。助力疫情防控攻坚战，紧盯政策实施和责任落实，党纪政务立案处分10人，组织处理35人，通报典型问题4期31人。

【落实监督职责】2020年，纪检监察落实监督职责，一是落实监督保障。推进信访监督、在线监督、专项监督、大数据监督、微信监督和办案监督贯通融合，构建“六位一体”监督格局。强化纪律监督、监察监督、派驻监督、巡察监督协调联动，盯住重点人、重点事。建设检举举报平台，推动信访工作规范、高效运行。二是深化体制改革。健全完善11个派驻机构领导体制和监督工作机制，赋予派驻机构监察职能。推进镇街一级监察机构设置，派出24个镇（街道、示范区）监察办公室，打通监察监督“最后一公里”。会同组织部门对8个下级纪检监察机构副书记、纪检专干提名人选进行考察。三是创新监督举措。开展“幸福株洲醴陵”监督与服务微信群工作，推动全市村（社区）财务定期在微信群内公开，全市收集办结群众诉求5万余件，群众满意率达

98%，完成交办问题865个，印发6期通报督促整改问题67个。

【严肃党风党纪】一是确保风清气正。全市纪检监察机关受理信访举报266件，处置问题线索649件，立案192件，给予党纪政务处分190人，给予组织处理307人，采取留置措施3人，移送检察机关5人，追缴违纪违法资金1200余万元。严肃整治和查处侵害群众利益的不正之风和腐败问题，党纪政务处分41人，组织处理67人，追缴资金189万余元。二是严查涉黑涉恶问题。开展扫黑除恶专项斗争，主办或参与许某民案、吴某明案、罗某案等涉黑涉恶专案。持续开展"打网破伞"行动，党纪政务处分13人，组织处理11人。开展纠治"四风"（形式主义、官僚主义、享乐主义和奢靡之风）专项监督检查，查处"四风"问题202起，党纪政务处分127人，组织处理207人，编发通报12期，点名道姓通报65人。严把廉政意见关，回复党风廉政意见111批3977人次。三是净化营商环境。持之以恒整治项目建设中"四不两烂"（签约不落地、开工不真实、竣工不及时、服务不到位和烂尾项目、烂尾工程）问题，推进"产业项目建设年"活动中形式主义、官僚主义专项监督，对12个重点项目建设跟踪问效。督促部门单位转变工作作风，解决醴陵润蕾康卫生用品有限公司、醴陵市安迅物流有限公司等企业面临的组工、惠企政策落实等实际问题。四是倡导廉洁新风。发放"加强'两会'风气监督宣传手册"1500余本。落实"三个区分开来"要求，为48名干部的不实举报予以澄清，对156名被处分党员干部开展帮扶回访。

【保障民本福祉】2020年，纪检监察保障民生福祉，一是保障扶贫监督无死角，决胜脱贫攻坚，开展脱贫攻坚监督检查1000余次，完成上级交办问题216件，督促问题整改到位765件。全市扶贫领域问题立案10件，党纪政务处分10人，组织处理25人，收缴资金92万余元。二是保障重点领域治理。开展人防系统腐败问题专项治理，重点整治履职尽责、行政审查等突出问题，督促收缴资金30余万元。整治工程建设项目招投标领域的突出问题，督促16个类别项目纳入公共资源交易范围，查处违纪违法问题4起，处分5人。推动禁捕退捕专项整治行动监督检查48次，现场督促15个问题整改到位。三是保障专项整治落实。持续开展民生领域突出问题专项整治，发现问题113个，查处违纪违法问题39个，查处123人，退还群众资金28万余元。推动城市黑臭水体综合治理。

【提高履职水平】2020年，市纪委监委健全片区协作办案工作机制，坚持在正风反腐最前沿、疫情防控第一线磨炼政治品格，在重大案件查办、重要部署推进上展现担当作为。开展纪检监察系统集中业务培训，推进"清风醴陵"业务知识培训。坚持以案代训，组织65人次到上级纪委监委参与专案办理，组织基层纪检监察干部跟班轮训12人次，有效提升纪检监察队伍监督执纪能力。坚持刀刃向内。强化自我约束，立案查处纪检监察干部2人，调离纪检监察岗位2人次。（丁　剑）

# 民主党派

## 中国国民党革命委员会醴陵市委员会

【概况】2020年，中国国民党革命委员会醴陵市委员会完成支部换届工作，新成立2个总支，新增2个支部，支部数量增至10个，有党员187人。

【参政议政】2020年，党内各级人大代表、政协委员积极履职，共提交人大建议案7篇、政协提案27件和社情民意40余条。开展调研，撰写《发挥社会组织作用，助推社会治理高效》《加强行业协会建设 促进醴陵经济发展》等调研报告。

【社会服务】2020年，抗击新冠肺炎疫情期间，组织党员捐款2万余元，并有多名党员主动投身抗疫一线。开展关爱抗战老兵、法律宣讲、法律援助、关爱贫困儿童等活动。与嘉树镇嘉树村共建“同心美丽乡村”，组织党员开展同心助力美丽乡村义诊活动。（丁　冰）

## 中国民主同盟醴陵市工作委员会

【概况】2020年，中国民主同盟醴陵市工作委员会（以下简称“民盟醴陵工委”）在组织发展中，注重物色人才，改善盟员的界别结构，在医疗卫生、经济等系统发展谭海彦、熊晖、周湘3名盟员。年内，完成4个基层支部的换届工作，选举产生刘劲松、熊建蓉、付轶、龙志勇4名支部主委。年末，经济科技支部获评民盟中央“优秀基层支部”。经济科技支部和陶瓷支部获评民盟株洲市委先进集体。

【参政议政】2020年，民盟醴陵工委到醴陵陶瓷国际会展服务中心等单位开展调研，撰写《关于醴陵市会展业发展情况》的调研报告，并转化为株洲市政协提案。到船湾镇镇政府和新姿服饰等企业开展调研，撰写《我市服饰产业发展情况》的调研报告。参与市政协组织的渌江河流域综合治理常委协商会，盟员熊建蓉作“完善管网建设让污水不犯河水”的专题发言。盟员中的各级人大代表、政协委员认真履职，提交提案、议案20余篇，主委谭艳提交的《关于支持醴陵市文创产业发展的建议》获得株洲市人大常委会表彰，被评为优秀市人大代表建议。

【民盟中央美术院醴陵分院成立】9月29日，民盟中央美术院醴陵分院成立挂牌暨“民盟瓷韵”陶瓷书画展开幕式在“1915”醴陵国际陶瓷文化特色街区举行。全国人大常委会委员、民盟中央专职副主席、中国文联副主席张平，省人大常委会副主任、民盟湖南省委主委杨维刚，株洲市人大常委会党组书记、副主任、一级巡视员彭建忠，株洲市委常委、统战部部长覃万成，株洲市政协副主席柳怀德，醴陵市委书记胡湘之，醴陵市人大常委会主任贺小玲出席。开幕式由民盟中央美术院、民盟湖南省委会主办，民盟株洲市委会、株洲民盟美术院、湖南民盟书画院陶瓷分院承办。开幕式上，民盟中央宣传部部长曲伟宣读同意成立“民盟中央美术院醴陵分院”的批复。参与开幕的领导一同为“民盟中央美术院醴陵分院”和“民盟中央美术院醴陵创作基地”揭幕，并开展书画陶瓷艺术交流。（瞿孝林）

## 中国民主促进会醴陵市总支委员会

【概况】2020年，中国民主促进会醴陵市总支委员会（以下简称“民进醴陵总支”）下设4个支部，有会员81人。会员中有全国人大代表1名、株洲市政协委员1名、醴陵市人大代表2名、醴陵市政协委员10名（其中政协常委2名）。年内发展黄彪、宋龙飞、吴晓涛等8名陶瓷艺术大师和深圳醴陵商会副会长吴峰入会。组织刘冉等7名新进会员和积极分子到衡阳市民进全国会史教育岳云基地进行培训学习。与民进长沙市委开展文化探访交流活动，到民进景德镇市委、民进东莞市委开展学习交流活动。年内，会员黄小玲被评为全国劳动模范，周查被评为株洲市劳动模范和民进全省履职能力建设先进个人、醴陵市决胜全面小康农村青年致富带头人、醴陵市优秀政协委员，陈蒙、周查被评为民进全省抗击新冠肺炎疫情先进个人，高明月等6名会员被民进株洲市委评为履职能力建设先进个人。“醴陵民进”微信公众号全年发布信息30条，12条信息被省级媒体采用，有4篇文章在民进中央网站发布。

【提升履职能力】2020年，组织会员开展“脱贫攻坚和乡村振兴如何有机衔接”“新时代网络人士统战工作载体和方法问题”课题调研，被中共株洲市委统战部确定为重点课题。组织会内政协委员对职业教育开展调研。派出会内人大代表和政协委员对乡村规划开展民主监督。发挥会内陶瓷艺术家多而精的优势，在中国陶瓷谷瓷坊成立“开明画院陶瓷美术研究院”，助推陶瓷产业发展。

【服务社会】在会内倡导“我为无毒醴陵代言”活动，到乡村、进学校、入企业开展禁毒宣传。在板杉镇夏坪桥村、枫林镇隆兴坳村、醴陵天鑫瓷业股份有限公司、狮子坡小学共开展4次禁毒宣传活动。新冠肺炎疫情期间，发动会员捐款捐物，黄小玲捐赠2000副总价值6万元的护目镜，周查捐赠2.5万只总价值7.5万元的医用外科口罩。组织会内艺术家到夏坪桥集市开展“文化惠民 春联万家”活动，送出春联300余副。到狮子坡社区开展“为特困老人送温暖”活动，助力狮子坡创建株洲市“同心社区”。与民进长沙市委开展爱心助学活动，向石亭镇长岭中学捐赠价值2万余元的书籍113册，帮助贫困学子13名。会员周查向西藏自治区山南市贡嘎县捐赠价值4万余元的电脑、打印机等办公用品。（陈　蒙）

## 九三学社株洲市委员会醴陵市工作委员会

【概况】2020年，九三学社株洲市委员会醴陵市工作委员会（以下简称“醴陵工委”）进一步提升参政议政能力。到湖南醴陵经济开发区和王仙镇大屏山村进行营商环境、人居环境治理、乡村教育主题调研，撰写的调研报告《规范部门审批，优化营商环境》获醴陵市统战理论政策研究创新成果三等奖。持续参与“坚持渌江河流域综合治理，推动生态环境持续改善”调研工作，社员李能撰写《强化监管服务，提升生猪粪污治理水平》调研报告、汪立奋撰写《重点治理生活垃圾，确保渌江良好水质》调研报告，并在政协醴陵市第十四届委员会常务委员会第九次会议协商发言。社内的醴陵市人大代表和政协委员提出建议和提案8个，全年上报发表株洲统战等部门信息20余篇。年内，社员汪立奋、凌小娟、杨思怡、伍世龙参加九三学社株洲市委员会主办的“传承五四精神、彰显九三力量”微视频展示活动，1人获二等奖，2人获三等奖。九三学社醴陵二支社成功创建株洲市“五有三好”（有经费、有场地、有平台、有培训、有评价，自身建设好、岗位履职好、发挥作用好）支部。社员李能、陈丹、肖琼获得2020年九三学社省级优秀社员称号。赖艳霞获得2020年醴陵市统战工作先进个人称号。

【社会服务】2020年，组织社员参加“文心清远”书画展，推广醴陵发展新形象。新冠肺炎疫情期间，开展“全力战疫，九三在行动”主题活动，陈丹、黄科强、肖琼等医卫界社员参与一线抗疫，社员凌小娟等为武警、社区工作人员做心理辅导，社员巫勇出动雾炮车为市区主干道绿化带喷雾消毒，社员史良、汪立奋等捐助医用酒精、口罩等物资，黄龙、王旭明、伍世龙等艺术界社员创作战疫作品鼓舞士气。邀请九三学社中科院亚热带农业生态研究所支社10名农业专家到醴陵调研，为农业企业的技术、经营模式等问题现场指导，并建立长期咨询合作等关系。组织社员到枫林镇金桥社区开展“九三携手同创同心美丽乡村”义诊活动，来自湖南师范大学附属湘东医院、醴陵市渌江医院的8名医务工作的社员参加，为村民免费检查60人次，开出诊疗及康复锻炼处方100份，发放健康宣传资料200余份。到明月镇柞子塘小学开展“关爱儿童、守望成长”活动，看望留守儿童，赠送文具用品，现场展示3D打印技术，激发学生对科学知识的学习兴趣。（赖艳霞　李　能）

## 中国农工民主党株洲市委员会醴陵支部

【概况】2020年，中国农工民主党株洲市委员会醴陵支部（以下简称“农工党醴陵支部”）不断提高党员参政议政和服务社会民生的能力，提出提案和建议4份，调研文章《让癌症可控可防》获得醴陵市统战理论政策研究创新成果三等奖，《关于加强儿童青少年心理健康教育的建议》获株洲市政协优秀建议奖。年末，农工党醴陵支部被农工党中央授予纪念中国农工民主党成立90周年参政议政工作先进集体，获评农工党湖南省委先进基层组织、农工党株洲市委优秀支部和醴陵市统战工作先进单位。

【社会服务】2020年，面对新冠肺炎疫情，支部党员凌芳主动申请到援鄂一线抗疫，奋战70余天，获得农工党中央抗疫先进个人及农工党湖南省委抗疫先进个人称号。支部为醴陵市组织捐赠5万余元的抗疫物资。年内，农工党醴陵支部组织义诊和法律知识、健康科普知识宣传活动8次。参与板杉镇擂鼓桥村美丽乡村建设，为困难群众送医赠药价值1万余元。（田联玉）

# 群众团体

## 市总工会

【概况】2020年，市总工会切实履职尽责，加强各级工会组织的思想政治、组织、文化等方面建设，维护职工权益，为职工提高个人技能创造条件，为全市各项中心工作贡献力量。年内，通过采取面向基层和自下而上的民主推荐形式，全市产生全国劳动模范1名、省劳动模范2名、株洲市劳动模范（先进工作者）8名。市总工会获“株洲市工会工作红旗单位”“醴陵市文明单位”“醴陵市脱贫攻坚工作先进单位”等称号。

【关爱劳模】2020年，市总工会贯彻落实劳模服务政策，在社会营造关爱劳模、崇尚劳模的氛围。一是落实劳模各项待遇，尤其是困难劳模。春节走访慰问高龄及困难劳模25名，发放慰问金3万元。组织114名全国劳模、省级劳模和市级劳模免费体检，关爱劳模健康。为困难和低收入劳模争取生活困难补助40余万元。二是扶持劳模创新工作室建设。支持和扶助黄小玲、陈友平和顾家虎3家劳模创新工作室20万元，用于开展技术创新、培养高技能人才。

【工会组织建设】2020年，全市各级工会组织建设不断加强。一是健全“小三级”[乡镇（街道）、村（社区）、企业（楼宇商圈）三级]工会组织体系，推动工会组织向新兴领域、新兴群体延伸。年内，仙岳山街道所辖的4个社区、国瓷街道所辖的7个村全部组建工会，全年共新建基层工会32家，新增会员3000余人。继续推进“八大群体”（货车司机、快递员、护工护理员、家政服务员、商场信息员、网约送餐员、房地产经纪人员、保安员）建会和职工入会，不断扩大全市基层工会组织的覆盖面。金龙百货店组建工会，成为株洲市首家个体工商户工会组织。二是开展工会组织和会员实名制信息采集工作，推进全市工会组织和工会会员规范化、信息化管理。录入工会组织及实名制会员信息6万余条，所采集信息将作为困难职工帮扶、职工医疗互助、法律援助、元旦和春节送温暖等各项服务的依据。三是加强工会阵地建设，培育选树基层工会规范化建设和“职工之家”建设的先进典型。醴陵中油燃气有限责任公司工会被授予“省级模范职工之家”称号，市卫生健康局工会、市公安局交通警察大队工会、株洲醴陵旗滨玻璃有限公司工会被授予“株洲市模范职工之家”称号，市第一中学高一年级工会小组、市公共交通有限责任公司运营工会小组、湖南阳东磁电股份有限公司设备维修科工会小组被授予“株洲市模范职工小家”称号，市国瓷街道工会联合会获评“湖南省百佳乡镇街道”称号。

【职工文化建设】一是加强工会宣传阵地建设。拓宽宣传渠道载体，发挥“醴陵工会”官网和微信公众号宣传阵地作用，全年推送工运信息157条。全市职工器乐大赛决赛、陶瓷技工职业技能彩绘大赛颁奖典礼开通线上同步直播，观看超50万人次。推送信息《抗疫公益歌曲〈万众聚力战疫情〉：用歌声传递温暖和力量》被中央电视台新闻频道《朝闻天下》栏目采用;《湖南醴陵：150多位陶瓷艺人比拼“手上”功夫》登上“学习强国”湖南学习平台、新浪新闻、腾讯新闻、湖南热点新闻、株洲电视台新闻综合频道、《株洲日报》等媒体平台。二是弘扬劳模精神、劳动精神、工匠精神。开展“工人阶级宣传月”活动，全国劳动模范黄小玲的优秀事迹在湖南卫视、《湖南工人日报》等省和株洲市级媒体报道播出，营造“劳动光荣、创造伟大”的良好社会氛围。三是活跃职工文化生活。举办“‘中国梦·劳动美’庆‘七一’建宸置业杯”全市职工乒乓球比赛，全市26支代表队325名职工参与。联合市妇联、团市委举办“七夕寻缘·爱在瓷城”2020年醴陵市职工相亲交友活动，为150余名单身男女职工搭建交流平台。举办2020年醴陵市职工器乐大赛，有239名职工报名参加独奏及乐器组合类比赛，为职工中的文艺爱好者提供才艺展示舞台。联合市文化和旅游广电体育局举办醴陵市第四届机关运动会，共设气排球、男子篮球、羽毛球、乒乓球4个项目，全市61个机关单位500余名职工参赛。组织13名职工参加2020年度“贺岁杯”株洲市职工羽毛球混合团体赛，获得二等奖。投入10万元，组织全市职工免费观看《李畋传奇》《半条棉被》《我和我的家乡》等电影14场，观影2800余人次，丰富职工业余文化生活。四是加强工人文化宫建设。清退和整改工人文化宫出租、承包行为后，启动工人文化宫提质改造项目建设。鼓励和支持社会力量参与工人文化宫建设和发展，挖掘职工群众需求，健全工人文化宫公益服务机制。

【助力中心工作】2020年，新冠肺炎疫情防控期间，看望和慰问市中（一）医院和湖南师范大学附属湘东医院坚守防疫一线的医务工作者，拨付抗疫专项补助金1万元。召开3次慰问一线抗疫工作先进代表座谈会，对98名援鄂及株洲渌口医院的一线医护人员、村（社区）防疫一线工作人员、海关一线工作人员发放慰问金9.8万元。落实省总工会关爱职工和促进消费的普惠政策，在省总工会49万元专项补助基础上配套20.3万元，为抗疫一线企事业单位、经费困难的小微企业和社区工会等提供专项补助经费，为2310名工会会员发放电子消费券。联合市商务粮食局出台《关于促进和引导本土消费的实施意见》，全市116家基层工会近万名工会会员在全市餐饮、娱乐、商超、水果、药店等10余个门类、895家实体门店消费电子消费券730余万元，有力促进全市经济复苏。

【职工素质和技能培养】2020年，市总工会着力激发职工劳动创造热情，推动职工素质提升，全力推动醴陵经济社会高质量发展。一是发挥工人阶级主力军作用。围绕重大工程、重大项目、重点产业组织职工开展多层级、多行业、多工种的竞赛和技能比武活动。联合市委人才工作领导小组办公室、市人力资源和社会保障局举办“五彩瓷都·彩绘未来”陶瓷技工职业技能彩绘大赛，全市陶瓷行业近20家规模企业、职业院校、大师工作室的150余名彩绘技能人才同台竞技，并在“1915”醴陵国际陶瓷文化特色街区举办为期1个月的彩绘大赛汇报展，展示大赛成果。联合市接待服务中心、市市场监督管理局、市文化旅游广电体育局、市商务和粮食局、醴陵餐饮业行业协会等举办“醴陵十大名菜”烹饪大赛，醴陵图兰朵酒店、东风大酒店、福启沅大酒店、以醴相待等20余家醴陵餐饮企业的47名厨师参赛。二是推动职工素质提升。聚焦重点产业和优势行业，发挥劳模创新工作室的示范引领作用，鼓励工匠、技术型劳模发挥“传帮带”作用，加快形成以醴陵工匠、技能标兵及技术能手等构成的多层次技能人才体系。加强职工技能培训，投入近20万元，举办“一户一产业工人”电商直播带货培训、烟花爆竹行业安全知识培训、家居建材行业营销培训、物业管理行业培训以及陶瓷工艺美术培训等6期职工技能培训班，培训职工600余人，全部实现再就业或自主创业。指导和协助符合条件的11名农民工会员，申领教育部与中华全国总工会联合实施的2020年农民工“求学圆梦行动”补贴500元/人，鼓励农民工提升自身技能。

【职工帮扶】2020年，市总工会开展职工帮扶活动，补助苦难职工解困脱困，助推地方经济发展。一是加大对城市困难职工帮扶力度。元旦、春节开展“万名工会干部进企入户”活动，对全市2018年以来的建档户、脱困户、注销户和非建档的115户困难职工家庭进行“一对一”结对帮扶，发放帮扶救助资金32.6万元，其中大病救助33人，子女助学2人，赠送米、油等慰问物资500份。二是落实解困脱困帮扶工作。入户核查和慰问走访全市115户建档困难职工，开展常态化送温暖活动，发放帮扶资金及赠送慰问物资7.04万元，并对35户全国级建档困难职工发放中央财政专项帮扶资金16万元。在6月省总工会组织的城市困难职工解困脱困第三方评估中，醴陵无漏评、错评现象。截至10月30日，按照城市困难解困脱困“五个一批”（通过全面核查注销一批、通过就业培训退出一批、通过大病救助退出一批、通过金秋助学退出一批、通过日常帮扶退出一批）的要求，全市全国级35户、醴陵市级38户建档困难职工全部解困脱困。三是开展职工医疗互助活动。全市有166家基层工会参与第七期职工医疗互助活动，参与职工数15858人，其中女职工 7863 人，互助金总额 103.13 万元；发放医疗互助补助 408 人 41.3 万元，对符合条件的 1 名患病职工申请大病关爱行动救助，减轻医疗负担。四是开展“情系职工送清凉”和安全生产大检查活动。全市各级工会投入 60 余万元，其中市总工会出资 12 万余元，为高温作业岗位上的 2000 余名一线职工赠送慰问降温防暑用品 400 套、绿豆 4500 千克、白砂糖 2000 千克。

【维护职工权益】2020 年，市总工会不断完善职工援助帮扶和协调机制，切实维护职工权益。强化群体性劳资纠纷摸排和预防化解工作，全年参与处理各类劳动人事争议案件 218 起，其中立案 124 起、案外调解 94 起，124 起立案处理案件全部在法定期限内结案。开展工资集体协商，实行“一订三年”的协商模式，签订区域性工资集体协商协议 25 份，行业性工资集体协商协议 2 份，50 人以上企业签订单独工资集体协商协议 53 家，覆盖职工近 10 万人。开展“携手抗疫·温暖前行”女职工权益保护和新冠肺炎疫情防控知识线上有奖答题活动，全市近 1800 名职工和工会干部参加，答题流量超 15 万次。

【工会服务能力建设】2020 年，市总工会多方举措促进工会组织服务能力建设。一是加大工会经费收缴力度。克服新冠肺炎疫情带来的不利影响，加强与税务、财政部门的联系和配合，全年收缴工会经费 848.72 万元，完成株洲市下达任务数的 91.06%，确保工会经费收入稳步增长。二是强化工会经费收支审计监督。对 6 家基层工会 2019 年度经费收支情况进行审计，同时强化审计整改工作，坚持边审边改、立行立改，发挥审计监督在服务大局、服务基层、服务职工中的重要作用。三是加强网上工会建设。根据省总工会相关要求，创新工作方式，加速推进网上工会平台建设工作。四是加强工会干部能力建设。新招聘 5 名社会化工会工作者，充实基层工会工作力量。全年组织城市困难职工解困脱困业务工作培训、社会工作者和工会干部培训等 8 期培训班，参训 1200 余人次，选送 10 余名工会干部参加株洲市和省总工会举办的工会工作培训，提升工会干部队伍工作水平。（郭　媛）

## 共青团醴陵市委

【概况】2020 年，全市有共青团员 3.31 万人，共青团醴陵市委（以下简称“团市委”）下辖 131 个一级团组织，联系青年社会组织 8 家。年内，团市委聚焦主责主业、切实履行职能，选树先进典型，推动共青团工作取得新发展，醴陵金龙百货团总支获评全国“五四红旗团委”称号。全市评选株洲市级“青年文明号”2 家、株洲市农村青年致富带头人 2 名，表彰醴陵市级共青团组织 13 家、优秀团干部和共青团员 59 名。团市委被评为“湖南省五四红旗团委”“株洲市五四红旗团委”“醴陵市平安建设先进单位”“醴陵市安全生产工作先进单位”“湖南（醴陵）国际陶瓷产业博览会工作先进单位”。

【青少年思想道德教育】2020 年，团市委加强青少年思想道德教育，坚持不懈地用党的科学理论武装全团、教育青年。开展“青年大学习”网上主题团课学习，学习总人数达 14.8 万人次，单期学习最高纪录达 1.07 万人次。召开纪念“五四运动”101 周年青年座谈会，开展“清明祭英烈 共筑中华魂”“弘扬红色精神，聆听老兵故事”等活动，延续红色基因，让革命精神薪火相传。组织开展“走红色之路 做红色传人 争当红领巾讲解员”主题实践活动，选拔第一批 5 名优秀讲解员到全市主要红色景点上岗实训。

【新媒体平台建设】2020 年，团市委打造贴近青年的新媒体平台，当好网络正能量传播生力军。“醴陵青年”微信公众号编发推文 62 期，单篇阅读量最高达 8.8 万次，9 月在全省县级公众号影响力排行榜位列全省第一。新冠肺炎疫情期间，编发抗疫推文 22 期，发布抗疫海报 10 期，总阅读量达 11.3 万次，构筑青春抗疫的“云防线”。开展青年网络文明志愿者行动，组建由 400 余名志愿者组成的网络宣传员队伍，引导团员青年在网络空间传播正能量、弘扬主旋律。

【服务和助力全市重点工作】防控新冠肺炎疫情期间，团市委招募青年志愿者 1368 名，组建青年突击队 46 支，发动团员青年 8600 余人次。组织开展“严守电梯防疫战场”“致敬一线最美逆行者”“爱心义剪”等志愿服务 17 场，募集防疫物资 30 余万元。开展“红领巾战疫”活动，征集战疫作品 370 余幅，“小手拉大手”推动全民抗疫。推出“青春致敬包”，向一线抗疫人员派送 1000 份青春健身礼包。服务全面小康建设，开展希望工程“一元捐”活动，筹集善款 10.29 万元。开展困境儿童抗疫关爱行动，募集社会关爱助学资金 27 万元。开展“决胜全面小康农村青年致富带头人”评选活动，选出 10 名优秀农村青年。组织“青春扶贫情 暖童心”“常回家看看”扶贫公益活动 21 场，关爱帮扶困难群众 1.2 万人。服务全市文明建设，团市委发起“公筷行动”，倡导公筷公勺用餐新风尚，免费发放公筷2200余双。打造“微笑瓷城”志愿品牌，组织拍摄“瓷博会”青年志愿服务宣传片《瓷都美好》，线上线下观看达27万人次。开展2020年“瓷博会”志愿服务，150名志愿者服务岗位62个。组织青年志愿者8000余人次参与国家卫生城市和全国文明城市创建活动，服务群众38.8万人次。组织500余名志愿者开展“青春志愿行 温暖回家路”服务春运活动。开展设立街头“爱心冰箱”“志愿服务送清凉”等活动8场，为环卫工人、快递小哥等暑期炎热环境下作业的工作者募集爱心物资价值5.7万元。

【青少年服务】2020年，建设市青年人才驿站，打造免费住宿、就业指导、城市融入的一体化服务平台。打造市青少年阅读基地，开展读书交流、科普展览、国学亲子交流等活动7场，陪伴青少年度过“七彩假期”，服务青少年4.7万人次。组建“醴陵市大学生联盟”，让大学生贴近式服务家乡，助力全市1000余名大学生成长圆梦。主办全市首届“我是青年演说家”活动，设立9个海选赛区，295名青年同台演说，34万名观众通过直播平台观看比赛。与市委人才办等单位共同举办市第五届创新创业大赛，为青年创业者搭建平台。开展市陶瓷产业线上销售及青年直播人才培养工作调研，助力陶瓷产业链转型升级。推出“新青恋”爱情专列，为单身青年打造“线上+线下”交友平台，吸引200余名单身青年注册加入。建立全国首家陶艺疗育康复基地，启动“添彩瓷城小使者”公益项目，帮助42名精智障碍青少年融入社会，实现人生价值。

【青少年维权】2020年，开展“青少年普法微课堂”“无毒青春 护航成长”等普法禁毒防艾宣传活动，举办禁毒、法制知识讲座35场。开展“青春自护平安假期”系列活动，举办防溺水安全应急讲座、应急演练讲座8场，受众7000余人。开发“平安创建”文创大礼包，向全市小学生发放3000余份，营造平安建设的社会氛围。组建“平安醴陵”志愿服务队，300余名青年志愿者长期开展法律援助、心理辅导、自护教育等活动。

【基层团组织建设】2020年，持续为非公企业团建工作创新赋能，新建旗滨房产、阳东电瓷等30家非公企业团组织，进一步扩大团组织的覆盖面。建立市团代表联络站，打通青年工作“最后一公里”，为96名株洲市、醴陵市团代表搭建履职平台。举办年轻干部综合素质提升暨团干部培训班，帮助团干部更好成长、更快发展。组织召开基层团务工作推进会，深入开展团务工作问题整顿，推进基层“智慧团建”系统管理标准化、规范化、常态化。进一步优化团青比例，严把团员入口关、管理关，做好团籍管理、组织关系转接、团费收缴等工作。 （胡小庆）

## 市妇女联合会

【概况】2020年，市妇女联合会（以下简称“市妇联”）牢牢把握引领服务联系妇女群众的根本宗旨，紧密结合抗击新冠肺炎疫情、脱贫攻坚等全市工作大局，团结带领全市妇女为建设“四个醴陵”贡献力量。全力服务新冠肺炎抗疫大局。市妇联全员上线参与小区和企业新冠肺炎疫情防控，依托各级妇联执委、妇女群众成立巾帼志愿服务队、妇女防护队，协助做好村居疫情防控，为全市13名援鄂医护人员家属送去750千克新鲜蔬菜，动员组织全市各级妇联组织、社会组织、妇女群众为抗疫捐款捐物超过100万元。创新活动形式，以“致敬‘疫’线最美巾帼奋斗者”为主题，开展纪念“三八”国际妇女节110周年线上活动，以“醴陵女性V”微信公众号为统领，“她代表”微信工作群等为延伸，展示在抗击新冠肺炎疫情中的优秀女性群体和个人典型事例，凝聚疫情防控的巾帼力量。联合市卫健局和市心理协会组建心理援助专家团队，开展“疫情下的自我心理防护”系列公益云课程，免费提供线上心理咨询和心理援助。加强宣传发动，在微信公众号发布全市各行各业优秀妇女防疫事迹、助力全民战“疫”作品等信息128篇。开展巾帼脱贫行动。协办“春风行动”专场招聘会，举办女性专场直播推介会，有近50家企业参会，提供数千个岗位。组织开展育婴师、保育师、中式面点师等技能培训4期，有165名女性参训，助力女性创业就业。携手醴陵市电视台，开展“株洲巾帼·暖心助农”直播带货活动，宣传推介巾帼示范基地的茶叶、大米、茶油、玻璃椒、酱板鸭等特色农副产品，醴陵吕夫子系列产品、湘醴红茶油在打榜赛中进入株洲市前10名。加强文化宣传阵地建设。通过微信公众号、“她代表”微信工作群、QQ工作群等渠道开设“巾帼心向党”“巾帼大宣讲”专栏推送湘女红色故事，传播党的方针政策。全年微信公众号推文355篇，在株洲女性网发布信息124条，潇湘女性网采用信息131条，信息工作获全省妇联系统先进单位。

【妇女维权】2020年，市妇联组织开展系列巾帼维权行动。开展“三八”维权周、禁毒、国安、家庭律师社区行等普法宣传活动8场。结合防疫值守和疫情摸排，发放“男女平等基本国策”、《中华人民共和国反家庭暴力法》和新冠肺炎疫情防控健康知识等资料5000余份。与信访局建立联访制度，派驻妇联信访维权办工作人员每周二到信访局联合接待群众来访，参与导访接访、典型案例讨论等38次，成功协调处理历史遗留妇女信访案件1起。接待来电来访42件，其中婚姻家庭矛盾纠纷35起，受理率100%。完成“两癌”（乳腺癌和宫颈癌）免费检查20595人，完成率100%。救助“两癌贫困母亲”61名，发放救助款51.4万元。开展“湘女关爱保”保险推广工作，参保人数1518人，理赔30人，发放理赔款40.84万元。联合相关市直单位和社会公益组织开展关爱留守儿童、困境家庭儿童活动8场。

【典型示范】2020年，市妇联在全市组织开展“展巾帼风采·创最美庭院”行动，团结带领全市广大妇女和家庭以农户庭院“小美”助乡村振兴“大美”，让“最美庭院”成为美丽乡村发展的“新引擎”。长庆示范区马脑社区打造“党员+妇联执委+示范户”结对普通农户的“马脑创建”模式，典型经验在“学习强国”平台、科普湖南在线网、《湖南科技报》和“潇湘三农”微信公众号刊发推广。推出童心共绘美丽庭院活动，2次登上“学习强国”宣传平台。年内，全市评选村级“最美庭院”98181户，镇级“最美庭院”795户，醴陵市级“最美庭院”示范户50户，推选并获评株洲市百佳“最美庭院”17户，“最美庭院”示范镇、示范村、示范点建设持续稳步推进，“最美庭院”累计覆盖率达50.5%。倡导女性“四自”（自尊、自信、自立、自强）精神，挖掘、培树在岗位上建功争优和在新冠肺炎疫情防控工作中表现突出的优秀典型。全年获评省巾帼建功标兵1人、株洲市“三八”红旗手4人，株洲市“三八”红旗集体2个、巾帼现代农业科技扶贫示范基地1个、巾帼文明岗1个、巾帼建功先进集体1个，评选表彰醴陵市“三八”红旗手13名（含抗疫“三八”红旗手11名）、“三八”红旗集体2个、最美战疫女性7名、最美巾帼志愿者5名。在机关创建“书香家庭”，打造“稻花香”读书会和国医启蒙品牌项目。6月在船湾镇和姜湾小学举办“稻花香”学习小组家长培训，共有260人参加。暑期开展2期“稻花香”读书会夏令营活动和1期国医启蒙“种子班”培训，推广亲子阅读，传承国学经典。沈潭镇美田桥村家风馆集文化传承、家风教育、观光旅游于一体，创建醴陵市首家株洲市家庭教育指导服务示范站点，被新华社和“学习强国”平台推介。全年有9户家庭获评株洲市级文明家庭、最美家庭，评选醴陵市级最美家庭、书香家庭20户，评选醴陵市级“平安家庭”示范户20户。

【基层组织建设】2020年，市妇联不断夯实组织基础，团结凝聚全市妇女力量。一是加强“四新领域”（新领域、新业态、新阶层、新群体）妇女组织建设工作。年内新增天姿教育妇联、九八公益联合会妇联、阳光志愿者协会妇联等妇女组织。金龙百货妇联坚持以党建带妇建，在抗击新冠肺炎疫情期间带领员工开展线上销售，实现党建、妇建和企业营收三赢，成为全市党建带群建的一张名片。引导“四新领域”妇联组织以公益关爱为切入点，开展“知心屋”“小候鸟”“春蕾计划”“有爱不孤单”“把爱带回家”等关爱留守儿童及孤儿、公益助学贫困学子活动。针对外来务工人员多的情况，白兔潭镇余溪村妇联发挥“妇女之家”的阵地作用，将3名“外来妹”纳入妇联执委队伍，参与评选“最美庭院”“平安创建示范户”等活动中，并解决外来务工人员子女入学问题，与学校对接，减免困难家庭学生学杂费，帮助解决租房找房等生活难题。二是发挥执委成员作用。建立执委培训常态化机制，每年在市委党校举办1期百人以上的培训班，提高执委成员的能力水平。召开村（社区）妇联换届选举工作动员部署会，要求在新一轮基层妇联换届过程中，以“板杉模式”——网格认领制为蓝本，推进所有网格长进妇联执委，深化妇联组织建设。结合醴陵进入新时代文明实践示范县的契机，指导每个村建立1支以妇联执委为主体的巾帼志愿者服务队，服务队在新冠肺炎疫情防控、关爱妇儿、扶危济困、文化服务、环境整治、乡村振兴、心理援助等方面开展新时代文明实践活动42场次，有23万人次参与志愿服务。三是加强阵地建设。借助各村党群服务中心建设，提质扩容“妇女之家”，实现“妇女之家”村（社区）全覆盖。成功创建省级“妇女（儿童）之家”示范点2个，株洲市级“妇女（儿童）之家”示范点3个。（喻　磊）

## 市科学技术协会

【概况】2020年，市科学技术协会（以下简称“市科协”）成功申报省科协科技助力乡村振兴县域试点项目，健全工作机制，推进试点项目各项任务落实，有效带动科协各项工作的全面进步，为实现脱贫攻坚和乡村振兴的有效衔接，推动全面小康社会建设注入科协力量。醴陵市科协试点工作推进情况2次被省科协重点推介。

【搭建科技人才引进平台】2020年，市科协多方联动，搭建科技人才服务平台。将“全省柔性引才用才唯一县级试点”和“省科协科技助力乡村振兴县域试点”项目成功链接，形成“组团式柔性人才共享”模式。引进7个省级学会并签订服务合同，85名学会专家加入市科技专家服务团，湖南省吉泰农牧股份有限公司与湖南农业大学（省畜牧兽医学会）、醴陵天睿农业发展有限公司与省园艺学会均已签订合作协议，学会专家通过科技文化卫生“三下乡”、专家义诊等活动到基层开展农业、医卫类咨询服务。湖南醴陵经济开发区、市农业农村局等组织省级学会到醴陵市开展调研活动4次，农业农村部门主动引进学会专家建立高素质农民培训和农技推广师资库。推动学会、农技协等组织启动组建醴陵市农学会、茶叶专业技术协会，邀请专家到醴陵市授课30余场次、培训农民逾千人，有效带动全市蔬菜、茶叶、油茶、鸡苗等产业的发展。

【建设科普小镇】2020年，市科协选定枫林镇为科普小镇进行重点打造。聘请专业公司,按照“产业兴旺、生态宜居、乡风文明、治理有效、生活富裕”的总要求，结合实际出台科普小镇规划设计，将科普小镇建设与乡村人居环境改善、美丽乡村建设、特色产业小镇建设结合起来，以达到科普文化与小镇红色文化、乡村文化特色的完美统一，科普功能与小镇休闲旅游、生态农业发展的完美统一。选定荷花里现代农业科普基地、金狮科普文化广场、枫溪谷康养基地、隆兴坳生态基地等作为样板重点建设，其中荷花里现代农业科普基地、金狮科普文化广场的基础设施建设基本完成。通过开展志愿服务活动、科普信息化建设、基层组织建设等举措，在全镇营造科普宣传氛围。成立50人的科技志愿者队伍，全年开展禁毒宣传、科技文化卫生“三下乡”等科技志愿活动12场次，注册科普中国信息员138人，全镇所有村（社区）均建立科普工作领导小组，并组建枫林镇企业科协。

【基层组织建设】2020年，市科协夯实基层基础，推进科普惠民工程。一是全面贯彻实施《全民科学素质行动计划纲要》，加快基层科协组织和社会化科普服务平台建设。全市24个镇(街道、长庆示范区）均建立科协组织，270个村（社区）均建立科普工作小组，配齐配强科协领导班子。全市规模以上工业企业分地域、分行业成立企业科协组织，规模以上工业企业科协组织覆盖率达87%。以教师、医务工作者、网格员等群体为基础，建立9843人的科普中国信息员队伍，“科普中国”APP文章及视频转发量达100万余次，位居株洲地区第一位。依托科普中国信息员和科技志愿者队伍，发动市民参与省第四届科学素质网络大赛，全市有60824人参赛，达96757人次。二是做好培育发展科普示范基地工作。发挥桥梁纽带作用，向上级科协组织争取“科普惠农兴村计划”奖补项目，市茶山科技扶贫专业技术协会获株洲市财政科普惠农兴村项目专项支持。

【开展科普活动】2020年，市科协抓好科普活动，营造浓厚氛围。以“三长五老”（学校校长、医院院长、农技站站长，老干部、老党员、老模范、老专家、老教师）、教师、医务工作者、网格员等群体为基础，全面整合生态环境、农业、教育、自然资源、住建、卫健、科工信、文旅等部门力量，组建878人的科技志愿者队伍，制作市科技志愿服务文化衫、科技志愿服务队队旗等。依托科技志愿者队伍，围绕“科普醴陵行”科普活动品牌，开展科技志愿服务活动和科普活动，全年组织开展科技志愿服务活动21次，在全市形成浓厚的科普工作氛围。成功组织2020年中国流动科技馆湖南株洲醴陵站（第二轮）巡展和2020年醴陵市科技文化卫生“三下乡”等品牌活动。其中流动科技馆巡展活动持续3个月，招募科技志愿者20余人，志愿服务参观人员4万余人，联合省科技馆、市妇联共同组织沩潭镇鳌仙小学的留守儿童参观流动科技馆。科技文化卫生“三下乡”活动被中国科学技术协会评为“全国科普日优秀活动”。

【青少年科技创新教育】2020年，市科协加强与教育部门的联系与配合，组织中小学生参与省、株洲市各级青少年科技创新大赛。全市中小学生获第41届湖南省青少年科技创新大赛学生科技创新成果项目二等奖2项、三等奖2项，科技实践活动三等奖3项；获第40届株洲市青少年科技创新大赛创新成果一等奖2项、二等奖5项、三等奖6项，科技实践活动一等奖2项、二等奖1项、三等奖2项，科幻画一等奖2项、二等奖3项、三等奖9项。在第二十四届全国发明博览会上，实验小学学生何安澜的发明项目获得“发明创业奖·项目奖”金奖，是株洲地区青少年发明创新组唯一获得金牌的项目。在省信息技术创新与实践大赛、第七届株洲市青少年机器人竞赛等比赛中均有获奖。（翁 帆）

## 市归国华侨联合会

【概况】2020年，市归国华侨联合会围绕服务全市经济发展的大目标，立足全市大局，参与新冠肺炎疫情防控、脱贫攻坚等工作。争取到口罩、防护服、护目镜等价值30万元的海外捐赠物资。密切关注全市涉外人员，协助市外事办对159名入醴涉外人员进行隔离观察，做好相关政策解释及慰问工作，取得被隔离人员及家属的理解、配合与支持。督查指导8家企业复工复产，做好防疫抗疫工作，协助侨资侨属企业争取相关政策，把复工复产与温暖企业行动紧密结合。助力推进脱贫攻坚。作为沩山镇青泉村的脱贫攻坚驻村后盾单位之一，多次开展实地调研，召开专门会议制定帮扶措施，支持村级基础设施建设。立足本职工作，做好群团服务。帮扶困难归侨侨眷，慰问走访困难侨眷10余人，安排困难侨眷体检1人；做好省侨联党组书记黄芳一行到醴陵市开展基层侨联调研，以及株洲市侨联到醴陵召开全市基层侨联现场观摩交流会、调研侨资企业神龙航空科技公司等的接待工作。推动中华文化弘扬，成功申报市陶瓷博物馆、渌江书院及耿传公祠为省级华侨文化交流基地。到茶陵县调研学习，接受上级侨联指导，准备相关会议资料，为侨联换届选举工作作准备。

【"2020海外侨胞故乡行"活动走进醴陵】2020年12月11日，"2020海外侨胞故乡行"活动暨株洲市招商引资推介会走进醴陵，100余名海外侨团侨领走进省华侨文化交流基地渌江书院，感受醴陵深厚的人文底蕴，并参观考察侨资企业醴陵华联瓷业股份有限公司和湖南陶润会文化传播有限公司。省侨联党组书记、副主席黄芳，党组成员、副主席李祖元，中共株洲市委常委、市委统战部部长覃万成等出席活动。在招商推介会上，省侨联党组书记、副主席黄芳向海外嘉宾重点介绍醴陵陶瓷和花炮两大产业，希望海外侨胞继续关注湖南、株洲的发展，向全世界推介湖湘文化和醴陵陶瓷，在开拓海外市场的同时积极参与家乡的发展。株洲市及醴陵市相关负责人作市情和招商引资推介。（汤　虹）

## 市工商业联合会

【概况】2020年，市工商业联合会（总商会）（以下简称"市工商联"）有基层会员队伍947个，其中团体会员44个、省级商（协）会2个、异地商会3个，有企业会员781个，个人会员122人。年内发展团体会员1个、企业会员10个。年内，市工商联服务企业送温暖，回报社会显担当。一是做好政策宣传工作，开展扶持政策进商会、进基层、进企业宣传活动。宣传新冠肺炎疫情期间中央、省、市（县）对企业的扶持政策，最大限度确保民营企业实现政策获得感。通过微信群、QQ群、工商联公众号等途径，向全市民营企业和非公有制经济人士宣传《醴陵应对疫情惠企政策兑现办事指南》。二是做好沟通协调工作。向省工商联呈报《关于请求协调河南省全面禁放、关停烟花爆竹营销市场行为的报告》，声援遇到政策困难的醴陵市花炮企业。与贵州省六盘水市工商联协调，降低会员企业新姿服饰业务销售员因个人不当行为给整个公司带来的负面影响。三是加强学习交流，助力企业健康成长。组织民营企业家参加市人民检察院开放日活动，提高企业法治意识，护航民营企业发展。举办醴商大讲堂——青年企业家培训班，搭建非公企业家沟通平台。发挥桥梁纽带作用，对接北京潘家园国际民间文化发展有限公司考察团到醴陵市调研陶瓷产业，助推招商引资。组织常执委以上企业走进醴陵市华鑫电瓷电器有限公司学习先进经验。参与指导郑州市株洲商会成立活动，组织醴陵市20余名企业家参加郑州市株洲商会成立庆典。配合协助完成省工商联民营经济人士思想状况调研工作及省、株洲市两级营商环境民营市场主体评价工作，醴陵在全省排名第九，在株洲县市评价组排名第一。四是开展扶贫帮困活动。在枫林镇金阳村开展同心教育基金扶持贫困学子活动，为贫困学子送去4万余元教育经费。引导非公经济人士参加"消费扶贫助农""99公益日"等公益活动，为全面打赢脱贫攻坚战贡献力量。

【抗击新冠肺炎疫情】2020年，为抗击新冠肺炎疫情，市工商联及时成立疫情防控工作领导小组，全面落实机关防控措施，加强对直属商（协）会和基层工商联组织防控工作指导。实地走访企业和商（协）会，收集了解民营企业的运行状况和复工复产方面存在的问题，形成《企业复工复产走访情况汇报》和《关于建立市长服务企业接待日制度的建议》，分送人大、政协、市委统战部、上级工商联和市直相关部门，助力全市抗疫和企业复工复产。引导民营企业履行社会责任，有20余家民营企业、商会和个人为抗击疫情捐款捐物300余万元。在疫情可控之后，走访长沙醴陵商会，为在异地发展的醴籍企业家送去家乡的关怀与牵挂。（郭婵媛）

# 市残疾人联合会

【概况】2020年，市残疾人联合会推进全市残疾人事业与经济社会和谐发展，推进基层残联组织改革和服务创新，在残疾人组织建设、康复、教育、就业、扶贫、宣传文体、社会保障等方面取得明显成效，全市基层残疾人组织建设工作在全国残联系统获典型经验推广。

【“民生100”工程】2020年，全市超额完成4项株洲市“民生100”工程残疾人扶助项目；其中残疾人职业技能培训和实用技术培训完成310人，超任务数30人；完成贫困残疾人家庭无障碍设施改造150户，为任务数的10倍；为70人提供残疾人居家服务3360小时；为73名残疾儿童实施康复救助624个月。

【残疾人社会保障】2020年，实施兜底保障救助帮扶行动。为全市8949名重度残疾人代缴医保资金223.73万元；整理重度残疾人名单6892人，提交市人社部门代缴城乡居民养老保险。落实残疾人“两项补贴”（困难残疾人生活补贴和重度残疾人护理补贴）政策，全市残疾人享受护理补贴9706人、享受生活补贴7746人，“两项补贴”标准提高至每月80元。全年接待残疾人来信来访105件（次），其中困难救济问题占比80%，为4名残疾人提供法律咨询和援助。为320名精神、智力和重度肢体残疾的贫困残疾人提供日间照料和寄宿照料服务，为319名残疾人发放机动轮椅车燃油补贴8.29万元。

【残疾人精准康复服务】2020年，围绕“人人享有基本康复服务”的目标，全市10家定点服务机构和按片区分布设立的4个精准康复辅助器具中心站共为3011名残疾人（其中有1154名贫困残疾人）提供基本康复服务，其中提供辅助器具服务978人，救助残疾儿童174人；0～6岁残疾儿童基本康复服务实现全覆盖，康复服务率达98.21%。

【残疾人就业帮扶】2020年，通过残疾人阳光增收计划，帮扶建档立卡贫困户220户。为4家残疾人就业扶贫基地进行创业小额贷款贴息项目申报，获省残联审批。为59名残疾人种养殖户进行残疾人创新创业扶持，通过免费开展实用技术和职业技能培训、发放生产资料和资金等方式，扶持残疾人发展生产，提高残疾人就业创业能力，增加残疾人家庭收入。

【残疾人脱贫攻坚】2020年，全市有建档立卡贫困残疾人6228人，其中重度残疾人3481人。市残疾人联合会重点围绕残联系统残疾人政策保障“三清零”（残疾人证办理问题清零、残疾人教育资助问题清零、残疾人社会保障政策落实问题清零）专项行动、交办任务、驻村帮扶等工作，共走访慰问贫困残疾人826人次，投入资金42.3万元。开展2次档外贫困残疾人存在“两不愁三保障”（不愁吃、不愁穿，义务教育、基本医疗、住房安全有保障）问题集中排查工作，排查档外残疾人存在疑似问题726个，其中疑似住房安全问题240个、饮水安全问题246个、低保和兜底保障问题77个，通过部门落实整改反馈，问题已全部清零。开展残疾人办证“清零”行动，组织评残医院医生开展集中下乡上门评残办证服务3次，新办证1460人（重度残疾735人），其中建档立卡贫困残疾人593人（重度残疾228人）。实施残联系统教育资助“清零”，全年资助残疾学生、贫困残疾人家庭子女学生914人，发放教育资助资金192.63万元。对省残联扶贫办脱贫质量“回头看”APP数据反馈的576个问题、株洲市纪委监委大数据中心分析比对发现的484个问题及十二届株洲市委、株洲市纪委驻市人社局纪检监察组、市扶贫办反馈的问题逐一整改销号，确保各项惠残政策落地落实。

【残疾人文体事业】2020年，市残疾人联合会在全国助残日、全国扶贫日、国际残疾人日等重要活动和节点，开展惠残助残政策法规、脱贫典型人物事迹的宣传，激发残疾人尤其是贫困残疾人积极面对生活的动力。开展残疾人才艺技能比赛、残疾人文化周等文化助残活动，挖掘残疾人艺术人才，丰富残疾人文化生活。在2020年湖南省残疾人文化周活动中，市残疾人联合会选送的4件作品获奖，其中手工艺类作品一等奖1人，手工艺类、书法类作品二等奖2人，书法类作品三等奖1人，市残疾人联合会获株洲市第七届残疾人文化周活动组织奖。

【残疾人组织建设】2020年，市残疾人联合会以提升精准化服务水平、扩大服务联系覆盖面为目标，坚持重心下移、资源下沉，全市形成以“市级残联为指导，镇（街道）残联为骨干，社区残协为基础，‘两新’残协组织为补充”的四级基层残疾人组织网络体系。引导全市270个村（社区）成立残协组织，设立残协主席1名、副主席1名、委员2员，在各村（社区）选聘残疾人专职委员294名，负责日常工作；在全市开展“两新”组织设立残协组织试点工作，并吸纳社会各界爱心人士、助残志愿者、社会组织等参与残疾人专门协会工作。

【残疾人基本服务专项调查工作】2020年，市残疾人联合会及时做好残疾人信息动态管理，深入开展全市残疾人基本服务状况和需求信息数据动态更新工作，为加强部门联动，开展残疾人精准化服务提供详实的基础数据支撑。全年完成22129名残疾人入户调查工作，其中入户登记21626人、电话登记503人，入户率为97.73%；移动终端APP信息采集22129人，采集率为100%。（易爱民）

# 军　事

## 人民武装

【概况】2020年，中国人民解放军湖南省醴陵市人民武装部（以下简称“市人武部”）研究布署党管武装工作，制定全年武装工作要点，确定以深化主题教育为抓手，力求在地方参建参治上更有作为、在完成大项任务上更有作为，确保党管武装全面发展、战备训练全面推进、基层建设全面提质、安全稳定全面落实。

【国防教育】2020年，坚持落实领导讲课制度，部领导、机关干部深入市委党校、学校等地进行国防教育宣讲，提升全民国防意识，扩大武装工作的地方影响力。开展国防教育宣讲活动，利用兵役登记、征兵宣传，到基层和学校发放国防教育资料；结合“红色研学之旅”活动，在左家老屋前开展基干民兵点验；开展国防教育进校园、进企事业单位活动，在全市24个镇（街道）、部分单位和学校悬挂十大英模挂像；在市第二中学首次成立2个国防教育班；选派人员参加第四届“爱我国防”主题演讲比赛，两组选手进入株洲市决赛，一组选手进入省决赛，市人武部被株洲国教委评为优秀组织单位。

【民兵整组】2020年，召开重点工作任务分解暨深化民兵调整改革部署会，将民兵组织建设工作列为基层建设的重点工作，制定下发《醴陵市关于开展2020年民兵组织整顿工作的通知》，组织各镇（街道）、长庆示范区，有整组任务的住建局、交通局、卫健局、城管局等单位，召开3次工作推进会，确保整组工作有计划、有步骤地实施推进。5月和10月，分两批次组织专武干部到军分区民兵综合训练基地进行为期22天的集训，选送专武干部参加省军区集训。按照“三个有利于”（有利于组织领导、有利于提高质量、有利于执行任务）的编组原则，结合辖区优势，向行业、系统和高新技术产业拓展编兵。按照连有支部、排有小组的要求，预建党支部5个、党小组57个，并按标准要求选配支部委员和党小组组长。

【征兵工作】2020年，受新冠肺炎疫情影响，春夏两季征兵工作合并进行。新冠肺炎疫情防控期间，主要依托网络、电信等平台进行征兵宣传。疫情稳定后，发动各镇（街道）和村（组）干部上门入户“一对一”宣传发动，走进4所高级中学和陶瓷烟花职业学校，采取发放宣传手册、开设咨询热线、现场网上报名等形式，集中开展兵役法规政策宣传和网上报名工作。组织全体干部到乡镇基层武装部督促检查征兵工作，核实征兵现状。协调市委市政府在市三级干部会议上安排布署征兵工作。通过广泛宣传活动，完成了株洲市征兵办赋予醴陵市的征兵任务。新兵入伍前，为其举办欢送文艺演出；入伍后，市人武部新兵回访组深入各新兵入伍部队进行走访慰问，及时掌握新兵身体和思想状况，实现连续8年零退兵。

【军事训练】2020年，市人武部按照“提高层次、确保质量”的要求，落实党委议训制度，坚持主官亲自抓，把军事训练作为年度中心工作列入重要议事日程，常抓常议。1—2月，开展内务条令、队列条令学习和队列训练；同步参加省军区、军分区首长机关训练，组织季度、半年和年终军事训练考核。1月，结合开训动员，组织基干民兵应急分队进行拉动演练；

开展抗洪抢险、森林防火、交通运输、反恐维稳等8期民兵分队训练，完成年度训练任务；开展军地联训联演联动，组织参与醴陵市澄潭江防汛救灾综合救援演练。

【阵地建设】2020年，市人武部进一步加强正规化建设，营院正规化建设硬件设施全部建设完毕。联合人社局等有关单位联合开展基层人民武装部星级达标建设评比活动，推进基层人民武装部星级达标建设。11月，在株洲市军分区的考评中，国瓷街道等基层武装部被评为五星级、四星级、三星级，完成年度目标。加强军地协调，在市教育局、交通运输局等单位率先成立行业（系统）基层武装部，另有单位处于申请审批阶段。（田 袁）

## 预备役部队

【概况】2020年，南部战区预备役某营（以下简称“预备役部队”）坚持把战备训练摆在中心位置，保持大抓练兵备战的强劲态势，坚持“防治结合”原则，筑牢安全底线，探索新形势下预备役部队管理教育的特点和规律，抓营队正规化建设，有效促进营队安全发展。

【战备训练】2020年，开展战备训练，一是紧贴使命任务，树立实战导向。树立“编组是第一战斗力”思想，年初结合整组，进一步优化编组布局，确保人员在平时能参加训练、急时能迅速收拢，基本达到连队从集结地域出发，20分钟可上高速的实战需要。深入调查研究，实时掌握编组地域辖内非战争军事行动需求底数，与地方有关职能部门精准对接，实现资源共享、信息互通。根据应急人员内部调整抗洪、灭火器材，确保在2小时内做到人员、装备器材到位。二是严格按纲施训，夯实训练基础。坚持按纲抓训、严格治训，各项演训活动组织严密，完成年度训练任务。分批次参加入队训练、舟桥骨干训练、炮兵专业集训、防暴防恐演练和年终军事训练考核等各类集训15次，确保训练人员、时间、内容、质量四落实，训练成效明显。

【安全保障】2020年，做好安全保障，一是切实强化安全意识。针对预备役部队将改未改阶段安全管理实际，分析营队安全工作形势，组织开展安全责任大讨论等活动，在营部和基地开展4次安全隐患排查。二是突出防范安全重点。始终把人、车、密、网作为安全重点抓紧抓实，严格落实人员请销假、查铺查哨等制度；加强对重要场所的警戒，定期检查维护营区水电和煤气等设施，突击检查营院物业看管人员的履职情况。开展“健康营院”“爱国卫生月”等活动，聘请专家对现役官兵进行健康教育；组织官兵开展溺水急救、自救、互救训练，确保人员、车辆、营院安全。（龙 云）

## 武警部队

【概况】2020年，武警株洲支队执勤二大队醴陵中队（以下简称“醴陵中队”）以新修订的《军队基层建设纲要》和《基层正规化管理规定》为依据，以建设一支听党指挥、能打胜仗、作风优良的现代化武装警察力量为目标，坚持政治建军、改革强军、科技兴军、依法治军方针，完成了以执勤处突为中心的各项工作任务。醴陵中队常态担负固定勤务，完成押解勤务20余次、各类安保勤务10余次。年内，1人立三等功，7人被武警株洲支队表彰为“四有”（有灵魂、有本事、有血性、有品德）优秀个人，11人受到嘉奖，醴陵中队被武警株洲支队表彰为“四铁”（铁一般信仰、铁一般信念、铁一般担当、铁一般纪律）先进单位。

【军地共建活动】与市烈士陵园、李立三故居等革命传统教育基地联合开展“红色文化”育人活动，组织“传承红色基因，担当强军重任”“不忘初心，牢记使命”主题教育活动，使官兵时刻牢记为人民服务的根本宗旨，把驻地当故乡，视人民如父母。参与捐资地方“五保户”、义务献血、义务劳动、植树造林等公益活动。因地制宜地抓好种养业，饲养生猪、鸡鸭等畜禽，种植蔬菜0.2公顷、品种30余种，蔬菜供应基本自足。（蔡佳霖）

# 法　治

## 政法及综治

【概况】2020年，醴陵市政法工作以贯彻落实《中国共产党政法工作条例》为总揽，以推进县域社会治理现代化和开展扫黑除恶专项斗争为重点，以强化政法队伍建设为保障，不断推进平安醴陵、法治醴陵建设，维护全市社会大局和谐稳定。醴陵市创新社会治理工作获评2020年全国创新社会治理最佳案例，在2020年全国创新社会治理典型案例颁奖暨经验分享活动上作典型发言。全市治安案件发案率较上年下降5.8%，连续15年实现命案必破工作目标；“两会”、国庆等重要会议和庆典期间安全保障工作实现“五个不发生”和“三个零”（零登记、零非访、零事故）目标。

【平安建设】2020年，成立社会治理现代化领导小组，制定并下发三年行动方案，明确任务清单、责任清单和负面清单，压实工作责任。强化综治中心建设。完成市综治中心标准化建设，开展镇（街道）、村（社区）综治中心规范化建设，初步形成以智能化、市场化、协同化、标准化为支撑的社会治安防控体系。完善网格化服务管理。在网格平台开通微信群收集、分流和反馈群内诉求和信息咨询等，上报解决事项2000余件，办结率达98%。承办全省监督与服务微信群现场会，《全面推行监督与服务微信群，走好新时代网上群众路线》入选全国创新社会治理最佳案例。做实平安创建。加快创新立体化社会治安防控体系，推进公共安全视频监控系统建设、联网和应用，逐步实现城乡视频监控系统一体化，平安建设水平不断提高。

【扫黑除恶】2020年，市委常委会和政府常务会专题研究扫黑除恶专项斗争工作共5次。中央扫黑除恶督导“回头看”反馈整改方面存在的7项共性问题均完成立行立改并将长期坚持，交办线索全部办结。开展扫黑险恶“六清”（线索清仓、逃犯清零、案件清结、伞网清除、黑财清底、行业清源）行动，紧盯群众反映强烈和重点行业领域突出问题，先后开展校园安全、娱乐服务场所毒黄赌问题、整治重点施工项目周边环境“百日净土”专项整治行动。市人民法院受理涉黑涉恶案件24件，审结20件；市人民检察院对涉黑涉恶案件全部提起公诉，没有积案；市公安局破获各类涉黑涉恶刑事案件213起，扣押和冻结资金3500万元；市纪委监委对涉黑涉恶腐败及“保护伞”问题党纪政务处分13人，组织处理11人。先后制定并下发《醴陵市“奋战一百天，冲刺双过半”活动扫黑除恶专项斗争整治重点工程项目施工环境“百日净土”行动方案》《醴陵市扫黑除恶十大重点行业领域专项整治实施方案》等文件，落实相关单位主体责任。

【公共安全】2020年，进一步发挥“三调联动”（以人民调解为基础和纽带，依法整合调解职能，实行人民调解、司法调解、行政调解衔接联动，及时有效化解社会矛盾纠纷的一种工作机制）机制效能，设立人民调解委员会48个，调解各类矛盾纠纷700余件。加强诉源治理，多元化解矛盾纠纷，在劳动争议、交通事故、物业等矛盾纠纷多发领域建立多元调解纠纷工作机制，将大量矛盾化解在诉前，法院新收诉讼案件数量同比下降14.8%。构建突发事件应急处置新模式，将维护稳定工作联席会议办公室、信访联席会议办公室和退役军人事务工作领导小组办公室三办合一，集中办公、集中调度、集中考核。开展信访事项大包案行动和大走访、大教转工作，促进信访积案大化解。全年对6个项目开展重大事项社会稳定风险评估，应对新冠肺炎疫情防控工作，无重大稳定群体性事件发生。构建公共安全管控新模式，开展常态化义务巡逻，构建点线面结合、专群结合、灵活多样的社会治安防控网络。强化重点物品、重点行业、重点部位安全管控，及时开展校园及周边环境综合治理，对社区矫正人员、刑满释放解除劳教人员、吸毒人员等七类特殊人群加强动态排查，严格日常监管，开展心理疏导，提前预警干预，有效维护公共安全。

【依法治市】2020年，市委政法委办结株洲市交办的涉法涉诉信访案件4件。市人民法院坚持司法为民、公正司法，共受理各类案件9287件，审执结9074件，结案率97.71%。市人民检察院突出加强新时代检察监督能力建设，受理审查逮捕案件348件，依法批准和决定逮捕305件，受理审查起诉案件633件，依法提起公诉480件。服务渌水省级样板河创建的经验做法在全省检察系统推介。加大依法打击力度，市公安局开展平安醴陵"百日会战"等专项行动，共破获各类刑事案件1315起，采取刑事强制措施807人，查处行政案件607起，行政拘留750人；市交警大队接处道路交通事故警情12348起，抓实春运等重要时期道路交通安全管理，保障全市道路交通安全畅通。开展法治宣传，市司法局牵头创建"湖南省法治政府建设示范县（市、区）"工作，代表醴陵市接受省"七五"普法终期验收。

【政法队伍建设】2020年，配强各级政法机关领导班子，加快年轻干部培养使用。坚持素质强警。开展岗位练兵、短期培训、随岗培训、团队心理辅导，运用案例教学、实战演练、技能比武等方法，有效提升实战能力水平。坚持从严治警。发挥政法监督作用，对人民群众反映强烈的问题，及时开展警示、约谈和整改。完善落实市委政法委"协查"机制和纪律作风督查巡查机制，建立警示教育和问题整改长效机制。

【见义勇为】刘利明，男，市自然资源局测绘院职工；姜煌，男，仙岳山街道万宜村村民。2020年3月25日9时40分，滨河路书院大桥附近的渌江河河段中有一名男子落水，在附近抗击新冠肺炎值守点值守的刘利明和在附近菜场买菜的姜煌，听见落水者的呼救声，赶到事发现场，合力将落水男子救上岸，随即民警和消防队员赶到现场，对该名男子采取急救措施。刘利明、姜煌被市人民政府授予"醴陵市2020年度见义勇为先进个人"称号。

朱勇，男，石亭镇樟树村村民。2020年6月10日12时21分，石亭镇樟树村村民孙某驾车回家时不慎掉入水塘中，由于连日降雨，水塘水位较高，车体不断下沉，孙某不识水性，通过电话求救。朱勇接到求救电话后，与父亲朱芝生赶到事发地，此时车体已飘浮离岸近7米远。朱勇见状立马回家取出绳子和工具进行施救，并跳入近6米深的水塘中，6次潜入水中，最终在副驾驶位踏板的位置摸到孙铝明的衣领，拽着衣领将孙某拉出车外，并在父亲朱芝生的帮助下拉上岸边。附近村民陆续赶到，对孙铝明进行心肺复苏，随后孙某被护送至医院接受救治并脱离生命危险。朱勇被市人民政府授予"醴陵市2020年度见义勇为先进个人"称号。

罗海波，男，市园林绿化中心职工。2020年9月27日7时30分，罗海波上班途经丁家坊拦河坝时，听到附近渌江河中传来呼救声，一艘渔船被河水掀翻巅覆，船上的人落入水中拼命挣扎，随时有溺水危险。罗海波见状，脱下衣裤，跳入河中奋力施救，在周围群众的帮助下终将落水者救上岸。罗海波被市人民政府授予"醴陵市2020年度见义勇为先进个人"称号。

丁继奎，男，来龙门街道居民，华中电力工程有限公司福建分公司职工。2020年11月6日17时，丁继奎下班途经厦门市海湾公园时，听到附近有呼救声，发现一名女子在海岸附近水域挣扎，没有海域救援经验的丁继奎不顾个人安危从距海面3米高的栏杆处跳下，一把拉住身体正在下沉的落水女子。丁继奎尽力拖着女子的身体，帮助她仰头，保持呼吸，并努力寻找支撑物。当丁继奎在海里奋力施救时，周围群众纷纷加入营救，最终成功将女子送回岸边。丁继奎被市人民政府授予"醴陵市2020年度见义勇为先进个人"称号。（陈少东）

## 公 安

【概况】2020年，市公安局坚持以政治建警为统领，以风险防控为主线，以节点警务为抓手，推动各项业务指标和公安工作稳步提升。年内，市公安局获得省公安机关侦破命案工作成绩突出单位、全省反恐怖工作先进单位、株洲市公安局执法质量考评优秀单位等10余项称号，52名民警立功受奖。

【侦破打击】全年破获各类刑事

案件1315起，采取刑事强制措施807人，分别同比增长112.78%、18.16%；查处行政案件607起，行政拘留750人；承办上级交办的“10·8”“6·10”等涉黑涉恶专案，抓获违法犯罪人员51人，破获各类涉黑涉恶刑事案件135起，扣押、冻结资金3118万元，查封不动产346处、土地13宗，共计36亿余元；发生命案2起，破获2起，连续15年实现命案全破工作目标。破获积案1起，抓获潜逃17年的犯罪嫌疑人1人。

【县域警务】2020年，出台《醴陵市新时代维护政治安全和社会稳定工作机制》，成立市委书记挂帅和市委常委牵头的领导小组和工作专班，为开展县域警务提供组织保障。建立动态联合执勤机制，整合城市快警、交警及保安巡防力量，对发案重点时段、重点部位有针对性地开展巡逻防控，增加街面见警率及民警管事率。出台烟花爆竹企业公共安全信用管理评估办法，对全市烟花爆竹企业实行“星级”积分制管理，全年发布评估通报8期，为162家定级为“五星”的企业在节假日办理道路运输许可证8000余张。探索“警务+网格”管理新模式，开设风控微信平台，实现风险隐患从感知到化解的链条化、规范化、程式化管理，全年收集、核查各类信息线索70条，对22条有效信息线索进行隐患清零，问题交办率、回复率、处置率均实现100%。

【教育整顿】2020年，公安工作聚焦清除害群之马、整治顽瘴痼疾、弘扬英模精神、提升能力素质“四项任务”，同步开展“坚持政治建警全面从严治警”教育整顿和“严警纪、正警风、铸警魂”专题教育整顿活动。坚持“严”的主基调，切实抓好“学查改”三大举措，开办公安夜校，全年开展夜校集中学习9次，500余名民警和700余名辅警综合素质得到提升。

【发展服务】2020年，市公安局对帮扶企业实行局领导一对一挂点帮扶制度，对全市重点工程项目和重点企业实行局领导对口管理监督模式，走访涉及全市重点工程项目企业540家次，侦破案件6起，刑事拘留11人，查处行政案件16起，行政处罚21人，调处纠纷176起，出动警力1057人次，出动警车428台，连续4年实现交办问题办结率、24小时见面率、企业满意度3个100%。探索服务群众和安全生产相结合的管理模式，推动烟花爆竹管理服务水平不断提升，全年共对全市民用爆炸物品使用单位形成拉网式安全检查210次，下发整改书8份，提出整改意见202条，化解安全隐患202起。

【典型案例】侦破“2003.2.27”命案积案。2003年2月27日，城区太一街酱厂宿舍楼发生一起入室抢劫命案，因多方面因素，该案久侦未破。经过17年4任刑侦队长的接力破案，2020年醴陵公安以新技术和新手段为支撑，重新分析留存物证，经反复研判，确定刘某有重大作案嫌疑。12月19日，重案组在刘某诚家中将其抓获归案。

侦破省督电信诈骗案件。2020年6月9日，钟某报案称其经人介绍，以投资炒股的方式在虚假证券APP上被诈骗700余万元。经查，冯某受雇于王某，通过买卖火币的方式，帮王某洗钱。醴陵公安通过梳理、分析，锁定犯罪嫌疑人活动地点，办案人员到广东省、福建省、河南省、北京市和上海市等地抓获犯罪嫌疑人5人，现场扣押作案手机11部、电脑11台、银行卡280余张，冻结银行卡涉案资金1000万余元，破获相关案件92起。（付早庄）

## 交通警察

【概况】2020年末，全市有注册登记机动车189522辆，有驾驶人225946人，其中摩托车驾驶人67551人。境内有铁路（沪昆、浙赣复线、醴茶）97.5公里、高速公路（沪昆、岳汝、莲株）128.12公里、国道101.67公里、省道154.26公里和农村公路5169.78公里。

【事故防控】2020年，市公安局交通警察大队开展道路交通安全常识普及、文明交通习惯打造等交通安全宣讲“七进”（进企业、学校、社区、农村、家庭、媒体、网络）活动158场，受教育23万人次。全年排查道路交通安全隐患77处、事故多发路段19处和“马路市场”54处，督促有关部门完成隐患整改工作。查获交通违法行为28.82万起（含现场执法14872起），其中查获酒驾197起、醉驾89起、毒驾2起，立刑案134起，刑拘20人，抓获犯罪嫌疑人139人，移诉115人。接处道路交通事故警情12029起，同比增长4%，其中亡人道路交通事故78起、亡人78人，较上年分别增加15起、10人，伤人事故数量及伤人数均下降，未发生死亡2人以上的道路交通事故，全市连续51个月未发生较大以上交通事故，道路交通安全形势在人车路交通要素高速增长的前提下保持总体稳定。调解道路交通损害赔偿案件516起，涉案金额2127万元，交通肇事逃逸案件发案11起，侦破10起，侦破率91%。发挥事故救助基金作用，垫付交通事故受害者丧葬、抢救等费用12起27.2万元，救助交通事故受害者及家庭18起5.5万元。

【秩序管理】2020年，市公安局交通警察大队配合全市重点工作，健全交通秩序治理体系，服务“瓷博会”等各类政治、经贸、文化及大型活动，开展重要活动交通秩序维护110余次。新冠肺炎疫情防控期间，在高速公路出口、国省道干线公路、高铁站等13个一线防控岗位安排人员24小时值守，检查车辆5.7万余辆，检查人员12.7万余人次。开展106国道沿线集镇交通秩序专项整治，对城乡4处路段实施机动车禁停交通限制措施。督促和指导“一江两岸”等项目完善交通设施、调整交通组织方式，解决拥堵问题。与重点镇衔接，在板杉、浦口、白兔潭、泗汾、均楚、石亭等镇设置交通信号灯等交通基础设施。启动27处电子警察监控系统，新增交通标牌103块，施划交通标线15701.25平方米，调整优化信号灯配时、交通标志标牌118处。常态化开展可见交通违法行为和酒驾醉驾专项治理，整治摩托车、电动自行车交通违法行为。全年查获机动车违停19728起、违禁43773起，闯红灯22200起、逆行14810起，驾车不系安全带19976起，不礼让斑马线4173起，开车使用手机13517起。落实“蓝天保卫战”“大气污染防治攻坚战”交警职责，监督实施报废1台老旧柴油车，查获排放不合格机动车上道路行驶违法行为210起。

【行政服务】2020年，市公安局交通警察大队进一步提高车辆和驾驶人管理水平，推动改革措施落地见效，推进规范驾考“春风行动”，推行“流动车管所”“通联服务系统”“农村交警中队全科目业务”等创新做法；保持对重点人员、重点车辆和重点企业的常态化监管，设立车驾管监督管理岗，配置专用工作设备、专业人员，对查验、考试、社会服务网点等重点岗位、重点人员实行全过程、无缝隙监管，确保重点驾驶人审验率、换证率、学习率以及“两客一危”车辆年检率、报废率、违法处理率精准到位。全年共办理新车注册登记14310辆（其中小型汽车以上8080辆、摩托车6230辆），免费办理电动自行车注册登记16706辆，新增摩托车驾驶人1940人；执考汽车科目一考试10623人次、科目二26914人次，核发机动车检验合格标志11230张。牢固树立“车驾管是道路交通事故源头防线”的理念，推动刚性制度和科技监管“两手抓、两手硬”，牢牢把好“考试关”“查验关”等关卡，实现从日常监管向常态监管、单项监管向全面监管的转变，不断放大监管效应，提高监管水平。

【交管队伍建设】2020年，市公安局交通警察大队落实“坚持政治建警，全面从严治警”要求，抓好队伍教育整顿顽瘴痼疾整治，加强对民警涉“车、酒、赌、毒、密、网”等违法违纪行为的教育监督。推进执法规范化建设，组织开展《湖南省实施道路交通安全法办法》等法律法规培训3次，“交警网校”培训考试48次，开展“执法记录仪使用管理大比武”活动，参加上级各类培训22人次，全警参训率、参考率、合格率100%。健全执法制度体系，制定执法巡查、考核讲评、案卷抽查等制度，组织执法检查4次，纠正执法问题3次。出台《2020年度队伍建设与业务绩效评估实施办法》，系统实施月考核、季排名、年评估的评价指标体系，18项评估指标更贴近交警实战和符合醴陵实际，可务实推动工作。改善基层工作环境，二中队业务用房维修改造工程完成立项，五中队业务用房建设工程进入立项程序。实施辅警分级分类管理，科学运用政策提升辅警待遇，激发辅警干事创业积极性。（张　勇）

# 检　察

【概况】2020年，市人民检察院统筹刑事、民事、行政、公益诉讼“四大检察”协同共进，为全市经济社会高质量发展贡献检察力量。8月，市人民检察院推进内设机构改革，将内设机构调整为办公室、第一检察部、第二检察部、第三检察部、第四检察部、第五检察部、第六检察部、政治部（司法警察大队）。市人民检察院有中央政法专项编制63个，截至年末，有在职干警55人，其中员额检察官25人、检察辅助人员19人、司法行政人员8人。年内，建成株洲市首个沉浸式公开听证室，实现现场公开听证、远程听证、互联网直播等智能化、便利化功能。市人民检察院获评全省检察机关扫黑除恶专项斗争先进集体，被省人民检察院推荐入选“全国文明接待室”，通过“全国文明单位”复查，连续5年在株洲市基层检察院年度综合考核中名列第一，5件案件被评为全省检察机关优秀案件。

【刑事检察】2020年，市人民检察院共受理审查逮捕案件348件455人，依法批准和决定逮捕305件385人，不批准逮捕犯罪嫌疑人68人。受理审查起诉案件633件865人，依法提起公诉480件

686 人，不起诉 167 人。落实认罪认罚从宽制度，全年办理相关案件 568 件 770 人，适用率为 91.02%，法院采纳率为 98.86%。秉持客观公正立场，在立案、侦查、起诉、审判等环节严格把关，监督立案 15 人，监督撤案 22 人，纠正漏捕 25 人，纠正漏诉 19 人，纠正侦查活动违法 38 件、审判活动违法 9 件、对认为确有错误的刑事判决提出（请）抗诉案件 4 件，确保不偏不倚、不枉不纵。严格执行最高检“最佳‘案－件比’1:1”质效评价标准，避免一个案子经历过多司法程序，加重当事人诉累，要求检察官尽可能一次性优质办结，减少退回补充侦查等程序环节。年内，市人民检察院刑事检察“案－件比”为 1.10，“件”同比下降 0.35。

【民事行政检察】2020 年，市人民检察院办理支持起诉和各类民事行政检察监督案件共 100 件，依法履行民事行政检察监督职能从上年的 4 项增至 8 项。维护农民工合法权益，帮助 22 名农民工讨薪，追索劳动报酬 52.7 万余元。与市司法局联合化解行政争议，促进案结事了人和，在株洲地区率先实现行政争议实质性化解零突破。走进企业车间、群众身边，推送《“典”亮生活》《民法典守护你一生》民法典系列专栏报道。1 件行政检察监督案件入选 2020 年湖南省行政检察典型案例汇编。

【公益诉讼】2020 年，办理行政公益诉讼案件 70 件，提起刑事附带民事公益诉讼 1 件。按照最高人民检察院部署，在英烈荣誉尊严和文物建筑保护、车辆超载超限以及醉酒驾驶领域开展公益诉讼“等外”案件探索。服务渌水省级样板河创建，督促相关行政部门查处非法渔船撒网捕鱼、非法电鱼等行为，封闭非法排污口 11 个，取缔非法洗砂场 6 个。支持起诉渌水被上游企业非法排污污染案，经江西省高级人民法院终审判决，责令 2 个涉案企业赔偿醴陵生态环境修复费等费用 1200 余万元。相关工作经验做法在全省检察公益诉讼工作大会上作经验发言。服务醴陵省级食品安全示范城市建设。对校园内外及周边的食堂、超市、餐饮店和城乡农贸市场经营行为进行现场检察监督，共对 10 余家无证经营店予以取缔或督促整改。

【控告申诉检察】2020 年，落实“群众来信件件有回复”制度，对 55 件信访来信均做到 7 日内程序回复、3 个月内办理过程或结果答复。首次信访化解率在株洲检察系统位列第一。市人民检察院办理的旷某某申请立案监督案被最高人民检察院选入全国第一批“群众信访件件有回复”典型案例。

【监所检察】2020 年，强化刑事执行同步监督，监督纠正暂予监外执行不当 7 人、社区矫正脱管漏管 12 人。依法对 20 件涉黑涉恶案件开展重大案件侦查终结前讯问合法性核查，排除非法证据 2 件。办理财产刑执行监督案件 14 件，其中涉黑涉恶财产刑执行监督案件 9 件，探索实行派员现场监督法院对涉黑涉恶案件财产刑执行，受到省人民检察院、省高级人民法院一致好评，并作为先进经验予以推介。

【职务犯罪检察工作】2020 年，持续在反腐败斗争中发挥检察作用。加强与市纪委监委办案衔接，发挥反腐败协调机制作用，提前介入重大案件调查 6 次，受理移送审查起诉职务犯罪嫌疑人 4 人，提起公诉 4 人，法院已审结案件有罪判决率 100%，向市纪委监委移送各类违纪违法线索 55 条。协助株洲市人民检察院对 5 名司法工作人员以涉嫌玩忽职守、滥用职权罪进行立案侦查。

【未成年人刑事检察】2020 年，打击侵害未成年人权益犯罪，批准逮捕犯罪嫌疑人 5 人，提起公诉 7 人。贯彻最高人民检察院“一号检察建议”，护航未成年人健康成长，落实侵害未成年人案件强制报告制度，市卫健局报告医护人员工作中发现 2 名未成年人遭受不法侵害。核实全市 267 所中小学教职员工有无性侵类违法记录。坚持对涉罪未成年人“宽容不纵容”，对 13 名涉嫌轻微犯罪的未成年犯罪嫌疑人不批捕或附条件不起诉；对多次犯罪、屡教不改、性质恶劣的未成年人犯罪保持司法威慑，坚决起诉 12 人。办理国家司法救助案件 6 件，向未成年被害人及其家属发放救助款 17.8 万元。

【扫黑除恶专项斗争】2020 年，全年共批准逮捕涉黑涉恶犯罪嫌疑人 25 人，不批准逮捕 4 人，提起公诉 40 人，追捕到案 9 人，监督撤案 5 人。依法办理省人民检察院、省公安厅挂牌督办的许某民、吴某明等 28 人涉嫌组织、领导、参加黑社会性质组织犯罪案件，用时 1 个月审查案卷 400 余本，查明许某民等被告人长期在株洲环洲服饰城等地称霸涉嫌 19 项罪名的犯罪事实，并依法提起公诉。注重标本兼治，发出相关检察建议 7 份，均被回复采纳。

【助力“三大攻坚战”】2020 年，市人民检察院围绕防范化解重大风险工作，突出打击非法集资、信用卡诈骗等犯罪行为，依法起诉破坏金融管理秩序和金融诈骗犯罪嫌疑人 12 人。围绕脱贫攻坚工作，针对办案中发现的脱贫攻坚过程中生态环境保护工作漏洞，制发 3 份检察建议，组织全院干警对100户帮扶对象进行持续结对帮扶工作，为贫困家庭和贫困学生捐赠款物10万余元。围绕污染防治工作，推深做实非法采砂“利剑治污”以及渌水沿岸生产生活污水排放等专项检察监督行动，共办理生态环境领域公益诉讼案件46件，依法打击非法洗砂、非法电打渔、非法排污等系列违法行为。

【护航民营企业发展】2020年，共办理各类涉企案件74件，对7名侵害企业合法权益的犯罪嫌疑人监督立案，对6件涉企案件进行监督撤案，不批准逮捕涉企犯罪嫌疑人8名，不起诉21名。落实全市“产业项目建设年”活动和温暖企业“三百”行动，开展检察官进企业活动，走访49家民营企业，协调解决涉企问题近20个。

【自觉接受监督】2020年，市人民检察院落实党组全面从严治党主体责任，自觉接受湖南省人民检察院党组巡视和株洲市人民检察院党组巡察整改“回头看”，做到立行立改，扎紧“制度”笼子。开展走访座谈、邀请视察、寄送专刊、书面报告、案件公开听证等活动50余次，加强与人大代表、政协委员、人民监督员的联系沟通。主动邀请工商联、民营企业家、师生代表共300余人参与检察开放日、座谈会以及公开听证等重要活动。

【重大监督事项案件化办理机制】2020年，市人民检察院在刑事、民事、行政诉讼、公益诉讼和执行监督等法律监督和司法办案过程中，探索重大监督事项以案件化方式规范办理机制，推动“办事模式”向“办案模式”转变，形成全程留痕、依法监督的制度权威，增强监督刚性。全年办理相关案件6件，要求相关单位对8名负有办案过错的责任人进行组织处理或处分。此项工作经验被最高人民检察院在全国检察机关推介。（戴 炜 唐 芳）

## 法 院

【概况】2020年，醴陵市人民法院受理各类案件9287件（含旧存307件），结案9074件，结案率97.71%，41名员额法官人均结案221件。审判执行综合质效各项指标继续位列全省一类基层法院前列，获评全国法院“司法宣传和通联工作先进单位”，“基本解决执行难”工作被湖南省高级人民法院授予集体二等功。

【助力新冠肺炎疫情防控】新冠肺炎疫情防控时期，市人民法院选派28名党员到碧山社区协助开展小区防控工作，指派12名党员干部协助企业做好复工复产工作，累计为南门社区、泗汾镇捐赠防疫款项和物资10万余元。运用湖南移动微法院、“云上法庭”等智慧法院成果推进司法服务，为当事人及时提供定纷止争便利，网上立案438件，网上调解137件，网上开庭53场。从严从快惩处制假售假防疫物资犯罪3件6人。

【推进扫黑除恶专项斗争】截至2020年，市人民法院开展扫黑除恶专项斗争3年时间，共受理涉黑恶案件24件165人，其中上级法院指定异地审理12件102人，审结20件137人，依法判处5年以上有期徒刑38人。成立审执联合专班，深挖涉案财产线索，执结涉黑恶犯罪财产刑案件48件，共处置房产8套，拍卖车辆16台，执行到位金额589万元。彻查黑恶势力“保护伞”，与纪委监委、公安、检察等机关建立线索移交与查办反馈“双向通道”，合力“打伞破网”，共移交黑恶案件线索2条。围绕“标本兼治”“长效久治”要求，主动延伸审判职能，对在办案过程中发现的行业、领域主管部门存在的管理漏洞和监管问题向有关职能部门提出司法建议8条，配合组织部门对村（社区）“两委”2505名候选人开展前科劣迹、失信行为的资格联审。

【优化法治营商环境】2020年，市人民法院围绕市委、市政府工作重点，服务“项目建设年”活动和征地拆迁“净地行动”，协助各项目部完成征拆工作23户。12月18日，依法对碲化镉项目涉土地案立案执行，已自动拆除完毕。持续开展温暖企业“三百”行动，法院干警定期深入联系企业走访调研，帮助解决疑难问题5个。注重保护中小企业合法权益，快审快结涉企案件166件，维护公平竞争的市场秩序。审慎采取涉企保全措施，运用“反担保”“活查封”等方式，严禁超标的查封扣押冻结企业财产。助力供给侧结构性改革，审结破产清算案件3件，促进市场主体新陈代谢、转型升级。强化意思自治、诚信经营和公平竞争原则，维护交易安全和市场规则，审结买卖合同、公司纠纷、房屋租赁等案件488件。妥善审理湖南湘瓷科艺股份有限公司请求腾退房屋、排除妨害一案，为省陶瓷研究所整体成建制划归醴陵提供有力司法保障。

【护航“三大攻坚战”】2020年，市人民法院防范化解金融风险，开展金融执行“百日攻坚”行动，执结涉金融纠纷案件148件，追回银行不良贷款3000余万元。11月20日，拍卖湖南某陶瓷公司一处厂房，为湖南醴陵农商银行收回欠款1500余万元。打好污染防治攻坚战，继续开展“湖南环保·审判三湘行”专项审判活动，审结涉环境资源犯罪案件4件7人。依法审结杨某、吕某某等4人污染环境罪一案，4名被告人均被判处有期徒刑。决胜脱贫攻坚，指派2名党员干警驻村担任第一书记和扶贫工作队队长，34名干警与泗汾镇8个村的46户贫困户继续开展结对帮扶，为18户贫困户提供助学金、医疗补助，资助10户贫困户完成房屋修缮，全年累计投入扶贫资金40余万元。

【依法惩治刑事犯罪】2020年，共受理刑事案件516件，审结477件，判处有期徒刑以上刑罚399人。增强人民群众安全感，依法严惩故意伤害、抢劫、强奸等暴力性犯罪案件46件55人。净化社会治安环境，审结组织卖淫、开设赌场、贩卖毒品等黄赌毒类案件145件。保障公私财产安全，审结电信网络诈骗、盗窃等侵财类案件84件。惩贪反腐力度不减，在市委反腐败协调小组的指导下，依法审结贪污、贿赂等职务犯罪案件3件4人。强化人权司法保障，贯彻宽严相济刑事政策，对从犯、偶犯、具有立功、自首法定情节和情节轻微的犯罪，依法适用缓刑、管制或者免刑。推行刑事案件律师辩护全覆盖制度，通过司法局法律援助中心为133名被告人免费提供法律援助。加强未成年人司法保护，严惩侵害未成年人犯罪行为。

【调判结合化解纠纷】2020年，共受理民事案件4393件，以调解、撤诉的方式结案2013件，调撤率45.82%。妥善调处家事纠纷，努力维系婚姻家庭和谐稳定，审结婚姻家庭、抚养继承等案件834件。依法保护民事主体合法权益，妥善审理侵权损害赔偿案件103件。

【监督与支持依法行政】2020年，市人民法院坚持监督与支持并重，审结行政诉讼案件165件，执结非诉行政案件97件。依法监督行政机关依法行政，判决行政机关行为违法、不规范以及不作为等案件51件。强化司法与行政的良性互动，提升行政机关依法行政水平，促进行政争议实质性化解，邀请行政机关工作人员旁听庭审4次，发出司法建议8份。推进行政机关负责人出庭应诉工作，行政机关负责人出庭应诉率达95%。

【强化审判管理】2020年，开展“审判质量、效率和公信力巩固年”活动，坚持问题导向，完善绩效考核办法，建立个人—业务庭—全院三级办案质效评估体系，每月制作审判质效数据“体检表”，通过4大类23项指标明细，全方位反映员额法官和审判团队绩效指标完成情况，并在诉讼服务中心大厅向社会公示。2020年，案件结收比为101.26%，审限内结案率100%，二审发改率同比下降1.66%，生效案件息诉率99.73%，审判执行效率持续优化。发挥院庭长“领头雁”作用，院庭长带头办理案件3600件。持续推进司法公开，开展庭审同步录音录像和庭审网络直播工作，全年通过互联网直播庭审2467件，网络点击量32万人次，累计上网裁判文书9074件，裁判文书上网率达100%。7月，在湖南省高级人民法院审判执行工作会议上，市人民法院作为基层法院代表作典型经验发言。

【落实便民利民举措】2020年，全面推进“一站式”诉讼服务中心建设，满足群众多元司法需求。成立3个民商事速裁团队，对婚姻家庭纠纷、物业服务纠纷、小额民商借贷等简易、小额的民事案件实行快审快结。速裁团队全年结案1076件，一审服判息诉率达98.76%，平均审理天数缩短至19天。坚持以需求为导向，推广网上立案、在线开庭、音视频远程调解等线上模式，全年网上立案1123件，跨域立案27件。加大巡回审判力度，为交通不便或行动不便的当事人上门立案、现场开庭、就地调解，共巡回办案37件。加大司法救助力度，为生活困难的当事人缓减免交诉讼费80万元，发放司法救助金51万元。开展“为农民工讨薪”活动，依法维护劳动者权益，对涉追索劳动报酬案件实行快立快审快执，妥善审结欠薪纠纷133件。依法执结田心花炮厂退出烟花鞭炮行业、鑫瑞电瓷电器公司资产处置等造成农民工维权案件，为273名农民工优先兑付工资260万元。落实“谁执法谁普法”工作要求，宣传民法典等法律法规，举办法治宣传进社区、进农村、进校园、进企业等活动21场，发放宣传资料5000余份，发布新媒体推文83篇，在各级报刊媒体发表法治宣传报道50余篇，播出电视新闻、专题片17部。

【兑现群众胜诉权益】2020年，共受理执行案件3868件，执结案件3836件，执行到位金额1.81亿元。发挥司法威慑作用，共发布失信被执行人名单622人次，并创新执行宣传方式，在“抖音”平台上发布失信被执行人名单15批150人，累计观看人数近50万人次；限制高消费1550人次，9人因涉嫌拒不执行判决、裁定罪被移送公安机关刑事立案后，自动履行还款义务。推行司法网络拍卖，破解财产变现难题，全年共网拍物品46件，成交额2674万元。

【参与社会综合治理】2020年，市人民法院推进诉源治理工作，新收民商事诉讼案件较上年度减少175件，同比下降3.85%。与机动车交通事故人民调解委员会联调联动，指导调解交通事故责任纠纷210件。与市人力资源与社会保障局对接，重点调处涉陶瓷、花炮企业的劳动人事争议，指导化解纠纷278件。与市网格化管理服务中心联合制定《关于网格员参与诉源治理和一站式多元解纷机制建设的实施意见（试行）》，设立诉源治理工作站，借助全市820名网格员的力量，推行“网格员+调解”“网格员+送达”“网格员+宣传”等模式，全力化解矛盾纠纷，借助网格员送达文书853次，调处纠纷175件。依托人民法院调解平台，与乡镇人民调解委员会建立诉调对接机制，入驻7个调解组织和35名调解员，在线化解矛盾纠纷260起，调解成功率达81%。

【自觉接受监督】2020年，共邀请人大代表、政协委员列席审委会2次并参加市人民法院重大活动、旁听庭审58人次，办理人大代表建议2件，办理政协提案1件。依法接受检察机关法律监督，办理检察建议28件，共同维护司法公正。真诚接受社会监督，畅通监督渠道，通过每周四“院领导接待日”接待来访群众75人次，办理网络监督事项7件。（黄怡康）

## 司法行政

【概况】2020年，市司法局统筹全面依法治市工作，履行行政立法、行政执法、刑罚执行和公共法律职能，战疫情、防风险、护稳定、促发展，为“四个醴陵”建设提供法治保障和法律服务。年内，市司法局获评全国公共法律服务工作先进集体、株洲市政法工作先进集体，市司法局孙家湾村人民调解委员会获评全国模范人民调解委员会，北门社区同时获评全国、湖南省民主法治示范社区。

【依法治市工作】2020年，贯彻中央全面依法治国委员会第一次、第二次、第三次会议精神，进一步发挥市委全面依法治市委员会办公室统筹、协调、督促、检查和推动职责。5月15日，召开醴陵市守法普法协调小组第一次（扩大）会议。7月17日，召开市委依法治市委员会第二次会议。市司法局协调推进全市法治政府建设，草拟法治政府建设相关文件，于5月26日在政府常务会议上审议通过，于7月印发《2020年度醴陵市法治政府建设考核方案》，将法治政府建设作为依法治市内容纳入市直、镇（街道）绩效评估重点内容。市司法局牵头组织创建“湖南省法治政府建设示范县（市、区）”工作，年内通过资料审核、初审推荐和第三方网络检索评估、专家组实地评估。

【政府法制工作】2020年，市司法局严把政府涉法事务审查关，共审核政府合同41件、部门合同20件。做好政府规范性文件“三统一”（统一登记、统一编号、统一公布）工作，审查政府规范性文件9件，审查其他政府文件48件。加强行政复议和行政应诉工作，全年收到行政复议申请9件，受理9件，其中审结完毕8件、未审结1件，办理以政府为被告的一审行政应诉案件30件，其中胜诉18件、撤诉2件、未审结2件、撤销1件，责令继续履行法定职责7件，办理以政府为被告的二审行政应诉案件12件，其中胜诉8件、未审结4件。加强落实行政执法“三项制度”（行政执法公示制度、执法全过程记录制度、重大执法决定法制审核制度），服务“放管服”“多证合一”“证照分离”等工作，对全市34个单位的2875条责任清单进行合法性审查，从源头上预防执法争议。提高行政执法水平，组织35个市直及驻醴行政执法单位开展案卷评查，组织23个单位202名行政执法人员参加通用法律知识考试工作。

【普法宣传】2020年，普法工作抓重要节点、重大活动、重点对象、主题宣传，落实“谁执法谁普法”责任制，打造法治小广场、小长廊、小公园、小书屋、小街巷、小驿站、小课堂等法治宣传阵地。开展法治市、法治镇（街道）、民主法治示范村（社区）创建活动，打造“双百”（百条法治小标语上墙、百块法治宣传展板上路）示范工程，组织全市国家工作人员参加学法用法考试，学法考试录入学员10227人，参学率、参考率均达100%。推进法治乡村建设，提高乡村治理法治化水平，从村干部或村民小组长、人民调解员中选派488人参加“法律明白人”在线培训。推动“法律七进”（法律进机关、进学校、进社区、进乡村、进寺庙、进企业、进单位）活动，围绕扫黑除恶专项斗争、服务“三大攻坚战”、新冠肺炎疫情防控、温暖企业行动等内容，开展法治宣传活动，为经济建设营造良好法治氛围。开展各类宣传230场次，举办法治讲座102场次，发放宣传资料19.5万份。

【人民调解】2020年，实施矛盾不上交三年行动方案，落实以奖代补制度，发挥人民调解维护社会和谐稳定的“第一道防线”作用，确保“小事不出村，大事不出镇，矛盾不上交”。9月1日起，在全市开展为期40天的乡村法治建设骨干培训，提高村干部、村支部、网格员、调解员等的法律素养。全年化解矛盾纠纷1603件，调解成功率99.12%，超额完成民生实事目标任务。加强人民陪审员和人民监督员的日常管理和业务培训，提高其参与和监督司法行为的能力。

【公共法律服务】2020年，市司法局全面规范公共法律服务工作站点建设，全市共有1个公共法律服务中心、23个公共法律服务站、270个公共法律服务点、2700个“法润三湘”公共法律服务志愿点，实现公共法律服务站点全覆盖。优化公共法律服务热线平台，推广使用公共法律服务网络平台，利用“如法网”构建“线上线下”对接体系。推进“一村一法律顾问”工作，41名执业律师和15名法律工作者为全市270个村（社区）担任法律顾问，提供便捷免费的法律服务，截至年末，共提供免费法律咨询1.6万余人次。做好农民工、残疾人、贫困户等特殊群体维权和法律援助工作，深化“法援惠民生”活动，全年办理援助案600件，超额完成“民生100”工程援助任务。严格公证和司法鉴定管理，全市办理各类公证1710件，其中涉外及涉台港澳285件，办理司法鉴定403起。

【服务重点工作】2020年，完善政府法律顾问和公职律师制度，推动律师刑事辩护全覆盖、律师调解、律师值班、律师参与涉法涉诉信访案件等工作，服务经济社会发展大局。律师到公共法律服务中心、人民法院、人民检察院、信访局、看守所值班788人次，办理各类法律事务863件，办理刑事全覆盖类案件152件，担任法律顾问171家，避免和挽回经济损失1730万元，解答法律咨询2700余人次。贯彻市委和市政府“产业项目建设年”活动、温暖企业“三百”行动部署要求，组建专业律师服务团队，做好招商引资、化债等产业项目建设工作法律服务，为长沙金鼠服饰有限公司、华电电瓷有限公司等民营企业提供法治体检，帮助防范化解法律风险。履行扫黑除恶职责，强化法治宣传、摸排管控和对律师代理涉黑涉恶案件辩护的审查监督。全年开展扫黑除恶宣传89场次，律师代理涉黑涉恶案件辩护12起。

【特殊人群管理】2020年，市司法局开展《中华人民共和国社区矫正法》进机关、进学校、进企业、进网络、进手机活动，扩大社区矫正工作社会知晓率。加强社区矫正机构、队伍建设、信息化建设，规范社区矫正中心运行。8—9月，联合市人民检察院对各司法所开展社区矫正业务工作督查，确保监管安全稳定。全市累计接收社区矫正人员4159人，累计解除矫正3693人，在册466人，无一脱管、漏管，重新犯罪率控制在0.1%以下。做好刑满释放、社矫期满人员安置帮教工作，全市1855名刑释解矫人员的帮教率和安置率均达100%。（焦　玉）

## 网格化管理服务

【概况】2020年，市网格化管理服务中心以网格化服务管理规范提质年为主线，贯彻落实以人民为中心的发展思想，推进网格化服务管理高质量发展。走访帮扶群众280万余人次，上报事件23万余件，代办便民事项14万余件，群众满意率达到98%。年内，市网格化管理服务中心入选中国通信工业协会网格化分会理事单位、《城市管理网格员国家职业技能标准》主编单位，被授予《市域网格化治理标准体系建设指南》标准试点单位；典型案例《全面推行监督与服务微信群，走好新时代网上群众路线》入选2020年全国创新社会治理最佳案例，在2020年全国创新社会治理典型案例经验交流活动上分享“网格化+微信群”的社会治理工作经验；醴陵市被授予“全国网格标准试点”城市。

【网格服务】2020年，围绕志愿服务进网格主题，推广平安志愿者服务，发动群众充当志愿者，参与创文创卫、教育助学、文明劝导等志愿活动，志愿服务工作逐步规范。全年开展各类志愿活动132次，发动1725名志愿者参与。牵头与市公交公司对接，在城区新增8个敬老卡、公交卡年审点，日均服务41人次。全面推行“网格化+微信群”工作，上报解决事项2000余件，办结率达98%。发动网格员协助所在村（社区）开展醴陵市第七次全国人口普查入户、登记填报工作，做好普查小区划分、建筑物标绘和人口、房屋、门店信息的录入、核对及外来人口登记造册等，信息录入完成率100%。

【网格业务】2020年，通过开展业务竞赛、质量提升、数据核查等主题活动，在疫情摸排管控和主题月活动期间，新增录入信息19966条，较上年同期增长4.5倍，上报事件1495件，同比增长68.54%，代办事项2985件，同比增长228.74%，收集民情民意1358条，较上年同期增长4倍。启动专属网格试点，统一编码实施专项治理，并内部优化部分村（社区）网格，调优率达30%。

加快平台系统升级，推行“网格＋网络＋信访”模式，畅通群众诉求表达渠道，累计调解矛盾纠纷900余件。整合“智慧民政”平台，开设社会救助、养老机构等6个子模块，实现民政公共服务全覆盖。

【网格队伍】2020年，支持网格员向社区工作者、公务员、事业编制工作人员等岗位晋升，14名网格员考取社工证。发动网格员参与2020年醴陵市第四届机关运动会和醴陵市首届“我是青年演说家”比赛。建立工龄薪资增长机制，提高网格员待遇水平。全年开展网格业务培训4次，组织工会、“两癌”免费筛查等妇建、团建活动5次。按照《“城乡统筹、结对共进”工作实施方案》，加强对农村兼职网格员的“一对一”业务指导，农村事件上报数量同比增长36%，代办事项同比增长11%，民情民意反馈数量增长5.38倍。

【助力中心工作】抗击新冠肺炎疫情。第一时间启动“四级网格联动”防控机制，发挥网格员人员熟、底子清优势，开展线上线下全面宣传、逐户逐店摸排、主动靠前服务，累计发放宣传资料32万余份，走访171万余人次，摸排疫情“四类人员”（确诊的新冠病毒感染的肺炎患者、疑似的新冠病毒感染的肺炎患者、无法明确排除新冠病毒感染肺炎可能的发热患者、确诊患者的密切接触者）6000余人，监管2000余人，为居民代购口罩100余次。开展“一感一度一率一评价”（群众安全感，公正执法满意度，矛盾纠纷调解有效率，扫黑除恶成效评价）测评工作宣传。加大入户宣传、治安巡访、隐患排查、纠纷调解等力度，提升群众对“平安醴陵”建设的知晓率、满意度和安全感。履行安全生产成员单位职责。全年组织安全培训5次、大型宣传活动3次，发放安全宣传资料1万余份，接待咨询人员200余人次。（杨梦婷）

# 综合经济管理

## 发展和改革

【概况】2020年，醴陵市发展和改革局围绕市委、市政府的工作部署，按照高质量发展的要求，全力抓好“产业项目建设年”、“三大攻坚战”、乡村振兴、深化改革等重点工作，着力“六稳”“六保”，全市经济运行保持“总体平稳、稳中向好”的发展态势。全年实现地区生产总值增长3.9%，地方财政收入增长5.6%，城、乡居民人均可支配收入分别增长4.8%、7.1%。综合实力、基本竞争力位列全国百强第45位、第64位，跻身全国工业百强第77位、创新百强第88位。获评“中国陶瓷之都”“全国全面小康百佳示范市”。

【项目建设】2020年，市发展和改革局以产业项目建设年活动为抓手，不断优化产业结构，促进产业升级，做大经济总量。全年，新签约项目136个，合同引资440.4亿元，其中10亿元以上项目12个，50亿元以上项目3个，三类“500强”项目9个。实施重点项目192个，竣工项目68个，开工项目176个，完成投资196亿元。保障性安居工程（老旧小区改造）等22个项目获得中央和省级资金1.83亿元支持，同比增长10%，其中13个项目获得中央资金1.39亿元、9个项目获得省级资金4443万元。储备中央预算内项目108个，总投资217亿元，申报资金47.3亿元；储备湘赣边区域合作示范区项目165个，总投资688亿元。市二医院医技楼新建等项目申请新冠肺炎疫情防控特别国债1.93亿元。

【编制“十四五”规划】2020年，全市“十四五”规划编制工作完成规划纲要初稿。市委、市政府主要领导带头研究部署，分管领导全程参与，市委政研室、市政府经济研究中心抽调工作人员组成规划编制队伍，聘请著名经济学家、湖南省经济学学会理事长为规划编制工作提供指导意见。在编制过程中，广泛征求社会各界的建议和意见，多次组织召开社会各界代表座谈会。构建“十四五”规划重大项目库。在规划编制过程中，各部门立足职责分工，深化前期重大课题研究，重点谋划提出“十四五”期间重大工程项目。截至年末，全市研究并提出本级“十四五”重大项目入库339个，总投资2119亿元（“十四五”期间投资1355亿元）。申请纳入株洲市“十四五”规划项目库项目97个，总投资1498亿元（“十四五”期间投资1087亿元），已形成基本库。

【“放管服”改革】2020年，市发展和改革局遵循行政审批体制改革新政策，简化审批程序，规范办事规程，开通行政审批“绿色通道”，推进“一窗受理、集成服务、一次办结”的“最多跑一次”改革。对项目实行线上线下同时受理，审批、核准、备案项目740个，全部按时办结。完善项目审批备案制，按时监督审批、核准、备案项目全部进入国家重大项目库，年末有在库项目696个。创新工作方式，开展政府投资项目概算审查。成立市存量超概算项目处置工作小组，办公室设在市发展和改革局，负责完善全市政府投资项目审批及概算管理体制，处置存量超概算政府投资项目历史遗留问题，实现政府投资经济效益、社会效益最大化。对送审项目按照认真梳理、积极踏勘、尽快办理的原则，实行新项目过程监督、重点项目重点监督。工作开展至今，完成128个部门报送政府投资项目的立项评审工作，审核总投资额43.36亿元。

【价费管理】2020年，市发展和改革局强化价格收费管理，落实惠民举措，做好价格调控工作。执行落实价格补贴联动机制，为对冲物价指数上涨的影响，对全市特困群体增发价格临时补贴，1—9月对特困群体增发价格临时补贴48万人次，发放金额2300余万元。市价格成本调查队先后完成“农户存粮情况调查”“农资购买情况调查”“生猪养殖成本情况月报”等21项调查任务，撰写和上报调研报告6篇。受理公、检、法等部门提出的价格认定工作121件，出具价格认定结论书121份，认证金额246.9万余元，无一复核。

【易地扶贫搬迁】2020年，全市易地扶贫搬迁工作全面完成。共有易地扶贫搬迁对象610户1819人，占全市贫困人口的4.8%。实施易地扶贫搬迁政策5年间，建设易地扶贫搬迁住房610栋(套)，建筑面积4.54万平方米，人均住房建设面积为24.96平方米，全部办理不动产登记证且搬迁入住(其中1户为异地安置)。搬迁群众人均年收入从2016年的2788元增长到2020年的11067元，脱贫率100%。年内，全市有214家帮扶单位516名干部对610户易地扶贫搬迁对象实行“三包一”(对易地扶贫搬迁对象落实“镇村两级+帮扶责任人”服务监督制度，安排一名镇政府干部、一名村干部和一名帮扶责任人担任服务监督员，签订责任状，确保执行政策不走样)服务责任制，后续帮扶工作得到全面加强。市发展和改革局成为长株潭地区唯一获评全国“十三五”时期易地扶贫搬迁“担当有为集体”称号的单位。

【融合发展】2020年，市发展和改革局注重与国家和区域发展战略的融合，促进经济社会发展。一方面加快对接国家发展战略。醴陵五彩陶瓷小镇入选全国20个精品特色小镇，成为湖南省唯一一个“第二轮全国特色小镇典型经验”推介对象。另一方面加快湘赣边区开放合作。起草醴陵市推进湘赣边区域合作示范区建设三年行动计划(2020—2022年)，多方面推动湘赣边区域合作。一是促进花炮产业协同发展，形成湘赣边烟花爆竹重点县(市)安全监管协作新常态，助推醴陵与浏阳市、上栗县、万载县花炮产业融合发展。二是打造陶瓷产业转型升级示范区，加快推动醴陵陶瓷与景德镇陶瓷深入合作，与萍乡芦溪电瓷产业园携手打造世界电瓷基地。三是共建红色旅游路，与湘赣边兄弟县市共同举办“中国红色旅游文化节”，共同推出“红色记忆”旅游、“穿越湘赣边”自驾游、“湘赣边文化之旅”、“瓷都之旅”4条跨省旅游线路，实现资源共享、游客互推。（龙思晔）

## 自然资源管理

【概况】2020年，市自然资源局内设办公室、人事教育股、财务审计股、耕地保护监督股、工程管理股等职能股室15个，下设不动产登记中心、土地征用安置中心、国土资源执法监察大队、土地开发整理中心、土地储备中心等二级机构11个，下辖国土资源中心所(分局)11个，现有干部职工348人，其中在编203人。年内，全局围绕“高质量发展”一条主线，抓好“国土空间规划编制、房地一体确权登记”两项工作，突出“保收入、保发展、保资源”三大重点，主动作为，为全市经济社会发展作出应有的贡献。市土地经营公司转型为国有企业。产业项目建设、招商引资、污染防治、平安建设、脱贫攻坚、城市创建等工作得到上级部门肯定，获“湖南省文明单位”称号。

【用地保障】2020年，市自然资源局推进“产业项目建设年”活动，报批土地432.8公顷，分2期实施城乡建设用地增减挂钩项目160公顷，保障中建材碲化镉、湘东农副产品大市场等86个项目用地需求。出让土地94宗，面积134公顷，成交金额18.6亿元。联合市住建局和征地协调中心发起“净地行动”，征地423.1公顷，拆迁房屋823栋(套)，完成60个项目“清零”交地。9月24—25日，农业农村部乡村产业发展司副司长刁新育一行到醴陵实地调研农村一二三产业融合发展用地保障工作。

【国土空间规划】2020年，市自然资源局推进国土空间规划编制工作。按照全市区域发展思路，调整产业导向、发展重点、公共配套，相继完成前期准备、现状摸底、基础研究、大纲编制4个阶段工作，形成12个专题研究、3个专项规划、1个规划大纲的方案成果，进展情况走在全省前列。3月3日，在全省国土空间规划行政组织协调视频培训会上，醴陵市作为全省唯一县市级代表进行视频宣讲。12月21日，召开国土空间总体规划大纲专家咨询会，向省、株洲市7名专家咨询意见。隆兴坳村村庄规划在全省“寻找最美乡村”国土空间规划优秀案例展评活动中获得一等奖。

【耕地保护监督】2020年，全市将耕地保护纳入到镇、街道年度绩效考核内容，落实行政一把手负责制和领导干部离任审计制度，强化耕地保护共同责任。实施农用地开发项目267公顷、旱改水项目64公顷，划定永久基本农田储备区2195公顷，建设用地占用耕地补充100.6公顷，连续21年实现占补平衡，实际耕地保有量、永久基本农田保护面积均达到省级政府下达的耕地保护目标。完成6个土地整理项目，建设总规模610.2公顷，总投资1425.7万元。

【地质灾害防治】2020年，市自然资源局制定《醴陵市2020年度地质灾害防治方案》，确定45个主要地质灾害隐患点，更新完善地质灾害群测群防网络。联合气象部门发布地质灾害预警预报29条，覆盖9000余人次，指导单位出具地质灾害应急调查简报50余份。国瓷街道玉瓷村、李畋镇利群村等7个地质灾害治理项目全面竣工；投入820余万元，新实施6个地质灾害治理项目，包含仙岳山街道李家排、板杉镇流碧桥小学2处滑坡应急抢险，明月镇大障社区、泗汾镇枧上社区、均楚镇樟桥村、嘉树镇豆田村4个地质灾害治理项目年内仍在施工。醴陵市连续多年实现地质灾害零事故、零伤亡。

【房地一体确权登记】2020年，市自然资源局制定《醴陵市农村宅基地和集体建设用地房地一体确权登记颁证工作实施方案》，实行内业、外业分开采购招标，外业部分多标段实施，统一培训内容、技术标准和质量要求，由项目牵头单位负责监督，形成政府主导、部门主抓、村民主体、镇村配合、技术支撑的工作格局，整镇整村快速推进。完成权籍调查25万宗，初步发证17万宗，登记发证率达90%以上。8月31日，在全省农村宅基地和集体建设用地房地一体确权登记工作交流会上，醴陵市作典型发言。

【矿产资源管理】2020年，市自然资源局对县域44家持证采矿权矿山企业信息进行年度采矿权信息公示，完成10宗采矿权延续登记、1宗采矿权新立登记，收取采矿权、探矿权价款600万元。开展砂石土矿专项整治，有序推进13家矿山企业关闭退出工作。制订《醴陵市普通建筑材料用砂石土矿专项整治实施方案（2020—2021年）》，编制《醴陵市砂石土矿开采专项规划（2019—2025年）》，辖区持证砂石土矿山拟保留19家，规划新设矿山8家，专项规划已提交上级审核。制定《醴陵市绿色矿山建设三年行动方案》，规划3年内9家矿山企业将达到绿色矿山建设标准。督促矿山企业履行地质环境恢复治理义务，10家通过分期验收。加强安全生产监管，开展矿山企业安全生产巡查，全年无安全生产事故发生。

【执法监察】2020年，市自然资源局开展执法动态巡查433次，完成19.1万个农村乱占耕地建房图斑核查任务，立案查处土地违法案件137宗，移送法院强制执行案件13宗，收缴罚款412.6万元。开展打非治违专项行动，联合执法32次，扣押非法开采设备20台，拆除洗砂场4个，拆除违法建筑2栋。开展矿山超深越界查处专项整治行动和露天矿专项整治行动，对全市甲类矿山开展10次超深越界检查，检查露天矿山40余次。月度卫片上报违法用地41宗，面积12.46公顷，履职到位率和查处到位率均为100%。以"月清三地"（每月清理撤批土地、闲置土地和违法用地）为抓手，处置批而未供土地172.67公顷、到位率66.7%，处置闲置土地28宗、到位率89%，违法用地阶段性整改41宗、到位率100%。

【政务服务】2020年，市自然资源局推进审批制度改革，117项行政审批事项在市民中心实行"一窗受理、一站办结"。推行工程建设项目"多验合一"，全年核发"一书三证"（建设项目选址意见书，建设用地规划许可证、建设工程规划许可证、乡村建设规划许可证）492本，发放不动产证书1.1万本、登记证明1.6万份，接待档案查询4万余人次，完成609户易地扶贫搬迁户发证工作，金东陶子湖、茉莉公馆等楼盘实现交房即交证。办结人大建议和政协提案19件、来信来访87件、市长热线199件、网络舆情19件、政府信息依申请公开11件。（李　剑　袁　方）

## 审计管理

【概况】2020年，市审计局充分发挥审计服务政府、保障经济社会健康运行、推动完善监督职能等作用，完成审计项目19个，其中领导干部经济责任审计项目5个，提交审计报告及专项调查报告28篇。在审计过程中查出问题92个，涉及金额647871万元，其中违规金额10130万元、损失浪费金额167万元、管理不规范金额637574万元；发现侵害人民群众利益资金136万元，促进落实整改金额1266万元，促进拨付资金到位111万元，挽回（避免）损失2055万元，审计处理处罚金额13543万元，向中共醴陵市纪委（监委）移送案件线索1条，提出并被采纳审计建议46条。完成政府投资结算复审项目168个，送审金额6.34亿元，核减工程支出2212.16万元。年内，市审计局分别被湖南省审计厅、中国时代经济出版社和《中国审计》编辑部评为2020年审计通联宣传工作先进单位，获评株洲市2020年度文明建设文明单位。

【财政审计】2020年，在对市财政局、市住建局、市农业农村局、市应急管理局等市直部门的同级财政审计中，市审计局以推动建立现代财政制度、提高财政资金使用绩效、维护国家财政安全为目标，重点关注预算收支的完整性、财政财务收支的真实合法、效益、专项资金统筹整合、财政存量资金管理使用、决算草案编制、减税降费、网络安全建设和绩效，以及贯彻落实中央八项规定精神、"三公"经费[政府部门人员因公出国（境）经费、公务车购置及运行费、公务招待费产生的消费]管理使用等情况。在预算执行审计方面，重点审计部门预算编制的真实性、财政部门追加支出资金性质及流向、"三公"经费、会议费、公共机构节能减排等费用支出，揭示支出管理上的薄弱环节，规范预算收支管理，维护财经纪律严肃性，促进提高财政管理和绩效水平。在加强中央和省、株洲市重大决策部署贯彻落实情况审计方面，重点围绕各单位促进稳增长、促改革、调结构、惠民生、防风险政策落实情况进行跟踪审计，提出审计建议，促进制度健全，强化管理，推动政策落地生根和不断完善。按照"摸清家底、反映问题、揭示风险、提出建议"的原则，完成对市渌江投资控股集团有限公司及其下属10家子公司、9家孙公司2018年度和2019年度资产、负债、损益情况审计，对该公司的各项资产、负债的真实性进行核实，了解债务规模及偿还债务来源情况，对其存在的问题及风险在审计报告中详列指出，并作出审计处理意见，相关报告向政府主要领导及时汇报，为市政府决策提供参考依据。

【经济责任审计】2020年，市审计局坚持党政同责、同责同审原则，聚焦经济责任和权力运行，进一步规范审计内容、完善评价体系，重点关注领导干部贯彻新发展理念、构建新发展格局、落实区域经济发展战略等情况，实施5个领导干部经济责任审计项目，促进领导干部规范用权、担当作为。通过审计，查出各类违纪违规问题金额12409.92万元，界定应负领导责任金额12409.92万元，处罚上缴财政资金22.7万元，责令调整帐目1446.81万元，提出审计建议12条，在规范权力运行、促进党风廉政建设中发挥积极作用。

【政府投资项目审计】2020年，市审计局主动强化对政府投资项目的审计监督，推进政府投资审计，从过去单一的结算审计转变为含概算执行情况的全过程审计监督，重点关注项目建设超概算和工程量高估冒算等问题，发现和堵住管理漏洞，有效防范和化解风险，进一步厘清建设单位的管理责任和审计机关的监督责任。同时，加强与纪检（监委）等有关单位的协调和情况反馈，及时移送相关案件线索。根据《关于进一步加强政府投资项目审批及概算管理有关事项的通知》的要求和市政府的交办，完成对道教老祖殿、耿氏公路大中修工程等15个建设项目的审计分析，分别出具分析报告。通过审计，对其中因虚增数量、高套定额、核算错误等问题造成的虚增工程造价部分予以核减，节约政府基本建设投入，提高财政资金的使用效益。全年完成工程结算项目审计168个，审核建设资金6.34亿元，核减工程支出2212.16万元。

【内部审计】2020年，全市有内审机构9个，完成审计项目61项，查出损失浪费资金953万元，促进增收节支1412万元，纠正违规违纪资金542万元，提出合理化建议和意见41条。（凌志良）

## 统计管理

【概况】2020年，市统计局不断加强统计监测，提高数据质量，推进依法治统，发挥统计工作作为经济"晴雨表"的职能，全方位提升统计工作的服务水平，获评全市社会管理综合治理工作、产业项目建设年和温暖企业"三百"行动等先进单位。一是建立统计工作联席会议长效化工作机制。按照"以月保季、以季保年"原则，坚持经济运行即时监测分析预警。面对新冠肺炎疫情冲击导致各项指标下降的严峻形势，领会研究国家、省、株洲市出台的系列促发展稳增长的政策措施；研究国家、省、株洲市各时期主要指标降幅收窄的进度，对照全市进度进行预警判断；督查调研相关重点行业、企业政策措施落实情况；查找同期各月基数，判断各月基数对本期增速的影响；每月进行预计值、目标值和同期数的测算，及时向市委、市政府报送运行形势。二是着力提升服务水平。全年撰写预判分析、调研报告、统计信息、统计快报等各类性质的材料100余篇，被各类网站采用30余篇，《新冠肺炎疫情对醴陵市一季度影响的初步分析》《合理引导"四上"企业申报退出、优化联网直报企业名录库结构》《积极探索鼓励大中型个体户转为企业的建议》等反响较大。三是重视县域评价。深入研究县域经济发展评价指标体系，积极对接中郡县域经济研究所、赛迪顾问县域经济研究中心和中小城市发展委员会等评价机构，主动汇报全市经济社会发展情况。《第二十届县域经济与县域发展监测评价报告》显示，醴陵市县域经济基本竞争力排名上升至第64位，综合发展排名上升至第45位，再次实现“双进位”。

【完成第七次全国人口普查】2020年，醴陵市成立第七次全国人口普查工作领导小组，稳步推进人口普查工作。一是重心向下完善普查体系，将全市24个镇街分为5个片区，一名班子成员负责一个片区，市人口普查工作领导小组办公室定期对各片区工作推进情况开展督导，确保全市普查“一盘棋”。二是实操演练强化业务培训。6月上旬开始，市人口普查工作领导小组办公室先后开展区划绘图培训、专项试点、“两员”（普查指导员和普查员）选聘及综合业务培训，为人口普查正式登记打牢基础。三是精心宣传掀起普查热潮。通过横幅、LED显示屏、巡游车、公交站等宣传载体，在全市营造浓厚普查氛围。并分别于10月13日、11月1日开展以“大国点名，没你不行”为主题的第七次全国人口普查宣传月活动和第七次全国人口普查入户登记启动仪式，实现多渠道、立体化宣传。四是入户登记确保普查精准。正式登记期间，全市动员3375名普查员深入2907个普查小区，开展入户登记并上报，组织比对复查以及行业职业编码工作，完成人口普查任务。

【依法治统】2020年，市统计局在防范惩治统计弄虚作假上着重发力，确保应统尽统、科学统计。4月2日印发《关于深化统计管理体制改革提高统计数据真实性的实施意见》。分别在5月20日的政府常务会和5月22日的市委常委会上传达学习统计法律法规和习近平总书记关于统计工作的重要指示批示精神。于6月18日、11月3日在市委党校中青班、科干班上就统计法律法规开展专题讲座。结合国家宪法日、中国统计开放日等，利用媒体、网络和法制宣传进基层等多形式、全方位做好统计法治宣传教育工作。走访重点镇街和重点企业，与统计工作分管领导、专职统计员开展座谈培训，压紧压实统计数据质量管控责任，提升统计数据公信力。（廖婉玉）

## 社会经济调查

【概况】2020年，国家统计局醴陵调查队（以下简称“醴陵调查队”）紧扣湖南调查总队工作重点，稳中求进，奋发作为，开启醴陵国调事业新局面，获得株洲市“文明单位”称号。年内，共向总队、株洲市队上报信息38篇，先后对农民工样本开展6次跟踪调查，了解新冠肺炎疫情对农民工就业及收入的影响。立足单位职责职能开展民生调查和专项调查，向醴陵市委、市政府报送《醴陵国调专报》18期。牵头开展2020年全国脱贫攻坚普查工作，撰写的《初心不改 信念领航——醴陵派驻茶陵典型事迹》在国家统计局内网刊发。

【民生调查】2020年，醴陵调查队主动适应疫情防控下统计调查工作新变化，聚焦“六稳”“六保”，完成居民收支、粮食产量、主要畜禽监测、劳动力等民生调查。年内，醴陵市城乡居民可支配收入38654元，同比增长5.7%；其中城镇居民可支配收入为44981元，同比增长4.8%；农村居民可支配收入为30777元，同比增长7.1%。全市粮食播种面积为69.19千公顷，粮食总产量48.43万吨，生猪出栏70.2万头，年末存栏56.38万头。

【专项调查】2020年，醴陵调查队组织实施全市文明城市模拟测评、营商环境试评价调查、创建国家卫生城市群众满意度调查，为市委、市政府掌握相关情况提供翔实依据，为醴陵获“全国文明城市”提名打下坚实基础。开展农民工返岗复工跟踪、粮食收购、土地流转等专项调查，及时以《醴陵国调专报》的形式向市委、政府报送相关情况。

【脱贫攻坚普查】2020年，根据《湖南省脱贫攻坚普查实施方案》，按照株洲市脱贫攻坚普查工作统一部署，由醴陵调查队牵头做好对茶陵县1.74万户贫困户的脱贫攻坚普查工作。一是用心组织培训。7月6—12日，醴陵调查队分2批对334人开展脱贫攻坚国家普查现场登记培训，并以平均分97分的优异成绩全部通过考试。二是精心选调人员。成立醴陵派驻茶陵工作组及临时党委，由副市长钟国建担任组长（临时党委书记）。从各乡镇、部门抽调243名政治素质高、业务能力强的干部担任现场登记普查员及普查指导员，成立18个临时党支部，用党性保证普查工作的质量、进度和作风。三是强化分工协作。制定《岗位职责分工工作手册》，围绕普查目标任务，坚持每日一碰头、每日一调度，及时汇报当天工作情况，了解整体工作进度，总结交流工作经验。四是严明工作纪律。坚持底线思维，坚持实事求是，做到逐户上门，逐人逐项询问，如实进行登记。五是强化保密意识。妥善使用和保管普查用 PDA 设备，数据审核中心安排专人 24 小时值守，以防数据泄密，并在数据验收后及时将所有普查资料归档移交到上级业务主管部门。

**2020 年醴陵市住户收支与生活状况调查主要指标一览表**

表 3

| 主要指标 | 单位 | 总计 | 城镇 | 农村 |
|---|---|---|---|---|
| 一、人均居民收入情况 | | | | |
| 可支配收入 | 元 | 38654 | 44981 | 30777 |
| ① 工资性收入 | 元 | 16017 | 19435 | 11762 |
| ② 经营净收入 | 元 | 10715 | 10959 | 10412 |
| 其中：第一产业经营净收入 | 元 | 625 | 167 | 1194 |
| 第二产业经营净收入 | 元 | 2672 | 3053 | 2196 |
| 第三产业经营净收入 | 元 | 7419 | 7738 | 7022 |
| ③ 财产净收入 | 元 | 4123 | 6559 | 1091 |
| ④ 转移净收入 | 元 | 7798 | 8028 | 7512 |
| 二、人均居民支出情况 | | | | |
| 消费支出 | 元 | 24858 | 28898 | 19828 |
| ① 食品烟酒 | 元 | 6390 | 7521 | 4982 |
| ② 衣着 | 元 | 1424 | 1708 | 1071 |
| ③ 居住 | 元 | 4961 | 5660 | 4092 |
| ④ 生活用品及服务 | 元 | 1665 | 1773 | 1532 |
| ⑤ 交通通信 | 元 | 3343 | 4351 | 2089 |
| ⑥ 教育文化娱乐 | 元 | 4754 | 5518 | 3804 |
| ⑦ 医疗保健 | 元 | 1796 | 1704 | 1911 |
| ⑧ 其他用品和服务 | 元 | 523 | 664 | 349 |

（宋玲玲）

# 市场监督管理

【概况】2020 年，市市场监督管理局贯彻落实市委、市政府和上级主管部门决策部署，维护安全强监管，服务发展担使命，各项工作取得明显成效。统筹推进新冠肺炎疫情防控和经济社会发展，做好保质量、保价格、保秩序等各项工作，助力企业复工复产，确保新冠肺炎疫情期间市场稳定。做好“六稳”工作,落实“六保”任务，优化营商环境，市场主体逆势增长。扎牢安全底线，严格监管执法，市场秩序更加规范，醴陵市成功获评第一批湖南省食品安全示范市。推动机构改革，市市场监督管理局加挂“市市场监管综合行政执法局”牌子，新组建市市场监管综合行政执法大队。决战脱贫攻坚，驻船湾镇荆村帮扶工作队队长杨建明获评“2020 年醴陵市最美扶贫人”称号。强化党风廉政建设，加强组织建设工作，全国“党建引领小个专创新发展”典型赵石毛被表彰为“湖南好人”，并第二次入围“中国好人”。

【新冠肺炎疫情防控】2020 年，市市场监督管理局坚持常态化疫情防控与促进经济发展“两手抓、两不误”。一方面筑牢坚固防线。将日常监管与防疫复工两条主线紧密结合，紧盯重点场所、重点行业、重点产品、重点环节，每日出动执法人员 180 余人、执法车辆 16 台，做好活禽交易市场检查、“公筷公勺”宣传、餐饮和食品流通领域核酸检测等工作，完成核酸检测 1497 批次，结果均为阴性，督促购买发烧、咳嗽相关药品实名制工作落实，实现监管领域和防控人员“零”感染。1 月，易某涉嫌销售不合格医用口罩案被国家市场监管总局作为第二批疫情防控典型案例进行公开曝光。另一方面助力企业复工复产。为防疫物资制造企业开辟绿色通道、为受疫情影响无法履行合同条款的企业开具不可抗力证明、向零售药店投放口罩89万副，动员全局281名党员捐款1.8万余元、全市非公党员捐款2.5万余元。为湖南省韶峰服饰有限公司核发醴陵市第一本生产销售“医用防护服”营业执照。在市委、市政府的统一部署下，做好口罩的紧急投放工作，确保口罩的正常供应。依法从严从快查处各类违法行为，确保降费政策取得实效，切实让水、电、气降费的政策红利惠及企业和商户，更好地助推全市经济社会发展。

【保护市场主体】2020年，市市场监督管理局推出多项举措，保护市场主体，优化营商环境。一方面积极推进商事制度改革。在落实“宽进严管”，推进“多证合一”，推广电子营业执照，施行住所登记承诺制等措施的基础上，进一步推行简易注销登记，推进企业开办全程网上办理。自3月起，简易注销公示时间由原来的45天缩短为20天。另一方面不断优化政务服务。完善企业登记窗口服务制度，推进“个转企”，加大企业帮扶，助力企业融资。全年完成“个转企”102户，超目标任务27.5个百分点；为企业办理股权出质设立登记20件，出质股权数额为1.49亿余元；办理动产抵押登记14起，为企业融资0.8亿元。年内，全市新设各类市场主体8062户，同比增长6.56%，年末有各类市场主体57871户，同比增长15.61%，市场主体实现逆势增长。

【强化市场监管执法】2020年，市市场监督管理局聚焦民生福祉，严格监管执法，市场秩序更加规范。一是强化宣教，树立标杆。开展“3·15”“4·26”“5·12”“食品安全宣传周”等主题宣传活动10余场，开展食盐食品安全、学校食品安全、婴幼儿配方乳粉和特殊医学用途婴儿配方食品知识等专题培训活动20余场。强化标杆引领，创建诚信经营放心消费示范店95家、市场2家、商超2家，创建先进单位5家。二是畅通渠道，延伸服务。探索建立消费维权服务站63家，全年受理“12315”、市长热线、网络舆情等相关投诉举报2260件，办结2230件，为消费者挽回经济损失30.79万元，兑现有奖举报2件，奖励金额3000元。开展民生计量检定工作，全年完成计量器具检定2.8万余台件，其中免费强制检定2万余台件，为企业减负约150万元。市流量计中心顺利完成搬迁和家用燃气表检定装置的更新，检测能力明显提升。三是围绕中心，重点监管。紧盯长江“十年禁渔”、制止餐饮浪费工作，开展地毯式、过筛式排查，严抓非法捕捞渔获物交易行为，营造文明就餐新风尚，及时拆除涉及“野生鱼”“野生江鲜”等违规招牌10余块，责令90余家餐饮单位整改菜单，查办无照经营渔具案1个，罚款3000元。四是提升效能，严格监管。强化网络监管、信用监管、智慧监管、联合监管，督促下架发布野生动物交易信息网站13户。成立全市“双随机、一公开”（在行政执法检查过程中，随机抽取检查对象、随机选派执法人员，抽查情况及查处结果及时向社会公开）联席会议办公室，完善“一单两库”（建立随机抽查事项清单，建立随机抽查市场主体名录库、建立随机抽查执法检查人员名录库），录入执法人员605人及企业9730户、农专2270户、个体45060户。组织开展部门内专项“双随机、一公开”工作抽查9次，跨部门联合抽查1次，随机抽取食品药品、特种设备、检验检测等各类市场主体729户，抽查事项清单213项，抽查事项覆盖率和公示率均为100%。企业、农民专业合作社年报率分别达89.94%、92.53%，其中农民专业合作社年报率在株洲市排名第一。五是强化执法，依法监管。强化反不正当竞争执法，查办商标侵权案件15件，违法广告案件5件。加大执法办案力度，全年共立案300件，结案260件，其中食药类案件140件、工商类案件39件、质监类案件72件、价格类案件9件。1起涉案金额达3千万元的涉嫌传销案件在证据取得方面取得重大突破。

【“质量强市”工作】2020年，市市场监督管理局着力推进质量、标准、品牌“三提升”，推动醴陵经开区开展园区知识产权公共服务平台挂牌运行及快速维权中心的申报工作，推进国家级电瓷电器和日用陶瓷检验中心早日投入使用，全力打造“国字号”检测中心。草拟《醴陵市市长质量奖管理办法》，釉下五彩瓷器地方标准提升为国家标准的项目已由省局以请示文件统一上报至国家标准化委员会，《电磁燃气工业窑炉能耗分等》《地理标准产品 醴陵瓷器》地方标准申报工作已由省局批准立项。全市年度发明专利申请量为127件。全年指导注册国内商标19件、马德里国际商标1件；完成企业产品标准网上自我声明工作215项，完成率达106%，进度在株洲地区排名第一。醴陵瓷器成功纳入中欧互认互保第一批名单，加快“走出去”步伐。

【成功创建湖南省食品安全示范市】2020年，市市场监督管理局以创建国家卫生城市、创建省级食品安全示范市为抓手，强化食品安全监管。累计检查食品生产经营单位3824家，下达责令整改通知书125份；完成食品监督抽检3160批次，不合格食品核查处置89批次，处置率达100%。6月，醴陵市获评第一批湖南省食品安全示范市。

【产品质量监管】2020年，市市场监督管理局强化食品、药械、特种设备、工业产品质量安全监管，坚持“党政同责”，落实“四个最严”（最严谨的标准、最严格的监管、最严厉的处罚、最严肃的问责），全年开展食品安全大排查大整治百日行动、强执法防事故行动、医疗器械“清网”行动、儿童和学生用品质量专项整治行动、防疫物资产品质量和市场秩序及药品网络销售专项整治行动等40余项整治行动，检查各类市场主体5万余户次。药械化不良反应监测方面，上报并评价药品不良反应578例、医疗器械不良事件162例、化妆品不良反应39例。检查特种设备使用单位366家，下达安全监察指令书42份，消除“一单四制”（重大事故隐患清单，交办制、台账制、销号制、通报制）重大事故隐患24起。创新建设电梯应急救援处置中心，率先建设气瓶追溯系统，承办株洲市气瓶追溯系统推进工作会。在2020年株洲市特种设备安全监察工作考核中被评为第一名，并受到省市场监督管理局的表彰。组织实施重点工业产品监督抽查工作，完成全市23类重点工业产品抽查354批次任务。立案查处严重不合格烟花爆竹31件，罚款37.42万元。（田　舟）

## 应急管理

【概况】2020年，面对突如其来的新冠肺炎疫情和前所未有的风险挑战，市应急管理局围绕中心、服务大局，狠抓防范化解重大安全风险不放松，强力推进应急管理事业发展不动摇，各项工作取得显著成效。聚焦主责主业，安全生产形势总体稳定。以“强执法防事故”和“安全生产专项整治三年行动”为抓手，采取有效措施，统筹做好新冠肺炎疫情防控和安全生产工作。年内，全市发生各类安全事故11起，死亡11人，受伤2人，未发生较大以上安全事故，连续4年获评全省安全生产工作优秀单位。

【强化安全责任担当】2020年，进一步完善党政领导、部门监管、属地管理、企业主体四大责任体系；实行安委会“双主任”制，调整安委会、森林防灭火等成员，明确职责分工；将安全生产列入政府“十大重点工作”；对烟花爆竹等行业落实班前会等制度，实施烟花爆竹企业“五包一”监管（一家企业安排一名行业主管部门安全监管人员、一名镇街办点干部、一名安监站工作人员、一名村或社区工作人员及企业相关负责人驻守），公布200家企业监管责任人；完善考核办法，建立月调度、季通报、年考评机制，开展巡查考评4次，兑现奖励120.7万元。

【加大监管执法力度】2020年，市应急管理局推行4轮烟花爆竹“双随机、一公开”执法取得显著成效。按照“三比三严”（安全监管强执法防事故行动质量排行中，比数量、比增量、比质量；严格程序、严格惩戒措施、严格自由裁量）要求开展强执法防事故行动。落实“四个一律”（坚决落实停产整顿、上限处罚、关闭取缔、追究法律责任四个安全监管执法措施）和“五个一批”（依法严厉打击惩处一批违法违规行为、彻底治理一批重大事故隐患、关闭取缔一批违法违规和不符合安全生产条件的企业、联合惩戒一批安全生产失信企业、曝光一批严重违法违规和重大隐患典型案例）执法措施，严管严控严罚，形成震慑。全年出动执法5430人次，立案158起，罚款185.88万元，取缔关闭违法违规和不符合安全生产条件的企业54处，解聘不称职护林员、安全员8名。

【安全专项整治】2020年，出台“1＋2＋12＋N”三年行动实施方案，即《醴陵市安全生产专项整治三年行动实施方案》，包含1个总体方案、2个专题方案、12个专项整治方案、N个其他行业领域专项整治实施方案，建立问题和隐患清单266个，建立“一单四制”清单573处，紧盯风险源、隐患点。开展烟花爆竹转包分包整治，完成59家企业“三统一”（资产统一、生产经营统一、安全管理统一）验收，21家生产企业、17个工区主动退出，成立4个招商组，协助企业“去库存、消隐患、拓市场”，推进2家煤矿关闭，完成54处马路市场整治。统筹道路交通顽瘴痼疾和143处铁路沿线隐患整治，推进建筑施工、特种设备、消防等其他领域综合治理。

【有效应对自然灾害】加大应急、水利、气象等部门信息共享，建立完善“一办十一组”（防汛应急指挥机制，市防汛抗旱指挥部办公室下设信息综合、技术指导、现场抢险等11个工作组）和湘赣边界防汛联防联控机制，科学应对多轮强降雨，6月4日启动全省首个防汛Ⅱ级应急响应，战胜洪涝侵袭，全市汛期未垮一坝、未溃一堤、未死一人。开展森林火险专项治理，全年未发生较大以上森林火灾。下拨中央和省级救灾资金319.29万元，重建因灾倒损住房35户、完成57户房屋修缮。

【提升应急救援能力】2020年，市应急管理局强化与安全生产委员会办公室、森林防火指挥部办公室、防汛抗旱指挥部办公室、减灾委员会办公室等部门综合协调，推进“防大灾、抢大险、救大灾”意识。建立定期会商，及时研判机制，召开会商23次，发布灾害信息36期。改造升级市应急指挥中心平台，实行“1＋1＋2＋N”24小时值守。组建295名灾害信息员队伍。推动蓝天救援中心等社会救援队伍建设。强化预案管理，完成高危企业备案385家。举行渌潭江防汛救灾综合应急演练。

【强化基层基础保障】2020年，完成市镇企三级视频监控系统升级和15家烟花爆竹企业风险预警系统建设试点。参照支付宝模式，研发黑火药网上交易平台。推进安全“五进”（进企业、进农村、进社区、进学校、进家庭）和应急普法宣传，获株洲市第一名。整建制保留安监站作为镇（街道）综合执法大队内设专职安全监管机构。8个镇（街道）“六有”（有班子、有机制、有预案、有队伍、有物资、有培训演练）应急能力建设全面铺开。创建省级以上综合减灾示范区2个，株洲市级以上示范镇街3个。强化有奖举报，受理举报44起，兑现奖金13.2万元。（刘利平）

## 消　防

【概况】2020年，市消防救援大队（以下简称“大队”）共有人员108人，其中消防指挥员51人、政府专职消防员42人、消防文员15人。按照《2020年全市消防工作任务》各项要求，不断加强城乡公共消防设施和消防队伍建设，消防工作取得长远发展，消防工作社会化水平得到快速提高，消防经费投入和基础设施建设力度逐步加大，消防监督执法得到进一步规范，社会防范火灾能力有效提升。

【应急救援】2020年，大队全面提高队伍整体素质和应急救援实战能力，坚持从实战需要出发，做好应急救援工作。结合不同灾害天气，制定事故处置预案，按要求建立专业分队，适时调整补充随车装备，做好各类灾害事故处置准备。定期开展车辆装备技术检查和维护保养，加强防潮防寒、救援装备、灭火药剂等物资储备。年内，大队遂行各类灭火救援任务397起，其中火灾扑救190起、抢险救援120起、其他社会救助87起，累计出动车辆698台次，出动警力4335人次，抢救被困人员58人，疏散被困人员107人，抢救财产3356万元，未发生亡人火灾。

【防火监督】2020年，大队加强重点单位管理，采取“双随机、一公开”模式，加强消防监督检查，规范消防执法行为，提高监管效率。先后部署开展“消防车通道专项整治”、消防安全“大排查、大整治、大宣传”行动、“全市易燃易爆化学物品企业消防安全专项整治”、“寄递物流企业消防安全整治”等消防安全执法检查专项行动，狠抓消防监督执法，坚决打压消防安全违法行为。年内，大队共检查指导单位801家，督促整改火灾隐患或违法行为1200余处，下发整改通知书250份，下发行政处罚决定书44份，罚款35.86万，临时查封8处，责令“三停”（停止施工、停止使用、停产停业）6家，拘留5人，提请政府挂牌重大火灾隐患单位8家，督促整改销案3家，处理各种举报投诉68起。

【消防宣传】2020年，大队深化消防宣传教育，提升全民消防意识。依托消防宣传外包服务机构及大队消防宣传服务队，开展走村串户、进门入店消防宣传。推进消防宣传“五进”工作、“消防进军训”、“开学第一课”、重点单位微型消防站技能大赛等活动。11月消防宣传月期间，大队开展“关爱独居老人”和“消防体验馆”等消防宣传活动；联合市场监督管理等部门开展冬季安全取暖专项行动，发放、粘贴“安全取暖”海报5000余份，通过醴陵交通生活频道、“村村响”广播和消防安全委员会工作平台向市民播放“安全取暖”冬季火灾安全提示，联合电视台录制冬季家庭防火教育片，进一步加强社会各界对消防安全的关注程度，有效提升社会面火灾防控能力。大队通过短信、官方微信、抖音、消防微社区发送消防宣传知识，形成立体化消防宣传格局。（黄　迪　李　维）

## 烟花爆竹质量监督检测

【概况】2020年，农业部烟花爆竹质量监督检验测试中心（醴陵）（以下简称“中心”）扎实开展检测检验工作，全面铺开平台产业服务，深入推进技术指导与服务，取得显著成果。全年完成全市200家内销企业出厂烟花爆竹产品检验工作，为企业和社会提供优质的检测检验服务，出具委托样品报告326份、监督抽查报告306份，出具烟花爆竹机械设备检测报告178份、防静电检测报告81份；开展重点工业产品抽查，对株洲市、醴陵市150家烟花爆竹企业的215个批次产品和机械设备进行检测。截至年末，平台累计注册服务机构71家，注册企业669家，发布服务项目145个，发布产业服务信息咨询4500余条，被湖南省工业和信息化厅认定为湖南省中小企业技术创新“破零倍增”行动服务机构。

【企业服务】2020年，中心采取多种形式服务企业。为安监、公安、法院等执法部门以及事故调查组等提供检测检验和鉴定，开展“打非治违”检测检验近50次，有效保障辖区烟花爆竹生产安全。开展生产作业场所安全隐患治理服务，为企业提供防静电检测检验、技术指导与知识培训等专场服务活动，促进专业人员生产技术稳步提升，提高事故防范能力。新冠肺炎疫情防控期间，采取线上办公服务模式，通过“花炮在线课堂”在线发布烟花爆竹安全质量培训、烟花爆竹防静电知识以及烟花爆竹相关标准培训等信息，助推企业疫情防控和复工复产。结合全市温暖企业“三百”行动，走访帮扶企业，宣贯产业突围“四个十条”“应对疫情十条”等惠企政策，帮助企业解决各类问题，减轻企业负担。与30余家企业签订检测检验与技术服务帮扶协议，开展各类产品安全质量提升、生产作业场所防静电隐患治理、中小企业技术创新“破零倍增”专题培训、烟花爆竹企业复工复产安全知识培训等产业服务活动18次，帮助烟花爆竹企业提升产品质量和技术创新能力，助力企业健康高质量发展。年内，市吉利烟花制造有限公司和湖南赖氏烟花有限公司被列为湖南省小企业技术创新“破零倍增”行动重点企业名单。

【烟花爆竹产销会系列活动】2020年，中心结合企业帮扶和复工复产工作，组织开展产销融合对接促发展活动，推动市场经济复苏和高质量发展。7月，组织30余家醴陵烟花爆竹企业到长沙参加精品烟花产业博览会，有效促进烟花爆竹产业持续健康发展；10月，组织开展醴陵·贵州烟花爆竹产销合作交流会，醴陵有47家烟花爆竹企业130余人参加，签约重大项目8个，总金额达1.5亿元。（邹　澜）

## 醴陵陶瓷国际会展服务中心

【概况】2020年，因新冠肺炎疫情影响，上半年展会延期或取消。下半年，全市举办2020醴陵年货节、电影《李畋传奇》新闻发布会影展、醴陵汽车家具展、2020瓷博会、株洲芦淞服饰节、醴陵房博会、醴陵建材家具展共7场会展活动。为了加强展会特色，醴陵陶瓷国际会展服务中心聘请湖南师范大学会展专业教授团队，从专业的学术角度为醴陵会展出谋划策并撰写《醴陵会展发展之路》。

【2020“瓷博会”】2020瓷博会于9月28日在中国陶瓷谷国际会展中心召开，展馆总面积达3万平方米，有标准展位1350个，各类陶瓷展品超12万件（套），有来自23个国家和国内19个省市区的372家企业以及1000余名国际国内采购商代表参展，展会吸引2500余名嘉宾观展，参观游客达32万人次，展会现场成交及合同采购金额达24.5亿元。（丁　灏）

# 农　业

## 综　述

【概况】2020年，全市以实施乡村振兴战略为抓手,围绕做好“六稳”工作，落实“六保”任务，抓重点、补短板、强基础，克服新冠肺炎疫情的影响，攻坚克难、主动作为，农业农村经济运行呈现稳中向优、稳中向新、稳中向绿的良好态势。全市农林牧渔业总产值109.5亿元，可比价增幅3.7%；其中农业总产值46.7亿元，可比价增幅5.1%；林业总产值7.1亿元，可比价增幅5.5%；畜牧业总产值47.9亿元，可比价增幅下降0.4%；渔业总产值4亿元，可比价增幅6.3%；农林牧渔服务业总产值3.7亿元，可比价增幅7.3%。农村居民人均可支配收入30777元，增长7.1%。全市种粮大户（2公顷以上）、家庭农场、农民种植专业合作组织等规模经营主体共发展到7870户（个）,流转耕地27.67千公顷，流转率74.2%。年内，醴陵市获第二批全国农村集体产权制度改革试点典型单位、全国农村承包地确权登记颁证工作典型地区、全省粮食生产标兵县、全省综合油料大县、深入推进乡村振兴战略成效明显的市（县、区）中开展农村人居环境整治成效明显的县市、全省美丽乡村建设示范县及全省农情基地县农情工作A级县市。市农业农村局被授予农业农村部农情基点县工作考评优秀单位，清水湾畔度假村成功创建国家五星级休闲农庄，枫林镇金桥社区成功申报湖南省休闲农业集聚发展示范村。“醴陵玻璃椒”和“醴陵茶油”两大农业区域公用品牌知名度不断扩大，“醴陵玻璃椒”亮相长沙五一广场，登上“学习强国”平台。绿色农产品认证成效显著，有7个产品进入国审，“两品一标”认证产品累计达11个。

【产业扶贫】2020年，引导17家龙头企业对口帮扶17家贫困村，以“龙头企业+合作社+基地+贫困户”模式带动当地及周边贫困农户发展产业脱贫减贫。建立6个种植基地、3个畜禽散养基地、17个农产品收购点，带动贫困村1000余户3526名贫困户稳定增收；扶持49家扶贫合作社，入社贫困户844户2785人；举办2020年醴陵消费扶贫农产品展销活动,有44家企业（合作社）参加，涵盖160余个品种，活动销售额达640万元。产业扶贫项目惠及11046户36452名贫困人口，产业扶贫覆盖率达100%；贫困人口增收9357.23万元，户均8471元，年人均增收2567元；带动11641名贫困人口实现就近就业，就业人群年人均增收7127元。8837户25881人依靠产业脱贫，分别占全市总贫困户、总贫困人口的80%和71%。

【新型经营主体培育】2020年，全市实现农产品加工业总产值296.9亿元，同比增长24.64%，实现利润18.12亿元，安排就业人员9.95万人，实现休闲农业企业经营总收入2.77亿元，接待游客220万人次。截至年末，全市有规模以上农业龙头企业38家，其中省级8家、株洲市级30家；有休闲农业经营主体114家，其中省三星级以上休闲农庄发展到20家；有经市市场监督管理局注册登记的农民专业合作社2275家，其中年内新增383家，东方绿园种植养殖农民专业合作社联合社获评全省百强联合社，陈双葡萄种植农民专业合作社等12家合作社获评株洲市级示范合作社；有家庭农场682家，其中经农业主管部门认定的家庭农场467家，经市场监管部门注册登记的家庭农场215家，其中喜春生态家庭农场等4个家庭农场获评省级示范家庭农场，沈潭镇庞龙村丁军家庭农场等11个家庭农场获评株洲市级示范家庭农场。

【农产品质量监管】2020年，全市农产品质量安全监管体系建设不断完善。农产品质量追溯体系建设基本完成，规模农产品生产企业全部纳入国家农产品质量安全追溯管理信息平台、省农产品“身份证”信息平台和食用农产品合格证管理，实现主要农产品生产基地监管全覆盖。完成明月镇和东富镇农产品质量安全监管站省级示范站建设，完成例行监测速测任务30500批次，合格率为100%，出具农产品例行监测报告13期650份。重点针对全市98家农产品生产基地、农业公司、超市、农贸市场等单位的蔬菜、水果、茶叶、稻谷等农产品进行定量分析检测，每批次样品分析农药残留项目43项，共抽检样品500批次，其中蔬菜400批次、水果53批次、稻谷27批次、茶叶20批次，合格率分别为99.75%、96.23%、100%、100%，定量检测总体合格率为99.4%。

【高标准农田建设】2020年，全市建设高标准农田3593.33公顷，投资8877万元，涉及板杉镇10个村、左权镇7个村、白兔潭镇5个村、茶山镇2个村（社区）。项目区土地总面积20568公顷，其中总耕地面积5620公顷，本次规划面积3593.33公顷。主要建设内容为土地平整（田块修筑）37.67公顷，土壤改良—地力培肥3593.33公顷，灌溉输水工程76.62千米，排水工程30.88千米，维修加固山塘30座，重建或新建闸坝3座，新建电灌站3处，高效节水灌溉333.33公顷，新建或改造田间道路25.9公里，建设农田防护林11.11公里，耕地质量评定3593.33公顷(350个点位)。

【种植结构调整】2020年，全市完成种植结构调整面积3166.67公顷，重点发展酒用高粱、牧草、迷迭香、湘莲、稻渔、油菜等作物品种及模式。完成复耕面积3293.33公顷。修复治理面积673.33公顷，“淹水法”综合农艺措施示范推广面积2933.33公顷。

【耕地质量】2020年，在全市推广测土配方施肥技术98.3千公顷，4.02千公顷休耕地如期复耕，在左权镇花桥村建设40公顷应用28种不同休耕技术模式的示范区。进一步落实耕地占补平衡，近5年全市共新开耕地960公顷，其中563公顷得到有效培肥，占新开耕地总数的58.6%。经过后续培肥，新开耕地土壤熟化明显加快，有机质含量平均提高0.73个百分点。

【农村人居环境整治】2020年，全市从五方面着手开展农村人居环境整治工作。一是垃圾治理。全市250个涉农村（社区）生活垃圾得到有效治理，15个镇垃圾压缩中转站建设稳步推进，农村生活垃圾收运体系建设不断完善。村庄日常保洁机制全面建立，全市农村配备保洁人员1935名，配置生活垃圾运输车辆147台、村级垃圾收集车600台和垃圾桶8万余个。打造垃圾分类示范镇（街道）2个，打造农村垃圾分类首村合格示范村24个，建设村级垃圾分拣中心13个，农户垃圾分类常识知晓率达100%。二是厕所改造。完成改（新）建农村户厕2万户、公厕23座。全市有农村卫生厕所206851户，其中普通卫生厕所142269户、无害化卫生厕所64582户，普及率达98.6%；有农村公厕792座，其中卫生厕所776座，普及率达98%。三是污水治理。年末，全市有189个行政村通自来水，农村集中试供水人口比例达86.1%，有力保障农村人口饮水安全。引进渌江水系综合治理PPP项目集镇污水处理设施项目，总投资9.97亿元，建设18座镇级污水处理厂，年内建成15座。全市建制镇生活污水处理率达86%，农村生活污水处理率达70%以上，畜禽粪污资源化利用率达95.17%。四是村容村貌整治。累计新改扩建农村公路1000余公里，农村公路总里程达5169.78公里，每百平方公里有公路147.86公里，每万人有公路30.37公里，全市所有村实现主要道路硬化。农村公路列养率达100%，路况优良率为89%以上，绿化率达85%。在全市镇村样板路、示范路两旁新植树31万余株，“五边”(村边、路边、宅边、渠边、田边）绿化新植树110余万株。50个村完成“多规合一”村庄规划；累计整治“四类房”（违建房、危旧房、空心房、偏杂房）8535户、总面积134.5万平方米，其中拆除面积108.3万平方米，修缮15.3万平方米，新建10.9万平方米；累计评选村级“最美庭院”90190户、镇级“最美庭院”585户和醴陵市“最美庭院”示范户50户、株洲市“最美庭院”17户。五是改革陋习。全市250个涉农村（社区）均修订村规民约，成立“四会”(红白理事会、道德评议会、村民议事会、禁毒禁赌会)，制定规章制度，明确理事会成员及工作职责，按章程开展劝导、评议、议事工作。全市建成新时代文明实践所24个、村级实践站270个，建设新时代文明实践广场21处。年末，全市有注册志愿者12.4万余人，志愿服务组织85个。全年开展志愿服务350余场，服务时长44673小时。

【“美丽乡村”建设】2020年，茶山镇铁河口村成功创建省级“美丽乡村”建设示范村，新增浦口镇贯古社区、泗汾镇茶田村、枫林镇彰仙村、嘉树镇渗泉村4个株洲市级“美丽乡村”授牌示范村。加快26个株洲市“美丽乡村”创建村建设和15个幸福屋场建设，形成一批“村民富、村庄美、村风好”宜居宜游美丽乡村。截至年末，全市有省级“美丽乡村”建设示范村8个，株洲市级“美丽乡村”建设示范村16个，县级“美丽乡村”建设示范村147个。

【农村土地权属管理】2020年，加快推进全市土地确权颁证档案移交市档案馆扫尾工作，颁证率达98%，农户资料移交率达95%。出台《关于进一步加强农村宅基地审批管理的通知》，成立市农村宅基地审批管理工作联席会议制度，建立宅基地联审联办工作机制。年内，全市审批建房261户，占地面积3.63公顷；调查汇总2021年新增宅基地用地需求35.71公顷。

【农村集体产权制度改革】2020年，全市清理农村集体资产27.8亿元，涉及集体土地总面积166.4千公顷；对62个村进行经营性资产股份制改革，颁发股权证书56518本，253个涉农村（社区）成立集体经济组织。选取来龙门街道上洲村、白兔潭镇余溪村、泗汾镇茶田村作为全市农村“三变”改革试点村，聘请全国“三农”专家、教授卢水生为市“三变”改革顾问。

【农业人才培育】2020年，全市农业人才培育工作取得新进展。在农民教育培训方面，醴陵市连续8年成为省新型职业农民培育工程示范县，连续5年成为省新型职业农民培育工程线上培育示范县。全年完成新型农业经营主体带头人培训400人，农产品直播带货主播培训100人；以农民田间学校模式，举办农业科技培训班10期，培训农民300余人，打造明月镇农业技术推广站等3所农民田间学校示范校。在农技人员培训方面，实施农技特聘计划，从新型农业经营主体中特聘4名农技员，为种植大户提供农业科技服务工作，为产业发展提供科技支撑；开展特岗农技人员定向培养3年行动，从高考考生中择优录取15名学生就读定向大专院校，毕业后带编定岗，充实基层农技人员队伍。（杨　柳）

## 种植业

【概况】2020年，全市共完成粮食播种面积69.19千公顷。其中，早稻播种面积23.35千公顷，中稻和一季晚稻播种面积18.02千公顷，晚稻播种面积24.11千公顷，旱粮播种面积3.71千公顷。全年粮食产量48.43万吨；其中早稻亩产434.98千克，产量15.23万吨；中稻和一季晚稻亩产538.29千克，产量14.55万吨；晚稻亩产164.84千克，产量16.7万吨；以玉米、高粱、红薯为主的旱粮亩产348.92千克，产量1.95万吨。全市蔬菜播种面积19.62千公顷，总产量85.1万吨，产值9.5亿元，其中商品蔬菜播种面积9000公顷，产值5.5亿元。早春蔬菜播种面积7533.33公顷，丝瓜、茄子、黄瓜、苦瓜等主要早春蔬菜品种上市时间与上年相近，亩产值均达到1.1万元以上，生产效益良好。秋冬季蔬菜播种面积10.33千公顷。蔬菜大棚等设施覆盖率显著提高，有大中棚面积1400公顷、小拱棚面积2633.33公顷、其他设施面积2153.33公顷。经济作物种植面积10.8千公顷，实现总产值6.5亿余元；其中茶叶种植面积1000余公顷，6.67公顷以上规模种茶基地增至20个，实现产值9000万元；传统水果柑橘种植面积2533.33公顷，葡萄、桃等时鲜水果种植面积1733.33公顷，西瓜、草莓等种植面积3866.67公顷，花卉苗木种植面积546.67公顷，瓜蒌、紫珠、菊花、金银花、迷迭香等中药材种植面积1000公顷，其他经济作物120公顷。年内，醴陵市再获“湖南粮食生产标兵县”称号。

【行政执法】2020年，全年开展春季农资打假专项行动、农作物种子专项执法行动、农产品质量安全专项整治、农药专项检查“利剑1号”行动、肥料专项检查5次专项整治行动，开展放心农资下乡进村活动，出动执法车132辆次、行政执法人员426人次，检查农资门店322家次、农产品生产基地81家次。抽样自检水稻品种157批次，合格率100%；送样检测种子2批次，合格率100%；检测农药205批次，合格率97.6%；检测肥料25批次，合格率95%；检查种子、肥料、农药标签870余张，立案查处案件8起，其中种子案件1起，农药案件6起，肥料案件1起。全年调解农资纠纷2起。在全省2020年度行政执法案卷评查中，有1个案卷获评“2020年度全省行政处罚优秀案卷”。

【植保植检】2020年，全市遭遇自2010年以来最复杂最严重的农作物病虫害，经过及时防治，未出现大面积病虫灾害损失。主要发生的病虫害为南方水稻黑条矮缩病、二化螟、稻纵卷叶螟和南瓜实蝇等，首次在板杉镇等地发现潜根线虫为害，首次在石亭镇发现柑橘黄龙病。全市设立主要农作物病虫定案观察点26个，发布病虫预警信息15期，发放各类宣传资料16万份，实行水稻制种和菜苗产地检疫666.67公顷，开展下乡技术指导服务1400人次，推广无人植保机50台，全市无人植保机拥有量达到90台，推广昆虫性诱杀技术2000公顷，黄板使用面积达到6666.67公顷以上。农作物病虫害专业化统防统治面积达60%以上，绿色防控面积达40%以上。

【科技兴农】2020年，全市从科技服务和科技示范两方面着手，推进科技在农业生产中的应用。加强交流培训，聘请省农业农村厅、省农业大学、省农科院、省相关学会的专家授课，并组织学员到省内优质生产基地进行异地交流学习。开展农业科技创新项目研究。以实施基层农技推广体系改革与建设补助项目为依托，遴选并发布稻田综合种养技术等6项技术规程，建立天督农业太空果蔬创建等3个新技术推广示范基地，聘请59名农业科技人员与150户新型农业经营主体开展科技帮扶，加快农业科技新成果的转化应用，为农业高质量发展提供智力支撑。组建农业科技服务专家团。以实施柔性引才和科技助力乡村振兴为契机，成立由113人组成的农业科技专家服务团，涵盖水稻、蔬菜、果蒌等10余个产业，对新型农业经营主体开展对口和定点服务。继续履行“一次呼叫，两小时到位，全过程义务服务”承诺，全年通过线上线下开展技术咨询服务2万余次，解决问题2000余个，推广绿色生态高效技术面积超40万公顷。建设再生稻和稻田综合种养示范基地。在石亭镇老湾村创建以恒两优金龙丝苗为主的再生稻示范基地，示范面积3.33公顷，辐射带动全市1666.67公顷再生稻的发展，直接增产超过5000吨。再生稻示范基地头季亩产654千克，再生季平均亩产253千克，每亩可增收500元。将稻田综合种养作为全市农业主推技术之一，打造石亭镇上保村的“稻虾共生”高效种养模式核心示范面积1.33公顷，生产水稻413.5千克/亩、虾158.4千克/亩，每亩可获得产值1万元，实现纯利5000元，经济效益显著。通过稻田综合种养模式生产出一批优质无公害大米及优质水产品，亩平均纯收入超过2000元。

【耕地修复】2020年，全市受污染耕地安全利用面积10.28千公顷，通过推广种植低镉水稻品种、全生育期优化水份管理、优化施肥、调整种植结构、VIP综合治理等措施，受污染耕地安全利用率达91%以上。全市重金属污染耕地修复治理区域面积666.67公顷，其中在茶山镇的转步口、长马、汤家坪、酉塘坪4个村实施轻度污染耕地修复面积333.33公顷，在石亭镇的长塘、石塘岭、花溪3个村实施中度污染耕地修复面积333.33公顷。通过政府购买服务，由7家环保企业中标实施，在原治理区继续进行第三年的修复治理。推广低镉水稻品20.43吨，施撒生石灰1368.89吨，撒施土壤调理剂765.16吨，撒施有机肥972.97吨。（杨　柳）

## 养殖业

【概况】2020年，市畜牧水产事务中心（以下简称“中心”）在做好新冠肺炎疫情防控的同时，贯彻落实生猪稳产保供和“非洲猪瘟”等动物疫病防控工作措施，推进全市养殖业供给侧结构性改革，完成长江、湘江流域全年禁捕和生猪生产两大硬任务，加快构建现代化畜禽养殖体系、动物防疫体系、畜禽产品流通体系，加快推进养殖业转型发展。全年全市共发展生猪122.81万头，出栏生猪70.2万头；发展牛1.51万头，出栏牛0.48万头；发展山羊75.21万只，出栏山羊42.2万只；发展家禽1283.76万羽，出笼家禽793.3万羽；肉类总产量6.11万吨，禽蛋产量10021.49吨，出水鲜鱼产量2.8万吨。年内，醴陵市获评“湖南省畜牧水产工作先进县”“湖南省优秀生猪规模场监测县”称号。

【生猪产业扶持】2020年，中心从多方面着手，促进生猪产业发展。一是鼓励指导本土规模化养殖场的新建和改扩建。2020年共有新改扩建生猪规模养殖92家，其中85家已办理好备案手续，79家已全部完工。二是加大资金扶持力度，引导对有贷款需求的养殖企业通过担保贷款缓解资金问题。年内，全市有13家养殖企业在国家农业信贷担保联盟责任公司申办养殖项目贷款，贷款资金1473万元。三是做好招商引资工作，与湖南金鑫康盛农业有限公司、唐人神集团、湖南中农正邦生态农业发展有限公司和湖南雨润集团有限公司签订生猪生态养殖产业链项目框架协议，总投资88.5亿元。四是结合全市经济社会发展规划、生态环境保持规划、畜牧业发展规划等科学规范畜禽养殖禁养区划定，形成正式通告并对社会公布。

【动物疫病防控】2020年，中心采取有效措施，扎实做好动物疫情防控工作。一是通过疫情排查、调运监管、泔水管理、宣教培训、设卡堵疫等措施加强“非洲猪瘟”监测排查。二是推行“双责地毯式”集中免疫模式，对强制免疫疫苗出入库、使用、报废等实行专人专账管理，共发放生猪口蹄疫疫苗145万毫升、牛羊口蹄疫疫苗25万毫升、小反刍兽疫疫苗8万头份和高致病性禽流感疫苗 280 万毫升。三是做好新冠肺炎疫情防控时期养殖场、屠宰场等重点场所的清洗消毒指导工作，指导屠宰场、动物诊疗等重点场所消毒 26973 场次，消毒面积 1677.66 万平方米，排查从业人员 41912 人次，有效消灭动物疫病传染源和病原体，切断传播途径。四是完善改造检疫申报点和产地检疫制度，做好产地检疫工作，严格执行屠宰检疫“四关”（入场查验关、待宰巡查关、同步检疫关、无害化处理关），对湘洲食品有限公司、协力生猪定点屠宰场监督检查 40 余次，确保群众吃上放心肉。五是强化规模养殖场的监管和严格调运生猪审批，对规模养殖场实行网格化管理模式，建立巡查监管机制。对从省外调入生猪实行审批和“点对点”备案管理制度，办理跨省引种 3 起，办理“点对点”调运备案 12 起。六是加大执法办案力度。全年依法立案 3 起，无害化处理违规调运生猪 238 头，向市人民法院申请强制执行 5 起，均已结案。

【畜禽水产品质量安全监管】2020 年，中心加强畜禽水产品安全监管，保障人民群众消费安全。一是对全市的畜禽水产规模养殖场（户）、兽药饲料经营店、饲料生产企业、屠宰企业、自配料养殖场等进行全面摸底登记造册，推动畜禽水产品质量安全监管责任落实，形成畜禽水产品质量安全监管合力。二是全面推行食用畜禽水产品合格证制度及质量安全追溯体系建设和抽检工作。多次举办食用农产品合格证开具使用和畜禽水产品质量安全追溯体系建设培训，同时开展农资打假专项行动，完成国家畜禽水产品质量安全“追溯”信息平台注册 600 余户，开具食用农产品合格证 1.8 万余张，有合格证上市的畜禽水产品共 6000 吨，完成抽检 3 万批次，经检测全部呈阴性。三是全面落实安全生产工作责任，建立协调顺畅的安全生产责任机制，做好新冠肺炎疫情防控期间企业复工复产工作。开展“防事故保安全”宣传活动，检查生产经营单位 1300 余次，出动执法人员 2000 余人次，及时发现安全隐患并督促整改到位，确保重要时段安全生产。

【渔业资源保护】2020 年，中心加大渔业资源保护力度，促进生态可持续发展。一是开展鱼病监测及技术指导，完成全市水域滩涂养殖规划的报备，推广水产品健康养殖，保护渔业生态环境，设立鲴鱼场、大塘生态养殖基地、金泗生态养殖基地 3 个鱼病监测点，指导种养基地和全市 8 个正常生产鱼苗孵化场等的渔业生产工作。二是全面开展渌江流域重点水域常年禁捕工作，成立以市委书记为第一组长的醴陵市渌江流域重点水域禁捕工作领导小组，制定并向社会公布《醴陵市渌江流域重点水域禁渔的通告》，完成全市 336 艘涉渔“三无”（无船名船号、无船舶证书、无船籍港）船舶上岸、拆卸等工作，拆除渌江流域网箱养鱼 22219 平方米，检查涉渔船 61 艘，收缴非法捕捞船只 4 艘、发电机 2 台、电瓶 33 个、逆变器 33 个、电鱼杆 54 根，取缔地笼及网具 2790 余米，没收并放生非法捕捞的渔获物 59 千克，教育、处罚违规人员 72 人。（贺珠婷）

## 农　机

【概况】2020 年，市农机事务中心（以下简称“中心”）克服新冠肺炎疫情带来的不利影响，以推动发展粮食生产和乡村振兴为总抓手，发挥农业机械化对发展现代农业和乡村振兴的强力支撑作用，推进全市农机化事业高质量发展。全市农业机械总动力达 127.43 万千瓦，比上年增加 2.5 万千瓦，农业综合作业水平达 84.1%，机耕、机收基本实现全覆盖。新冠肺炎疫情期间，中心发动凯丰、浦缘、汤林等 10 余家现代农机合作社，利用植保无人机、自走式喷杆喷雾机等参与所在村镇道路、村委会、学校、农贸市场等地的消毒工作。推动农机维修、农机销售网络化服务，保障各类主体及时投入春耕备耕。年内，中心获省“先进农机事务中心”、株洲市“先进农机事务中心”等称号。

【农机扶持推广】2020 年，扶持现代农机合作社发展，有 13 家现代农机合作社获得省、株洲市财政扶持资金 220 余万元，有 24 家现代农机合作社获得醴陵市级财政 80 万元目标考核奖励扶持。中心组织开展全市农机合作社普查工作，首次建立全市 177 家农机合作社项目数据库，为合作社分类管理和激励考核提供依据。为进一步改善农机通行和作业条件，全年新建维修改造机耕道 913.33 公里，其中获株洲市级财政奖补资金 20 万元的 5 个示范点完成 6.27 公里，获得醴陵市级财政奖补资金 90 万的 40 个示范点完成 70.42 公里。开展“一村一碾米机”集中配送活动，为全市有需要的 203 个行政村每村免费发放 1 台家庭式碾米机，做好碾米机的配送服务、使用指导、资产管理、数据统计等工作，确保便民惠民措施落到实处。补齐机插（抛）机烘短板，提升农机水平，全市新增高速插秧机 35 台、抛秧机 4 台，新增日插量 130 余公顷；新增烘干机 24 台（套），新增日烘干能力 700 吨以上，在遭遇 9 月底连续雨天不利天气情况下，全市195台（套）烘干机日烘干量达3000吨，确保全市粮食颗粒归仓。通过狠抓机插补短板工作，推动全市稻油耕种收综合机械化水平分别达84.1%、81%，较上年分别增长1.5%、5%。

【农机购置补贴】2020年，中心利用省农机推广服务“331”（省市县财政列支3亿元用于农机作业补贴、购置累加补贴和农机贷款贴息，撬动农机购置资金30亿元，推动各级实施农机购置补贴10亿元）机制落实的契机，全市农业机械报废和购置补贴均创历史新高，共受理报废机具82台，使用报废资金56.01万元。全年受理农机购置补贴1154份，办理各类补贴机具1243台（套），受益农户505家，使用补贴资金2152.05万元，较上年实现翻倍增长，农机销售额达7000余万元。

【农机惠农项目建设】2020年，中心主动对接省和株洲市主管部门，争取有关农机化惠农项目。全年申报省机抛秧试点、油茶园机械化、果菜茶园田土宜机化改造、水田深翻耕、钢架大棚补贴等农机化试点示范项目，并实地考察精准选择示范拟实施点，其中水田深翻耕补贴试点、钢架大棚补贴试点均成功入选并已全面实施。水田深翻耕项目由36家现代农机合作社承担实施任务。两大项目的实施将切实改善全市耕地质量，提高绿色农业发展水平，促进设施农业发展。

【农机安全监管】2020年，中心狠抓农机安全，力治顽瘴痼疾。结合交通安全顽瘴痼疾集中整治行动，中心农机安全监理所与交警部门联合执法36次，重点查处无牌无证、违章载人、非法改装等违法违章行为，完成被列入问题清单的221台变型拖拉机整治任务。联合人保财险公司，提高农机安全责任险普及率，办理农业机械安全生产责任险300份、机损险200份，总保费16万余元。持续夯实安全生产责任，加强日常监管。与各镇（街道）农机站、现代农机合作社、农机经销商和农业机械驾驶或操作人员签订安全生产责任状近2000份，对近80家农机合作社检查355次，查处安全生产隐患22处，均整改到位。枫林镇成功创建株洲市平安农机示范镇，3家农机合作社被评为株洲市平安示范社。通过严抓共管，全年全市未发生一般以上农机安全事故。

【农机培训】2020年，中心狠抓农机培训，强化技术支撑。培训各类农机人员1254人，其中农机管理人员56人、农机技术人员160人、农机操作人员1038人。组织农机合作社理事长、农机大户、农机员等600余人参加高速抛（插）秧机、“三减量”（减农药适用量、减化肥适用量、减养殖粪污）、水田深翻耕等新机具新技术现场培训演示会。举办高素质农民教育培训班，培训学员60人。（陈如生）

## 林 业

【概况】2020年，市林业局贯彻落实生态文明思想，坚持“严格保护、积极发展、科学经营、持续利用”的方针，持续开展造林绿化，升级发展油茶产业，管护森林资源，打击各类破坏森林资源的违法犯罪行为，稳抓防灾减灾，加强病虫害防治，全面保护野生动物，整合优化自然保护地，推进山水林田湖生态保护和修复项目建设。2020年，全市林业用地面积为124千公顷，占国土总面积的57.5%；有林地面积102.67千公顷，森林覆盖率达56%，活立木蓄积量为312万立方米；有湿地面积5893.33公顷。林地中，有国家级公益林33.2千公顷、省级公益林5.4千公顷，天然林11.21千公顷；油茶68.45万亩。

【造林绿化】2020年，市林业局克服新冠肺炎疫情影响，抢抓时间进度，完成造林面积1733.33公顷，为全年任务的108%。其中，面上造林400公顷、油茶造林1200公顷、长防林工程造林66.67公顷、“五边”绿化造林66.67公顷。组织开展全民义务植树活动，全年累计义务植树210万株。市领导带队参与在醴陵陶瓷学院举行的义务植树等活动，高标准栽植香樟、楠木、桂花、厚朴等树种2000余株。实施森林精准提质，完成水口山国有林场33.33公顷、樟仙岭国有林场20公顷、枫林镇隆兴坳村耿传公祠核心景区13.33公顷森林精准提质项目建设。

【禁食退养】2020年，市林业局根据省级文件精神，结合实际制定《醴陵市禁食陆生野生动物人工繁育主体退出补偿及动物处置工作方案》，会同财政、扶贫部门以及镇（街道）、村（居），集中时间对全市禁食陆生野生动物种类、数量（重量）、用途以及持有人工繁育许可证件等情况进行摸底调查，并登记造册。及时与全市38户禁食陆生野生动物的人工繁育主体签订退出处置补偿协议，处置蛇类和竹鼠23364.5千克，处置豚鼠、豪猪、孔雀、海狸鼠和小鹿等1990只，存栏禁食陆生野生动物处置率100%，补偿资金241.78万元。

【自然保护地整合优化】2020年，完成全市自然保护地摸底调查和空缺区域评估，根据摸底调查和评估论证成果，形成并上报醴陵市自然保护地整合优化方案。整合优化完成后，全市有自然保护地2处，面积2422.24公顷，占全市土地总面积的1.12%，较整合优化前增加2.14公顷。

【病虫害防治】2020年，完成马尾松毛虫、黄脊竹蝗、松类蛀梢害虫、湿地松粉蚧、油茶炭疽病等林业有害生物的监测工作。开展松材线虫病及枯死松树的春秋两季普查，普查监测面积达30.07千公顷，悬挂松褐天牛诱捕器150个，伐除、烧毁疫木4000余株。

【森林资源保护】2020年，相继开展打击非法转运、贩卖野生动物违法犯罪专项行动、"昆仑2020"、打击失火毁林犯罪三大规模专项行动，强化违法犯罪打击，严格封山育林，始终保持对涉林违法犯罪的高压打击态势。全年查处各类涉林案件163起，有效遏制涉林违法犯罪势头。其中林业行政案件143起；刑事案件19起，破案13起，刑事打击处理13人；治安案件1起，治安拘留1人。救助国家重点保护野生动物猫头鹰4只，收缴"三有"（有益的、有经济价值的、有科研价值的）野生动物黑玟蛙434只，收缴死体鸟类50只，收缴蛇类、青蛙300余千克，收缴捕兽器24个。

【油茶产业发展】2020年，全市完成油茶新造1200公顷、幼林培育3666.67公顷、低产林改造3333.33公顷。在9月3日举行的2020年全省茶油大县和油料大县竞选会上，醴陵成功入围全省茶油大县和油料大县。为促进油茶产业发展，市林业局开展技术培训，推广普及实用技术，聘请专业团队编制《醴陵市油茶栽培技术手册（第一版）》，为油茶标准化种植的精细化管理提供技术支撑。全年举办全市油茶种植技术培训班4次，聘请专家授课，培训油茶产业从业人员600余人次。（王　菁）

## 水　利

【概况】2020年，市水利局按照"节水优先、空间均衡、系统治理、两手发力"的工作方针，践行"水利工程补短板、水利行业强监督"的发展改革总基调，克服新冠肺炎疫情的影响，在履行各项职能的同时，加强正面宣传和舆论引导，取得较好成绩。通过设立投诉电话、搭建"河长制"微信公众号、开辟网上交流平台报送信息289篇，在株洲市级以上水利部门官网及媒体发表文章162篇次，"醴陵市河长制"公众号编辑发布54期214篇信息，为推动新时代水利事业发展提供有力思想保证，凝聚强大精神力量。水利建设工作获评全省第二名，"河长制"工作获株洲市县市区A类第一名，小水电清理整改、农村安全饮水工作均获得株洲市单项考核先进。周海军被水利部评为"全面推行河长制湖长制工作先进个人"。

【水利安全生产】2020年，市水利局始终贯彻"安全第一、预防为主、综合治理"的方针，以重大安全隐患治理"一单四制"工作为抓手，开展各项安全生产工作，上半年获得株洲市各县市区安全生产工作评比第一名，在醴陵安全生产知识竞赛中获市直单位二等奖。按照早做准备、强化责任、科学防御、技术先行的原则，部署水旱灾害防御工作。3月底对206座水库、220处山洪灾害危险区、17处重点水利工程落实"四个"责任人（行政责任人、管理责任人、技术责任人、巡查责任人），完善水旱灾害防御相关预案，对507名防汛责任人进行培训，强降雨期间利用山洪灾害预警系统发送预警信息45530条，组建6个技术小组处置重大险情10处，投入资金近1000万元，开展灌区渠系恢复和各镇水毁工程修缮，避免涝旱急转，为农业生产提供水利保障，确保人民生命财产安全。

【水利工程项目建设】2020年，全市新建整修大小水利工程1103处，其中重点水利建设项目27处，冬修计划建设山塘412口，渠道414.1千米，整修河坝128座、机埠105处和堤防21.3千米；完成水利建设投资2.45亿元，其中中央资金1.2亿元，整合地方资金1.25亿元。一是完成小型水库除险加固和灌区续建配套项目建设。全年完成水库除险加固22座和藕塘灌区二期续建配套。二是主要支流和中小河流治理。于2019年12月开工建设的枫树山保护圈一期治理工程和西塘坪保护圈及上、下三洲岸坡整治工程，年内西塘坪保护圈及上、下三洲岸坡整治工程完工，枫树山一二标主体工程基本完工，第三标段开标，准备进场施工。铁河二期和磨子石河二期建设完成80%以上的工程量。三是开展农村安全饮水和行业扶贫。全面开展贫困人口和档外五类人员饮水问题排查3次，共整改饮水问题72个，全市饮水安全问题动态清零；完成省级民生实事考核目标，巩固和新增自来水人口1.48万人；整合社会资本1800万元，开展56座集中供水工程的维修养护和管网延伸，城乡安全饮水达标率达100%。四是做好移民后扶工作。投入2000余万元开展移民产业基地提质改造、美丽家园整村推进、移民培训和避险解困工作，在全省141个县级水库移民管理机构考核中排名前五位。

【涉水事务监管】2020年，市水

利局从多方着手，严格落实涉水事务监管职能。一是严格水利工程质量监管。牢固树立“质量第一、安全为先”的理念，建立健全质量管理体系，强化行业质量意识，落实主体质量责任，严格工程质量监督，质量监督率和核备工程质量合格率均达100%，在株洲各县市区质量考核中获得第一名。二是建立河道采砂长效机制，依法有序开展砂石资源开采工作。配合相关部门开展联合执法行动10次，取缔非法洗沙场8个，深入开展水利系统扫黑除恶线索摸排工作。三是加强水土保持监管。审批水土保持方案36个，整改落实环保督察交办件13件，开展全市水土保持遥感监管工作，征缴水土保持补偿费285.64万元。四是全面加强水资源管理，开展节水型机关宣传。办理取水许可证31家，督促企业安装取水计量装置76家；完成取水工程（设施）核查登记整改61处，依法足额征收水资源费186.08万元。五是开展小水电清理整改工作，提前1个月完成省厅交办的22座小水电清理整改工作任务。六是开展大坝安全鉴定和堤坝管养工作。投入150万元对206座水库和17处重要河堤开展维修养护和堤坝管养，完成35座水库的大坝安全鉴定，全面完成水利部稽察问题整改工作。七是开展招投标专项整治和保障农民工工资支付专项行动，全年没有发生招投标违规投诉和拖欠农民工工资现象。八是全面深化放管服改革，着力优化经济发展环境。对涉水行政审批进行流程再造，全面清理各项中介服务事项，公开审批标准模板，探索建立企业上门审批到部门下去审批新模式，由“最多跑1次”到“1次都不要跑”，在株洲市率先颁发取水许可电子证照。

【规划编制】2020年，市水利局根据上级要求，按照立足实际，以“防洪、饮水、用水、河湖生态”四大水安全体系建设为抓手，汇聚民智民意，统筹推进“十四五”规划编制工作。截至年末，《醴陵市十四五农村饮水安全保障规划》送审稿完成评审，形成报批稿；《醴陵市水安全规划》《醴陵市水利基础设施空间布局规划》《醴陵市十四五水安全保障规划》均已完成基础资料的收集和预审查工作，并召开第一次评审会议；《醴陵市澄潭江岸线干流河道采砂规划》和《醴陵市澄潭江岸线保护与利用规划》完成送审稿评审，形成报批稿。

【省级样板河创建】2020年，市水利局围绕“蓝天三百天、全域Ⅱ类水”总目标，开展渌水省级样板河创建。通过“分段治理、分线负责、分块实施、分级考核”方式开展入河排污口整治、城乡污水和垃圾处理设施建设、农业面源污染整治、清“四乱”（乱占、乱采、乱堆、乱建）巩固提升、堤防岸线及河道整治、防洪堤防达标提质建设整治行动，强化示范河段（湘赣边区、醴陵城区）建设工程、重点河段（莲石—大屏山、石亭河段）治理工程带动作用，加大对磨子石河、明兰河、石里浦河3条重点支流治理力度，清“四乱”300余处，组建5支河道保洁队全方位开展河道保洁，清除网箱80万平方米，使渌水断面平均水质稳定达到Ⅱ类，“河长制”考核获得株洲市A类第一名。（易理良）

## 库区移民事务

【概况】2020年，全市有大中型水库6座，核定水库后期扶持人口18825人，库区和移民安置区涉及24个镇（街道）209个村（社区）和1888个村民小组。年内，市库区移民事务中心（以下简称“中心”）围绕移民增收致富、发展稳定的目标，编制移民后扶“十四五”规划，促进库区经济发展，提高移民生产技能，规范移民资金管理，为移民创造和谐稳定的生产生活环境。11月，中心作为全省两个县市之一受邀参加在江西省九江市召开的全国移民工作研讨会。同月，浙江省移民工作机构携浙江杭州、萧山等移民机构负责人到醴陵市考察学习移民工作经验。

【扶持库区经济发展】2020年，中心向上级争取移民资金2500余万元，其中直补资金1229万元，用于支持库区经济发展。投入资金260余万元，完成移民产业基地提质改造，其中油茶基地3处10.67公顷、茶叶基地3处14公顷、水果基地3处4公顷、蔬菜基地1处2.67公顷、粮食作物2处66.67公顷和其他经济作物1处46.67公顷。投入项目资金800余万元，解决多个移民村基础设施建设差、安全饮水难等实际困难，受益移民4000余人。投入资金310万元，对李畋镇富里社区、官庄镇潭塘村实施整村推进项目，改造升级村级基础设施，村民生产生活条件得到极大改善。

【维护移民群体和谐稳定】2020年，中心投入资金300余万元，重点解决全市三峡移民房屋修缮和受灾补偿问题。继续推进第四批避险解困工作，50人避险解困补贴全部发放到位。及时兑现计划生育奖补政策，发放奖补资金近2万元。排查化解矛盾问题15起，接信接访100余次。

【移民培训】2020年，为提高移

民的生产技能，中心投入移民培训资金66.2万元，针对性地举办移民实用技术和就业技能培训4期，培训362人。有268人参加农业实用技术培训，其中4人参加省中心组织的培训、48人参加短期就业培训，培训合格率100%，全部发放培训合格证。另有90人获得中长期职业教育助学补助，并得到全方位就业跟踪服务。（卢方芳）

## 气　象

【概况】2020年，市气象局发挥气象服务职能，提供防灾减灾服务保障。全年为各部门提供各类气象服务材料189期，发布预警信号15期，编辑气象短信658条，发送8万余人次。针对汛期强降水天气过程，制作《专题气象服务》6期、雨情信息35期、2020年汛期降水回顾及降水情况分析专题11期、《专项服务材料》17期、2020年前期降水情况及汛期旱涝趋势预测专题22期，发布各类预警信息10次。全市气象测报和农气错情率为零，晴雨预报率均达到上级要求，无责任性事故发生，业务质量稳中有升。

【防灾减灾】2020年，全市主要天气气候事件有低温雨雪冰冻、高温热害、干旱、暴雨、大风、雷电、连阴雨、大雾、霾等，共出现3次灾害天气。5月5日凌晨出现雷雨大风天气，最大瞬时风速达18.7米/秒。5月5日—8日，全市受灾人口2306人，倒塌房屋17户28间，严重损房30户42间，一般损房50户67间，直接经济损失3175.64万元。5月28日20时至6月8日20时，全市累计降水量306.7毫米，达到重度洪涝标准，受此轮连续强降雨和上游来水影响，全市受灾人口38672人，紧急避险转移人口2302人，紧急转移安置人口8900人，无人员伤亡，倒塌房屋23户29间，严重损房36户45间，一般损房58户70间，直接经济损失9597万元。7月8日8时至11日8时，出现1次强降水暴雨天气过程，受本地降雨及上游来水影响，7月10日18时30分启动防汛Ⅳ级应急响应，7月11日9时解除Ⅳ级应急响应，此次灾害过程无人员伤亡，无房屋倒损，直接经济损失788.9万元。

【防雷安全监管】2020年，市气象局切实做好雷电灾害防御工作，全面落实防雷安全监管责任，有效防范和遏制重大雷电灾害事故发生。全年开展安全生产执法检查50余次，检查企业192家，下达“一单四制”通知书20余家，下达重大隐患整改通知单141家。市气象局严格落实防雷安全重点单位主体责任，与防雷安全重点单位签订防雷安全责任书，不断加强对防雷安全重点单位的防雷减灾知识培训，增强企业主体意识，利用信息化手段，进一步规范防雷安全重点单位的监督检查。（王伟华）

## 水　文

【概况】2020年，全市累计面平均降水量1689.2毫米，较历年同期均值1484.8毫米偏多13.8%，属降水偏多年。其中，汛前1—3月累计面平均降水量500.1毫米，较历年同期均值339.1毫米偏多47.5%；汛期4—9月累计面平均降水量1058.8毫米，较历年同期均值937.7毫米偏多12.9%，汛期后10—12月累计面平均降水量130.3毫米，较历年同期均值207.9毫米偏少37.3%。

【超警戒水位水情】2020年，全市发生14次比较明显的降雨过程，受降雨影响，“一江两水”（渌江，澄潭江、铁水）3站次超警戒水位，其中1站次超保证水位。最强降雨过程发生在6月4—5日，全市平均降雨量105.8毫米，共18站降雨超过100毫米，54站降雨超过50毫米，其中点最大降雨为板杉镇板杉站193.1毫米，其次为沩山镇老鸦山站154.3毫米、瓷城大道醴陵水利站128毫米。暴雨中心位于醴陵北部地区，“一江两水”干支流均有不同程度上涨，渌水大西滩站于6月5日23时出现洪峰，洪峰水位52.94米，洪峰流量2050立方米/秒，超警戒水位1.44米，超保证水位0.44米，全程涨幅4.24米，此次过程超保证水位时长12小时，超警戒水位时长20小时；澄潭江潼塘站于6月5日17时出现洪峰，洪峰水位96.76米，洪峰流量615立方米/秒，距警戒水位0.24米，全程涨幅2.28米；铁水泗汾站于6月5日13时出现洪峰，洪峰水位53.82米，距警戒水位1.18米，全程涨幅3米。另2站次超警洪水发生在7月8—10日的降雨过程，全市平均降雨量61.9毫米，共1站降雨超过100毫米，17站降雨超过50毫米，其中点最大雨量为官庄镇潭塘站100.3毫米，其次为官庄镇官庄站90.5毫米、李畋镇麻石站86.1毫米。降雨集中在醴陵北部地区，受强降雨影响，渌水支流澄潭江潼塘站于7月10日17时17分出现洪峰水位97.14米，超警戒水位0.14米，相应流量698立方米/秒，全程涨幅3.46米；渌水大西滩站于7月10日22时12分出现洪峰水位51.85米，超警戒水位0.35米，相应流量1520立方米/秒，全程涨幅4.19米。

【雨情特点】2020年，全市降雨

时空分布不均。空间分布上，降雨较集中在东乡片区。时间分布上，1、2、3、5、6、7、9月份降雨较历年同期偏多，4、8、10、11、12月份降雨较历年同期偏少。

**醴陵市各片区非汛期与汛期平均雨量情况一览表**

表4

| 时间＼片区 | 城 区 | 东 乡 | 西 乡 | 北 乡 | 南 乡 |
|---|---|---|---|---|---|
| 非汛期平均雨量 | 458.5 | 530.1 | 518.4 | 484.8 | 508.9 |
| 汛期平均雨量 | 1090.6 | 1253.0 | 964.6 | 1074.7 | 910.9 |

**醴陵市2020年雨量统计与历年同期雨量均值对比一览表**

表5

| 月份 | 1月 | 2月 | 3月 | 4月 | 5月 | 6月 | 7月 | 8月 | 9月 | 10月 | 11月 | 12月 |
|---|---|---|---|---|---|---|---|---|---|---|---|---|
| 2020年 | 164.3 | 128.4 | 207.4 | 120.5 | 204.6 | 352.5 | 192.0 | 55.3 | 133.8 | 31.7 | 72.2 | 26.4 |
| 历年均值 | 80.5 | 101.1 | 157.5 | 189.2 | 200.3 | 218.8 | 128.0 | 129.9 | 71.6 | 79.2 | 75.4 | 53.4 |
| 距平(%) | 104.1 | 27.0 | 31.7 | -36.3 | 2.1 | 61.1 | 50.0 | -57.4 | 86.9 | -60.0 | -4.2 | -50.6 |

【汛期水情特点】2020年，全市汛期各片区雨水分布不均，总体呈现东多南少的特点，在8月大部分地区出现中度干旱。“一江两水”高水位出现时间均较早，渌水大西滩于6月出现的最高水位是全省乃至全国年内第一个出现超保证水位的站点。汛期洪量集中，渌水大西滩站最大的2次洪水过程共持续5天，为汛期时间的2%，洪量分别为2.1亿立方米和1.94亿立方米，合计达汛期总洪量22.6亿立方米的18%；澄潭江潼塘站最大的3次洪水过程共持续7天，为汛期时间的4%，洪量分别为0.68亿立方米、1.2亿立方米和0.6亿立方米，合计达汛期总洪量7.94亿的31%，洪量相对集中，渌水洪峰以萍水来水为主，渌水干流大西滩站2次超警洪水中，萍水流域均以44%的流域面积贡献超过60%的洪峰流量。

**醴陵市各片区4—9月平均雨量情况一览表**

表6

| 时间＼片区 | 城区 | 东乡 | 西乡 | 北乡 | 南乡 |
|---|---|---|---|---|---|
| 4月平均雨量 | 122.2 | 135.7 | 123.5 | 131.7 | 89.3 |
| 5月平均雨量 | 207.3 | 188.3 | 221.8 | 228.1 | 177.6 |
| 6月平均雨量 | 398.2 | 441.9 | 276.8 | 334.3 | 311.6 |
| 7月平均雨量 | 189.9 | 239.8 | 162.9 | 217.2 | 150.4 |
| 8月平均雨量 | 55.2 | 105.7 | 24.9 | 49.6 | 41.2 |
| 9月平均雨量 | 117.9 | 141.6 | 154.7 | 113.8 | 140.9 |

【水情服务】2020年，市水文局及时预测分析，精确预警预报，做好水情服务，向相关部门提供雨水旱情分析预测材料48期，在超警期间每2小时实时报送1次水情，共对外发布水情预警8次，其中蓝色预警3次、黄色预警3次、橙色预警1次；发布洪水预报5站次，综合预报合格率100%；发送水情服务短信3000余条，为全市防汛抗旱减灾决策提供有力支撑。（贺明春）

## 扶贫开发

【概况】醴陵市有原贫困村17个，有11057户36519名建档立卡贫困人口。2020年是脱贫攻坚决胜之年，为全面打赢脱贫攻坚战，举全市之力，以扶贫责任、政策、工作“三落实”为重心，齐心协力，奋力攻坚，取得全面胜利。截至年末，全市贫困对象全部脱贫，其中年内脱贫1441户3312人。年内，醴陵市被省委和省政府办公厅联合授予“2019年度湖南省脱贫攻坚先进县（市、区）”“2019年度湖南省携手奔小康先进单位”称号；市扶贫开发办公室被国务院授予“全国脱贫攻坚先进集体”称号，被省扶贫开发办公室评为“2019年度全省扶贫宣传信息工作先进单位”“2019年度湖南省‘互联网＋’社会扶贫工作先进单位”。

【巩固脱贫质量】2020年，44名醴陵市级领导联点帮村，多次走访全市17个贫困村，解决具体问题98个。市委、市政府制定出台《关于进一步加强脱贫攻坚“两个帮扶”工作有关规定》，解决结对帮扶工作“监测、评价、管理”问题。建立“乡镇管工作队，工作队管驻村帮扶的同时牵头管好本村结对帮扶”的管理体制。派驻醴陵市级工作队164支344人,全面保障帮扶力量。全年为建档立卡贫困学生发放资助金1859万元,开展“三帮一”(一名教师、一名村干部、一名家长或监护人帮扶一名辍学学生)劝返复学行动,继续开设扶贫“自强班”,确保无一人因贫失学。政府全额出资为建档立卡贫困户、重残户、五保户缴纳医保,对建档立卡贫困户全面实行“先诊疗,后付费”和“一站式服务”,县域内贫困群众住院费用综合报销比例达85%以上。完成610户1819人易地扶贫搬迁目标,其中集中安置846人、分散安置973人,完成危房改造641户。投资9800万元,新、改、扩建集中供水工程56处,档内外农村人口饮水安全问题得到全面解决。全年新增农村低保对象4620人,发放低保金7853万元。为1.7万名残疾人发放“两项”补贴4098万元,为706名贫困残疾学生和贫困残疾人家庭子女发放教育助学资金192.8万元。全年培训贫困劳动力300人,培训贫困家庭“两后生”(初、高中毕业未能继续升学的贫困家庭中的富余劳动力)31人,培训贫困村创业致富带头人63人。建成就业扶贫车间83家,吸纳贫困劳动力就业900余人,开发就业扶贫岗位680余个,落实岗位补贴、社会保险补贴、场地费和物流费补贴217.9万元;安排公益性岗位165个;组织举办“百企千岗万人携手”“春风行动”“点亮万家灯火”“就业扶贫日”等就业帮扶主题线下招聘会20余场次,参加企业420余家次,提供就业岗位2万余个,其中达成初步意向贫困劳动力430余人。

【提升脱贫成效】2020年,建立规模较大的产业扶贫基地154个,带动瓜蒌、蜂蜜、猕猴桃、桃形李、茶叶、航空育种、农产品加工、养殖、文旅九大产业发展,全市产业扶贫和就近就业惠及贫困人口10521户34788人,占全部贫困人口的95%以上。全年销售扶贫产品2亿元,其中,在市扶贫办、市农业农村局9月底举办的农产品展销会上,共计销售扶贫农产品630余万元,解决了疫情期间农产品滞销问题。社会扶贫网各项数据名列前茅,累计注册贫困群众2.7万人,注册爱心人士17.7万人,募集社会扶贫资金2000余万元;“户帮户亲帮亲,互助脱贫奔小康”活动帮扶2.3万人次,捐赠爱心物品4.8万件,爱心资金88万元,服务类帮扶2.5万次。“携手奔小康”工作投入援助资金851万元,完成省下达指标的106%,选派448名技术人员开展技术指导,帮助炎陵县1626名建档立卡贫困户实现劳务输出或就近就业。全年发放贷款4577万元,完成省任务数的134.6%,且无逾期情况。对存在返贫致贫风险的重点群体实施“事前预防、事中救助、事后保障”,160户脱贫监测户和384户边缘易致贫户均纳入监测,确保无一人返贫,无一人新致贫。

【典型经验和示范】2020年,中央电视台、人民网、新华社、《湖南日报》等省级以上媒体刊发醴陵市扶贫工作做法和成绩的稿件692篇次。3月27日,《人民日报》专题报道《湖南醴陵:这场“春风”很暖!3461名求职者“赴约”招聘会》;4月,“学习强国”平台专题报道《株洲醴陵:产业扶贫“赶春光”》;7月,组织275名扶贫干部组团到茶陵县开展国家脱贫攻坚普查,普查团“党管普查”的经验被上级推介;10月11日,央视一套《晚间新闻》报道醴陵市发展陶瓷产业,带动群众脱贫致富的案例;10月22日,《湖南日报》市州头条以《瓷城战贫奔富路——醴陵决战决胜脱贫攻坚纪实》为题报道醴陵市扶贫工作;10月26日,“中国扶贫”公众号以《湖南醴陵:推行“三三”机制,把好防贫三关》为题向全国推介醴陵市防返贫致贫监测及帮扶机制的经验。年内,市扶贫办组织开展多项评比活动,发挥典型示范作用。开展“文明致富之星”评选活动,评选表彰“文明致富五星家庭”110户、“文明致富四星家庭”553户、“文明致富三星家庭”885户。开展“醴陵市最美扶贫人物”评选表彰活动,在全市范围内表彰杨钟、杨雪安、王平、林文其、姜丹等“最美扶贫人物”196名。在三级干部大会上,表彰阳三石街道、官庄镇、市住建局(市人防办)、市卫健局、市教育局等脱贫攻坚先进单位50个,表彰驻王仙镇三狮村工作队、驻沩山镇沩山村工作队、驻官庄镇阳坑村工作队、驻枫林镇金阳村工作队、驻均楚镇黄田村工作队等优秀驻村工作队10个及黄永辉、廖莉、陈湛、刘勤翰、贺奥等脱贫攻坚先进个人66名。（刘勤翰）

# 工　业

## 综　述

【概况】2020年，全市工业总产值增长3.9%，工业增加值增长3.9%;其中规模以上工业企业565家，产值增长5.1%，增加值增长3.7%。按可比价计算，工业经济拉动地区生产总值增长2.2个百分点，对经济增长贡献率达56.8%。工业增加值占地区生产总值比重为43.5%，同比下降0.3个百分点；万元规模工业增加值能耗增长0.47%；高新技术产业增加值占工业增加值比重为48.4%；工业固定资产投资增长8.7%。陶瓷、鞭炮烟花两大传统支柱产业产值分别增长4.3%和下降3.6%。日用陶瓷行业产量增长3%，工业陶瓷行业增长2.2%，鞭炮烟花行业产量下降3.9%。服装行业产值增长7.6%，玻璃行业产值增长34.2%，汽配行业产值增长4.9%。（周慧敏）

【陶瓷和花炮工业】2020年，全市共有陶瓷企业622家，其中陶瓷生产企业431家，陶瓷产业实现税收3.7亿元，占全市税收比重的12.5%。陶瓷产业安排从业人员约12万人，其中规模以上陶瓷企业安排从业人员10万人。全市204家规模以上陶瓷企业完成工业总产值328.9亿元，比上年增长5.8%。电瓷产量占世界市场的30%左右，日用瓷产量占世界市场的13%左右，陶瓷出口量占全国的40%。年内，全市花炮产业实现税收1.4亿元。为促进陶瓷和烟花鞭炮产业发展，多举措拓展陶瓷和烟花鞭炮市场。组建由市应急局、市陶瓷烟花产业服务中心、市花炮总商会等部门负责人为组长的4个招商小组和招商小分队，到安徽、山东、湖北、浙江、江苏、上海、河南等省市开展烟花爆竹招商推介。组织烟花鞭炮企业参加四川、山东、辽宁等省的烟花爆竹订货会，签订烟花鞭炮订单20亿元。市陶瓷烟花产业服务中心组织10余家陶瓷企业参加2020 IATF非洲进出口商品交易会线上展，组织37家烟花鞭炮出口企业参加醴陵市烟花鞭炮出口产销对接会，其中15家企业参与产品试放环节，有近100个烟花鞭炮产品亮相展示。在7月举行的2020世界烟花大会·长沙精品烟花产业博览会上，来自醴陵市的20余家烟花爆竹企业展出13大类1000余种新型安全环保艺术产品。8月，以“潇湘五彩 瓷茶风云”为主题的湖南省瓷茶产业融合发展大会暨文旅推广活动在长沙市举行，安化县11家黑茶企业与醴陵市15家陶瓷企业达成商业合作意向，合作金额超过3亿元。9月，召开醴陵·广东广西烟花爆竹产销合作交流会，醴陵市与广东省、广西省的烟花爆竹企业达成产销协议，现场签约8000万元。10月，召开醴陵·贵州烟花爆竹产销合作交流会，醴陵市烟花爆竹企业与贵州烟花爆竹经销企业签约8个项目，总金额达1.5亿元。（周慧敏　贺　英）

【服装工业】2020年，全市有服装企业460家，其中服装生产企业213家，规模以上企业36家；完成工业总产值约70亿元，其中规模以上企业产值64.7亿元；安排从业人员2万余人。全市80%的服装企业集中在船湾镇。全市服装工业主要产品以公、检、法、司、工商、税务等系列标志服为主，有多家执法行业标志生产企业获准省、部级定点生产单位。

【建材工业】2020年，全市建材工业实现总产值近32亿元，建材产品主要包括玻璃、防水材料、耐火材料、砖瓦砂石等制品。全市以“东富工业园区”为中心，把玻璃深加工作为产业开拓重点，适度引进玻璃产业配套项目，探索“陶玻一体化”特色之路，打造中南部具有影响力的玻璃制造、研发、出口基地。其中株洲醴陵旗滨玻璃有限公司、湖南醴陵旗滨节能玻璃有限公司、醴陵市醴特玻璃有限公司等玻璃企业实现年产值23.8亿元。水泥预制构件、轻质建材、耐火建材、装饰材料等生产单位迅速发展，有“帅旗”“神舟”等规模建材生产企业。

【机械工业】2020年，全市机械工业主要是陶瓷、花炮、通用设备制造和专业设备制造等机械产品。全市共有机械制造企业145家，其中陶瓷机械企业18家、花炮机械企业20家、其他机械企业107家。湖南元创机械有限公司、湖南全盛精冲科技有限公司、湖南宝元汽车部件有限公司等汽车零部件生产企业实现产值5.5亿元。

【采掘工业】醴陵境内矿种丰富，主要有金、银、铜、铁、锡、锑、铀、铅、锌、莹石、煤、高岭土、硅火泥、白泡石、矿泉水等30余种。其中煤炭、高岭土储量丰富，高岭土储量在1亿吨以上；高岭土、煤炭、黄金、铅、锌、莹石、石灰岩、耐火石、硅火泥等矿产开采量较大。2020年，全市有采矿企业48家，其中规模企业9家，采掘工业实现总产值31.7亿元，安排从业人员6000余人。

【食品工业】2020年，全市有食品工业企业59家，其中有湖南湘洲食品有限公司、醴陵市仙都酱鸭加工厂等9家规模以上企业。全年食品工业企业实现工业总产值10.8亿元，安排从业人员2000余人，主要产品有肉食、粮油、糖果糕点、酒、调味品、方便面等17个门类2000余个品种，拥有“旺依”“青泥湾”等品牌。

【化学工业】2020年，全市化学工业以橡胶制品、塑料制品、碳酸氢铵、碳素、金水、颜料、涂料、蚊香等为主要产品。产品主要分布在城区、茶山镇、东富镇、李畋镇、孙家湾镇等地域，有化工企业88家。（周慧敏）

【电力工业】2020年，国网湖南省电力有限公司醴陵市供电公司（以下简称“供电公司”）服务客户39.3万户。截至年末，醴陵电网有35千伏及以上变电站24座，其中220千伏变电站2座、110千伏变电站9座、35千伏变电站13座，总容量1339.8兆伏安；市供电公司负责维护110千伏输电线路18条197.58公里，35千伏输电线路23条234.23公里，10千伏线路157条3370公里；共有配电变压器5853台，总容量1719.33兆伏安。全年完成售电量17.18亿千瓦时，同比增长5.65个百分点，综合线损率6.93%，台区线损率4.08%。醴陵电网最大负荷42.03万千瓦，同比增长7.73%，最大日用电量767.81万千瓦时，同比增长9.82%。年内，通过开展配电线路通道治理，10千伏线路故障率下降46.78%，配电变压器停运率下降35.92%，配电变压器平均停运时长下降54.14%。电网建设方面，重点完成220千伏古横线、杉滴线、110千伏楚东桥变电站等项目的施工协调工作，完成农网改造投资0.73亿元，新建和改造配电变压器126台、高压线路135.12公里、低压线路172.74公里，初步完成市“十四五”配电网规划及电力设施布局规划。落实新冠肺炎疫情防控期间各项惠企政策，为企业减免电费1734.57万元。推行微信公众号、“网上国网”APP，分别推广用户16.65万户、4.74万户，线上交费应用率达99.56%，基本实现线上办电全覆盖。落实国网公司“一个确保、四个全力”（确保如期高质量完成国家电网有限公司脱贫攻坚任务；全力攻克“三区两州”深度贫困地区最后堡垒，全力实现定点扶贫地区如期摘帽，全力打造行业扶贫国网样板，全力拓展东西帮扶深度广度）要求，扎实推进行业扶贫、驻村帮扶和消费扶贫等重点工作。2016—2020年，针对醴陵地区17个贫困村，新装改造变压器73台，新建、改造配电变压器容量8990千伏安，新建、改造10千伏线路18.2公里，新建、改造低压线路266.88公里。截至年末，贫困村整体居民端电压合格率为99.3%，整体供电可靠率为99.75%，整体户均配电变压器容量为1.69千伏安/户，完成“十三五”新一轮农村电网改造规划目标中贫困村的“两率一户”（农村电网供电可靠率、综合电压合格率和户均配变容量）指标。支付光伏扶贫补贴17.65万元，完成消费扶贫共计38.91万元，支付扶贫捐赠项目10万元。（徐　强）

【其他工业】2020年，与陶瓷和花炮产业的相关的冶金、窑炉热工、造纸、印刷、包装和其他加工行业，在花炮业集中的乡镇发展尤为明显。造纸业集中在王仙、均楚镇，主要产品有机制纸、箱板纸、宣纸、土纸、再生纸等品种，印刷业向彩印、瓷用纸发展，包装业有纸箱、复合包装、塑料袋等。（周慧敏）

## 园区经济

【概况】2020年，湖南醴陵经济开发区（以下简称“经开区”）实现技工贸总收入585.5亿元，增长12.9%；实现规模工业增加值186.5亿元，增长10.1%；完成固定资产投资129.2亿元，增长14.8%；上交税金7.01亿元，实现财政收入10.22亿元；高新技术产业主营业务收入214.9亿元，增长15.1%；工业企业研究与试验发展经费支出11.4亿元，增长8.04%；完成进出口总额30.2亿元。新引进投资5000万元以上工业项目20个，新开工投资5000万元以上工业项目27个，新竣工投资5000万元以上工业项目19个，超额完成标准厂房全年新开工20万平方米、建成15万平方米的目标任务。

【改革措施落地实施】2020年，经开区聚焦园区主责主业，理顺园地关系，做到经济事务和社会事务相对剥离，提升征拆安置等委托管理事项工作效率。建立独立财政体制，乡级金库于6月正式运行，财政收入突破10亿元。104项市本级经济管理权限承接落实79项，企业服务中心为入园企业提供一站式代办服务。重构园区各项管理制度、技术规范、操作流程，制定出台《对国瓷街道、东富镇委托管理实施办法》《派驻机构和人员管理办法》《招商引资工作管理办法》《财政评审管理办法》《项目推进管理办法》等文件。

【公司市场化转型】2020年，加快推进高新集团市场化转型。一是优化集团业务板块，仅保留1家作为政府平台，其余全部转型为市场化经营主体。二是调优资产和债务结构，增加经营性资产规模，低效资产、无效资产及其他公益性资产逐步退出，提高资产变现能力，提升资产经营效益。明确政企偿债责任和偿债资金来源，通过发行政府债券、财政预算安排、资产处置、债转股等方式，累计化解政府隐性债务15.76亿元。三是加大对实体经营、产业投资和资本市场投资力度，开展地产开发、建筑工程、大宗商品贸易、特许经营、股权投资等业务，对13个企业和2个基金进行股权投资，增强经营发展后劲。四是建立市场化平衡机制。发挥园区独立财政体制的优势，按照“政府主导、市场模式、总体平衡、分类实施”的原则，建立片区开发、土地一级整理、园区基础设施及公益性项目建设、园区公用设施管养维护等四类平衡模式。截至年末，高新集团总资产167.91亿元，净资产70.45亿元，融资到位34.63亿元，投资到位25.96亿元，公司步入良性发展轨道，为破解资金压力、增强项目承载能力提供有力支撑。

【产业发展提质增效】2020年，园区三大产业实现主营业务收入416.5亿元，增长12.9%，占园区工业主营业务收入的85.7%；其中非金属矿物制品业实现主营业务收入365亿元，占比75.1%，计算机、通信和其他电子设备制造业实现主营业务收入17.4亿元，占比3.6%，通用设备制造业实现主营业务收入34亿元，占比7%。加快陶瓷传统产业转型升级。规模以上陶瓷企业实现产值224.55亿元，增长5.3%。醴陵五彩陶瓷小镇入选全国20个精品特色小镇，获国家发改委典型经验推介。2020年瓷博会客商、游客突破32万人次，合同采购金额突破24.5亿元，签约重大项目36个，合同引资额超过120亿元。培育壮大新兴产业。玻璃产业园建成面积达100公顷，3个项目建成投产。电子信息产业园开工建设，计划5～10年内，建成总面积33.33公顷、入驻企业50家，实现年产值50亿元、年税收5亿元。总投资30亿元、总用地面积66.67公顷的高端装备与智能制造产业孵化基地建设稳步推进。

【园区项目建设】2020年，经开区围绕“产业项目建设年”活动，为园区高质量发展增添“加速度”。一是突出项目推进。成立项目推进办公室，安排专人专职负责，对在建项目实行全过程跟踪服务和督办，协调解决矛盾和问题。二是突出责任落实。围绕项目计划，逐个排出开工、竣工、达效的节点，明确时间表、路线图、责任人，实行挂图作战、对标推进、对表比拼、对责考核。截至年末，中国陶瓷谷和东富工业园两大片区实施项目63个（产业类35个、基础设施类18个、民生类10个）。29个株洲市级重点项目完成投资31.7亿元，其中11个续建项目完成投资28.2亿元，18个新建项目开工17个，完成投资3.5亿元。旗滨电子玻璃和节能玻璃项目投产运营，中盐美福生态肥业项目10月竣工投产。中建材碲化镉一期建设加速推进，计划2021年年底前竣工投产。东富综合配套服务区进入桩基础施工阶段，湖南耐渗塑胶工程材料有限公司主体建筑工程即将完工进入收尾阶段，恒茂鲲鹏计算机产业配套基地项目完成土地平整及总平面设计等前期手续，醴商创新创业园标准厂房三期启动主体施工，陶子湖湖体和南片区域路网建设稳步推进。

【园区招商引资】2020年，共完成签约项目30个，合同引资61.2亿元，其中用地项目15个，标准厂房项目15个。一是围绕产业链招商。新引进项目中，产业链项目占比100%，增强产业集群度，助推产业集约、配套发展。二是盘活闲置土地招商。推动升华科技、全盛精冲整体转让，盘活元创机械、巨邦实业等低效闲置土地10.8公顷，引进陶瓷、通用装备制造等产业链项目6个，总投资约4亿元。三是创新招商引资模式。围绕龙头企业、工业地产、产学研项目招商，全面提升招商质量。通过恒茂高科引进中国电子集团，打造醴陵电子信息产业园。开发园区工业地产，引进湖南柏屹创新园区发展有限公司，打造高端装备与智能制造产业孵化基地。华联瓷业筹备打造华瓷汇产业园，建设集办公展示、检验检测、陶瓷新材料研发、电商平台、教育培训于一体的总部基地。

【营商环境持续优化】一是规划引领有成效。实施规划提质行动，突出园区风貌塑造，统筹片区整体风格，编制经开区《空间布局及风貌提升规划方案》《工业项目建筑设计及亮化设计指南》，做到项目设计有章可循。二是项目用地有保障。推进征地清零行动，启动征拆项目38个，完成征地125.47公顷，腾地154.13公顷，签订拆迁协议131户，25个项目清零。7个安置区项目有序推进，建成宅基地445个、安置房392栋。完成项目用地报批79.87公顷，出让工业用地46公顷，动态储备土地48.13公顷。三是政务服务有力度。深入开展温暖企业“三百”行动，建立网格化企业服务机制，编制《企业行政审批服务指南》，明确工作流程。企业服务中心全年累计服务企业106家，为19家企业提供审批代办，为87家企业提供其他事务服务156项。四是安全环保有提升。完善企业安全管理台账，突出重点行业、重点企业、重点时段，加强日常监管执法。全年走访企业130家，开展执法活动55次，对16家企业进行计划执法检查，监管重点高危企业18家，检查生产经营单位140家次，督促整改安全隐患200余处。聚焦环保督察反馈问题，坚持问题导向，强化整改提升。投入5000万元，建设C区污水处理厂和配套管网；投资160万元，建设园区空气自动监测站；投入2000万元，保障污水处理厂运行并对雨污管网进行检测维修。（张　毅）

## 科技和工业信息化

【概况】2020年，全市完成工业总产值1002.6亿元，同比增长3.9%，完成规模工业总产值820.5亿元，同比增长5.1%，规模工业增加值同比增长3.7%，新增规模工业企业49家。工业电力消费量9.03亿千瓦时，同比增长9.6%；工业用气量2.54亿立方米，同比下降0.4%。完成工业固定资产投资132.43亿元，同比增长8.7%。累计完成工业税收10.19亿元，同比下降17.9%。

【产业转型升级】2020年，全市新增省级“上云”标杆企业2家，总数达7家，新增高新技术企业31家，总数达138家，52家企业获省级研发奖补资金603万元。湖南蓝思华联精瓷有限公司成功创建湖南省先进陶瓷材料创新中心，株洲时代金属制造有限公司、醴陵市华鑫电瓷电器有限公司、湖南银和瓷业有限公司、湖南醴陵红官窑瓷业有限公司4家企业获评国家级专精特新小巨人。年内，中国科学院沈阳自动化研究所（昆山）智能装备研究院与醴陵市政府签订产学研合作协议，共建醴陵陶瓷产业智能装备研究院。新建5G基站198个，可满足高清视频、VR/AR虚拟现实场景的大数据量传输，提供千亿量级设备的连接能力，为全市产业转型升级和高质量发展注入新动能。

【企业帮扶】新冠肺炎疫情防控期间，牵头搭建企业防疫物资购销服务平台，累计帮助865家次企业代购一次性口罩210余万个、消毒液6.5吨、额温枪800个，助力企业复工复产。成立全省第一个县级市的续贷受理中心，为40余家企业提供续贷金额超过700万元，有效缓解企业融资困境。全年持续深入企业送措施、送政策、送服务，收集各类企业问题598个，全部办结销号。

【新兴产业发展】2020年，旗滨电子玻璃、旗滨节能玻璃陆续投产，玻璃产业园入驻企业达9家；全市新增省级新材料企业18家，总数达55家。推进湖南华联火炬电瓷电器有限公司5G陶瓷滤波器项目建设，第一批产品送达华为5G基站检测试验。株洲时代金属制造有限公司研发方向向5G通信基站、航天航空、重型港机等领域发展。39家电商企业和团队签约入驻醴瓷电商产业园，发展网络直播带货。

【拓展陶瓷产业链】2020年，陶瓷业在发展日用瓷、电瓷等传统主导产品的同时，向陶瓷艺术、陶瓷文创产品等方向延伸，做强做精陶瓷产业链，形成新的经济增长点。2020湖南（醴陵）国际陶瓷产业博览会如期举行，吸引企业372家，超12万件（套）展品参展，现场成交及合同采购金额达24.5亿元。其间同时举办2020湖南（醴陵）陶瓷产业采购对接会暨陶瓷文创产业国际论坛、陶瓷产品展览展销暨“线上醴陵瓷博会”云展会、微缩文创陶瓷展、醴陵艺术陶瓷作品展等活动。推进醴陵陶瓷与安化黑茶跨界融合发展，合作金额超过3亿元。成立陶瓷产业链企业联合

党委，落实株洲市先进陶瓷产业链链长制。申报省级陶瓷产业集群创建试点，获得项目奖励资金100万元。 （周念农）

## 国企改制

【概况】2020年，驻醴株洲市国有企业改革事务中心（以下简称“中心”）认真履行管理驻醴株洲市国有企业的资产造册登记、债权债务清理、职工安置等事务性工作，收集和上报信访、综治信息及做好改制后的相关服务工作。10月12日，经中共醴陵市科技和信息化局机关委员会批准，成立中共驻醴株洲市国有企业改革事务中心委员会，组织关系整体转入机关党委统一管理。中心机关支部及所属10个改制企业党组织选举产生103名党员代表，并于12月22日在醴陵兴业公司召开党员代表大会选举产生中心党委新一届班子。

【改制企业遗留问题处置】2020年，中心着力解决驻醴株洲市国有企业改革遗留问题，中心所属的10个改制企业近1.3万名职工的医疗保险由政府财政缴纳，保障职工身份和医保待遇不变。醴陵市政府筹集资金6000余万元，解决10个改制企业3943名职工至2014年12月前欠缴的养老保险个人部分4650余万元和2020年度近350名职工的退休问题。

【重点工作】离退休人员社会化管理方面，年内启动醴浏铁路（醴陵地区）离退休人员社会化管理工作，完成人员档案移交、资产清理等工作。完成10个所属企业约9000名离退休人员的信息采集工作。棚改建设方面，醴陵兴业总公司炉灰岭棚改项目进入基础工程建设阶段，醴陵兴业总公司群力瓷厂棚改续建项目4号楼拆除外架；醴陵国光建筑陶瓷有限公司二期新建棚改项目完成主体建设。 （陶小松）

## 企业选介

### 醴陵中油燃气有限责任公司

【概况】2020年年末，醴陵中油燃气有限责任公司（以下简称“公司”）投运场站32座，其中门站1座、CNG母站1座、西二线连接线首末站各1座、区域调压站28座；累计开发居民用户110821户、工业用户353户、公福用户786户，累计铺设完成高压管线36.3公里，次高压管线125公里，中压管线391.5公里；公司资产总额近7亿元，年产值近8亿元，累计上缴税收3.2亿元，提供就业岗位200余个。年内，公司为保障全市用气平稳，进一步完善能源基础设施建设，投资1亿元建设LNG应急调峰储配站，储存规模达2000立方米，缓解气源紧张，保障下游平稳供气。新冠肺炎疫情期间，公司响应燃气优惠政策补助，降低非居民用户用气成本，2月22日至6月30日，累计让利近1000万元，帮助企业解决困难，恢复生产经营。

【智慧化管理】2020年，公司为提高综合运营管理水平，实现智慧燃气发展目标，在西二线首站至门站高压管线上投入使用智慧哨兵监测预警系统，对侵入重点区域监控范围内的目标及行为进行综合监测分析，实现重点场站的智能监管。利用无人机搭载激光甲烷泄漏巡检系统的方式，对公司所铺设管道进行无死角巡查，极大降低巡检人员风险，并弥补传统巡检方式无法全面巡查的缺陷，实现对各项管网数据的实时管控。截至年末，公司完成SCADA系统二期建设部分内容，并上线GMS系统、GIS系统及管网巡检系统。

【建设员工培训基地】2020年，公司全面提升管理水平，打造员工综合素养培训中心，开展培训12场次68课时。培训中心实操间配备占地面积48平方米的智能语音讲解沙盘，可清晰展示全市用气结构、管道走向、重要调压站模型等内容，并设有工业厂区调压柜、公服用气调压柜及居民用户用气实景，供员工实地综合性学习，提高业务水平及技能。

【升级供气集中监控系统】2020年，公司为保障全市天然气用户端的用气平稳，维护城市天然气管网的平稳运行，投入5000万元再次升级城市燃气调度中心，集中监控和指挥城市供气系统，24小时接听全市近11万用户的燃气报警报修电话，确保城市燃气的供需平衡及安全供应，收集统计、整理、分析和判断上游气源、管网输配及下游用气情况等数据，发出相应指令，第一时间协调处理燃气管网突发事故。 （王小桐）

### 湖南建宸置业有限公司

【概况】湖南建宸置业有限公司创办于2016年，业务涉及房产开发、建筑工程、物业管理、林业、餐饮等领域。截至2020年年末，公司累计开发五环星城、建宸·壹号公馆、建宸·贰号公馆、建宸·叁号公馆、建宸大院等项目，开发面积达120万平方米；并热心社会公益，累计向教育、人才、市政等领域捐款超过1000万元。

【房产开发项目】2020年，湖南建宸置业有限公司打造中式合院产品——建宸大院，占地6.9万平方米，建筑面积22.5万平方米，容积率2.5，位于国瓷大道与仙岳山路交汇处，项目主打院子系产品，营销中心于11月20日开放认购。12月30日，公司开发的房产项目“建宸·壹号公馆”完成交付，项目占地5万平方米，总建筑面积16万平方米，以台地式建筑、双公园配置为核心。公司开发的房产项目“建宸·贰号公馆”占地面积5.4万平方米，总建筑面积20万平方米，位于醴陵渌江新城片区，被确定为市“人才特色小区”，向优秀人才优惠出售商品房，吸引人才到醴陵干事创业。

【公益行动】2020年，湖南建宸置业有限公司董事长张建国倡议并捐资100万元，助力市陶瓷烟花职业技术学校成立“职业教育基金会”，并签约为市教育基金会的分支机构。在湖南建宸置业有限公司的带领下，湖南电瓷电器行业商会、湖南恒茂高科股份有限公司、广东百校千企教育科技有限公司等10家爱心企业以及校友会4个分会20余个毕业班级300余名校友，为市陶瓷烟花职业技术学校职业教育基金会募集资金248.6万元，并捐赠绘画、陶瓷作品近30件和平板电脑1400台。湖南建宸置业有限公司为致谢抗击新冠肺炎疫情中的“最美逆行者”，向醴陵援鄂医疗队伍捐赠慰问金102.5万元，为疫情防控提供助力，向市疫情防控指挥部捐赠慰问金50万元和价值100万元的抗疫物资，并推出“以归心，至仁心”致敬最美逆行者专享购房福利，在人才特色小区“建宸·贰号公馆”给予医务人员购房优惠，特供150套优质房源。 （黄小燕）

# 贸易·粮食

## 商务和粮食

【概况】2020年，全市实现社会消费品零售总额249.8亿元，下降2%。完成外贸进出口总额4.88亿美元，下降4.9%。内联引资85.5亿元，增长23.4%，实际到位外资3.1亿美元，同比增长15.5%。市商务和粮食局被省商务厅评为全省商务工作（招商引资）先进单位，醴陵市在省商务厅2020年市州、县市区电商扶贫专项行动实施情况评定中被评为优秀，在株洲市招商引资攻坚活动考核中排名第二。

【招商引资】2020年，全市新签约项目136个，合同引资440.4亿元。其中，1亿元以上项目63个，10亿元以上项目12个，50亿元以上项目3个，三类“500强”项目9个。小分队招商35批次，接待到醴陵考察客商500余人次。组织4次集中签约活动，签约项目60个。新签约项目中开工项目91个，开工率为67%。纳入株洲市考核的2018—2019年已签约未开工的10个项目中有9个开工，开工率90%；已开工需推进投产的26个项目中有23个投产，投产率88.5%。全年获得省财政招商项目切块资金210万元。

【外经外贸】2020年，为企业争取外贸专项资金1835万元，出台《醴陵市支持外贸企业十二条》，建立小微企业出口信用保险政府统保平台，企业参保率达98%。引导企业抢占在线外贸新赛道，指导企业利用阿里巴巴国际站、外贸牛、亚马逊等国际电商平台开展外贸业务，利用云平台洽谈客户和签订订单。举行烟花鞭炮出口产销对接会，有日本等国家和中国香港、江西、广西等地的43家外贸公司和醴陵市当地的37家烟花鞭炮企业参加，达成意向订单额6000余万元。引导企业调整外贸产品结构，推动电子产品、家私和卫生防护用品出口。年内，电子制品、电瓷出口实现正增长，新批自营进出口企业62家，年末拥有自营进出口权的企业459家，25家企业实现“破零”“倍增”。

【商贸流通】2020年，争取省商务厅农贸市场补助资金102万元，同时利用市政府638万元补助资金，撬动社会资本2455万元投入农贸市场建设，完成新改扩面积74916平方米。新建的19个农贸市场中有16个投入使用，17个农贸市场改造完成并运营。实现商品网络零售额27.5亿元，增长21.1%，其中网销农产品2亿元。“一江两岸”步行街申报省级商业示范步行街，进入评审程序。开展消费代言直播带货活动，出现线上数字化、短视频运营、电商代运营等消费新模式。汽车文化节、醴陵美食节、“十大名菜”评选、土特产展销、建材家居博览会等活动拉动消费近2亿元。新增入统企业32家，其中批发13家、零售12家、餐饮4家、住宿3家，“个转企”33家。为154家餐饮、住宿企业争取省财政疫情补贴121万元。争取省陶瓷供应链项目建设资金2223万元，建成陶瓷物流供应体系，通过株洲市商务局验收合格；湖南安迅物流运输有限公司、湖南华联瓷业有限公司、醴陵陶润实业发展有限公司等6家企业受益，产品周转率提高28.7%，装卸成本降低43.7%。

【粮食保障】一是确保收储安全。落实粮食收储政策，规范入库程序，执行食品安全新标准，针对全市合格粮源不足和市场价格上涨因素，从湖北、安徽和江西三省调运合格粮食入库，完成2298吨县储粮轮换入库任务。二是确保储存安全。完成17家收储企业排查，整改问题30个。对县储粮每月监测，确保温度、湿度等符合要求。三是确保处置安全。加强对处置粮监管，按规定处置县级储备粮和地方调控粮3700吨。

【商务综合执法】全年开展行政执法检查39次，检查对象151家，当场责令改正违规行为12起，下达限期改正通知1份并整改到位。开展成品油“打非治违”行动，查处无证经营成品油行为1起，罚款3000元。（易康源）

## 海关·检验检疫

【进口防疫检疫】2020年，株洲海关驻醴陵办事处逐条落实对进口冷链商品的管理规定，严防新冠病毒污染商品传入；落实非洲猪瘟、禽流感等重大疫情疫病防控措施及2020年国门生物安全监测方案，捕捉有害蝇类6种。

【安全生产监管】强化安全生产监管，以海关监管现场安全作业为重点，建立健全安全生产风险隐患排查和突出问题自查自纠长效机制，抓实抓细进出口危险化学品及出口烟花爆竹的检验监管工作，开展安全生产专项整治三年行动。

【打击走私】保持打击走私高压态势，提升案件侦办质量和数量，开展“国门利剑2020”“蓝天2020”和打击野生动物走私等联合专项行动。

【海关服务】支持企业复工复产，设立绿色通道，保障防疫物资快速通关；调研走访辖区20余家重点企业，帮助企业解决出口备案、减免税等问题10余个，形成调研报告3篇；主动送政策上门，向100余家企业宣讲惠企政策。为企业办理征免税证明，提升企业享受税收减免的范围和深度。为辖区内企业减免税款，完成2次第二批对美加征关税商品排除工作。签发各类原产地证书，帮助出口企业减免进口国关税。发挥海关技术优势，加强对企业指导和培训，引入企业评价反馈机制；每季度开展满意度外部调查，肯定性评价率达100%。（赵　鑫）

## 供销合作

【概况】2020年，市供销合作社联合社（以下简称“市供销社”）以乡村振兴为抓手，以基层服务网络建设为突破口，构建以市供销社为主导的行业指导体系和以社有企业为支撑的经营服务体系，全面推进深化供销合作社综合改革，取得良好效果，被评为“全国供销系统百强县级社”“全国供销合作社系统抗击新冠肺炎疫情先进集体”“株洲市文明建设先进集体”“株洲市深化供销合作社综合改革优秀单位”。

【保供促销】2020年，新冠肺炎疫情期间，市供销社克服物资运输受阻困难，发挥当地供销服务网络优势，调进化肥农药，平抑农资价格，助力春耕备耕，畅通农产品上升渠道，让“菜篮子”有保障，做到不涨价、不断供。

【供销合作社综合改革】2020年，市供销社围绕深化供销合作社综合改革主线，创新构建“党建带社建、社村共建”模式。依托湘农农产品物流配送有限公司、农产品电商运营中心和线下超市以及农产品销售专柜等，打通农产品上行通道，建立线上线下同步运营的农产品销售网络。截至年末，在2个超市设立供销社农产品销售专区，在1个社区设立供销社菜市、2个集镇设立供销社生活超市。构建集生产服务、流通服务、便民服务、公益服务于一体的综合服务平台，做好为农服务工作。年内，19个镇供销社（镇农联会）和40个惠民综合服务中心（社）完成建设，土地托管服务面积达2.04千公顷，全面完成株洲市下达的“民生100”工程指标任务。市、镇两级农村合作经济组织联合会成员单位扩大至351家。全系统汇总销售农资突破2万吨，农产品汇总销售额达6600万元。

【改制职工服务】2020年，市供销社为308名改制职工办理退休手续，开具各类证明102份，查阅档案3500余次。信访事项及时受理率、按期办结率均达100%，满意率度达98%。

【资产管理】2020年，市供销社实现社属资产保值增值和安全运营。为助力受新冠肺炎疫情影响的商贸市场回暖，及时出台社属资产分类减租政策，减免租金91.5万元。实行阳光招租，续签到期租赁合同40余份。开展社属资产安全生产检查22次，维护修缮瓷城大厦、供销大厦等资产。印发安全生产宣传资料800余份，签订安全生产责任状100余份，聘请消防安全技术人员开展消防安全培训。（余　亮）

## 盐务管理

【概况】2020年，湖南省轻工

盐业集团有限公司醴陵支公司按照职能部门对食盐市场的新要求，坚持一个网点、一本台账、一张发票的制度，规范经营行为，维护全市的食盐安全和盐业市场稳定。全年购进各类盐3644吨，销售各类盐4210吨。在“3·15”消费者权益日和“5·15”碘缺乏宣传日，出动宣传车和人员在城区人流密集场所开展宣传活动，现场讲解真假盐辨别方法，宣传“雪天”和各种高端盐，发放宣传资料2000余份。（谭　波）

## 烟草专卖

【概况】2020年，市烟草专卖局（株洲市烟草公司醴陵市分公司）积极应对新冠肺炎疫情对卷烟市场造成的不良影响，制定经营“微计划”、开设线上“微课堂”、开发银行“微贷款”，帮助零售客户恢复生产经营；加大扶贫攻坚力度，搭建卷烟零售客户与贫困对象的帮扶桥梁，在卷烟零售店开设“党建＋消费扶贫”展销区，帮助贫困户销售产品，实现经济收益14万余元，完成税收8875.06万元，同比增长1.9%。

【卷烟市场监管】2020年，查处各类涉烟案件271起，查获各类违法卷烟786.49万支；办理的“2019.7.30”省督假烟网络案被认定为二级国标网络案，查获卷烟143.92万支，涉案金额619.83万元，刑拘8人，逮捕7人，判刑7人。强化信用监管，起草完善《零售户信用管理知识手册》，搭建“信用日”活动平台，完成5345户零售客户信用评级。开展各类联合执法行动58次，签署《湘赣边界联管控边协作机制协议》，持续巩固跨省合作平台。

【烟草专卖行政许可】2020年，加强“互联网＋政务”服务平台管理，及时更新七大类行政许可事项、承诺办结时限、材料目录、网上申请途径、监督投诉举报途径、办理结果查询方式等要素，确保行政许可相关公示及时、要素完整、内容合法。全年新办烟草专卖许可证593本，许可证网上办理率达40%。行政许可事项保持8个工作日内办结，对外法定公示内容准确率达100%，证件基础信息维护准确率达100%，全面实现“一件事一次办”。

【营销服务】2020年，醴陵市烟草专卖局以增强卷烟零售客户获得感为目标，全面提升服务水平，深化营销网络建设，调优市场状态。推广使用零售终端信息系统，全市上线客户达445户。开展各类品牌培育活动43场，零售客户平均盈利水平得到提升。年末，市烟草专卖局客户服务分部获评2020年株洲市“工人先锋号”称号。（叶世盛）

# 城建·环保

## 城市管理

【概况】2020年，市城市管理和综合执法局（以下简称“市城管局”）直面大疫大灾、投身大战大考，不断优化城市管理和行政执法保障，完善联动机制，加强智能化管理能力建设，城市管理水平不断增强。醴陵市获评“国家园林城市”和“国家卫生城市”，获“全国文明城市”提名，再次获评株洲市城市管理优秀县城，连续7年在株洲市对县市区城市管理绩效考核中排名第一；市城管局获评醴陵市城市创建工作（2016—2020周期）特别贡献单位、市污染防治攻坚战红旗单位、市脱贫攻坚工作先进单位、市安全生产工作先进单位、2020湖南（醴陵）国际陶瓷产业博览会工作先进单位等10余项荣誉；市城市管理行政执法大队获评住建部“强转树”三年专项行动表现突出单位。

【提升城市品质】一是“瓷城绿”。全年新建“口袋公园”26个，有序开展仙山公园、梧桐山公园、阳三游园的山体修复及绿化建设项目，新增各类绿地面积40.27公顷，全市建成区绿地率达35.67%、绿化覆盖率达40.42%、人均公园绿地面积11.61平方米。二是“醴陵净”。城市生活垃圾分类工作正式启动，环卫保洁“三个一样”（白天和晚上一个样，假日和平常一个样，检查和不检查一个样）不断夯实，路面清扫、垃圾清运、站厕维护等工作有质有量，城市环境卫生状况持续向好。环境保护成效显著。在新冠肺炎疫情防控期间第一时间开展城市街面和户外公共场所全面清洁行动，投放废弃口罩专用桶353个、环卫专用车82台，采用雾炮车洗消，统一设置21处便民疏导点，将“一江两岸·瓷城古韵”疏导区打造成示范亮点，保障城区相关场所健康有序。打击扬尘污染和餐饮油烟问题，抓好垃圾填埋场突出和隐患问题整改，出台《醴陵市城市装修垃圾处置管理办法》，扎紧扎实生态环保底线，还城市天蓝、气清、水碧。三是“夜色靓”。照明亮化养护稳步提升，“微亮化”景观精致精巧，城市夜色更加细腻丰富。同时稳步推进节能工作，全年节约230万元电费。四是“城市智”。违法广告语音告知系统、GPS车载监管系统、智能渣土监控平台、“不文明行为曝光台”等城市智能化管理能力日益明显。

【城市管理体制改革】2020年，市城管局从多方面着手，促进城市管理体制改革。一是加速推进城市管理综合执法。完成住建领域全部173项行政处罚权移交，成立住建领域执法室；推进查违控违执法机制改革，对人员经费保障、执法行动、队伍管理等全方位开展整章建制。全年办理一般程序案件123起、简易程序案件10972起，执法效果升级。二是不断提高城市管理精细化水平。实施“路长制+网格化”管理，把全体党员干部压实在一线，按照“三级路长总管、两级网格共治”的方式，量化城市精细化管理标准，加大督查巡查力度，推进限时办结机制，处理网格化案件5500余件。涌现出“园林网格员罗海波英勇救人不留名”“环卫洒水车司机文红亮变身消防员灭火”等模范事迹。三是持续加深城市管理社会化程度。组织“走进城管·城管体验日”等20余次志愿服务活动，召集志愿服务队人员255人，服务总时长超过1万个小时，排名全市第一，有3万名市民参与城市管理，“共建共管、共同缔造”的“大城管”格局逐步形成。

【垃圾收运处理体系建设】2020年，完成14个镇垃圾中转站主体建设，城乡生活垃圾预处理及焚烧发电项目正式启动，焚烧发电厂进场道路动工建设，生活垃圾无害化处理场挡土墙建设即将完成。全市首个规模化建筑垃圾资源化利用项目正式投产，获得“湖南省推进建筑垃圾管理和资源化利用试点（县）市”提名。

【市政基础设施管养】2020年，市城管局按照“安全运行保平安、长效监管提水平、网格管理促服务、精细管养提品质”要求，加强对市政基础设施的管养。全年养护道路3.5万平方米，排水清淤58.4千米，泄水井清淤5586座次，维修破损窨井盖430座次，排除安全隐患76起，制止查处损毁设施事件48起，完成城区15座桥梁的安全检测，全市市政设施连续10年零事故。

【城市空间秩序维护】2020年，市城管局坚持铁腕控违治违。拆除各类违法建设131处、面积28724平方米。推进市容秩序“十乱”（乱贴乱画、乱泼乱倒、乱拉乱挂、乱搭乱建、乱停乱放）整治，开展“门前三包”[临路（街）单位、门店、住户承担的门前一定范围内的卫生、绿化、秩序等市容环境责任和城市管理任务]责任落实、马路市场治理等各类整治行动68次。规范户外广告管理，推进分类审批，强化安全监管，拆除劣质广告413块，完成店招责任主体移交4000个，公益广告宣传屏增加至15块，新增3处大型展会活动疏导点。（陈医红）

【城市环境卫生】2020年，市环境卫生服务中心围绕创建工作目标，强化环卫长效管理，为醴陵成功创建国家卫生城市、获得全国文明城市提名贡献力量。抓环卫作业质量标准化建设。创新垃圾收集处置方式，撤销主路垃圾桶，密闭化定时定点上门收集垃圾、压缩化转运，做到日产日清；创新道路扫洗工艺和监管方式，确保主次干道路面见底色，标线见本色，道路机械化清扫率为81.8%；开展作业车辆、桶箱本色行动，翻新板车、挂桶车，及时更换破损的垃圾桶、果皮箱，做好垃圾桶分类工作，方便市民投放垃圾。抓特殊时期环卫质量管理。新冠肺炎疫情期间，每天安排专人专车及时抽取医学观察点隔离区的污水，做好城区废弃口罩收集运输处置和环卫设施设备消杀；做好“瓷博会”城区环境卫生保障工作；全力助推城市创建工作，顺利通过省级文明城市复审、国家卫生城市暗访及技术评估工作。抓基础设施建设。全面推进“公厕革命”，完成首座“瓷城驿站”滨河路公厕建设并投入使用，实行定人定岗精细化管理，成为全市民生亮点工程。抓环卫宣传工作。利用报刊、电视、网络等宣传媒体，多方位报道环卫工作。拍摄设备维护转运队队长何昌富的抗疫优秀事迹短片，通过微信等平台宣传环卫人爱岗敬业的感人事迹，做好垃圾分类的文艺汇演竞猜活动，营造全民参与城市管理、自觉维护环境卫生、宣传大美醴陵的良好氛围。（魏小平）

【园林绿化】2020年，市园林绿化中心重点推进梧桐山公园、五里牌、阳三游园、仙山公园山体修复及配套设施建设等绿化项目，编制《醴陵市城市绿地系统“十四五”规划》，完成春节、“两会”、国庆等重大节日布展及春节、清明防火和抗洪抢险、抗旱保绿工作。园林绿化管理方面以维护绿化成果为重点。一是加强绿地监管。全面贯彻落实《醴陵市城市管理和综合执法局“路长制”实施方案》，形成以党员干部带头的先锋示范队伍，一个党员一条路、一个园，实现问题及时发现、快速报告、迅速派发、及时处理。全年处理“路长制”各类问题243件、数字城管交办件115件、市长热线36件，报送宣传信息40篇，做到件件有落实、有反馈，无重复派件。加强法规标准和城市管理信用体系建设，严格执行城市绿化“绿线”管制制度、“绿色图章”制度，守住绿地红线。按照《株洲市城市综合管理条例》，强化园林监察力度，对全市园林绿化项目从规划设计、施工建设、竣工验收到养护管理全过程实行指导服务和监督管理。二是严格落实分级养护要求。根据《醴陵市园林绿化精细化养护管理工作实施方案》要求，对300余万平方米的绿地养护任务进行分级管养，对公共绿地实行网格化、精细化管理，实现“人员、职责、任务”三落实，切实当好城市园林绿化管家。年内新增公园绿地、生产绿地、防护绿地、附属绿地等各类绿地40.27公顷。截至年末，全市建成区绿地总面积1084.57公顷，公园绿地面积287.38公顷，人均公园绿地面积11.61平方米，绿地率35.67%，绿化覆盖率40.42%。（翁　勇）

【市政工程维护】2020年，市市政工程维护中心负责管养城市建成区主次干道34条，道路总长243.5公里、面积456.61万平方米，管网排水总长240余公里，桥梁18座，广场24处。全年维护油路1.81万平方米，维修改造人行道1.63万平方米；清淤泄水井5586座，疏通排水管道5.8万米，增设排水管道400余米，维修破损窨井盖430余座次；完成城区15座桥梁的常规检测，根据检测结果更换江源大桥、渌水大桥伸缩缝，拆除重建上港桥，完善醴陵大桥排水系统。对产权属于其他单位的市政设施实行监管，对破损设施及时通知并跟踪督促修复，下达书面等整改通知241份，整治基建占道18次，排除安全隐患76起，制止查处损毁设施事件48起，有效控制设施损毁现象。全年处置“12345”市长热线、市网格、数字城管、110接警等转交应急案件284起，处置率达100%。（吴冬生）

【灯饰管理】2020年，市灯饰管理所管养路灯20028盏、景观亮化灯具133223盏（套），建筑亮化210余栋，桥梁、景点亮化12处。全年维修路灯1385盏，检修开关、线路故障、井盖等辅助设施400余次，更换各类景观灯具、电源开关6738个，维修更换线路5000余米，开展应急处理89次。接听市民报修538次，处理市长热线及政协建议43起，全面改造仙岳山路庭院灯87盏，开展安全日常排查314次、专项排查41次，排除各类隐患406处，确保城市照明亮灯率及设施完好率达标。推进“景观亮化工程”过度化问题整治工作，在保障城市基本照明情况下，单灯解除城区23条路段路灯1458盏，拆除5条路段的低灯231盏，比上年节约电费近230万元。在用电高峰期，减化部分道路照明设施，优化景观亮化启闭时间，合理设置景观亮化设施运行模式，减轻电力负荷。（李　丽）

## 住房和城乡规划建设

【概况】醴陵市住房和城乡建设局（人民防空办公室），实行“一套班子，两块牌子”合署办公，有建筑业管理股、勘察设计管理股、村镇建设管理股、招投标管理股、建设工程消防验收股、城市更新股、人防指挥通信股等15个内设机构，及市城市公用事业服务中心、市建设工程质量安全监督站、市住房保障服务中心和市瓷城水务发展有限公司等13个二级事业机构和1个转企改制单位，全系统有在职干部职工410人，其中编内264人、编外146人，承担着全市住房和城乡建设行政职能及相应服务职责。

【重点工程】2020年，瓷城古韵·一江两岸项目取得新进展，西山船厂泵站枢纽工程、渌江古桥南桥头房屋修缮工程、南街酒吧、青云桥、礼品街区5个子项目全面完成；新妇幼、新三中、五彩广场、LNG储气库等重点项目建设有序推进；城区人防疏散通道填埋工程、排水设施建设项目和寨子岭南路、财源塔北路、企石一二路、碧山路、宜兴路、枫溪路等城市道路前期工作启动。

【水、气供应】2020年，完成第二自来水厂立项等前期工作，新建供水管网40公里，改造管网10公里。年末，全市供水管网总长885公里，供水用户105265户，供水量2700万立方米，售水量1953万立方米，水费回收率101.18%，管网合格率99%，抢修及时率98%，水质综合合格率100%。全面实施天然气全覆盖工程，新增燃气用户2065户，LNG燃气储备站新建项目处于基础施工阶段，改造燃气管网5.85公里，全市综合气化率达93%以上。

【房地产市场】2020年，全市完成房地产开发投资43.81亿元，同比增长10.03%；商品房开工总面积146.82万平方米，其中新开发项目13个，新开工总面积达101.48万平方米。全市上市新建商品房6866套83.62万平方米，销售商品房6923套80.89万平方米，销售均价5445元/平方米。全市共实现房地产业相关税收4.6亿元，其中契税4.4亿元。2020湖南醴陵房地产博览会成交房屋4604套、面积59.99万平方米，成交金额32.24亿元。

【危房改造】2020年，完成全市农村危房改造。按“人不住危房，危房不住人”总原则，开展住房安全问题“清零”行动，进行住房安全鉴定30385户次。2013年以来，累计完成危房改造6831户，补助资金1.23亿元，受益近2万人。其中年内复查4861户，完成危房改造997户，顺利通过国家、省督察及省级验收。

【污染防治】2020年，二圣河、西岸河、东岸河、西山渠4个城区黑臭水体治理项目竣工，城市水环境得到有效改善。渌江水系综合治理PPP项目第一批9个集镇污水处理设施主体建设全部完成，第二批9个集镇污水处理设施建设项目进入主体施工阶段。落实“6个100%”（施工区域100%标准围挡、裸露黄土100%覆盖、施工道路100%硬化、渣土运输车辆100%密闭拉运、施工机构出入车辆100%冲洗清洁、建筑物拆除100%湿法作业）扬尘治理措施，工地实现裸土覆盖率达90%左右，配备喷洒炮雾机36台，安装扬尘监控设备26套，建筑工地扬尘防治实现常态化管理。

【房地产办证遗留问题处置】2020年，根据《全省集中化解房地产办证信访突出问题专项行动方案》文件要求，成立市房地产开发项目遗留问题处置领导小组，办公室设市住建局（人防办）。市住建局（人防办）起草制定《醴陵市处置房地产办证遗留问题工作实施方案》和实施细则，加快推进房地产办证信访突出问题化解。全年排查摸底房地产突出问题楼盘 18 个，涉及购房户 4099 户，化解 8 个楼盘的相关问题，化解率 47%，发放不动产权证 1933 本。

【建设工程质量安全监管】2020 年，开展“安全生产月”、创建质量安全综合考评和“一单四制”隐患整治系列活动，开展专项检查 7 次，发出整改联系单 814 份；顺利迎接国家、省、株洲市检查 12 次，5 个项目获评省优质工程，11 个项目获评省、株洲市标准化工地，全市建设工程领域未发生质量安全责任死亡事故。

【人防工程】2020 年，全市新增防空警报器 2 台，防空警报器增至 19 台，确保防空警报覆盖率、鸣响率 100%。人防审批规范有序，及时办理人防报建项目和结建审批项目，完成审批报建易地建设项目，完成易地建设费补缴项目和征收易地建设费工作。

【行政执法】对亿都时光、茉莉公馆、申熙路等 40 余个项目和新奥燃气、均楚镇仇某某、板杉镇付某某等多个企业和居民点开展建筑施工、燃气安全生产、标后稽查、扫黑除恶线索摸排等行动，督促相关单位和个人履行好新冠肺炎疫情防控、报建报监、质量安全管理、文明施工、合法经营、污水处理、扬尘防治等职责。全年累计下发“停工通知书”34 份、“责令改正通知书”11 份。1—10 月共立案涉嫌违法行为案件 29 起，查实并结案 17 起，收取罚金 179.5 万元。根据《醴陵市城市管理和综合执法体制改革涉改行政处罚权移交文本》要求，从 2020 年 10 月 16 日起，住建领域的所有违法行为案件线索移送市城市管理和综合执法局依法依规予以查处。10 月 16 日至 12 月 1 日，移送市城市管理和综合执法局涉嫌违法行为案件 8 起，查实并结案 8 起，收取罚金 58.4 万元。

【建筑行业管理】2020 年，全市建筑业企业增至 78 家，其中总包企业 33 家、专业承包企业 19 家、劳务公司 26 家，完成建筑业总产值 104 亿元，增长率 12%。有 14 家建筑业企业完成新资质申报，3 家公司实现资质增项；新增产值联网直报企业 5 家，直报企业总数达 32 家。

【工程审批】2020 年，全市完成房屋建筑和市政基础设施项目招投标 26 个，中标总金额 10.59 亿元。召开初步设计审查会 17 次、征求专家意见 6 次，评审项目 23 项，受理施工图审查项目 78 项，备案建筑面积 19 万平方米，受理消防验收（备案）61 个，办结 60 个，办理人防报建项目 34 个，总报建面积 180.33 万平方米。

【房屋征收】2020 年，实行阳光征收，全年签订房屋征收补偿安置协议 223 户，完成征收面积 23081.68 平方米，补偿金额 2.5 亿元，完成一江两岸北岸青云桥、水文站、大桥匝道和醴浏铁路棚户区改造、三三橡胶棚户区改造等项目的房屋征收工作清零。（易雪辉　陈玉杨）

## 城市公用事业服务

【概况】2020 年，市城市公用事业服务中心（以下简称“中心”）按照全市工作部署，着力改善民生基础，不断夯实城市公用事业基础。城市污水处理平稳高效。全面加强城市污水处理行业监管力度，严格规范运行，全年处理城市生活污水 1598.22 万吨，污水处理率达 95.2 %，顺利通过国家卫生城市检查和省住建厅绩效检查。燃气供应保障有力。LNG 燃气储备站新建项目处于基础施工阶段，全面实施天然气全覆盖工程，全年新增燃气用户 2065 户，燃气管网改造 5.85 公里。全市现有居民用户 10 万户、工业用户 347 户、公服用户 754 户，年供气量 3 亿立方米，城区天然气气化率达 93% 以上，乡镇集中区域居民天然气气化率达 40% 以上。

【项目建设】2020 年，中心加快推进项目建设，城市环境更加宜居。民生项目稳步实施。以打造城市生态水系为突破口，全面推进水系建设，打造水绿交融、净河绕城的“一江两岸·瓷城古韵”滨水景观。百年学府门楼、青云桥等新建项目相继建成并投入使用，全市城市景观产生质的飞跃，城市品位不断提升。新三中项目教学楼、风雨操场、宿舍楼、食堂等基础设施完成主体建设；新妇幼项目急诊楼、住院楼等加快推进建设。市政项目高效开展。完成瑞景家园排水设施建设、玫瑰园及龙园山庄驳岸抢险工程和车顿桥污水管网修复工程，进一步消除城市平稳运行风险点。采取委托代建的方式，启动财源塔北路和寨子岭南路建设，城市基础设施得到有效改善。水体整治成效显著。采取截污纳管、清淤清障、堤岸修复等方式，完成株洲市住建局、醴陵市委市政府下达的黑臭水体整治任务。

【行业监管】2020 年，中心着力严抓共管，行业管理更加规范。强化城市排水行业监管。委托省建设工程质量检测中心对全市新增城区地下管线进行调查，掌握排水管网现状，建立城区排水管网地理信息系统二三维一体化系统并投入使用，充分利用数据科技实行管线行业管理。全面实施排水许可。将排水许可纳入项目审批范围，从初设、施工到竣工验收实施全过程监管，完成金东陶子湖、滨江景苑、嘉福未来城等项目的排水许可审批，城市排水行业监管不断完善。严格燃气行业安全管理。加强对燃气企业操作、管理人员安全培训；实施监理制度，对在建燃气工程质量严格把关，严控工程质量；按照“四不两直”要求，对燃气企业进行督查30余次，共出动200余人次，发现燃气企业隐患30余处，下达限期整改通知书24份，隐患均已整改完毕；强化信息化建设，远程监控燃气企业安全运行情况；推广燃气保险，全市所有燃气企业均已参保；全力从严开展液化气打非治违工作，切实维护全市合法企业和网点的经营行为，联合应急、公安、市场等部门开展联合执法检查15次，收缴钢瓶166只；定期组织企业进行应急演练，督促企业加强安全生产管理。（张洪波　刘伍寅）

## 城市供水

【概况】2020年，根据中央、省委和株洲市经营类事业单位改革的总体安排部署，市自来水公司进行转企改制，核销事业编制，名称变更为瓷城水务发展有限公司（以下简称“公司”），由市住建局和市财政局实行双重管理。公司设立董事会、监事会，按现代企业制度运营和管理，于10月12日举行揭牌仪式。狮子坡水厂日生产能力10万立方米，主要水源地为渌江河、望仙桥水库。年内，公司完成第二自来水厂项目水资源论证、取水许可、可行性研究报告、立项等工作，于9月将第二自来水厂资料移交渌江集团，并配合渌江集团开展EPC招标、征地拆迁等工作。全年累计供水量2648万立方米，售水量1948万立方米，水费回收率101.18%，管网合格率99%，抢修及时率98%，水质综合合格率100%。

【供水管网建设】2020年，公司新建东城大道、陶子湖片区、岭前路及渌江新城片区部分路网供水管网40公里，完成江源大桥跨线桥、凤凰大道、左权南路等管网改造10公里。年末，公司供水管网总长885公里，有供水用户105265户。

【水质监管】2020年，公司严格执行国家饮用水水质检测标准，做好地表水源水、水厂出厂水、管网末梢水的日常水质监测工作。每天检测地表水源水、出厂水感观性状、微生物等9大指标；每月2次抽取10个点管网末梢水检测7个指标，每月对水源水、出厂水、管网水进行1次常规分析检测，其中水源水检测24个指标、出厂水和管网末梢水各检测35个指标。全年水质综合合格率达到100%。（邹婧滢）

## 建设工程质量安全监督

【概况】2020年，全市有在建工程项目111个，总建筑面积403万平方米，工程造价12亿元。市建设工程质量安全监督站（以下简称“市质安站”）强化“红线意识、底线意识”，创新监督模式，监管能力和业务水平逐步提高。为抗击新冠肺炎疫情，市质安站在做好自身疫情防控工作的同时，详细部署全市建设工地疫情防控工作，助力各建设工地复工复产。加强建设工地环境治理，助力全市创建工作。工地现场生活垃圾、建筑垃圾日产日清率达95%以上，道路硬化比例达90%～95%，规范化清洗平台设置率达70%～75%，雾炮机普及率达95%以上，围挡喷淋设置率达70～80%，围挡设置率达98%以上。截至年末，全市建筑工地安装噪声扬尘在线监测系统20套，PM10（可吸入颗粒物，即大气中空气动力学当量直径≤10微米的颗粒物）和PM2.5（可入肺颗粒物，即大气中空气动力学当量直径≤2.5微米的颗粒物）处于安全范围内，并要求大型工程配备喷雾降尘装置和洒水车、塔吊喷淋设备，在进行土方和基坑开挖等扬尘多发阶段的作业面，及时进行降尘作业。年内，一江两岸·瓷城古韵、金东陶子湖、湘东医院医技大楼、市民中心等5个项目获评省优质工程，市第四中学科技楼等15个项目成功申报株洲市优质工程，还有11个项目获得省、株洲市建筑施工安全质量标准化示范工地。（陶雅琴）

## 住房保障服务

【概况】2020年，全市完成房地产开发投资43.81亿元，同比增长10.03%；商品房开工总面积146.82万平方米，其中新开工面积达101.48万平方米；共销售商品房6923套、80.89万平方米，销售均价5445元/平方米，其中房博会成交32.24亿元，创历史新高。市住房保障服务中心共办理房屋测量面积198.15万平方米，完成白蚁预防施药项目14宗、72.92万平方米，免费灭治56宗。

【住房保障】截至2020年年末，完成136个老旧小区改造项目施工，启动31处老旧小区配套基础设施项目建设，完成500余户老旧小区居民家庭油烟污染改造治理。交付柳家湾保障性住房小区（一期）451套保障性住房，分配127套公租房，完成城区近15万平方米直管公租房、廉租房清租换约和租金收缴等工作，向391户低收入住房困难家庭发放81.47万元住房租赁补贴。启动群力棚改（三期）等3个棚改项目，共1136套，开工率100%。

【物业管理】2020年，为抗击新冠肺炎疫情，市住房保障服务中心除参与物业管理小区和相关社区蹲点值守外，为各小区、物业企业发放口罩4万余只、体温枪200余把、消毒液近8吨，助力复工复产。指导蓝天物业等5家物业公司成立党支部，行业党建进一步筑牢。建好新华园等24个无物业小区业主自治示范点，全市业主自治示范点达31个。全年归集房屋维修资金3973万元，使用金额58.32万元，共计维修18个小区。（高琦 黄珂）

## 城市建设投资开发

【概况】2020年，市渌江投资控股集团有限公司（以下简称“渌江集团”）完成与市高新技术产业发展集团有限公司的控股合并，坚持市场化转型方针，自身造血功能不断增强。渌江集团实现主营业务收入42.88亿元、利润3.05亿元，年末资产总额496亿元，净资产233.6亿元，资产负债率52.9%。在受新冠肺炎疫情影响导致资金流动性不够的情况下，集团全年共还本付息56.74亿元，其中还本46.63亿元、付息10.11亿元，无逾期现象。在国家开发银行支持下，集团于12月25日获得大公国际评级公司外部评级AA＋批复，醴陵市成为继长沙县、浏阳市、宁乡市后的省内第4个拥有AA＋平台的县（市）。共承担22个项目建设任务，其中在建项目14个，完成投资6.58亿元。22个项目中有株洲市重点项目5个，总投资约125亿元。通过加强对国有资产、项目建设等重点工作的安全检查和专项排查，及时消除事故隐患和苗头，保持安全稳定的工作态势。年内，渌江集团获评醴陵市2020年度“产业项目建设年”活动、产业突围工作红旗单位和安全生产工作先进单位、招商引资工作先进单位等称号，人民日报网、湖南红网、省国资委等以《醴陵市渌江集团市场改革推向纵深，活力大增》为主题报道渌江集团工作。

【经营创收有突破】2020年，渌江集团组建能源公司，统筹集团能源经营。其中，长庆加油站和城西加油站分别于4月和7月开业，日均收入近10万元。组建资源公司，统一组织集团资源建设，于10月正式开采河道砂石；加强与旗滨、红星美凯龙等知名企业合作，按合同约定按期收回土地款约2.7亿元。维也纳酒店正式对外营业，9—12月营业额达200万元，平均入住率80%左右。全年实现门面租赁收入0.65亿元，比上年增加0.17亿元，市政公司实现收入0.8亿元，比上年增加0.1亿元。

【管理制度改革】2020年，渌江集团从四方面着手，推进内部管理制度改革。一是改革运行机制。明确集团作为投融资中心、决策战略中心、宏观调度中心，确保集团对下属公司（部室）的绝对管控和资源集中；减少审批环节，优化审批流程，推行限时办结制度，确保内部运行效益最大化。二是改革绩效薪酬制度。制定符合集团特点的绩效管理办法和薪酬管理办法，通过调整薪酬比例，建立“能者上、优者奖、平者让、劣者下”的竞争机制。三是改革采购招标制度。修订集团采购管理办法，完善采购例会制度，提高采购效率；制定《造价咨询中介机构管理办法（试行）》，规范造价咨询中介机构的行为，提高预算编制、结算评审质量。四是改革考核督办制度。制定《重点工作任务督查督办工作管理办法》和线上交办督办系统，有效加强对上级重点交办和内部重点工作的督查督办。

【产业投资】2020年，众微创新创业基金（渌江1号基金）完成对深圳科安达等6家公司投资入股，其中深圳科安达已上市，另2家公司在做上市前的准备工作。渌江众微基金（渌江2号基金）完成对中模云建筑科技有限公司投资2000万元，该公司总部已迁入醴陵市。组织14家醴陵市优秀企业，组建醴商创业投资基金，注册资金1.05亿元，探索资本市场对接。

【仙山公园望江楼项目】望江楼地处仙山公园西侧山顶，是整个公园的重要景点，形状为八角楼，层数为主体7层，基座负2层，主体建筑高度为63.11米（除基座外），立体设计屋面为黄色琉璃瓦，基座为深灰色石材，项目规划用地面积9882.25平方米，总建筑面积7846.91平方米，主体建筑面积4009.92平方米，项目总投资7000万元。项目由醴陵市发改局以醴发改[2017]11号文件批准建设。2017年6月6日—8日，经公示无异议，确定第一中标候选人为湖南省中欣建设工程有限公司和湖南省建筑设计院联合中标，并依法签订施工合同。项目于2017年7月1日开工建设，2020年11月完成项目土建工程施工。（刘海军）

## 环境保护

【概况】2020年，株洲市生态环境局醴陵分局（以下简称“分局”）坚持生态优先、绿色发展，推进企业转型升级，打好“蓝天、碧水、净土”三大保卫战，助推生态文明建设，全市生态环境持续好转。年内，全市空气优良天数358天，优良率97.8%；环境空气质量综合指数3.15，居全省第62位；PM10平均浓度为43微克/立方米、PM2.5平均浓度为28微克/立方米；渌江出境水环境质量保持不低于Ⅱ类标准；望仙桥水库断面、三刀石断面（醴陵自来水厂）、官庄水库断面水环境质量达标率保持100%。全市累计完成人工造林1733.33公顷，森林覆盖率达56%，城市建成区绿化覆盖率40.42%；完成种植结构调整3166.67公顷，修复治理重金属污染土地666.67公顷；市区污染地块安全利用率达90%以上，污泥无害化处置率100%，危险废物安全处置率100%，净土持久战取得初步成效。年内，分局受理回复人大建议2件、政协提案5件，其中主办3件、协办4件。明确由法规股牵头，将人大建议及政协提案按照所涉内容分解到相关职能部门，明确责任人和工作要求，开展调查研究和整改落实等工作，形成书面回复材料。

【建设项目审批】2020年，分局从四个方面着手，加强建设项目环保审批工作。一是严格审批把关。依法审批新、改、扩建项目242个，对337件登记表项目进行备案，建设项目环境影响评价和环保“三同时”（建设项目中防治污染的设施应与主体工程同时设计、同时施工、同时投产）执行率100%。二是完善审批体系。全面推进辖区内固定污染源排污许可清理整顿和排污许可发证登记工作，对应核发排污许可证的145家和应登记类别的1597家单位全部核发、登记到位。三是规范审批程序。在建设项目环评工作中做到严格依据项目规划，开展现场核查、专家论证等工作，并在审批前进行受理和拟审批2次公示，杜绝暗箱操作和违规审批的现象。四是做到跟踪服务。优化审批流程，依法按程序快速推进项目审查及行政审批工作；在市民中心设置环保审批窗口，落实“最多跑一次”工作部署，为筹备单位和项目业主提供优质服务。

【大气污染防治】2020年，完成大气污染防治项目26个，其中工业窑炉污染整治项目8家、重点行业VOCS（挥发性有机物）治理13家、锅炉整治项目5家；对36家餐饮单位和24家汽修单位下达限期整改通知，督促企业完善环保设施，做到达标排放不扰民；指导督促455家企业实行大气特护期错峰生产，强力推进扬尘抑制、秸秆禁烧、油烟治理、机动车尾气检测，大气环境质量不断向好。

【水污染防治】2020年，完成全市15处农村千吨万人饮用水水源地界碑设置、标识标牌和宣传牌的安装以及环境问题的排查整治，均楚周坊水库饮用水水源地农家乐污水处理问题被彻底整治并销号；完成21个农村千人以上集中式饮用水水源地保护区编制和划定，年内均已通过上级评审。开展入河排污口摸底排查，完成渌江醴陵城区段22个排污口的核查和监测工作，规范排污口设置。完成经开区C区污水处理厂主体工程建设。配合水利部门清理排查小水电站22家，经审查确定，对7家小水电站完善环评审批手续。

【土壤污染防治】2020年，充分运用生态红线划定成果，严把环境“准入”关，加大污染土地的治理力度，土壤环境得到有效管控。完成涉镉污染地块排查及成果编制工作；继续开展重金属污染场地综合治理，加快土壤修复，完成官庄镇利川村烂泥冲金矿历史遗留废渣治理工程建设，加快推进茶山镇石景冲矿区污染治理。

【环保督察】2020年，分局坚持把中央、省环保督察交办问题整改作为落实上级决策部署的重大政治任务，对环保问题实施“一单五制”（问题任务交办清单，问题双向交办制、进度定期报告制、整改台账制、验收销号制、通报问责制）工作法，规范工作程序，强力推进环境问题整改。对2017年以来中央、省环保督察等交办的144个环境问题全部完成整改并销号。9月，省环保督察“回头看”共交办环境问题46个（其中重复18个），已整改27个，因个别问题有重复交办，另外19个问题实为潘家冲萤石矿、垃圾填埋场、江南砂石厂、壹号搅拌站、白兔潭金源矿业、李畋镇花麦村畜禽养殖6个问题，均按要求强力推进。

【环境执法与检查】2020年，实施环境行政执法网格化管理，形成“全覆盖”的环境执法网络；开展生态环境突出问题整改，加大对涉矿、洗砂、砖瓦行业的环境监管力度，督促企业认真落实环评要求，确保企业环境规范化管理到位；加大生态环境问题排查整治力度，突出部门联动，以铁腕执法严厉打击生态环境违法行为。全年共立案65件，下达行政处罚决定书61件，未发生重大以上突发性环境污染事故和群体性污染纠纷事件。新冠肺炎疫情防控工作中，突出对医疗机构、工业企业、定点酒店的检查督导，按处置要求转运处置医疗废物64.08吨，处理医疗废水量15120吨。对全市饮用水源地进行现场检查和加密采样监测，确保饮水安全。

【环境监测】2020年，对8个断

面的地表水和3个断面的饮用水源水质进行常规监测；对2个点位环境空气质量进行自动监测；对14条道路26个点位进行常规交通噪声监测，监测结果符合4a类标准；对117个点位进行区域环境噪声监测，监测结果符合国家Ⅱ类区标准；每月开展2次机动车尾气路检，查处机动车尾气超标排放交通违法行为84起，对所有超标车辆由交警部门进行处罚并下达限期整改通知。

【环境宣教】2020年，分局及时传达学习生态文明思想和中央、省、株洲市生态环境保护工作要求，健全机制，落实生态环境保护"党政同责、一岗双责"。利用新闻媒体和民间组织开展流动宣传、大型户外宣传举办生态文明"六进"（进学校、进社区、进企业、进机关、进农村、进网络）等活动；申请专项资金90万元，用于生态环境保护宣传阵地建设，在全市设立30处宣传牌，多渠道、全方位开展生态环境保护宣传，着力提高全民生态文明意识。（杨莹芝）

## 城市创建

【概况】2020年，醴陵市城市创建工作领导小组办公室（以下简称"市创建办"）深入推进创建工作，全面巩固国家园林城市创建成果，全面整改国卫专家暗访交办的7个方面50余个事项，高分通过省级文明城市年度测评，成功创建国家卫生城市，获全国文明城市提名城市，实现市第十二次党代会提出的"三创"目标（2018年成功创建省级文明城市、2019年成功创建国家园林城市、2020年成功创建国家卫生城市、获全国文明城市提名城市）。

【成功创建国家卫生城市】2020年，全市创建国家卫生城市工作进入决胜阶段。2月，由市创建办牵头，对国卫专家暗访反馈的问题清单挂图作战，逐一销号。向"四街一区"、卫健、城管、食监等单位交办93项整改事项，并明确整改措施、整改时限、整改要求和整改责任人。印发5万余份《致广大市民朋友们的一封信》，倡导市民为城市创建出力添彩。制定下发《醴陵市创建国家卫生城市重点场所及周边联合规范治理工作实施方案》，对农贸市场、"八小门店"（小饭店、小熟食店、小食品加工店、小网吧、小浴池、小理发店、小歌舞厅、小旅店）、学校周边等重点场所开展5次联合规范治理。联合市委督查室、市政府督查室，就问题整改情况开展3次专题督查。到6月底，国家爱卫专家反馈的7个方面50个突出问题全部整改到位。为迎接8月中旬全国爱卫办组织专家的实地技术评估，全市对标对表做好前期准备和迎检服务工作。一是对照技术评估细则要求，将责任分解到5个街道（示范区）、31个主要涉创单位和40个社区（城中村），明确时间要求和评估程序。市创建办开展督查指导10余次。二是组织开展业务培训，统筹88个部门单位，将11项必备条件、8大类40大项192小项资料，以及创建、防疫、城乡环境整治3个附加专项资料进行系统整理、装卷成册，以供查阅。三是多次研讨完善评估点位设置，确定迎检点位357个，组织10个专业小组对所有点位进行全覆盖督查走访，确保每个点位经得起专家检查和市民检阅。四是邀请省、株洲市爱卫办领导专家对技术评估的点位打造、线路安排、接待细节等开展2次技术评估演练，就演练中发现的200余个问题及时反馈并进行整改。醴陵市先后通过技术评估和国家综合评审，12月10日获评国家卫生城市。（陈自亮）

## 征地协调服务

【概况】2020年，市征地工作协调服务中心（以下简称"中心"）扎实推进项目征拆和腾地清零，共征地423.13公顷，拆迁房屋823栋（套），完成60个项目清零交地，获市文明单位、"产业项目建设年"活动先进单位等称号。

【征拆工作协调服务】2020年，中心多方举措，助推项目征拆和腾地清零工作。一是做好体制机制改革。为进一步规范征地拆迁和房屋征收工作，加强对全市征拆资金的管理和调配，中心牵头制定《关于进一步规范征地拆迁和房屋征收工作的实施意见》《醴陵市征地拆迁和房屋征收资金管理办法（第三次修订）》等系列政策性文件。同时整合征拆力量，与市自然资源局土地征用安置所、市住建局（市人防办）城市更新股集中办公，业务上由中心统一管理与调配，实现团队整合。二是强化司法行政措施。市人民法院、市司法局各安排1名专业扎实、经验丰富的工作人员派驻市征地协调中心，为破解征拆疑难问题提供法律依据和途径。全年通过司法谈判促成16户成功签约，7个项目征拆任务清零；适时启动司法程序7宗，东富工业园碲化镉项目腾地案经过一审、二审司法程序后，申请法院强制执行，于12月24日对项目最后1栋房屋实施拆除，实现项目清零；新区学校项目腾地案二审胜诉，为项目推进奠定基础。自然资源部门和住建部门下发行政文书55份，助推征拆工作顺利开展。（龙丽娟）

# 交通·邮政·通信

## 交通运输

### 综　　述

【概况】2020年4月，根据《中共醴陵市委机构编制委员会关于明确醴陵市交通运输局所属事业单位职能配置、内设机构和人员编制规定的通知》（醴编委〔2020〕20号）规定，市交通运输局管理的所属事业单位有市交通事务中心、市交通运输综合服务中心、市航道管理站（市水上安全监控中心）、市交通行政综合执法大队（市教育处罚中心），其中市交通事务中心下设市公路养护中心、市路政管理大队（市渌江超限检测站）2个事业单位。12月，根据《中共醴陵市委机构编制委员会关于印发〈醴陵市交通运输局综合行政执法大队职能配置、内设机构和人员编制规定〉的通知》（醴编委〔2020〕48号）文件，整合交通运输系统内公路路政、道路运政、水路运政、航道行政、港口行政、地方海事行政、工程质量监督管理等执法职责，组建市交通运输综合行政执法大队，为市交通运输局所属副科级执法机构。不再保留市交通行政综合执法大队（市教育处罚中心）、市路政管理大队（市渌江超限检测站），将市航道管理站（市水上安全监控中心）执法职能划入市交通运输综合行政执法大队，市航道管理站更名为市水运事务中心，不再加挂市水上安全监控中心牌子。调整后，市交通运输局共有市交通事务中心（下设市公路养护中心）、市交通运输综合服务中心、市水运事务中心和市交通运输综合行政执法大队4个事业单位。

【重点交通项目】2020年，高速公路、干线公路、农村公路项目提速推进，实施“121”工程（建设10条公路，建设总里程200公里以上，建设总投资100亿元以上）建设，扩大S104项目工作专班，新增S204、S330、G106绕城公路项目工作专班，以公路建设项目为主，完成固定资产投资12亿元，同比增长7.67%。醴娄高速（G60复线）项目完成征拆前期工作，S104云龙楠山铺至醴陵塘坊公路项目完成路面、桥涵、附属设施招投标和全线60%的路基建设工作。S204桎马线和醴官线项目启动建设，明月、嘉树段进展较快。S330红色旅游公路项目完成全线60%的路基建设，路基成型段达34公里。S532、S533板杉至仙霞公路项目完成工可编制，并通过省交通运输厅组织的专家评审。佛年大道启动建设，剩余长庆段路基未拓宽。完成G106醴陵城区绕城公路项目前期立项和施工图审批。

【农村公路建设】2020年，完成G106至李山公路9.23公里路面提质改造。基本完成X015大神线中修（小修），完成碧马线、贺杉线、X059、X077、X066、X084等线路灾后水毁修复。推进猫形潭、枧头洲渡改桥建设，完成自然村通水泥（沥青）路79.36公里、农村公路窄路加宽工程11.15公里建设，改造危桥13座，完善194公里农村公路交通安全设施。完成327.17公里农村公路日常养护工作，清理北部旅游公路等线路约8000立方米边坡塌方，砍伐存在安全隐患的行道树200余棵，农村公路养护工作排名株洲市前列。

【新冠肺炎疫情防控】2020年，新冠肺炎疫情防控期间，确保交通运输行业运行平稳。严防严控阶段，准确把握形势，适时暂停和有序恢复公共交通服务，确保全市路网安全畅通。先后抽调120名人员在高速落地互通、干线公路县际交界处精准设卡，排查车辆2万余台次，为近5万名乘客测量体温。在高铁站、火车站、客运站等重点区域，累计排查旅客90万人次。复工复产阶段，及时撤除120个公路防疫检查点，恢复公共交通服务，通过“点对点”包车服务运送复工人员800余人。

【运输服务保障】2020年，完成10个农村招呼站建设。开通11路公交线路，恢复醴陵至枧头洲农村客运班线，优化调整3、4、8路公交线路，调整后共有公共汽电车运营车辆158台、营运线路11条，总营运里程154公里，公交客运总量达2568.4万人次。集中整治铁路沿线安全隐患225处，醴茶铁路恢复客运运营。推进“放管服”改革，推进“双随机、一公开”监管机制，录入完成检查事项清单247项。优化行政审批事项，33项行政审批和公共服务事项进驻市民中心窗口，全年办理即办件4000余件。

【行业监管】 2020年，进一步加强高铁站站前秩序维护，成立沪昆高铁醴陵站站前广场秩序维护整治办公室。开展出租车、班线客车、旅游客车整治行动，查处违规经营行为86起。打击超限超载等道路运输违法行为，成立联合执法组，对7家违规货物源头企业处以9万元罚款，查处非法营运“黑车”41台，抓获涉嫌冲关超限超载车辆45台，治安拘留19人，抓获“黄牛党”10人，刑拘10人，处罚超限车辆662台、非法改拼装车辆5台，卸载货物12260吨，罚款402.8万元。完善交通运输智能监管和检测系统，“两客一危”（从事旅游的包车、三类以上班线客车和运输危险化学品、烟花爆竹、民用爆炸品的道路专用车辆）智能监管系统投入使用且上线率达100%，完成158台公交车智能监控设备安装工作，G106线醴陵北段不停车检测系统完成安装并投入使用；11家重点货物源头企业完成治超视频监控、出厂（场）称重检测等设备安装并与省治超信息平台联网，新建G320龙源治超检测点和东城大道治超站，其中龙源检测点投入使用，东城大道治超站项目完成征地工作。“隐患清零”行动不断升级，开展道路运输行业执法检查359次，按照“一单四制”要求整治重大安全隐患13例，下达隐患整改通知书21份，约谈企业法人22例。

【交通扶贫】2020年，完成李山段9.23公里路面建设，投入建设资金3605万元，新改扩建贫困村道路90公里，完成生命防护工程28公里、危桥改造5座，改善沿线2000余户贫困户的出行条件，直接带动150户贫困户增收脱贫。编制一批湘赣边交通项目规划和旅游路、产业路、资源路项目规划，激发交通带贫潜能。发动全系统举行“乡村振兴、大美醴陵”慈善募捐活动，共筹集善款9.8万元，为贫困群体送上爱心4948份。拨付帮扶资金46万元、“携手奔小康”资金10万元。 （陈　谊）

## 交通事务管理

【概况】2020年，市交通事务中心整合专业养护技术指导队伍和社会化专业养护资源，结合农村人居环境整治开展公路养护工作，修补路面坑槽2.83万平方米，沥青砼罩面1.55万平方米，实施清灌缝养护1.86万米，补植行道树2441株，抢修塌方29处，清理垮方1.72万立方米，完成路肩水沟“三面光”养护53公里，行道树刷白53公里，安装示警桩800余根，安装公里碑、百米桩200余块，补划标线5公里。管养公路干、支线平均优良路率分别达93.8%、85.1%。

【道路工程项目建设】2020年，完成第一批普通国省道大中修及危桥改造项目S329线3.72公里中修项目，G106线横岭桥、G320线花桥危桥改造项目处于施工阶段，项目总投资853.54万元，其中上级补助资金377万元；完成第二批普通国省道大中修项目G106线1.81公里大修项目，S329线0.7公里大修、18.58公里中修处于招投标阶段，项目总投资额2402.95万元，其中上级补助资金1667万元。4—5月，完成左权镇红色旅游公路东城大道至将军湖段基建工程，项目总投资额856万元；完成北部旅游公路王仙G106国道至李山村道路提质改造工程，项目总投资3000万元；完成S204醴官线及栓马线路基拓宽改造项目的设计、预算、评审等工作。

【道路安全和环境整治】2020年，重点加大对G106、S313、东城大道、醴官线等重点道路的路域环境整治工作，遏制超限运输势头，开展治超联合行动，查处超限超载运输车辆423台，整治国、省干线公路沿线违法建筑、占道堆物作业违法行为8处。整治顽瘴痼疾交通问题，排查11处260余个隐患点，建立台账，制定整改方案。完成省整治办、株洲市交通事务中心交办的G106K1754＋500安全护栏不达标等整治任务2处，市顽瘴痼疾整治办三批次交办的G106泗嘉路口等处整治任务26处，清除G106和S329遮挡标识标牌障碍物56处，完成S329线江源至铁河口沿河路段钢护栏安

全隐患工程及株洲市普铁安全环境隐患整治工程。（易 慧）

## 铁路运输

### 中国铁路广州局集团有限公司株洲车站醴陵车站

【概况】2020年，中国铁路广州局集团有限公司株洲车站醴陵车站（以下简称“醴陵车站”）原管辖的五里墩站划归株洲运转车间管理。醴陵车站管辖沪昆线东冲铺和醴陵站2个站，中心里程为沪昆线K1060＋748.9，沪昆线东端与灯芯桥车站相连、与醴陵南车站相连，西端与东冲铺站为邻。醴陵车站主要办理客运业务和客、货列车的接发作业，醴陵车站设客运、运转、东冲铺3个班组，有正线2条、到发线4条、信号楼1个，其中信号楼设有调度集中系统（CTC）车务终端，信号联锁设备采用EI32-JD计算机联锁。客运站房设候车室、售票厅、出站口及广播室，候车面积783平方米；有旅客乘降站台3个、1.45万平方米，雨棚3座、长957.2米，行人地道2座。售票厅面积177平方米，有售票窗口3个和自动售、取票机3个，全面实现微机联网电脑售票。全年日均接发旅客列车76列、货物列车123列，其中营业旅客列车27列；发送旅客40.6万人次，实现客运收入2160.04万元。（朱武媚）

### 中国铁路广州局集团有限公司长沙南车站醴陵东站

【概况】中国铁路广州局集团有限公司长沙南车站醴陵东站（以下简称“醴陵东站”）位于长庆示范区清潭村，是沪昆高铁进入湖南省境内的首个高铁站，也是沪昆高铁在株洲地区的唯一停靠点，最高集聚人数可达800人，占地总面积1.71万余平方米。内设2个站台、4条轨道，站房上下两层分为售票厅、候车厅、出站通道和4个站台雨棚建设区段，有垂直上下电梯2台、扶梯4台、进出站检票闸机10台。2020年，醴陵东站办理营业动车组列车39趟次，发送旅客61.23万余人次，到达旅客62.47万余人次。（陈石峰）

## 邮　政

【概况】2020年3月16日，中国邮政集团公司湖南省醴陵市分公司更名为中国邮政集团有限公司湖南省醴陵市分公司（以下简称“醴陵市分公司”），内设6个部（室）19个支局（所），有在岗职工234人。全市有汽车邮路20条、全程489公里，投递段道48段，农村投递线路总长3476公里；有邮储网点16处、邮政营业点4处、邮政报刊图书销售点19处、邮政信报箱群462处、邮政信筒信箱30个、邮政妥投点2560个，以及空白乡镇便民邮局12个。全年完成业务收入10273.05万元，其中邮务类收入763.13万元、代理金融类收入6810.63万元、速物类收入2044.12万元、其他收入655.17万元。

【渠道建设】2020年，醴陵市分公司坚持农村电商发展战略，电商平台业务持续增长。以信息化为手段，利用邮政具有的实物流、资金流、信息流“三流合一”的优势，通过建设城市社区服务站、报刊亭、农村便民服务站、空白乡镇便民邮局等实体渠道，构建功能日趋完备的综合性便民服务平台，为城乡居民提供“普遍服务、政务服务、‘三农’服务、金融服务、电商服务、便民服务”六大类服务。截至年末，全市建成邮政各类公共服务站点153个、空白乡镇便民邮局12个。

【邮件快递业务】2020年，醴陵市分公司升级邮运干线能力和邮运组织模式，优化邮路组织，加密县乡邮路；开通省内快递邮件“次日递”服务，确保省内县城以上的快递邮件次日送达。依托品牌信誉、运营网络、安全保障等优势，加大邮政通信网络和基础设施建设，加快邮件传递速度，开展优质服务工作，提升邮政普遍服务和特殊服务水平。全市城市投递实行周七班，每天投递2个频次；农村投递镇政府所在地每周不低于周五班，一般行政村为周三班，偏远和交通落后的地方实行周二班投递。做到村村通邮，确保农村的信报邮件妥投到户，通邮率100%。做好机要通信服务工作，全年安全传递机要邮件2万余件（袋），机要通信服务满意率达100%。

【邮政金融服务】2020年，醴陵市分公司探索大型商业银行“普惠金融”商业可持续发展之路，构建满足客户需求的“金融便民服务圈”。截至年末，醴陵市分公司金融总资产达47.63亿元，其中新增资产5.42亿元，增幅12.84%；邮储余额达41.23亿元，年新增余额3亿元；代理保险业务快速增长，累计实现保费收入1.11亿元。

【服务地方文化产业建设】2020年，醴陵市分公司进一步挖掘传统文化和集邮文化素材，开发富含地方特色的邮品，展示地方文化特色。利用数据库营销，创新发展日常封片卡业务，挖掘封片卡在文化推介、旅游推介、商品推介、服务推介、政务民生等领域的功能和作用。推广以村志、书信文化、励志儿童剧演出等为代表的主题活动。为致敬新冠肺炎疫情中的抗疫楷模，特别定制以《最美逆行者》为主题的纪念邮册。（杨伊琳）

# 通　信

## 中国电信股份有限公司醴陵分公司

【概况】2020年，中国电信股份有限公司醴陵分公司（以下简称“分公司”）内设综合部、市场部、网络部，下设4个城市支局和14个农村支局，有在职合同制员工110人、劳务派遣工79人。全年完成通信收入13227万元，同比增长8.45%；其中农村支局实现收入739万元，同比平均增长15.88%；城市支局实现收入3816万元，同比平均增长3.82%。截至年末，移动期末到达值为185864户，年内净增23233户，同比增长14.29%；宽带期末到达值为79730户，年内净增6277户，同比增长8.55%；ITV期末到达值为70450户，年内净增6021户，同比增长9.35%。年内，有8个农村支局和4个城市支局共12个四级经营单元完成年度目标收入，另有2个四级经营单元实现划小承包增量分成，地域类经营单位的整体收入同比增长23%。

【通信网络建设】2020年，新增千兆PON口184个，年末有PON口5748个，千兆PON口占比60.19%；其中城区千兆PON口比率为80.51%，农村千兆PON口比率为47.45%。开通5G基站34个、4G普服基站5个、4G皮基站23个；MR总体覆盖率94.3%，其中城区覆盖为96.4%、农村覆盖率为91.3%。新建光网端口6836个，投资333万元，端口平均造价487元，农村光网覆盖率达98.2%。完成泗汾等5个机房的整治，完成黄獭嘴波分、大林高桥等6个基站和枫林市等3个机房的OLT设备上行同路由整改，仙霞等7个机房蓄电池和开关电源的更新替换，完成56处光交和杆路的隐患整治。调整综维班组人员，末位淘汰3人，新招聘2名大专文凭、35岁以下D类（劳务派遣）人员。城区范围采取全自维方式，重拾线路维护技能，故障处理及时率提升至99.11%。农村范围采取全外包方式，由4名农村综维督导下沉到对应区域进行管理，对外包人员现场培训，农村范围故障处理及时率提升至98.25%。发挥无线网优专岗优势，处理投诉工单581张，前置工单162张；盘活800M、1.8G、2.1G设备38台，用于9处小区室分外引建设，小区接反整改213处，解决过覆盖、弱覆盖及模三干扰天线调整117扇区。（杨细浩）

## 中国移动通信集团湖南有限公司株洲市醴陵市分公司

【概况】2020年，中国移动通信集团湖南有限公司株洲市醴陵市分公司（以下简称“醴陵分公司”）面向中小企业、小微“双创”等客户，主动下调网络业务资费，降幅达50%。面向家庭客户推出零元提速包，惠及1.2万用户。为确保用户带宽高、上网稳定，完成近20台宽带核心设备扩容和超过100个小区的增补，惠及1.7万余用户。投资1.3亿元新建5G基站157个，保障全市中心城区全覆盖。4G基站总数达1145个，2G基站总数达553个，4G和2G网络的总体城区覆盖率为98.6%、农村覆盖率为96.1%。家用宽带端口数达149759个，城区宽带覆盖率达100%，行政村宽带覆盖率达98.14%；传输网络光缆皮长700公里，管道全长60公里。年内，醴陵分公司参与市委、市政府安排部署的“一江两岸”、东城大道、S331环线等重点项目线路改造工作，完成各项线路改造工作任务。参与汛期和冰冻灾害等恶劣天气通信保障以及瓷博会、房博会等重要展会和大型活动等场景通信保障。（龙丽莎）

# 财政·税务

## 财　政

【概况】2020年，面对受新冠肺炎疫情影响的财政经济形势，财政部门精准施策，确保地方财政收入实现超预期增长。一是收入增幅由负转正。新冠肺炎疫情后地方一般公共预算收入降幅逐月收窄，由2月的-59.92%提高至全年的5.6%，实现“由负转正”目标，高于预期增长目标和株洲市平均增幅，在株洲市排名第三位。二是综合治税实施有效。发挥综合治税信息管理平台作用，抓重点行业和重点领域的清查清缴和挖潜堵漏，全年补征税款8808万元。三是培源增收成绩显著。通过缓缴税款、减免房租、减免税费、稳岗补贴等政策，支持企业复工复产，对稳定市场预期，提振企业信心发挥重要作用。支持引进湖南众享信息科技有限公司、湖南渌江科技有限公司等总部经济，全年完成总部经济税收1.4亿元。发挥产业基金的引导作用，带动金融和社会资本投入产业发展，通过贷款风险补偿金政策为58家企业争取贷款资金6.1亿元，通过众微创新创业投资基金在全市完成股权投资9557万元。

【保障财政支出】2020年，面对较大的财政收支矛盾和政府过“紧日子”的要求，财政部门提高支付保障水平，将有限的财政资金用到“刀刃”上。年内，全市完成一般公共预算支出77.5亿元，其中民生支出59.49亿元，占比76.72%。一是做好增收节支工作。争取中央直达资金4亿元，其中抗疫国债1.65亿元，为缓解财政收支矛盾提供财力保障。大幅压减一般性支出和非重点、非刚性支出，并通过收回结余结转资金、清理特设专户存量资金等方式筹集资金，确保重点领域支出需求。二是支持打好新冠肺炎疫情防控阻击战。多渠道筹措资金，开通资金拨付绿色通道，拨付疫情防控资金6473万元，确保疫情防控资金需求。三是保障社会民生事业发展。拨付扶贫资金1.79亿元，重点支持产业扶贫、易地搬迁扶贫、教育扶贫、社会保障兜底扶贫等工作；累计拨付政府投资重点项目资金3.68亿元，既有效防范政府债务风险，又重点保障交通、教育、环保、市政等领域建设和农民工工资支付；完成教育支出10.89亿元，义务教育经费保障水平进一步提高，农村义务教育阶段薄弱学校改造、中小学校舍安全工程有序推进；完成社会保障支出11.31亿元，其中发放困难群众救助资金1.95亿元，确保社保群体待遇落实到位。

【防范债务风险】坚守“隐性债务不新增、债务风险不‘爆雷’、‘三保’支出不断链”的底线，创新措施手段，落实化债计划，推进平台公司转型，全市政府债务风险得到有效管控。一是严守政府隐性债务底线。制止违法违规融资担保行为，严禁以PPP、政府投资基金、政府购买服务等名义变相违规举债，全年未新增政府隐性债务。二是严格落实“8年化债方案”。化解隐性债务4.22亿元，做好债务还本付息工作，全年未出现一例逾期或违约现象，全市综合债务率明显降低。三是稳步推进平台转型。进一步加大政策支持力度，注入优质资产，支持平台公司做实资本、做优资产，完成82宗房地产及市创业服务中心资产配置工作，配资金额达11.96亿元。完成渌江集团合并高新集团财务报表工作，通过AA+信用等级评定。

【财政管理】2020 年，财政部门切实提高财政运行效率，财政管理水平进一步提升。一是健全管理制度。出台《关于进一步加强财政增收节支工作的通知》（醴办〔2020〕20 号），通过加强综合治税、支持实体经济发展、深化园区体制改革等 10 条措施增加收入，通过严格预算执行、严格经费管理、严格项目管理等 8 项措施压缩支出。二是夯实管理基础。举办 2 期村级报账员培训班，实现全市 270 个行政村会计人员培训全覆盖，连续 2 年被省财政厅评为财政支农政策培训工作一等奖。对全市所有村、社区开展财务清查审计，有效规范村级财务管理。推动财政投资项目全过程、全范围评审，审减金额 3.98 亿元，审减率 13.71%。落实政府采购深化改革要求，电子采购平台上线工作有序推进。超前超额完成“政采扶贫”任务，全市 80 家预算单位在扶贫“832”平台累计完成交易 745 笔，总金额 189.69 万元，占全年预留采购总额的 122.95%。以电子财政一体化系统建设试点为契机，将国库集中支付电子化改革嵌入湖南电子财政一体化系统建设，8 月上线运行，实现财政资金审批、拨付的“无纸化”。三是做好重点工作。PPP 项目有序推进，东城大道、城市外环线 A 段、渌江新城的双创中心子项目投入使用，“一江两岸”已完工的示范段、酒吧街等 12 个子项目投入运营，各项目进入运营期的再谈判和重算账工作稳步推进。年内，争取专项债券资金 5.49 亿元，一般债券资金 0.79 亿元，全部拨付到主管部门。 （胡　鹏）

## 税　务

【概况】2020 年，国家税务总局醴陵市税务局（以下简称“市税务局”）担负全市 11099 户企事业单位、12478 户个体工商户的税费征收管理工作。全年组织入库各项收入 39.04 亿元，较上年同期减收 1.32 亿元，下降 3.27%；其中县级税收入库 17.14 亿元，较上年同期增收 978 万元，增长 0.57%；社会保险费收入累计入库 4.94 亿元，较上年同期增收 7780 万元，增长 18.70%。

【税收征管】2020 年，市税务局进一步加强税收征管工作。一是强化综合治税。深化与财政、社会保障、自然资源管理等职能部门的沟通协作，内外结合促进依法治税。二是推进税收征管转型。从数据深度分析、精细税种管理、严格内控监督、强化信息管税和风险管理等方面寻求突破。三是加强重点行业税收管理。对减收明显的企业加强税收辅导，堵塞征管漏洞。四是依法依规开展欠税清缴，完成土地增值税清算入库 2000 余万元；完成企业所得税汇算清缴 5494 户，入库企业所得税 1.03 亿元，较上年同期增加 6423 万元，增长 167.42%；完成个人所得税汇算清缴 19946 人，补税 238 万元。五是做好社会保险费和非税收入征管职责划转工作。自 11 月 1 日起，企业职工各项社会保险费划转税务部门统一征收。

【纳税服务】2020 年，市税务局树立以纳税人为中心的发展思想，服务统筹新冠肺炎疫情防控和经济社会发展。利用税收大数据，聚焦制造业，梳理分析，筛选醴陵市湘谐纸品出口包装有限公司、湖南省醴陵市金龙电瓷电器有限公司等重点企业，精准对接，实现供需采购 120 余万元。开展“用心用力用真情 全员全程全覆盖”专项服务活动，建立税企交流群，打破部门界限，成立五类 30 支小分队，共有 180 余名“网格员”开展“网格化”管理，确保国家减税降费政策措施直达企业，为市场主体“赋能”。落实“预约办”“容缺办”“马上办”“非接触”服务举措，压缩涉税事项办理时限，全年办理线上业务 3.8 万笔，出口退税办理实现 100%“非接触”。组建自然人电子税务局税收业务专家团，集成指导解决业务疑难问题 240 余次。将全市 27 户涉税专业服务机构列入监管范围，防止违规执业及“黑中介”“中介黑”等问题。通过“银税互动”帮助企业贷款 2.03 亿元，在解决小微企业融资难融资贵问题等方面发挥积极作用。抓好营商环境评价和纳税人满意度调查工作，市税务局在湖南省纳税人满意度调查中排名第 40 名。

【依法治税】2020 年，市税务局进一步落实税收执法责任制，全面推行税务执法“三项制度”（行政执法公示制度、执法全过程记录制度和重大执法决定法制审核制度）。开展税收执法督察，核查国务院大督查疑点数据，确保政策红利充分释放。持续加强内控机制建设，核实整改上级下发的税收执法疑点数据，注重防范税收执法风险，依法做好政务信息公开工作。 （苏珊珊）

## 湖南同永会计师事务所（普通合伙）

【概况】2020 年，湖南同永会计师事务所（普通合伙）拥有各类从业人员 14 人，其中执业注册会计师 6 人、执业资产评估师 4 人、注册税务师 1 人、注册土地估价师 2 人、其他各类从业人员 8 人。经营范围包含验资服务，审计鉴证服务，资产评估服务，税务鉴证、咨询及代理服务，基建预决算审核，司法会计鉴定，会计服务，会计管理咨询、招投标代理服务，代办工商执照，项目可行性研究和项目评价。

【业务事项】全年完成各项业务600余项，其中年度报表审计业务291项，专项审计业务200项，验资业务95项，咨询业务26项，资产评估业务58项。协助办理醴陵渌江投资控股集团有限公司和市高新技术产业发展集团有限公司年度报表审计、项目资本金审计、资产评估项目50余项，办理市财政局中央大中型水库移民后扶持基金项目、会展中心运营维护经费项目、市教育局职业教育专项资金预算支出、市卫生健康局国家免费孕前优生检查专项资金预算支出、农业企业“粮食产后服务体系建设”项目专项资金等各类资金绩效评价报告；办理100余户非营利组织的年度报表审计、专项审计、验资业务；办理400余艘涉渔“三无”船舶评估；办理醴陵市行政事业单位处置公车评估30余项。（谭　娟）

# 银行·保险

## 银　行

### 中国人民银行醴陵支行

【概况】2020年，中国人民银行醴陵支行（以下简称“人行醴陵支行”）统筹推进新冠肺炎疫情防控和经济社会发展，贯彻落实稳健货币政策，维护辖区金融稳定，持续提升金融服务水平，服务人民群众，有力助推醴陵经济社会发展。年末，全市金融机构各项存款余额428.9亿元，各项贷款余额316.1亿元，分别同比增长9.2%、19.1%，存贷比为73.7%。

【货币信贷】2020年，人行醴陵支行实施金融“暖春行动”，推出掌上指南“醴陵市金融惠企政策及产品汇编”，设立金融助力企业复工复产服务热线，组织金融机构负责人进园区、进企业，开展“行长企业行”访困问需，累计走访企业3406家。落实“六稳”“六保”工作要求，推动全省首个县级市续贷受理分中心落户醴陵，为90余家企业提供续贷金额超过700万元，组织召开政银企对接会，为醴陵陶瓷、花炮、服饰、玻璃等重点行业达成融资意向20亿元。用好用活货币政策工具，全年办理再贷款7.5亿元，同比增加3亿元，办理普惠小微企业信用贷款支持计划1951万元，办理延期支持工具名义本金金额3.1亿元，惠及企业2261家。致力降低社会融资成本，存量浮动利率贷款定价基准转换全部按期完成，法人机构按LPR定价达100%。新冠肺炎疫情期间，发放涉及应对疫情和支持企业复工复产的专项贷款7203笔，金额17.7亿元；对受疫情影响企业调整还贷期限243笔，金额1.7亿元；为2484家企业贷款让利1530万元；加大小微企业首贷培植力度，282家小微企业共获得首次贷款15.1亿元。

【金融稳定】2020年，人行醴陵支行贯彻落实打好重大风险攻坚战的战略部署，强化重点领域风险监测，完善涉政府信用项目融资风险和大型问题企业风险等重点领域监测制度。落实重大事项报告制度，全市金融机构报送各类重大事项报告（含零报告）24期，向上级行转报重大事项1期。组织开展金融领域“断卡”行动，对年内开立的个人银行账户、单位银行账户和支付账户进行全面风险排查。开展存款保险标识试点工作，银行网点统一启用存款保险标识。开展存款保险、反洗钱、反假知识、征信、打击和处置“一非三贷”（非法集资，校园贷、套路贷、高利贷）等金融宣传活动，配合司法部门强化法治宣传，打击恶意逃废银行债务行为，营造良好的诚信氛围。截至12月，全市金融机构不良贷款率为0.81%，资产质量提升，风险整体可控。

【金融扶贫】2020年，通过高质量建设金融扶贫服务站、抓牢抓实产业扶贫、加大扶贫小额信贷投放力度、加强监测分析等手段，超额完成扶贫小额信贷发放任务且无不良贷款。全年全市金融精准扶贫贷款余额10.3亿元，同比增长83.5%。年内新发扶贫贴息小额贷款1209户、金额5154.9万元。

【金融服务】2020年，新设湖南醴陵经济开发区国库，上线以来共办理预算收入入库1.6万笔，涉及金额5.1亿元。推进移动支付便民工程，市内大型商圈、交通、校园、医院、超市、菜市场等基本实现移动支付业务覆盖。优化农村支付环境，全市有助农取款服务网点871个，村级覆盖率100%。加强现金管理，营造良好的人民币流通环境，全年办理出入库业务441笔，累计投放30.09亿元、回笼21.12亿元。办理假币收缴41.85万元，残损币鉴定业务68笔。优化金融生态环境，联合市金融办推动市政府出台《醴陵市"信用户、信用村、信用镇"评定管理办法》和配套奖励政策，全市完成19个乡镇中的84个行政村的评议工作，评议总户数54972户，白名单户数25426户，预授信额度11.82亿元，单户平均预授信额度4.7万元。落实外汇管理便利化改革，提高外汇服务可得性，多渠道宣传各项外汇管理与服务的便利化措施。全年全市货物出口总额达4.41亿美元，办理货物贸易名录登记29家，核查国际收支业务1.5万笔。（廖亚会）

## 中国农业发展银行醴陵市支行

【概况】2020年末，中国农业发展银行醴陵支行各项贷款23.75亿元，比年初净增4.31亿元；各项存款6.48亿元，比年初下降5.15亿元。全年实现FTP利润3319万元，不良贷款继续保持为零，信贷风险整体可控。

【支持地方经济发展】2020年，通过省市县三级行的共同努力，审批1个4亿元的生态环境建设项目，并实现首笔投放2亿元。在落实抵押物、项目资本金等核心条件的情况下，适时投放贷款2笔，金额2.7亿元；支付信贷资金9.09亿元，支持企业复工复产和推进项目建设。

【防控信贷风险】2020年，严格控制信贷风险，一是按时点完成收回约期还款任务。提前落实收贷资金来源，严格按合同规定收回约期还款。全年收回约期还款5笔、金额4805万元。二是推进合规管理。对内外部检查中查摆的6个问题全部在规定时间整改到位。为解决棚改资金滞留问题，召开政企银三方会议，适时推进拆迁进度,全年支付棚改资金2.53亿元。三是强化押品管理。定期开展押品检查，确保押品的真实性、有效性。针对新城建设2期项目中1处押品毁损的问题，在企业置换押品有困难的情况下，收回该押品对应贷款90万元。（罗明艳）

## 中国工商银行股份有限公司醴陵支行

【概况】2020年，中国工商银行股份有限公司醴陵支行实现营业利润7338万元，净利润5323万元。截至年末，各项存款时点余额31.72亿元，较年初增长2.62亿元，其中储蓄存款时点余额25.26亿元，较年初增长1.1亿元；对公存款时点余额6.45亿元，较年初增长1.51亿元。各项贷款余额26.22亿元，较年初增长8527万元，其中公司贷款余额8.09亿元，较年初下降7811万元；个人贷款余额18.12亿元，较年初增长1.63亿元。不良贷款余额807万元，不良率0.3%。

【业务拓展】2020年，新增"融e行"客户23616户，"融e行"月均动户16922户；三方绑卡19583户，三方绑卡月均交易动户50344户；新增"工银安薪代发"客户8户，营销"e商户"546户、"e分期"1350万元，电信购机535台；销售个人理财产品7.22亿元。（黄　烨）

## 中国农业银行股份有限公司醴陵市支行

【概况】2020年年末，中国农业银行股份有限公司醴陵市支行（以下简称"支行"）核心存款时点余额45.44亿元，较年初净增2.6亿元；各项贷款余额18.8亿元，较年初净增1.7亿元。

【业务发展】支行发挥"湘瓷贷"低门槛、低成本、长期限、高效率及担保灵活等优势，累计为53个客户发放"湘瓷贷"贷款，年末有余额2.05亿元。推出"纳税e贷""云链保理""抵押e贷"等线上信用贷款，累计发放贷款144户、金额1.72亿元，帮助中小企业解决融资难融资贵困境。全年新投放普惠贷款8000万元，累计发放农户贷款3872笔、金额6.71亿元，月平净增精准扶贫贷款1806万元。采购贫困户生产物资13万元，结对帮扶12户贫困户，定期上门慰问，为泗汾镇石湾村饮水安全和官庄镇阳坑村的溯溪与旅游景点开发扶贫项目各捐赠6万元和5万元。（谢晓红）

## 中国建设银行股份有限公司醴陵支行

【概况】2020年年末，中国建设银行股份有限公司醴陵支行一般性存款时点余额为38.54亿元，较年初增加3.93亿元；其中个人存款时点余额28.27亿元，较年初增加4.21亿元。贷款余额为31.07亿元，较年初增加1.64亿元。其中信用卡透支2.16亿元，增加4292万元；公司贷款余额20.94亿元,增加2458万元；个人贷款余额7.98亿元，增加9659万元。全年投放公司贷款7.32亿元，其中普惠金融类贷款1.86亿元；投放个人贷款387笔、金额1.78亿元，其中二手房贷款3923万元。全年实现中间业务收入1831.32万元，账面利润9149.41万元。

【不良贷款】2020年，不良贷款

余额为1099万元，较年初增加444万元，不良率为0.35%。其中个人贷款不良余额308万元，较年初增加153万元；对公不良贷款余额417万元，较年初增加90万元；信用卡不良余额为374万元，较年初增加201万元。逾期非不良贷款余额1276万元，其中个人逾期贷款605万元，信用卡逾期671万元。（朱湘文）

## 中国银行股份有限公司醴陵支行

【概况】2020年年末，中国银行股份有限公司醴陵支行（以下简称“支行”）本外币各项存款余额34.19亿元，较年初增加2.63亿元。其中公司存款余额11.46亿元，较年初增加9368万元；个人存款余额22.73亿元，较年初增加1.69亿元。人民币各项贷款余额29.44亿元，较年初增加2.93亿元。其中公司贷款余额9.45亿元，较年初增加5534万元，实际新投放2.56亿元；个人贷款余额19.03亿元，较年初增加2.61亿元，实际新投放4.75亿元；银行卡透支3948万元，票据贴现余额4739万元，非应计贷款余额829万元。全年实现净收入1.2亿元，同比增长35%；实现中间业务收入2200余万元，同比增长73%；缴纳税款近950万元，同比增长50%。

【普惠金融】2020年，寻找新的优质企业，开展“税融贷”“科技贷”等授信方式的投放。争取上级行的支持，先后10余次与省、株洲市分行进行业务沟通，分析项目具体情况，了解和解决项目存在的难点问题。成立普惠金融特别行动队，先后走访目标企业30余家，宣传支持实体经济、企业复工复产、当地经济发展和开展普惠金融业务的政策和举措。组建“普惠金融攻坚行动队”微信群，在业务叙做中及时进行技术指导和沟通。截至2020年年末，支行普惠金融成功叙做20户，余额达1.01亿元。（刘宏玉）

## 中国邮政储蓄银行股份有限公司醴陵市支行

【概况】2020年年末，中国邮政储蓄银行股份有限公司醴陵市支行（以下简称“支行”）各项存款余额53.09亿元，比年初净增4.22亿元；各项贷款余额24.01亿元。

【支持经济发展】2020年，支行为烟草、石化、电信、电力和全市商贸流通企业提供营业资金归集、销售货款电子结算、集团现金管理等服务，为财政、社保、教育、住房公积金等单位提供代理非税、集中支付、代发工资补贴等服务。开展“金融知识进千村入万户”活动，通过召开金融产品推介会、银企对接会、理财沙龙、投资者座谈会等形式，提高服务“三农”能力。开发“集体土地抵押贷款”“医院贷”“税贷通”“烟草贷”“助保贷”“产业基金贷款”等贷款新产品，支持地方经济发展。（胡　婷）

## 湖南醴陵农村商业银行股份有限公司

【概况】2020年，湖南醴陵农村商业银行股份有限公司（以下简称“醴陵农商银行”）有注册资本5.06亿元，辖46个营业网点，其中1个营业部、35个支行、10个分理处，有11个营业网点分布在城区，35个营业网点分布在农村，实现镇（街道）全覆盖；拥有全国银行业协会五星级、四星级服务网点各1个。截至年末，醴陵农商银行各项存款余额156.49亿元，较年初净增13.49亿元；各项贷款余额88.94亿元，较年初净增10.62亿元。

【新型业务】2020年，醴陵农商银行坚持“做小做散、支农支微”导向，做优做精金融产品，助力乡村振兴，支持特色产业发展。全年发放“先锋贷”709户、金额8398万元，“税贷通”26户、金额4918万元，“订单贷”1户、金额1000万元，“流水贷”5户、金额850万元，“产业基金贷”23户、金额2.08亿元，“陶瓷贷”3户、金额720万元，“服饰贷”12户、金额3500万元，“随薪贷”29户、金额503万元，公职人员“消费贷”547户、金额9612万元，“惠农担—特色贷”59户、金额5555万元，“乡情贷”66户、金额422万元。

【普惠金融】2020年，醴陵农商银行开展金融夜校及金融知识宣传活动94场，发放金融知识宣传资料4万余份，完成4个行政村的评议工作，累计走访客户47405户，新增评级授信客户4382户，新增授信总额7.92亿元，新增“福祥E贷”白名单客户686户。在全市设置智慧柜员机4台，社保卡即时制卡点7个，社保卡激活机具46台，自助设备159台，POS机3429台，农村金融服务点43个，实现线上线下基础金融服务全覆盖。（尚子豪）

## 长沙银行醴陵支行

【概况】2020年年末，长沙银行醴陵支行（以下简称“支行”）存款时点余额21.26亿元，比年初增加2.77亿元。其中对公存款时点数6.66亿元，较年初减少0.14

亿元；储蓄存款时点数 14.6 亿元，较年初增加 2.9 亿元。各项贷款余额 10.98 亿元，比年初增加 2.89 亿元。全年上缴各项税费 400 余万元。

【开拓服务业务】2020 年，支行实行零售转型，推广以客户为中心完善适配的产品体系，满足客户多元金融需求，拓展智慧系列、工资代发、教育等客群，结合网点社区化、“呼啦”移动支付品牌和农村金融服务站，为当地客户提供金融＋非金融服务，利用“税 e 贷”“快乐秒贷”“易得贷”“乐分期”等线上产品，提升综合服务能力。（田国富）

### 中信银行株洲醴陵支行

【概况】2020 年年末，中信银行株洲醴陵支行（以下简称“支行”）各项存款余额 7.45 亿元，其中公司存款 4.27 亿元、个人存款 3.18 亿元；各项贷款余额 18.4 亿元。

【业务开展】2020 年，支行联合中信建投证券促成渌江集团发行 15 亿元私募债券，为全省首笔区县级非公开发行私募公司债券；引进中信信托落地低成本信托资管计划，为平台融资开拓新渠道。成功置换醴陵市地方政府 14.01 亿元隐性债务。新冠肺炎疫情期间，受市委、市政府委托，支行作为 2020 年醴陵市地方政府专项债项目唯一包装主办银行，配合市财政局等职能部门及项目业主单位，推动获批项目 2 个，金额 3.56 亿元。巧用普惠票据金融产品，在关键性工程款支付节点，投放流动性资金贷款超过 1 亿元，有效缓解政府平台付款压力，保障农名工工资支付。投入 150 万元科技费用，助力市应急管理局开发建成“黑火药在线交易服务平台”。（胡艳红）

### 醴陵沪农商村镇银行股份有限公司

【概况】2020 年，醴陵沪农商村镇银行股份有限公司（以下简称“醴陵沪农商村镇银行”）各项存款期末余额 7.7 亿元；各项贷款余额 6.41 亿元，农户和小微贷款占全部贷款比重达 98.47%，户均贷款 34.93 万元，其中小微贷款余额 3.24 亿元，小微企业贷款户数 590 户。

【业务开展】2020 年，醴陵沪农商村镇银行将社区作为负债业务营销重点区域，开展社区营销超过 100 场，服务覆盖 3 万余户居民。资产业务向微小贷款转型，创新信贷产品，推广无抵押贷款“家庭贷”，加强对民营、小微企业和“三农”产业市场调研，加大对个体工商户、农民专业合作社、本土特色产业的信贷投放力度。全年累计发放小微企业贷款 586 户 3.06 亿元；新冠肺炎疫情期间受理符合延期还本政策的普惠小微企业贷款 9343 万元，其中未还本续贷业务 22 笔、金额 4751 万元，展期业务 12 笔、金额 1693 万元。（丁　婷）

### 华融湘江银行股份有限公司醴陵市支行

【概况】2020 年年末，华融湘江银行股份有限公司醴陵市支行（以下简称“支行”）各项表内外授信余额 19.55 亿元，较上年末新增 7.38 亿元，增长 60.64%，交纳各项税收 670.77 万元。

【服务发展】2020 年，支行为“一江两岸”和醴陵四医院等市重点项目建设提供资金支持；持续降低存量贷款续办利率，减轻受新冠肺炎疫情影响企业的负担；办理防疫物资生产企业授信 3 户，对受疫情影响民营企业新增授信 2 户；新增房地产开发贷款 1.57 亿元，服务地方经济复苏消费升级。（周　俐）

## 保　险

### 中国人民财产保险股份有限公司醴陵支公司

【概况】2020 年，中国人民财产保险股份有限公司醴陵支公司（以下简称“支公司”）内设经理室、综合部、出单岗、理赔分部、农险分部、社保分部，有车商、落地、直营销、非车险团队 4 个业务一线团队和白兔潭、泗汾、黄獭嘴、神福港 4 个“三农”服务部，有员工 30 人、劳务外包人员 45 人、本部专职营销员 15 人和“三农”协保员 215 人，经营范围包含财产损失保险、责任保险、信用保险、意外伤害保险、短期健康保险、保证保险等人民币或外币保险业务，以及各类财产保险、意外伤害保险、短期健康保险及其再保险的服务与咨询业务等。

【业务工作】2020 年，完成保费收入 1.29 亿元，市场份额占比 33.52%。承担风险责任金额超过 50 亿元，处理各类承保赔案 3400 余件，缴纳和代收税款 889 万元。（李　丹）

### 中国人寿保险股份有限公司醴陵支公司

【概况】2020 年，中国人寿保险股份有限公司醴陵支公司（以下简称“支公司”）完成保费收入4.74亿元，给付各类保险金1.27亿元。

**【提供就业岗位】** 2020年，为积极响应市委、市政府大众创新和万众创业号召，缓解就业压力，支公司开展惠民保险专干、优才计划、英才计划等招募活动，面向全市提供2000余个就业岗位。（陈佳利）

# 民政·社会保障

## 民　政

【概况】2020年，醴陵市民政局发挥民政工作在社会建设中的兜底性作用、推进高质量现代民政建设，完成“十三五”规划确定的目标任务，为全市经济社会发展贡献民政力量。年内，市慈善会被省慈善总会表彰为“2019年‘99公益日’卓越贡献奖”单位、全省慈善工作先进单位，市民政局被评为市创建工作先进单位、市2020年度脱贫攻坚工作先进单位。

【“两个帮扶”工作】2020年，市民政局负责板杉镇6个村118户贫困户的扶贫工作，派出“两个帮扶”（驻村帮扶、结对帮扶）工作队54人，向板杉镇拨付扶贫资金18万元。着力解决贫困户“两不愁、三保障”问题，赠送口罩325只、禽苗2545只、洗漱用品142套、风扇116台、食用油236桶和节日慰问金，合计金额17.8万元。年内，市民政局与炎陵县霞阳镇黄沙垅村开展“携手奔小康”对口帮扶活动，为该村拨付扶贫资金9万元，主要用于村道拓宽硬化、主干道安装太阳能路灯、村级自来水项目、村级农田水利工程和专业合作社养猪场建设等，并为7户贫困户赠送价值3500元的慰问物资。

【社会救助】2020年，稳步推进城乡统筹发展，创新社会救助方式，提升全市社会救助水平，实现“应保尽保、应兜尽兜”，累计发放各类社会救助资金1.95亿元。扶贫兜底保障成效显著，全年为建档立卡贫困户中14645名最低生活保障和兜底保障对象，发放低保和兜底保障资金4595.96万元。城乡最低生活保障标准和救助水平不断提高。全市共有城市最低生活保障对象6716户10334人、农村最低生活保障对象13250户28241人。截至12月，城乡低保月人均救助水平分别为376元和218元。发挥临时救助辅助功能，全年临时救助3593人次，发放救助金451.37万元。特困供养稳步开展。全市有城乡特困供养人员7706人，其中城乡分散供养5881人、集中供养1825人；累计发放城乡特困供养资金4941.02万元，发放特困供养丧事一次性补偿费用344人次65万元。残疾人“两项补贴”审定发放实现全覆盖，残疾人“两项补贴”标准达80元/月。全市共有重度残疾人护理补贴对象9705人，困难残疾人生活补贴对象7745人，发放残疾人“两项补贴”1558.07万元。落实高龄补贴和精简退职工生活补助发放工作，为2763名90～99周岁老年人发放高龄补贴资金328.64万元，为47名100周岁以上老年人发放高龄补贴资金28.35万元，为354名60年代精简退职工发放生活救济补助资金21.67万元。做好流浪乞讨人员救助工作，开展疫情防控、“寒冬送温暖”、“夏日送清凉”、救助寻亲服务、街面巡查和综合治理等救助行动，共救助流浪乞讨人员983人次。

【慈善事业】2020年，全市慈善工作坚持“安老、扶幼、助学、济困”宗旨，发挥慈善在社会保障和救助体系中的重要补充作用，实现健康发展，助力脱贫攻坚，推动乡村振兴。全年募集社会捐款1263万元，含定向扶贫捐款280万元、疫情防控捐款283.6万元、定向助学扶老捐款32.4万元和非定向捐款91万元；捐赠物资37.7万元。市慈善会作为具有公募资格的社会组织，2020年腾讯“99公益日”活动中携手多个公益伙伴，发起脱贫攻坚、扶老助残、儿童关爱、家庭教育、社工队伍建设等6个方面的募捐项目，共筹款418.6万元，获腾讯基金会配捐38.4万元。全年开展扶贫、疫情防控、“春节慈善送温暖”、灾后重建、助学助医等慈善救助活动，各项慈善救助累计支出2399.7万元，其中拨付2019年募集的灾后重建资金1134万元。

【养老服务】2020年，居家和社区养老服务改革试点、养老服务体系建设、“民生100”项目建设和湘赣边乡村振兴部分建设项目资金发放计划全面完成，累计投入各类发展养老事业资金1654.17万元。项目涵盖乡村振兴养老项目，35家示范性日间照料中心的建设和验收，来龙门街道北门社区全市首家“长者餐厅”建成运营，开通养老服务信息平台，为城区“三类”困难群体老人（特困家庭老人、重点优抚对象老人、失独家庭老人）提供全方位的居家养老服务，敬老院安装“智慧用电”系统，10所公办养老机构提质升级，船湾镇添福敬老院完成内部消防设施建设、“适老化”改造项目等。截至年末，全市有养老服务机构327家，养老床位6708张；其中农村敬老院35所、村级“五保之家”12所，有床位3371张；居家养老服务中心、日间照料中心、小区养老驿站272家，有床位1870张；社会养老机构5家，有床位1870张。每千名老年人养老床位数达39张。

【基层政权】2020年，基层政权建设进一步加强。一是“一约四会”（村规民约，红白理事会、道德评议会、村民议事会和禁毒禁赌会）工作有新动态。指导270个村（社区）修订完善村规民约（居民公约），融入扫黑除恶工作内容，建立或健全红白理事会、禁赌禁毒会、村民议事会、道德评议会，联合司法部门对村规民约（居民公约）进行合法性审查。二是村（居）务公开和民主管理有新变化。深化“亮栏”行动，推动全市270个村（社区）及时主动公开村（居）事务；配合省民政厅对基层群众性自治组织依法自治事项清单、协助行政事项清单和负面事项清单开展调研。三是村（居）委会建设有新行动。推广使用全省村（居）委会统一赋码管理系统，整治村（社区）挂牌过多过滥问题，持续开展“社区万能章”专项治理行动。四是城乡社区治理和服务体系建设有新成效。推进城乡社区综合服务平台建设，推动村（社区）基层公共服务平台延伸，实现“一门式”办理、“一站式”服务全覆盖。五是村（居）委会换届选举工作有新进展。年内，嘉树镇完成村（居）民委员会换届选举试点工作，其他镇（街道、示范区）的村（居）民委员会换届选举工作有序进行。

【社会组织管理】2020年，全市社会组织管理更加规范。一是推进社会组织登记管理制度改革。完成行业协会商会与行政机关脱钩改革任务，1个市级社会组织孵化培育基地运营正常。组织社会组织财务培训5批次。年内，新登记社会组织25家，注销社会组织60家（含民转公幼儿园54家）。截至年末，全市登记备案社会组织达1524家，其中社会团体149家、民办非企业286家、基金会1家、社区社会组织1088家。二是引导社会组织参与重要任务行动。强化党建引领，将党建工作纳入社会组织章程备案，12个党支部发挥党员先锋模范作用，推动社会组织业务与党建工作同频共振。引导社会组织参与脱贫攻坚、疫情防控、抗洪救灾等工作。举办2020年国际志愿者日“城乡统筹·幸福醴陵”之“三社联动”（以政府购买服务为牵引，以社区为平台，以社会组织为载体，以社工为骨干，以满足居民需求为导向，通过社会组织引入外部资源和社会力量，通过社工提供专业化服务，把矛盾化解在社区的新型社会治理模式、社会服务供给方式和全新社会动员机制）评优表彰活动，5个社会组织获评“2019年度优秀社会组织”，10人获评“2019年度优秀社工”，10人获评“优秀志愿者”，5个社区获评“优秀社区”，7个政府购买服务项目获评“2019年度‘三社联动’优秀项目”称号。

【儿童福利】2020年，市民政局继续推进市、镇（街道）、村（社区）三级关爱服务网络建设，累计建成“留守儿童之家”270家，其中县级示范性“留守儿童之家”47家，省级示范性“留守儿童之家”3家；实现村（社区）“留守儿童之家”全覆盖，24个镇（街道、示范区）儿童督导员和村（社区）儿童主任全覆盖。引导社会力量主动参与关爱儿童活动，“六一”儿童节期间，市关心下一代工作委员会、慈善会、民政局、团委、妇联等共同开展“青苗行动”主题关爱活动，分别在沩山镇东堡小学、孙家湾镇西岸小学、板杉镇流碧桥小学、茶山镇汤飞凡学校为“四类儿童”（孤儿、留守儿童、困境儿童、事实无人抚养儿童）捐赠价值10万余元的文体教材，帮助孩子们实现微心愿。截至年末，全市有孤儿102人，事实无人抚养儿童138人，农村留守儿童1687人。年内，全市孤儿、事实无人抚养儿童生活费标准提至1090元/人·月，累计发放孤儿和事实无人抚养儿童生活补贴237.4万元，发放临时价格补贴9.1万元，发放“福彩圆梦”助学金16.5万元。

【地名区划】2020年，市民政局完成全国第二次地名普查醴陵市地名普查档案整理工作，并移交市档案馆保存。开展地名成果转化工作，拍摄20集《大美醴陵故事》，编撰“醴陵地名丛书”《醴陵地名文化图集》。完成赣湘边界“上栗—醴陵段、湘东—醴陵段”“攸醴”“渌醴”界线联合检查；按照国务院要求，更换赣湘线007和008省界界桩；建立并落实界桩管护员制度，实现界桩管理常态化。加强与长庆示范区对接，做好长庆街道设立的行政区划调整准备工作。

【信息宣传】全年向上级报送各类民政信息220余条次，采用183条次，用稿率83%以上。首次被《人民日报》采用稿件，被《中国社会报》《中国民政》采用稿件16条次，被湖南红网、新湖南、省民政厅门户网采用稿件56条次。编印《民政要情汇报》20期，在“醴陵民政”微信平台发布各类工作信息268条次。

【其他工作】2020年，24个镇（街道、示范区）社工站工作运营有序，新入24名专业社工，逐步形成专业化、职业化社工队伍；组织社工考试培训，提升素质能力；全市持证社会工作者达49人，注册志愿者人数达14.2万人。全年接待来访群众2000余人次，完成办理信访件28件，答复率、满意率均为100%。全年办理结婚登记4267对、离婚登记2162对，补发结婚证件1795对、离婚证件202对，办理收养登记6例。全市福彩销售额达3980.98万元，其中电脑型彩票销售额为3237万元、即开票销售额为260.72万元，视频票销售额为483.26万元。高度重视安全生产工作，出台《醴陵市民政局关于安全生产集中整治工作实施方案》《关于印发〈醴陵市民政系统安全生产大排查大管控大整治专项行动工作方案〉的通知》和《关于强化养老机构冬季安全管理的通知》等文件，坚持每周发布安全工作提示，要求养老机构每日反馈院内情况。与全市53所养老服务机构签订消防安全责任状，强化养老机构负责人的消防安全意识。组织开展消防安全知识培训、安全生产知识竞赛、消防安全应急演练、国际防灾减灾日宣讲、安全工作专项督查等活动200余场次，发放各类安全知识传单1万余份，受教育群众5万余人次。

【殡葬改革】2020年，市民政局完善生态安葬奖补政策，减轻群众经济负担，倡导节地生态安葬，治理散埋乱葬，全市殡葬改革工作进一步推进。全年免除城乡困难群众的基本殡葬服务费用137人次23.62万元，发放奖补城乡居民基本殡葬服务费用422人次21.4万元，85项选择性殡仪服务项目实现整体降费30%以上。年内火化遗体748具，销售公墓313座。开展各类执法检查20余次，查处违规搭棚治丧15起，拆除大墓、“活人墓”7座。市殡仪馆公益性骨灰楼主体工程建设完成。（丁时伟）

## 人力资源和社会保障

【概况】2020年，醴陵市人力资源和社会保障局紧扣“民生为本，人才优先”的工作主线，遵循“讲党性、守规矩、重公平”的工作纪律，围绕“人有所事，老有所养，病有所医，伤有所治，失有所保，规范用工”的总体工作目标，凝心聚力，稳中求进，完成湖南省、株洲市下达的各项目标任务，为全市经济社会发展作出贡献，被评为2019年湖南省文明窗口单位、株洲市2019年文明单位和醴陵市2020年文明标兵单位。

【新冠肺炎疫情防控】2020年，防控新冠肺炎疫情主动作为，靠前服务，协助企业复工复产，出台《支持企业复工复产促进稳定就业的若干措施》文件；17名科级干部进驻企业，定点协助企业，100余名干部定点联系用工30人以上企业，及时向企业传达惠企政策。贯彻落实减税降费新政策，免征2020年2月至12月中小微企业养老、工伤、失业保险单位缴费部分，减半征收大型企业2月至6月单位缴费部分，对符合条件不裁员或少裁员参保企业返还上年度实际缴纳失业保险费的50%，截至11月，减免费用1.44亿元，减轻疫情对企业尤其是中小微企业的冲击。在株洲地区率先举行“百企千岗万人携手”就业扶贫专场大型线下招聘会，创新性开展线上招聘会及进镇进村招聘会。开通疫情防治人员工伤认定和待遇支付绿色通道，配合制定激励关爱防疫一线工作人员政策，保障医护及相关工作人员权益。组织全市抗疫表彰评选推荐工作，4个单位、10名个人获得株洲市级表彰，2名个人、2个集体获得省级表彰。

【人事人才】2020年，加大对各级各类紧缺型人才引进力度，引进各类科技创新人才23人，招聘卫健系统事业单位工作人员130人，其中面向醴陵市援鄂和定点集中收治医院一线医务人员招聘10人。在中小学和幼儿园教师公开招聘中，放宽招聘条件，实行“先上岗、再考证”，共招聘798名中小学老师。创新职称评审方式，举办湖南省工艺美术系列陶瓷地方产业高级职称会，26人获评高级职称。完成10189名事业单位人员年度考核工作，其中确定优秀1373人。

【就业创业】2020年，全市新增城镇就业6962人、农村劳动力转移就业3699人、贫困劳动力转移就业251人、失业人员再就业3430人和就业困难人员再就业700人，参加就业见习人数51人，实现零就业家庭动态就业援助率100%。加大扶贫就业力度，累计建设扶贫车间82家，其中四星级以上就业扶贫车间33家，吸纳就业人数4612人。全年举办各类招聘会28场，744家企业提供就业岗位2.92万个，为3400余人提供就业机会。结合产业特色，举办各类培训班98期，培训4659人次。举办第六届中国创翼大赛，发放创业担保贷款2525万元，新增创业主体6850个，带动城乡就业17620人。发放稳岗补贴61万元，为64家受到中美贸易战及新冠肺炎疫情影响的企业发放工业企业结构调整专项奖补稳就业资金1845万元。

【社会保险】2020年，全市养老保险、医疗保险、生育保险、失业保险、工伤保险等九项社会保险参保总人数达82.36万人，社保基金总收入达27.7亿元、总支出27.47亿元。推广手机APP、客户端等养老金资格认证自助渠道，全市有15101名企业离退休人员通过线上方式完成认证。作为全省首个开展超龄劳动者参加工伤保险试点工作的县级市，城乡居民养老保险工作获评“全省经办工作先进单位”。扩大失业保险保障范围，落实失业保险补助金政策，截至12月，共为3000余人发放失业保险补助金500余万元。加强社保基金监管，查处违规享受待遇信息89条，通过与省内其他地区公安机关配合，依法依规对相关人员进行停保及追回待遇，确保社保基金的规范运作率和安全完整率达100%。

【劳动关系】2020年，依法查处农民工投诉案件52起，为433名民工追讨工资443.88万元。加大劳动监察执法力度，开展“无欠薪项目”创建和根治欠薪冬季专项五大行动，对全市所有在建建筑项目进行4次拉网式检查。促进保障农民工工资支付制度高质量全覆盖，建筑领域的欠薪投诉案件呈明显下降趋势。健全劳动关系协调机制，启动劳动关系“和谐同行”能力提升三年行动，对全市600余家企业开展企业薪酬调查，发送宣传短信20余万条，发放宣传手册5000余份。向全市用工人数在30人以上的企业发放用工告知书，帮助单位规范用工。加强基层调解组织建设，实现服务下移，把矛盾和纠纷化解在基层，全年处理各类劳动人事争议案件223起，涉及金额603.12万元。

【民生实事】2020年，统筹抓好省和株洲市重点民生实事的任务分解、协调调度、督查考核等工作，62项“民生100”工程目标任务均达标或超额完成，考核成绩保持在株洲市前列。统筹推进社会事业改革，完成4家生产经营类事业单位改革工作，424名涉改职工得到妥善安置，回收193个事业编制，20家国有企业完成退休人员社会化管理签约仪式，3万余名国企退休人员纳入社会化管理范畴。开创性将超龄就业人员纳入工伤保险范畴，分散用人单位用工风险，保障就业人员权益，解决部分行业的用工难题，政策已落地实施。

【脱贫攻坚】2020年，建设扶贫车间33个，吸纳贫困劳动力293名；开发公益性岗位1171个，发放公益性岗位补贴1111.13万元。组织贫困劳动力技能培训8期，培训人数381人，其中贫困家庭“两后生”（五年之内未继续升学的初、高中毕业生）技能培训31人。截至年末，全市有贫困劳动力13227人，已就业11804人，稳定就业11005人，就业率、稳定就业率分别达89.24%、93.23%。累计为29663名困难人员代缴养老保险费296.63万元，为185名到龄欠费贫困人员核定发放城乡居民养老保险养老金待遇。（乔馨玉）

## 医疗保障

【概况】2020年，全市城镇职工医疗保险参保86628人，征缴基金18763万元，共为17201人次报销医疗费用9250.98万元，个人账户支出5731万元。享受城镇职工生育保险待遇1144人次，报销金额1052.3万元。全市城乡居民基本医疗保险参保82.74万人，基金收入6.6亿元，其中财政补助4.54亿元，个人缴纳基金2.07亿元，共为18.43万人次报销医疗费用4.6亿元，门诊统筹基金支出5799万元，大病保险支出4409.52万元，意外伤害保险支出2459万元。年内提高城乡居民医疗报销待遇，启动居民意外伤害、疾病身故保险，实行医保基金出资、居民零缴费，赔付金额最高可达4万元。

【门诊管理】2020年，出台《醴陵市城乡居民基本医疗保险特殊病种门诊管理实施方案》《醴陵市城乡居民基本医疗保险普通门诊统筹管理实施方案》《醴陵市城乡居民高血压、糖尿病门诊用药保障工作实施方案》等居民医保门诊待遇政策文件，依次启动特殊门诊、普通门诊、高血压和糖尿病“两病”门诊，不设起付线，报销比例达70%。截至年末，全市城乡居民特殊门诊申请通过9994人，享受待遇54188人次，报销金额 5311.91 万元；享受城乡居民普通门诊待遇 32764 人次，报销金额 143.86 万元；享受中医药门诊待遇 4780 人次，报销金额 79.38 万元；享受城乡居民“两病”门诊待遇 39845 人次，报销金额 118.78 万元。

【定点医药机构管理】2020 年，出台《醴陵市医疗保险定点医疗机构绩效考核方案》《关于进一步规范医疗服务价格管理的通知》《醴陵市 2020 年度医疗保障基金支付方案》等管理制度，强化预算执行，推行总额控制、次均费用、按病种付费相结合的多元复合式医保支付方式改革。通过设立高压红线、建立日常监管、完善考核制度，对 54 家协议医药机构进行实时、月度、季度、年度综合评价，根据不同周期的考核结果，给予实时处理，年度考核得分与质量保证金挂钩，促进医疗机构及时发现问题、及时整改到位，促进医疗机构不断规范日常医疗行为。

【医保基金监管】2020 年，引进人脸识别技术、远程查房系统和智能审核系统，组织专家审核抽查病历，对 34191 名住院患者进行身份识别，远程查房 26578 人次。严厉打击欺诈骗保行为，开展打击欺诈骗保活动 9 次，对全市 53 家协议医疗机构进行自查自纠部署，共收回违法资金 530.22 万元。联合市纪委、公安、卫健等部门，对欺诈骗保行为实行有奖举报，并根据群众举报查实违法违规骗取医疗保障基金案件 3 起。

【健康扶贫】为全市建档立卡贫困人员全额代缴城乡居民基本医疗保险，确保全员参保、应保尽保；建档立卡贫困人员住院报销比例提高 10%、大病保险起付线降低 50%，住院医疗费用县域内综合报销比例高于 85%，33 种大病救治县域内住院报销比例高于 85%。为建档立卡贫困户提供“一站式”结算服务 22050 人次，基本医疗保险报销 5038.52 万元，大病保险待遇支付 258.65 万元，扶贫特惠保支付 65.64 万元，医疗救助支付 602.36 万元。

【医药服务价格】2020 年，落实药品“零差率”、耗材“零加成”和调整服务价格工作，通过药品带量采购，中选药品平均降价幅度达 68%，最高降幅 96.7%，药费支出减少 5129.5 万元。

【医保经办服务】2020 年，医保经办便捷性不断提升。拓展“醴陵医保”微信服务号功能，实现参保缴费、就医备案等服务网上办结，并提供业务项目、办理流程、公示公告等信息查询服务。实行异地就医电话备案，全市有 11 家定点医院加入异地就医结算系统，满足异地就医住院参保人员直接结算需求。（彭　鑫）

## 住房公积金管理

【概况】2020 年，株洲市住房公积金管理中心醴陵管理部围绕“一切为了缴存人”服务理念，明确责任，分层推进住房公积金归集、扩面工作。进一步推广住房公积金网厅信息系统的覆盖，逐步实现百姓“掌上办公”的需求，为缴存人提供“零距离”的优质高效服务，公积金归集、扩面目标任务得以超额完成。

【公积金归集】2020 年，全年归集住房公积金 4.18 亿元，新增缴存人数 4336 人，发放个人住房贷款 589 户 2.32 亿元。全年个人提取住房公积金 2149 笔 1.09 亿元。（王　维）

# 教　育

## 综　述

【概况】2020年，全市有各类基础教育学校558所；其中十二年一贯制学校1所（第八中学），完全高中2所（第七中学、株洲市五雅中学），高级中学4所，初级中学31所，九年一贯制学校11所，小学151所，另有教学点63所，幼儿园294所，特殊教育学校1所。全市有中等职业学校3所。在校学生、在园幼儿共156470人，其中中学生（含中职学生）48188人、小学生69160人、在园幼儿38969人、特殊学校学生153人；有学校、幼儿园教职工11541人。

【学前教育】2020年，通过民办园转公办园、与民办园合作办园等方式，增加公办园园位12088个，公办园幼儿占比45.5%，超过省定任务5.5个百分点。发展普惠性民办幼儿园，评选完全达标普惠性民办园120所、基本普惠性民办幼儿园13所；治理城镇小区配套幼儿园8所，治理完成率100%。截至年末，普惠性幼儿园（公办幼儿园和普惠性民办幼儿园）占比83.9%。

【义务教育】2020年，进一步推进义务教育城乡一体化发展，制定并下发《关于进一步做好集团化办学的实施方案》，组建11个教育集团，做实城区优质学校与农村薄弱学校、省示范高中与乡村初级中学的结对帮扶工作。按照株洲市教育局的要求，促成醴陵市6所中小学与株洲市荷塘区景弘中学、八达小学、六零一中英文小学3所中小学结成手拉手友好结对学校，共享优质教育资源。做好控辍保学工作，确保全市义务教育阶段辍学率为零，巩固率100%，进城务工人员（农民工）子女就学率达100%。开展“三点半”校内课后服务，为民解忧，为学生学业减负提质。巩固消除“大班额”成果，实现“大班额”监控常态化，防止产生新的“大班额”,谋划“大校额”的化解工作。

【高中教育】2020年，进一步加强高中创新人才培养，探索新高考改革背景下的育人模式改革，对接新高考，优化“选课走班”教学模式。全市有3297人参加高考，本科一批上线1256人、二批上线2229人，上线率分别为38.1%、67.6%；普通高中学业水平考试合格率达99.85%，其中市第二中学、市第四中学和五雅中学合格率均为100%。醴陵市连续10年获评株洲市高中教育质量建设先进县（市），连续2年获评株洲市高中学业水平考试先进县（市）。

【职业教育】2020年，醴陵市现代职教体系不断完善，办学能力进一步增强。深化产教融合，成立株洲五彩醴陵陶瓷产业发展促进中心。市陶瓷烟花职业技术学校、湖南陶瓷技师学院等职校与湖南三一集团有限公司、中国中车集团等知名企业开展校企合作，采用“订单式”方式，为企业培养技能人才。市陶瓷烟花职业技术学校负责组织的醴陵陶瓷教育集团入围省示范性职业教育集团（唯一的县域集团）。深化普职融通协同发展改革，市陶瓷烟花职业技术学校与株洲市四中合作，开办普职融通改革班。加强与高职院校合作，市陶瓷烟花职业技术学校与湖南科技职业学院合作，开设“陶瓷设计与工艺专业”五年制大专班，秋季招录第一届新生100人。市陶瓷烟花职业技术学校率先成立湖南省第一个中职教育“奖教助学”基金会，募集资金达300万元。年内，醴陵获评“国家级农村职业教育示范县”。

【疫情防控】2020年，市委新冠肺炎疫情防控指挥部设置教育工作组，下设防控办公室、摸排管控组等8个小组。建立市教育局领导包片区、机关干部包中心学校、校长包校园、教师包班级学生及家长的“四级”疫情防控责任机制，群防群控，协同作战。新冠肺炎疫情发生以来，做细做实源头管控到位、日常防控和宣传督查各项工作。购买体温枪2890把、热成像测温仪和医用级测温门共112台（套），全市学校旱厕全部改造到位，改厕所存水弯1896个，加装水龙头等洗手设施8365个，每所学校均按要求设置了临时隔离室。全市各类学校和幼儿园近16万名师生返校未出现疑似病例，无人感染。

【改善办学条件】2020年，全市新改扩建学校35所，新增学位2600个。建设教师周转房160套，按照“八个一”标准(一套周转房、一套办公桌椅、一套卧具、一套淋浴设施、一套炊餐具、一台电脑、三年一次外出培训、一年一次体检）改善乡村教学点教师基本生活工作条件。评选15所“醴陵市最美村小”。新三中和湖南师大附属学校建设有序推进。投入600余万元用于安防建设，视频监控和一键报警系统完成率达100%。30所村小装备科学实验室，新增“班班通”教学一体设备101套。

【教师队伍建设】2020年，招聘新教师794人，借调外单位的191名教师中有142人返回原单位，58名停薪留职教师回流12人，另46人依法清退除编；安排资金3000余万元，解决“辞退代课教师补缴养老保险”“代课教师工资及养老保险”待遇问题。乡村教师每月岗位津贴调整为410～1100元。教师年度绩效奖提高至每人每年14200元。培训教师1.2万余人次，参培率、合格率100%。加强青蓝工程建设，师徒结对全覆盖，优化教师城乡、校际交流制度，有效激发队伍活力。

【教育改革】2020年，深化教育督导体制机制改革。整合教育局督导室和5个片区督学责任区，成立市人民政府教育督导中心，与市人民政府教育督导委员会办公室合署办公，实行“两块牌子、一套人马”，统筹实施教育督导和教育行政执法工作，让教育督导成为教育改革发展的“导航仪”“助推器”和“问责官”。改革城乡教师交流制度。改革教师交流进城办法，实行考试选调和人文关怀相结合，年内有100名教师从农村交流进城。优化中高考基础设施。投入300余万元，全面更新高考设备，打造全省一流考点；投入近100万元，完善32个中考考点设施设备。

【扶贫助学】2020年，落实各项扶贫助学政策，资助学生36562人次，发放助学金2604万元。对全市9485名建档立卡贫困户学生开展“一对一”结对帮扶。全市教育系统共派出29名驻村工作队队长和27名队员参与32个村的驻村帮扶工作。为12名贫困户介绍工作，垫资并指导5户贫困户发展养殖业，帮助贫困户实现微心愿405个，赠送资金8万余元，捐赠生产生活物资。在株洲市教育局开展的4次教育扶贫电话暗访和实地督查中，醴陵教育局得分均位列10县区第一。醴陵教育扶贫工作亮点得到《中国教育报》、全国学生资助中心官网、《湖南日报》、湖南省政府扶贫网等媒体报道。（汤向荣）

## 湖南工业大学醴陵陶瓷学院

【概况】2020年，湖南工业大学醴陵陶瓷学院(以下简称“学院”)有教职工10人，其中教授1人、博士2人，设有综合办、学工办、教务办、后勤办4个科室。学院有专科专业在籍学生313人，其中外省学生43人，有本科专业在籍学生210余人，有MPA全日制硕士研究生39人。本科专业学生委托湖南工业大学包装设计艺术学院和冶金与材料工程学院培养，313名专科在籍学生中，大一和大三232名学生的教学工作由学院承担，另有81名学生的教学工作由湖南工业大学河东校区承担。年内，学院图书馆项目建设完成了主体建设、装修和办公设备配备工作，对接调试软件系统，完成30293册图书编目工作，并按文学、艺术、计算机、历史、学科专业等8个类别分类上架。学院完成省级先进制造集群（陶瓷产业）项目申报材料的准备工作并通过审批，同时成立“株洲五彩醴陵陶瓷产业发展促进中心”，获批设立省级创新创业教育中心——“陶瓷材料与艺术创新创业教育中心”，完成学院办学模式改革设想编制及学院“十四五”规划编制工作。

【教学工作】2020年，学院获得授权发明专利2项，获批2个省级教改课题、1个校级教改课题，申报1个省级创新创业教育中心、1个省级实训基地。完成实验室第二期建设，筹备实验室第三期建设。学院分2批次安排155人次开展为期1个月的顶岗实习。打造5项艺术品牌活动，邀请国家级工艺美术大师及省级工艺美术大师到学院开展学术讲座。学院与湖南工业大学李可染美院共同主办“百年巨匠 薪火相传”李可染·李庚绘画作品展，聘请13名陶瓷艺术大师、技术专家、企业高管为学院第二批特聘教授、客座教授，与15个醴陵陶瓷类企业签订产学研协议，帮助3家制造业骨干企业建成3个工业互联网平台。

【学生管理】全年开展学生工作会议15场，服务600余人次。9月，经过严格选拔确定了第二届团总支学生会成员。组织11家企业到学院招聘，部分单位线上招聘，实现多维度就业。帮助建档立卡贫困户、残疾学生、少数民族学生等32人缓解就业压力。制定课堂考勤方案、宿舍管理方案，每天由老师带队检查，每周公布检查结果，对问题学生批评教育。评定国家奖学金1人、励志奖学金14人、校级奖学金43人和优秀学生39人，奖励资金共计11.76万元；评定一等助学金33人、二等助学金8人、三等助学金44人，补助资金共计26.84万元。开展新生心理健康普查工作，建立学生心理健康档案，并对心理健康指标异常的35名新生开展“一对一”谈心谈话；针对心理出现问题的学生及时进行心理辅导，引导情况较为严重的5名学生配合治疗。举办3次校园艺术比赛和1次绘画展。

【后勤管理】2020年，学院后勤管理方面重点做好固定资产管理工作。完成固定资产清查，制定规章制度。对湖南陶瓷技师学院借用的44间教室（含机房、画室、教师休息室）和180间宿舍内配套设备设施分别登记并签字存档，完善借用手续。对各楼栋所有资产均进行详细摸底统计，并分类录入电脑，有效规范校产管理，做到条目清楚有据可查。加强安全隐患排查建立物业定时排查和后勤处复查的工作机制，落实人防、物防，全方位保障校园安全。（陈炜杰）

## 湖南省陶瓷技师学院

【概况】2020年12月，经湖南省人民政府批复，同意以湖南轻工高级技工学校为主体，建立湖南省陶瓷技师学院（以下简称“学院”），为高等职业教育培训机构，由省工业和信息化厅主办主管，教育业务由省人力资源社会保障厅管理。学院占地面积24.8公顷，建筑面积20.6万平方米（含长庆校区和狮子坡校区）；有教职工289人，其中专职教师221人、中高级职称人数110人；开设陶瓷产业系、机电产业系、现代服务系3个专业群系和产业商学院、对口升学部2个教学部共16个专业，承担预备技师、高级技工、中级技工3个层次学历教育及社会培训工作；有在籍学生3879人，年培训人员5000人以上。年内，学院整合优势资源，参与株洲五彩醴陵陶瓷产业发展促进中心、湖南省电子技术应用专业世赛选手培训基地、醴陵陶瓷学院建设，与省内外知名企业签订产学研合作与实训基地协议，推进产教深度融合。

【专业学科及大师工作室建设】2020年，学院优化原有专业设置体系，退出商务文秘、旅游服务与管理等专业，新增建筑模型设计、形象设计、花炮生产与管理、计算机动画制作等专业，提升汽车维修等专业的办学层次；组建傅德毛、徐曼冰、黎健凯、颜志康4个大师工作室，姜赞平、叶谦2个名师工作室；入选湖南省2020年第一批院校职业技能等级认定试点单位，具备车工、铣工、计算机及外部设备装配调试员3个工种的职业技能等级认定。

【教学科研及技能竞赛】2020年，学院全面提高人才培养质量，对口升学部高考本科批次一次性上线45人；推进思政课改革创新，《课程思政融入技工院校教育的路径研究》获得省级重点课题立项；组织全省电子技术世赛师资培训班，鼓励师生参与各类技能大赛，共获得省级比赛一等奖3个、二等奖5个、三等奖8个，株洲市级比赛一等奖1个、二等奖7个、三等奖16个。在2020年全国第一届职业技能大赛上，学院学生严洋获得第九名并进入国家集训队。

【产教融合及校企合作】2020年，学院推进治理体系和治理能力建设，2020届毕业生初次就业率达98%，23名学生通过华为公司面试。依托先进陶瓷材料等产业优势，学院深化与湖南工业大学合作办学，推进学院下属单位国瓷研究所转型改革，国瓷研究所代表学校参加2020中国（北京）国际精品陶瓷展览会斩获“一金七银”。

【德育建设及学生管理】2020年，学院落实团中央部署，开展“青年大学习”主题活动，推进“智慧团建”工作。开展各种形式的社团活动，学生排舞队获排舞联赛湖南总决赛团体金奖，志愿者协会参与2020年湖南（醴陵）国际陶瓷产业博览会服务工作。开展学生奖助贷扶工作，为270名贫困学生申报资助、为784名学生申报助学金、为979名学生申报实习实训补贴。

## 湖南省陶瓷技师学院 2020 年教师获奖及论文发表情况一览表

表 7

| 姓　名 | 竞赛（作品）及论文（课件）名称 | 获奖及发表情况 | 授奖或发表单位 |
|---|---|---|---|
| 蒋丽娥 | “瓷瓶·岁寒三友”2020 年“深圳金凤凰工艺品创新设计大赛 | 铜　奖 | 中国工艺美术协会 |
| 林　威 | “瓷板画·顺风得意”2020 年“深圳金凤凰工艺品创新设计大赛 | | |
| 王亚奇 | “瓷板画·静心”2020 年“深圳金凤凰工艺品创新设计大赛 | | |
| 颜志康 | “瓷瓶—夏山图”2020 年“深圳金凤凰工艺品创新设计大赛 | | |
| 尚宇慧 | “星际茶语”国青杯第四届艺术设计大赛 | 一等奖 | 中国人生科学学会艺术与设计教育分会 |
| 陆　唐 | 《论新冠疫情下技工院校模具专业高级工毕业设计指导策略》 | | 湖南省人力资源和社会保障厅 |
| 王　芳 | 《借语文学科核心之力助职业教育之内涵提升》 | | |
| 兰　欢 | 《浅析工笔花鸟画在陶瓷美术教学中的应用—以醴陵釉下彩技工教学为例》 | 二等奖 | |
| 许　恩 | 《试论中职教师定岗实习的问题及对策》 | | |
| 黄　慧 | 《中职美术教学中的微课应用》 | 三等奖 | |
| 何利军 | 《浅谈对口高考文言文复习难点突破》 | | |
| 金艳艳 | 《建筑装饰装修工程中节能技术的应用研究》 | | |
| 吕楚鹏<br>杨雪婷 | 湖南技能大赛·第二届全国新能源汽车关键技术技能大赛 | | |
| 冯新梅 | 《漫谈中职学校班主任工作的技巧》 | 二等奖 | 湖南省职业技术教育学会 |
| 罗　洁<br>陈冬娇 | 株洲市“职教杯”第四届职业院校教师能力竞赛“课程思政”教学比赛 | | 株洲市人力资源和社会保障局 |
| 郭泰宗 | 湖南省职业院校教师职业能力竞赛专业技能比赛 | 三等奖 | 株洲市教育局 |
| 黄　琪 | 《新时代背景下技工教育发展的问题与破解路径》 | 发　表 | 《科技创新与生产力》 |
| 吕楚鹏 | 《基于总线控制诊断舒适系统故障》 | | 《科学技术创新》 |
| 林　威 | 《浅谈釉下五彩瓷的审美艺术特征》 | | 《文物鉴定与鉴赏》 |
| 邓树解 | 《核心素养下中职数学高效课堂的构建研究》 | | 《科学咨询》（科技·管理） |
| 王亚奇 | 《高级技工院校陶瓷专业“工学结合”教育模式的实践探索》 | | 《科学咨询》（科技·管理） |
| 刘　婷 | 《中职学校平面设计教学对学生艺术设计思维的培养能力分析》 | | 《西部皮革》 |
| 石　冰 | 《基于 ARM 控制器的开关电源系统设计》 | | 《数字通信世界》 |
| 陈红梅 | 《常回家看看》 | | 《散文百家（理论）》 |
| 严　均<br>周煌辉 | 《C 语言在单片机开发中的应用分析》 | | 《电脑知识与技术》 |
| 陈红梅 | 《关于中职物理教学中比较思维方法的运用》 | | 《文理导航（中旬）》 |
| 刘　力 | 《做好新时代家访工作之我见》 | | 《百科论坛电子杂志》 |

续表 7-1

| 姓　名 | 竞赛（作品）及论文（课件）名称 | 获奖及发表情况 | 授奖或发表单位 |
|---|---|---|---|
| 何利军 | 《微课在中职文言文教学中的应用探讨》 | 发　表 | 《百科论坛电子杂志》 |
| 朱石山 | 《互动体验教学在技工学校体育教学中的应用分析》 | | |
| 李勇志 | 《新型学徒制模式下校企合作的问题和对策探究》 | | 《财讯》 |
| 陆　唐 | 《课程思政在技工院校专业课中实施探究——以〈模具制造工艺〉课程为例》 | | 《教育研究》 |
| 林　威 | 《釉下五彩瓷装饰的色彩表现》 | | 《鸭绿江》 |
| 杨　芳 | 《运用趣味性教学法有效提高中职语文课堂教学效率的方法》 | | 《课程教育研究：学法教法研究》 |
| 李　超 | 《新媒体背景下技工院校班主任和学生家长的沟通工作》 | | 《学生·家长·社会：学校教育》 |
| 何利军 | 《探索中职语文课堂教学的有效策略》 | | 《中学生作文指导》 |

（肖　逸）

## 醴陵市陶瓷烟花职业技术学校

【概况】2020 年，醴陵市陶瓷烟花职业技术学校（以下简称“学校”）有全日制在校学生 3227 人；设有陶瓷工艺、花炮生产与管理、工艺美术、汽车运用与维修、电子商务、机械制造技术、平面设计等 13 个专业。学校坚持立德树人的根本任务，围绕教学主线，教学成绩显著，获评教育部网络学习空间应用普及活动优秀学校，牵头组建的醴陵陶瓷教育集团入围湖南省示范性职业教育集团（联盟）培养单位，获评省“两型”示范校园、省科普教育基地、省职业教育与成人教育学会先进分支机构，“中职学校陶瓷工艺大师梯度培养模式探究与实践”等 4 个省级课题通过验收。

【学生成长】2020 年，学校确立“职业人才摇篮、新兴产业引擎、国家中职名校”的发展定位，高考本科二批及以上上线 44 人，其中本科一批上线 15 人，有 374 名学生通过单招考试进入高级职业院校。385 班、404 班被评为“2019—2020 学年湖南中等职业学校优秀班集体”，姚子粱、谢曦瑜等 4 人获得国家级奖学金，袁梦、董永春等 5 人分获 2019—2020 年度湖南省中等职业学校省级三好学生、优秀学生干部、优秀实习生。在株洲市职业院校技能竞赛中，50 名学生分别参加 11 个项目的竞赛，获一等奖 4 个、二等奖 5 个和三等奖 10 个；在湖南省职业院校技能竞赛中，获二等奖 2 个、三等奖 3 个；参加省黄炎培创业大赛，获三等奖 2 个、优秀奖 1 个；参加 2020 年湖南省中等职业学校“我在抗疫中成长”文明风采德育实践系列活动，获一等奖 4 个、二等奖 3 个、三等奖 1 个。

【教师风彩】2020 年，教师林利获评湖南省首届中职学校最美班主任，党委书记、校长徐峰获得株洲市教育管理先进奖，另有 10 人获评醴陵市教书育人楷模、优秀教师等称号。教师瞿蓓、潘丹、廖维、杨晖红、侯岳峰被评为株洲市学科带头人，2 人被评为醴陵市学科带头人。张艺、廖维、何小乐教师团队参加湖南省职业院校教师职业能力竞赛，获得思政项目一等奖。林利、凌欣颖、张艺教师团队在株洲市班主任基本功竞赛中获得第二名。参加株洲市职业院校教师竞赛，获一等奖 1 个、三等奖 5 个。

【教育项目建设】2020 年，学校通过对接省教育厅改善农村中职办学条件“以色列贷款项目”，争取资金 1000 万美元用于购置教学实习实训设备。创建湖南省“两型”示范学校，获得上级奖励资金 50 万元。获批联湘创新创业人才工作基地奖励 20 万元。成立校友会、基金会，筹集资金近 300 万元，为学校发展凝聚社会力量。与湖南科技职业学院合作开设“陶瓷设计与工艺专业”五年高等职业教育，招收新生 100 人，开启“五年一贯制”专业人才培养新模式。由湖南省陶瓷行业协会为理事长单位、学校为常务副理事长单位，15 所职业院校、55 家规模陶瓷企业为成员，共同组建湖南醴陵陶瓷职业教育集团，并成功入围湖南省级示范性职业教育集团（联盟）培育单位。

【教育扶贫】2020 年，学校学生享受国家免学费政策 6247 人次，金额 749.64 万元。其中国家助学金受助 807 人，金额 80.7 万元；“一家一”同心温暖工程助学金受助 50 人，金额 5 万元；社会联盟资助 30 人，金额 3 万元，“大兵义演，金秋助学”资助人数 6 人，金额 3.6 万元；市关心下一代工作委员会资助 6 人，金额 6000 元；国家奖学金受助 4 人，金额 2.4 万元；“社会扶贫网”项目资助建档立卡贫困学生获助 30 人，金额 4.1 万元。与株洲扶贫发展联盟共建扶贫基地，获得扶贫专项资金 70 万元。

【全民教育】2020 年，学校承办市第五届创新创业大赛、市普通话水平测试、“携手奔小康”炎陵对口扶贫等工作。开展电子商务师（网红主播）、陶瓷成型工、育婴员、保育员、退役士兵、SYB 等社会培训，培训 2000 余人。新招电大专本科学员 325 人，其中本科 61 人，开放专科 264 人，含首届湖南省村（社区）基层组织人才定向培养 71 人。学校电大工作站被评为株洲市优秀工作先进单位和资源配置建设工作先进单位。

**醴陵市陶瓷烟花职业技术学校 2020 年教师获奖及论文发表情况一览表**

表 8

| 姓　名 | 竞赛（作品）及论文（课件）名称 | 获奖及发表情况 | 授奖或发表单位 |
|---|---|---|---|
| 吕　培 | 湖南省职业院校红上教学优秀案例《中职线上德育课》 | 优秀案例 | 湖南省教育厅 |
| 杨　虹 | 湖南省职业院校线上教学优秀案例《疫情下语文综合性学习探索与实践》 | | |
| 林　利 | 德育案例《教育扶贫新创举“三免一包”助自强》 | 二等奖 | |
| 刘　娲 | 德育案例《“不忘初心，逐梦前行”主题德育活动》 | 三等奖 | |
| 瞿　蓓<br>吕　培<br>邓　龙 | 湖南省职业院校教师职业能力竞赛教学能力比赛（陶瓷圆盘画面设计） | 三等奖 | |
| 林秀兰 | 《试论职业能力培养与中职语文课堂教学的融合》 | 一等奖 | 湖南省职业与成人教育学会 |
| 瞿志军 | 《浅议中职校教师校本培训体系的构建》 | 二等奖 | |
| 陈海根 | 《中职英语课如何教出“思政味”》 | 三等奖 | |
| 李　博 | 《有效利用信息化教学提高中职技能教学有效性》 | | |
| 张　卉 | 《浅析中职英语职业技能大赛情景交流环节培训策略》 | | |
| 常　锋 | 《中职学校素质教育育人模式探究》 | | |
| 张　艺<br>廖　维<br>何小乐 | 株洲市职业院校教师教学能力比赛（思政课课外实践活动设计） | 一等奖 | 株洲市教育局 |
| 瞿　蓓<br>吕　培<br>邓　龙<br>林彩霞 | 株洲市职业院校教师教学能力比赛（陶瓷工艺） | 三等奖 | |
| 周　苗<br>易　彤<br>陈　娟<br>杨雪亭 | 株洲市职业院校教师教学能力比赛（旅游服务） | | |

续表 8–1

| 姓　名 | 竞赛（作品）及论文（课件）名称 | 获奖及发表情况 | 授奖或发表单位 |
|---|---|---|---|
| 何小乐<br>吴　露<br>瞿江林 | 株洲市职业院校教师教学能力比赛（思政课教学设计） | 三等奖 | 株洲市教育局 |
| 张　沙<br>常　锋 | 株洲市职业院校教师教学能力比赛（思政课教学设计） | | |
| 谭云龙<br>张　沙<br>常　锋 | 株洲市职教杯“课程思政”教学比赛 | | |
| 潘　丹<br>黎　亮<br>谢磊玉 | 株洲市职教杯“课程思政”教学比赛 | 优秀奖 | |
| 陈慧芳 | 《株洲市“停课不停学，我是这样做”经验论文集》 | 二等奖 | |
| 易　彤 | 《中职生学习动机和学业成绩的心理研究》 | 一等奖 | 株洲市职业与成人教育学会 |
| 陈海根 | 《中职英语课如何教出“思政味”》 | 二等奖 | |
| 何小乐 | 《教学中实施课程思政的思考》 | | |
| 李　博 | 《有效利用信息化教学提高中职技能教学有效性》 | | |
| 张　卉 | 《浅析中职英语职业技能大赛情景交流环节培训策略》 | | |
| 黄宇玲 | 《浅析湖南计算机对口升学 C 语言高考试题》 | | |
| 林秀兰 | 《试论职业能力培养与中职语文课堂教学的融合》 | 三等奖 | |
| 瞿志军 | 《浅议中职校教师校本培训体系的构建》 | | |
| 陈　帅 | 《增强体质优化气质——中职体育教学中提高学生身体素质的策略》 | | |
| 黄　刚<br>邓　龙 | 《中职学校特色专业群校企合作实践与探究》 | | |
| 常　锋 | 《中职学校素质教育育人模式的探究》 | | |
| 唐　婷 | 《互动合作在中职英语教学中的运用研究》 | | |
| 胡牡丹 | 《浅谈中职数学教学与信息技术的结合》 | | |

（钟　宇）

## 市第一中学

【概况】2020 年，市第一中学（以下简称“学校”）982 人参加高考，本科一批录取 743 人，录取率 76%；本科二批录取 880 人，录取率 90%。陈玲芳以 663 分被北京大学录取，4 人被空军航空航天大学录取。学校被评为“全国 2019—2020 年节约型公共机构示范单位”“兰州大学优秀生源基地”“海军工程大学优质生源基地”“大连海事大学优质生源基地”“南华大学优秀生源基地”“株洲市高中教育质量建设先进单位”“株洲市特级教师工作站（2020—2022 年）”。

【教育扶贫】2020 年，学校全体班主任、党员、干部利用休息日对在校 100 余名贫困学生家庭进行走访，完成湖南省“喜生”慈善基金、醴陵“同心教育基金”国家助学金等扶贫助学项目的摸底、审核、推荐和助学金发放工作。全年资助建档立卡、残疾、低保、特困供养四类学生136人，各项资助金额达183.7万元，其中国家助学金93.4万元、社会助学90.3万元，受助学生达1535人。

【师资建设】2020年，学校教师在国家和省级杂志发表论文20余篇，在国家和省级教育学会论文评选中，获全国三等奖1篇、省级一等奖8篇、省级二等奖4篇。教师刘建辉通过株洲市第四批特级教师工作站评定，教师文业桂通过特级教师和正高级教师职称评定。年内，学校共有6名教师获评株洲市学科带头人、13名教师获评醴陵市学科带头人，其中6个学科6名教师被评选为名师工作室主持人。

【学科竞赛】2020年，学校在各级各类比赛中有所斩获。在数学、物理、化学、生物、信息学五大学科奥赛中获全国一等奖3人、二等奖13人、三等奖13人，学生瞿志豪获得全国高中数学联赛一等奖；1人获第十八届全国创新英语大赛三等奖；参加第四十届湖南省青少年科技创新大赛，获省二等奖6人次、省三等奖7人次；在2020年湖南省青少年田径锦标赛中，骆纯洁获女子4×400米金牌，取得田径二级运动员和高考特招资格，唐宇峰获男子4×400米铜牌，取得二级运动员和高考特招资格，彭仔钰获男子4×400米铜牌；在第25届全国中小学生绘画书法作品比赛中，学校学生创作的20幅作品获湖南赛区一等奖、2幅作品获湖南赛区二等奖。

【校园环境】2020年，学校认真落实各项节能措施，升级改造宿舍、科技大楼、三栋教学大楼、路灯、亭园照明系统的节能设施。改造6个食堂，重新粉刷墙面，安装全新抽排烟系统、油水分离系统、厨房操作系统、照明系统和消毒系统，保障学校师生就餐食品安全。补漏教室、学生寝室、厕所140余间，重新粉刷寝室面积1.8万平方米，检修和更换300余间寝室的电器线路和家具，新添医务室医疗设备，保障师生卫生健康。

**市第一中学2020年教师获奖及论文发表情况一览表**

表9

| 姓　名 | 竞赛（作品）及论文（课件）名称 | 获奖及发表情况 | 授奖或发表单位 |
|---|---|---|---|
| 伍　偲<br>莫　磊 | 《大数据背景下高中数学精准教学研究》 | 发　表 | 《百科论坛》 |
| 易宁丹 | 《浅谈高中班主任工作的心理管理艺术》 | | 《教育前言》 |
| 张佳佳 | 《着眼新课程构建新课堂——论高中英语语法教学中的创新思维》 | | 《教育科学》 |
| 汤其军 | 《通用技术课难上之钥匙——五环节教学法》 | | 《中学课程辅导》 |
| 李克月 | 《两番天地，一种豪情》 | | 《高中生》 |
| 陈　平 | 《基于高中历史史料实证学科素养的课堂教学的思考和实践》 | | 《教学与研究》 |
| 王柏智 | 《中学音乐教学中欣赏教学的实践与赏析——醴陵民歌《思情鬼歌》欣赏》 | | 《读与写》杂志编委会 |
| 彭会敏 | 《探究学习 提升素养——“五元四驱”教学法在政治学科的运用》 | | 《教育》（国家级）<br>2020年6月刊 |
| 苏　娟<br>李克月 | 《学写辩论文》 | | 《作文周刊》第32期 |
| 瞿丽华<br>李克月 | 《善于举例，巧于论证》 | | 《作文周刊》第26期 |
| 李克月<br>阳　雪 | 《议论文写作之开头、结尾》 | | 《作文周刊》第30期 |
| 李克月<br>阳　雪 | 《实用类文本解读及答题策略》 | | 《高中生》 |

续表 9-1

| 姓　名 | 竞赛（作品）及论文（课件）名称 | 获奖及发表情况 | 授奖或发表单位 |
| --- | --- | --- | --- |
| 李克月 | 《献刀背后的生死博弈——〈曹操献刀〉主题的探究与思考》 | 发　表 | 《语文报》第 17 版 |
| | 《黄土地上的人性之美——〈平凡的世界〉之〈做客〉情感探析》 | | 《语文报》第 21 期 |
| 阳　雪 | 《〈身在沟渠心望月〉拓展阅读》 | | |
| 张　晖 | 《巧立目标体系激发学习热情》 | | 《科教新报》 |
| 李　华 | 《高考语法填空应对策略》 | | |
| 林　煜 | 《新冠肺炎，一堂特殊的卫生健康课》 | | 《湖南教育》 |
| 易　军 | 《基于深度学习的史料解读的思考与实践》 | | 《中学课程辅导》 |
| 龙　芳 | 《新课程背景下高中数学教学方法探索》 | | 《教学与研究》 |
| | 《习题改善，策略提升谈高三年级数学习题课教学》 | | 《试题与研究》 |
| 申彬彬 | 《新课程理念下高中物理有效性课堂教学探讨》 | | 《教学与研究》 |
| 陈头平 | 《浅议如何让高考运气永伴学生左右》 | | 《大众科学》 |
| | 《过氧化钠与水反应机理的探究实验》 | | |
| 胡　湘 | 课件《甲午中日战争》 | 三等奖 | 中学历史教学园地 |
| | 课件《甲午中日战争》 | 一等奖 | 湖南省基础教育学会 |
| | 课件《中国民族资本主义的曲折发展》 | | |
| | 多媒体课件《第二次工业革命》 | | |
| | 多媒体课件《殖民扩张与世界市场的拓展》 | | |
| | 多媒体课件《纲要上第 19 课》 | | 湖南省教师继续教育协会 |
| | 多媒体课件《辽宋夏金元的经济与社会》 | | |
| | 多媒体课件《纲要上第 20 课》 | | |
| | 多媒体课件《中国近代经济结构的变动》 | | 湖南省基础教育学会 |
| 骆盈盈 | 课件《Legal Festival in May (Revision of Proof reading)》 | | |
| 彭菊芬 | 教学案例《给我一个支点，我可以撬动地球》 | | |
| 汤其军 | 《控制系统的基本组成与工作过程》 | | |
| | 《成功课背后浅谈通用技术教学》 | | |
| 汤道纯 | 教学设计《自然地理环境的整体性》 | | 湖南省教师继续教育协会 |
| 彭会敏 | 教学设计《贯彻新发展理念　建设现代化经济体系》 | | 湖南省基础教育学会 |
| | 教学设计《世界是普遍联系的》 | | |
| 易宁丹 | 教学设计《M 2 U 3 Word Power Different jobs》 | | |
| | 《英汉被动语态的对比分析》 | | |
| | 课件《Character Analysis of Mary Tyrone in Long Day's Journey into Night》 | | |

续表 9–2

| 姓名 | 竞赛（作品）及论文（课件）名称 | 获奖及发表情况 | 授奖或发表单位 |
|---|---|---|---|
| 易宁丹 | 课件《M 6 U1 Grammar and Usage Overview:infinitive,v–ing,v–ed(1)》 | 一等奖 | 湖南省基础教育学会 |
| | 课件《M 4 U 1 Reading——Advertisement》 | | |
| 金鑫 | 课件《M 4 U 2 Reading The Olympic Game》 | | |
| | 教学设计《M 7 U 3 Reading The Effects of the Internet on Our Lives》 | | |
| 周吉凤 | 课件《圆锥曲线中的定值问题》 | | |
| | 课件《2.3 幂函数》 | | |
| 刘正再 | 《浅析高中体育选修课“走班制”教学模式的实施》 | | 湖南省教育学会 |
| | 《现代信息技术在中学田径训练中的应用》 | | |
| 王丽<br>阳雪<br>徐德军<br>李克月 | 2020 年湖南省中小学教师信息技术与学科教学深度融合在线集体备课大赛 | | 湖南省教育厅中小学教师信息技术应用能力提升工程领导小组办公室 |
| 江娴偲<br>龙芳<br>汤细英<br>刘泽勇<br>文小芝 | 2020 年湖南省中小学教师信息技术与学科教学深度融合在线集体备课大赛 | 二等奖 | |
| 游依<br>文业桂<br>周雄艳<br>张国林 | 2020 年湖南省中小学教师信息技术与学科教学深度融合在线集体备课大赛 | | |
| 李理理<br>谢水芳<br>朱英<br>张佳佳<br>陈明敏 | 2020 年湖南省中小学教师信息技术与学科教学深度融合在线集体备课大赛 | 三等奖 | |
| 彭会敏<br>宋喧<br>刘洁<br>丁友 | 2020 年湖南省中小学教师信息技术与学科教学深度融合在线集体备课大赛 | | |
| 伍偲<br>莫磊<br>张白霜<br>刘阿香<br>周吉凤 | 2020 年湖南省中小学教师信息技术与学科教学深度融合在线集体备课大赛 | | |
| 张晶晶<br>陈万红<br>瞿春华<br>段栋苗<br>邓宗友 | 2020 年湖南省中小学教师信息技术与学科教学深度融合在线集体备课大赛 | | |
| 卢菲 | 《基于“三新”背景下高中生物实验教学创新应用》 | 二等奖 | 湖南省教育厅 |
| 吴摄洪 | 2020 年全省中小学实验教学说课活动 | 三等奖 | |

续表 9–3

<table>
<tr><th>姓 名</th><th>竞赛（作品）及论文（课件）名称</th><th>获奖及发表情况</th><th>授奖或发表单位</th></tr>
<tr><td>王 丽</td><td>湖南省 2020 年度“一师一优课、一课一名师”优课评选</td><td>优 课</td><td>湖南省教育厅</td></tr>
<tr><td>汤道纯</td><td>《初中生地理学习的现状、问题及对策》</td><td rowspan="12">二等奖</td><td>湖南省教师继续教育协会</td></tr>
<tr><td rowspan="6">胡 湘</td><td>教学设计《新航路开辟》</td><td rowspan="3">湖南省基础教育学会</td></tr>
<tr><td>多媒体课件《工业革命》</td></tr>
<tr><td>课件《近代中国经济结构的变动》</td></tr>
<tr><td>多媒体课件《两宋的政治和军事》</td><td>湖南省教师继续教育协会</td></tr>
<tr><td>多媒体课件《战古代文明的成熟与繁荣——隋唐》</td><td rowspan="6">湖南省基础教育学会</td></tr>
<tr><td>多媒体课件《战后资本主义的新变化》</td></tr>
<tr><td>易宁丹</td><td>课件《M 2 U 3 Word Power Different jobs》</td></tr>
<tr><td rowspan="3">彭会敏</td><td>课件《人的认识从何而来》</td></tr>
<tr><td>课件《世界的物质性》</td></tr>
<tr><td>课件《生活处处有哲学》</td></tr>
<tr><td rowspan="3">谭 岭</td><td>《让德育工作更接地气些》</td><td rowspan="4">湖南省教育学会</td></tr>
<tr><td>《现代信息技术助力假期物理作业辅导实践总结》</td><td rowspan="3">三等奖</td></tr>
<tr><td>《Excel 软件在物理实验中的应用——以“探究加速度与力、质量的关系”为例》</td></tr>
<tr><td>黄风桥</td><td>《借用模型搞好翻译的教学》</td></tr>
</table>

（王 丽）

## 市第二中学

【概况】2020 年，市第二中学（以下简称“学校”）高考本科二批以上上线超过 540 人，上线率超过 60%，普通高中学业水平考试合格率首次达 100%。新冠肺炎疫情防控期间，学校学生、教职工思想稳定、信心坚定，线上线下教学均有序开展，无感染病例，未发生各类安全事故。

【教研工作】2020 年，组织新课标学习研讨，开展 2 轮试卷讲评研讨活动，提升二轮复习效率，组织学考复习课堂研讨，为学考复习增效提质。全年共有 24 人次在各级教学竞赛比武中获奖。继续开展“青蓝工程”师徒结对帮扶工作，发挥骨干教师传、帮、带作用，8 对师徒获学校“青蓝工程”考核师徒结对一等奖。开展微课制作、网络空间建设培训指导，学校被评为市微课大赛优秀组织单位，9 名老师微课获一等奖，14 人作品获二等奖，21 人作品获三等奖。推进备课组集体教研活动，组织全体教研组长、备课组长观摩高一语文备课组集体教研，5 个备课组在省集体备课大赛中获奖。推进读书活动，设置“同康”读书奖，开展青年教师业务竞赛，组织全校魅力课堂竞赛。依托学校课题研究，教师撰写并发表论文 10 余篇，获省级奖励 10 余篇。

【开设国防教育班】年内，学校与市人武部、湖南军盾国防教育管理有限公司携手制订培养方案，秋季招生时，按照自愿申请、政治考核、成绩考查、体能测试等程序，从 142 名报考的初三毕业生中挑选 110 名政治品格过硬、学业比较优秀、身体素质合格的学生，组建 2 个国防教育特色班。并由军盾公司选派优秀教官，对其进行 3 个月高强度军政综合强化训练，既包括队列、体能、行为习惯的锤炼，也包括政治理论、军事理论、军事技能和军事素养的培育。学校将准军事化管理和中学课程体系深度融合，打造一支综合素质过硬、在高考时以填报军事院校为主的国防“预备军”。

【艺体活动】2020 年，学校开展羽毛球、气排球、篮球等有益于教职工身心健康的活动，排练教师舞蹈节目，丰富教职工业余文化生活。组织参加地市级竞赛活动，在株洲市“三好杯”田径运动会中，学校取得团体总分高中男子组第二名、女子组第三名，获得 5 金 4 银 5 铜。

【建校 80 周年庆典】2020 年，学校以 80 周年校庆为契机，开展多种形式的活动，在思源广场为学校首任校长王名伟设立半身塑像，并举行揭幕仪式；开展以“我与二中的故事”为主题的 80 周年校庆征文活动，举办以“同祝母校华诞”为主题的建校 80 周年庆祝晚会；设立“开明”奖教助学基金，共募集善款 300 余万元。

**市第二中学 2020 年教师获奖及论文发表情况一览表**

表 10

| 姓　名 | 竞赛（作品）及论文（课件）名称 | 获奖及发表情况 | 授奖或发表单位 |
| --- | --- | --- | --- |
| 何鸣镝 | 《农村高中校本课程体系构建摭谈》 | 发　表 | 《新课程研究》 |
| 颜　炜 | 《高中语文教学中“知人论世”的应用策略》 | | 《语文教学与研究》 |
| 谢雨晴 | 《〈方山子传〉中从“侠士”到“隐士”形象的文化探索》 | | 《语文课内外》 |
| 余艳飞 | 《浅议微课在农村高中语文教学中的应用和前景》 | | 《中小学教育》 |
| 易昭良 | 《基于新高考视角下高三历史课堂教学策略探究》 | | 《教育学文摘》 |
| 漆正鹏 | 《关于农村定向运动的发展可行性分析》 | | 《中小学教育》 |
| 许晓丹 | 《新课程背景下高中生物教学策略研究》 | | 《中学课程辅导》 |
| 唐新秋 | 《利用教材练习概要写作》 | | 《高中生》 |
| | 《阅读理解读题预测技巧》 | | |
| 朱晓芬 | 《高考英语阅读理解词义猜测技巧》 | | |
| 马　婷 | 《向外国朋友介绍茶文化》 | | |
| 汪建平 | 《高中数学圆锥曲线教学的有效性策略分析》 | | 《教学与研究》 |
| 贺建军 | 《浅谈高三数学高效复习课堂的构建策略》 | 二等奖 | 湖南省教育学会 |
| 马　婷 | 《浅谈高中英语课堂教学中的文化渗透》 | | |
| 郭立华 | 《谈朗读与背诵在英语教学中的必要性》 | | |
| 颜　炜 | 《农村留守儿童家庭教育的问题及对策》 | | |
| 刘新虎 | 《寓教于信　润物无声》 | | |
| 颜　炜 | 《在高中语文教学中提升学生思维能力的策略研究》 | 三等奖 | |
| 何鸣镝<br>彭　林 | 《学孔子为师之道　构和谐师生关系》 | | |
| 易建林 | 《以〈价值判断与价值选择〉一课为例》 | | |

续表 10–1

| 姓　名 | 竞赛（作品）及论文（课件）名称 | 获奖及发表情况 | 授奖或发表单位 |
|---|---|---|---|
| 刘新虎 | 《坚守课堂主阵地 打造课堂高效性》 | 三等奖 | 湖南省教育学会 |
| 易曦兰 | 《〈牛津高中英语〉单元教学词汇复习课初探》 | | |
| | 《阅读七选五常用解题技巧》 | | |
| 马　婷 | 《农村高中英语开设听力课的必要性和策略》 | 一等奖 | 湖南省教学科学研究工作者协会 |
| 汪建平 | 《探究数形结合思想在高中数学解题中的优势与应用》 | 二等奖 | |
| 易建林 | 《实施有效提问打造精彩课堂》 | | |
| 何鸣镝 | 《指向深度学习的文言文单元复习策略》 | 三等奖 | |
| 谢水芳 | 《浅谈如何在写作教学中运用“过程教学法”》 | | |

（张志伟）

## 市第四中学

【概况】2020 年，市第四中学（以下简称“学校”）有 56 个教学班，在校学生 2943 人；有在编教职工 271 人，其中正高级教师 3 人、高级教师 93 人和中级教师 103 人。年内，学校进一步完善办学条件，新建的盛芳楼于 5 月竣工并投入使用，完成求真馆、鼎新楼、茂兰馆、文昌楼立面翻新改造，启动明仁楼拆除重建项目，有序推进上操场跑道沥青铺设工作和盛芳园提质改造的设计工作。

【校风学风】2020 年，学校进一步发挥学生会的组织功能，促进学生自我管理，做实学生文明礼仪检查，开展“5A 寝室”创建活动。举办法制教育讲座，开展禁毒教育。组织系列德育活动，举行学生 18 岁成人礼、醴陵红色故事宣讲、“做最好的自己”演讲比赛等活动。组建通讯员队伍，实现校刊和校报的改版升级。

【师德师风】2020 年，学校加强师德师风建设，开展“优秀教研组长”“我最喜爱的教师”等评选活动，树立身边的榜样。加强班主任队伍建设，组织青年班主任主题班会竞赛活动，促进青年教师成长。在青年教师队伍建设方面，组织“弘扬五四，青春有我”青年教师主题团日拓展活动，组织教师参加市委组织部举办的“建功新醴陵·奋斗最青春”青年演讲比赛。实施“青蓝工程”，打造名师队伍，学校语文教师李和平通过湖南省中小学正高级职称评定，张秋香、武伟云、陈鑫等 6 名教师被评为“株洲市学科带头人”，7 名教师被评为“醴陵市学科带头人”，醴陵市高中数学、高中政治名师工作室分别由学校教师曾丽霞、李能负责。

【教学教研】2020 年，学校开展线上线下培训活动，承办株洲市英语新教材教学竞赛、醴陵市高三复习研讨暨教学竞赛活动，组织学校青年教师说课竞赛等系列教学研讨活动。学校开展各类学习交流，组织教研骨干到澧县一中学习并专门召开学习经验交流会，接待株洲体校、攸县三中、渌口区三中到学校开展体育教学交流活动，学校和市第五中学联合开展同课异构教学活动；由教科室牵头，组织高三新老生经验交流会。年末，学校获得“2020 年第 28 届全国中学生英语能力测评优秀组织奖”“2020 年湖南省学校心理健康教育先进单位”等称号。

【艺体特色】在 2020 年高考中，学校艺体专业学生双上线率达 74%。在 2020 年湖南省青少年田径运动会上，学校 13 名队员代表株洲队出征，取得 2 金 4 银 4 铜的成绩。2017 级体育生龚卓轩获得 2020 年醴陵市“新时代好少年”称号。参加 2020 年株洲市“三好杯”中小学生运动会足球比赛暨第六届“市长杯”足球联赛，获得高中男子组第五名；参加 2020 年株洲市“三好杯”中小学生运动会，获得田径比赛高中男子组第一名和高中女子组第二名。

## 市第四中学 2020 年教师获奖及论文发表情况一览表

表 11

| 作　者 | 竞赛（作品）及论文（课件）名称 | 获奖及发表情况 | 授奖及发表单位 |
|---|---|---|---|
| 曹荣华 | 《浅析自主学习策略在高中语文写作教学中的应用研究》 | 发　表 | 《教育科学》 |
| | 《探讨高中语文学科核心素养的实质内涵策略》 | | 《东西南北》 |
| 陈　鑫 | 《例谈高考有机题的热点问题》 | | 《科教论坛》 |
| | 《例谈对数函数在高中化学教学中的应用》 | | |
| 邓水连 | 《新课标背景下高三英语词汇复习的教学策略》 | | 《新时代教育》 |
| 丁　珊 | 《在数学例题教学中要善于创设导向性信息》 | | 《教育学文摘》 |
| 何　芳 | 《高中班主任德育中有效实施激励策略的途径分析》 | | 《中国教师》 |
| 黄文斌 | 《加强农村学校建设，缓解城区学位压力，促进义务教育均衡》 | | 《中学课程辅导》 |
| | 《以规范促均衡，发展城乡学前教育》 | | 《教与学》 |
| 李　彬 | 《基于测试和大数据系统的高中数学精准化辅导》 | | 《教育科学》 |
| | 《浅析大数据背景下高中数学教学策略》 | | 《教研周刊》 |
| 龙海江 | 《核心素养培育下的高中地理研究性学习教学初探》 | | 《百科论坛杂志社》 |
| 李和平 | 《高中语文教学应注重生涯规划教育的渗透》 | | 《中学课程辅导》 |
| 彭晓陵 | 《关于高中体育教学思路与方法创新的研究》 | | 《教育学文摘》 |
| | 《高中体育教学阳光体育理念应用策略研究》 | | 《中小学教育》 |
| 宋玲芬 | 《高中作文教学要把握好四个关键》 | | 《作文成功之路》 |
| | 《想象与个性创新》 | | 《教研周刊》 |
| 宋小霞 | 《走进“真”语文教学，发展学生核心素养》 | | 《中学生作文指导》 |
| | 《基于网络信息化下的班级管理模式分析》 | | 《中学课程辅导》 |
| 汤　峤 | 《基于核心素养下培养学生英语自主阅读能力的策略》 | | 《教育科学》 |
| 汪智慧 | 《跨膜运输的实例教学设计》 | | 《文化时代》 |
| | 《用心管理成就一个优秀班级》 | | 《教育学文摘》 |
| 吴海清 | 《基于信息技术的高中化学教学探究》 | | 《中学生学习报》 |
| 武伟云 | 《积极心理学理论指导下的高中英语幸福课堂构建策略》 | | 《教学与研究》 |
| 易湘礼 | 《试论如何在高中政治教学中渗透优秀传统文化教育》 | | 《中国教师》 |
| 袁跃雄 | 《新高考背景下高中物理课程高效实施策略》 | | |
| 张景秀 | 《高中物理教学与心理健康教育的融合分析》 | | 《教育论坛》 |
| 张孝谷 | 《互联网+时代高中数学教学困境与突破途径探索》 | | 《学习周报学科教研》 |
| 周勇辉<br>李和平 | 《落实三大主题，提高督导效能》 | | 《湖南教育》 |

续表 11-1

| 作　者 | 竞赛（作品）及论文（课件）名称 | 获奖及发表情况 | 授奖及发表单位 |
|---|---|---|---|
| 丁　珊 | 微课《直线倾斜角的定义》 | 一等奖 | 教育部基础教育课程改革研究中心 |
| 宋小霞 | 课例《中国建筑的特征》 | | 中国教育学会 |
| 易艳良 | 课例《中国现代史之过渡时期》 | | |
| 郭　智 | 论文《也谈体育老师当班主任》 | | 湖南省教育学会 |
| 何　芳 | 论文《青春期孩子的家庭教育浅探》 | | |
| 欧阳永 | 论文《积极青少年发展观与我的教育理念》 | | |
| 周勇辉 | 论文《谈如何突破心理障碍爱上英语学科》 | | |
| 李　彬 | 论文《信息时代下班主任工作中价值观引领的感悟》 | 二等奖 | |
| 朱国辉<br>尹　斌 | 论文《幸福教育理念下的班主任工作》 | | |
| 朱国辉<br>尹　斌 | 论文《浅谈班主任工作中的心理健康教育》 | | |
| 丁　珊 | 论文《孩子不自律是本能，父母让他自律是本事》 | 三等奖 | |
| 周　洁<br>曾立霞<br>杜怀阳 | 在线集体备课《二次函数的最大（小）值》 | | 湖南省教育厅 |
| 匡映红<br>陈莉明<br>付格格<br>武伟云 | 在线集体备课《Continuation writing A Puppy for Poppy》 | | |
| 吴智勇<br>郭智健<br>贺　香<br>黄忠乾 | 在线集体备课《幂函数》 | | |
| 李　彬<br>彭　威<br>李家全<br>杨白云 | 在线集体备课《高三二轮复习之正弦定理和余弦定理》 | | |
| 林晓春<br>周　静<br>尹玲娟<br>杨柳青 | 在线集体备课《咬文嚼字寻不同，多维思考品效果》 | | |
| 陈莉明 | 教学设计《M5U2 Project Climate change and a low-carbon life 》 | 一等奖 | 湖南省基础教育学会 |
| 邓鸿剑 | 课件《力与平衡》 | | |
| 丁俊杰 | 课件《函数三要素》 | | |
| 何辉龙 | 论文《浅论历史学科核心素养下的教学行为的变化》 | | |
| 黄高爽 | 教学设计《“二氧化硫的性质及作用”（必修）》 | | |

续表 11-2

| 作　者 | 竞赛（作品）及论文（课件）名称 | 获奖及发表情况 | 授奖及发表单位 |
|---|---|---|---|
| 黄菊辉 | 课件《地质构造与地表形态》 | 一等奖 | 湖南省基础教育学会 |
| 黄梅芳 | 教学设计《M1U3 Looking good,feeling good》 | | |
| 简程琳 | 论文《极课背景下的高中单元测评教学实践》 | | |
| 蒋利珠 | 课件《农田覆盖技术》 | | |
| 孔淑梅 | 课件《动量守恒的应用》 | | |
| 廖　菲 | 教学设计《Population Movement in the USA》 | | |
| 刘春英 | 教学设计《科技产品说明文阅读解题指导》 | | |
| 刘　慧 | 教学设计《赋文以目 予章以魂——时评类作文拟题指导教学设计》 | | |
| 刘　玲 | 教学设计《Blank Filling (I)》 | | |
| | 课件《Tips for Blank Filling (I)》 | | |
| | 课件《完形填空 Cloze test》 | | |
| 骆　婵 | 教学设计《能源资源》 | | |
| | 课件《动物与地理环境》 | | |
| 彭　威 | 课件《高一化学必修 1 第 4 章第 4 节 金属铜与硝酸的反应教学设计》 | | |
| 瞿　意 | 课件《M5U2 desertification》 | | |
| | 课件《M5U2 Project Protecting the Yangtze River》 | | |
| | 论文《临时舞台》 | | |
| 荣海艳 | 教学设计《高三英语作文专题——自荐信作文讲评》 | | |
| 盛艳青 | 课件《赏析诗歌中比兴手法》 | | |
| 宋欣欣 | 课件《Writing》 | | |
| 孙胜男 | 课件《意识的作用》 | | |
| 覃　超 | 教学设计《高考地理核心素养——综合思维的培养盐度微专题》 | | |
| 汤　峤 | 课件《To be beautiful with verbs》 | | |
| 吴麦根 | 论文《〈函数与导数〉专题报告及教学建议》 | | |
| 武伟云 | 教学设计《M6U2 What is happiness to you?》 | | |
| 谢德华 | 课件《卤代烃》 | | |
| 熊　昆 | 论文《做好四个小细节，收获一个好班级》 | | |
| 许　莎 | 教学设计《Revision of the phrases in Unit3 Module2》 | | |
| 杨柳青 | 课件《走进新高考 适应新考法——以文学类人物形象题为例》 | | |
| 杨　晓 | 课件《第 24 讲 通过神经系统的调节》 | | |
| | 课件《血糖平衡的调节》 | | |

续表 11-3

| 作 者 | 竞赛（作品）及论文（课件）名称 | 获奖及发表情况 | 授奖及发表单位 |
| --- | --- | --- | --- |
| 杨 晓 | 教学设计《〈基因的表达〉一轮复习片段》 | 一等奖 | 湖南省基础教育学会 |
| 易艳良 | 教学设计《必修 2 第 6 课〈殖民扩张与世界市场的拓展〉》 | | |
| 尹玲娟 | 教学设计《多面成一人——人物的塑造方法》 | | |
| | 课件《多面成一人——人物的塑造方法》 | | |
| 袁跃雄 | 论文《让爱的阳光普洒心灵的每一个角落》 | | |
| 张建民 | 课件《第一次工业革命》 | | |
| | 论文《拜上帝教的起源及特点》 | | |
| 张景秀 | 论文《浅谈滑动变阻器滑片在“分压式”接法中的初始位置》 | | |
| 张 婧 | 教学设计《图像与眼睛》 | | |
| 周 静 | 论文《让兴趣引领学生文言文学习》 | | |
| 周颖蓉 | 论文《农村高中音乐生视唱启蒙教学之我见》 | | |
| 周勇辉 | 教学设计《The first lesson in the senior school》 | | |
| | 课件《定语从句》 | | |
| 朱苗林 | 课件《Project Zhenhua University》 | | |
| 陈莉明 | 课件《Climate change and a low-carbon life》 | 二等奖 | |
| 邓鸿剑 | 课件《动能和动能定理》 | | |
| 杜怀阳 | 课件《利用导数求解函数的单调性》 | | |
| | 论文《数列与数学文化》 | | |
| 付格格 | 课件《M6U2 Word Power》 | | |
| 何辉龙 | 课件《第二单元 资本主义世界市场的形成和发展》 | | |
| 黄菊辉 | 教学设计《地质构造与地表形态》 | | |
| 蒋利珠 | 课件《微专题气候要素之三》 | | |
| 李 彬 | 论文《重视概念教学——突破难点的好助手》 | | |
| 廖 菲 | 课件《语法填空》 | | |
| 刘春英 | 课件《科技产品说明文阅读解题指导》 | | |
| 龙海江 | 论文《教学有法 教无定法》 | | |
| 彭 威 | 教学设计《铜与硝酸反应的探究片段教学》 | | |
| 瞿 意 | 教学设计《M5U2 Desertification》 | | |
| | 课件《M3U3 Word Power》 | | |
| | 论文《心中的光》 | | |
| 荣海艳 | 课件《Non-predicate verbs》 | | |

续表 11–4

| 作　者 | 竞赛（作品）及论文（课件）名称 | 获奖及发表情况 | 授奖及发表单位 |
|---|---|---|---|
| 宋玲芬 | 论文《学科教学中的文化价值探索》 | 二等奖 | 湖南省基础教育学会 |
| 宋小霞 | 课件《醴陵文化》 | | |
| | 课件《提要钩玄 删繁就简》 | | |
| 孙胜男 | 教学设计《意识的作用》 | | |
| 汤　峤 | 教学设计《译林版高中英语必修五第三单元课题部分教学设计》 | | |
| | 论文《高中英语写作教学中学生幸福感的培养探究》 | | |
| 汤　琼 | 教学设计《明清君主专制的加强》 | | |
| 熊　昆 | 论文《光合作用与呼吸作用的测定》 | | |
| 许　莎 | 论文《小议 there 存在句》 | | |
| 杨　晓 | 教学设计《高三一轮复习——通过神经系统的调节（第二课时）》 | | |
| | 课件《基因的表达》 | | |
| 袁跃雄 | 课件《实验：长度的测量》 | | |
| 张建民 | 课件《明清君主专制的强化和地方（边疆）治理》 | | |
| | 论文《拜上帝教对太平天国运动的影响》 | | |
| 周　静 | 论文《巧抓抓实，让学生过好背诵关》 | | |
| 周勇辉 | 教学设计《M1U1 Attributive clause》 | | |
| | 论文《扫除障碍　轻松过渡》 | | |
| 黄梅芳 | 课件《U3 Looking good, feeling good》 | 三等奖 | |
| 孔淑梅 | 教学设计《动量守恒的应用》 | | |
| 宋欣欣 | 课件《U1 Laughter is good for you》 | | |
| 覃　超 | 课件《盐度微专题》 | | |
| 廖　菲 | 课件《Population movement in the USA》 | | |
| 骆　婵 | 课件《能源资源》 | | |
| 武伟云 | 课件《M6U2 What is happiness to you?》 | | |
| 易艳良 | 课件《殖民扩张与世界市场的拓展》 | | |
| 尹玲娟 | 课件《词中寻微，花间溯情》 | | |
| 袁跃雄 | 教学设计《实验：测定电阻的电动势和内阻》 | | |
| 瞿　意 | 教学设计《M5U2 Task Desertification》 | 一等奖 | 湖南省教师继续教育学会 |
| | 课件《M5U2 Task Desertification》 | | |
| 周勇辉 | 课件《M1U3 Dying to be thin》 | | |
| 荣海艳 | 课件《如何做好定语的汉译英》 | | |

续表 11-5

| 作　者 | 竞赛（作品）及论文（课件）名称 | 获奖及发表情况 | 授奖及发表单位 |
| --- | --- | --- | --- |
| 荣海艳 | 论文《汉英翻译中定语的中式翻译现象分析与对策》 | 一等奖 | 湖南省教师继续教育学会 |
| 周勇辉 | 论文《发挥督导效能，促推学校发展》 | 二等奖 | |
| 吴同谱 | 微课《二氧化硫的化学性质》 | 三等奖 | 湖南省电化教育馆 |

（张申德）

## 株洲市德才职业技术学校

【概况】2020年，株洲市德才职业技术学校（2019年经株洲市教育局、株洲市民政局批准，醴陵市德才职业学校更名为株洲市德才职业技术学校，以下简称“学校”）有在籍学生832人，教职工65人，其中专任教师51人。学校设商务英语专业，培养中等商务英语专业人才。2020届毕业生中，对口就业33人，239名学生参加高考进入高校。2018级学生完成学业水平测试和专业技能抽测，专业技能抽测合格率100%、优秀率96%。年内，学生参加株洲市中职学校学生技能比赛获一、二等奖，参加湖南省中职学校学生技能比赛获三等奖。学生胡玉姣获得国家奖学金。在株洲市2020年中职学生“文明风采”竞赛中，获得排球比赛一等奖、合唱比赛二等奖、啦啦操比赛三等奖。教师杨飞、刘敏、郭利红参加株洲市中职学校班主任基本功竞赛获三等奖。

【常规教学】一是规范办学行为。严格依据相关政策和法规开展招生、收费、学籍管理、教材和教辅资料征订等工作。开展办学行为专项自查自纠，提高学校治理能力和工作机制。二是落实德育工作实效。实施责任教育，加强对“问题学生”等特殊学生的教育转化。利用微信平台，加强家校联系，形成教育合力。开展文明风采竞赛活动，校庆时举办校园文化节，国庆前举行增强学生爱国情和报国志的文艺汇演。开展“厉行节约、践行光盘、从我做起”教育实践活动。三是培养核心素养。突出重要环节的检查，加强学业成绩的过程检测和学生实习管理。组织同课异构、示范课、汇报课等形式的教研活动。以英语口语、听力技能为突破口提升学生专业技能。加强体育与健康、艺术教育，提高学生综合素养。四是提高师德师能。健全师德考评和奖惩制度，把师德师风作为评价教师队伍素质的第一标准。组织教师学习和应用数字化教学，通过研究课堂教学方式，促进教师迅速成长和发展。五是做好学生帮扶工作。对65名建档立卡贫困户学生实行“一对一”帮扶，确保学生完成学业。（顾美玲）

# 文化和旅游·体育·传媒

## 文化和旅游

### 综　述

【概况】2020年4月，根据《中共醴陵市委机构编制委员会关于明确醴陵市文化旅游广电体育局所属事业单位职能配置、内设机构和人员编制规定的通知》（醴编委〔2020〕24号）文件规定，市文化旅游广电体育局管理的事业单位有市文化市场综合执法大队、市博物馆（市文化遗产保护中心）、市文化馆、市图书馆、市李立三同志故居管理所、市体育运动学校、市醴陵窑管理所、市全民健身指导中心、市旅游质量监督管理所、市剧院、市花鼓戏剧团。7月，经中共醴陵市委机构编制委员会同意，撤销市花鼓戏剧团、剧院、电影公司，事业编制收回至全市总编制内。8月，醴陵市瓷城公共文化服务有限公司挂牌成立，经营范围包含公共文化服务、电影放映、花鼓戏传承和演绎、文化宣传、文化艺术交流和演出。9月，醴陵市文化旅游广电体育局加挂“醴陵市文化市场综合行政执法局”牌子，醴陵市文化市场综合执法大队挂牌“醴陵市文化市场综合行政执法大队”。年内，醴陵市入选湖南省首批全域旅游示范区，全域旅游创建工作迈向升级版；积极应对新冠肺炎疫情，抓好文旅复苏工作，全年接待国内外游客677.98万人次，实现旅游综合收入73亿元；芋园文化旅游景区（李立三故居）成功创建AAAA景区，醴陵中国陶瓷谷被评为湖南十大文旅地标。

【公共文化服务】2020年是《湖南省现代公共文化服务体系建设三年行动计划》实施的收官之年，市文化旅游广电体育局加大对公共文化服务工作的投入，指导全市800余支业余文艺团队和3000余名文化志愿者，组织重大群众文艺活动65次。市文化馆和市瓷城公共文化服务公司组织各类文化下乡活动，送戏下乡125场，播放公益电影3228场，开展书画下乡、文艺轻骑兵等活动，受惠群众超过100万人次。非物质文化遗产保护方面，根据醴陵市产业特色，整理和挖掘非遗线索18条，确定醴陵市（县）级项目12项，并筹备申报株洲市级非遗项目8项和株洲市级传承人9人。加强对基层文化服务设施的管理，在确保做好新冠肺炎疫情防控工作的前提下，全市24个镇（街道）综合文化站和270个村（社区）村级文化服务中心实行免费开放，并在镇（街道）全面启动图书馆和文化馆总分馆建设，建立基层分馆20余个。打造8个“门前三小”（小广场、小书屋和小讲堂）示范点，将公共文化服务延伸至村组。

【旅游发展】2020年，芋园文化旅游景区（李立三故居）成功创建国家AAAA级旅游景区，全市A级景区达到5家；湘沪观景农庄、君子山景区获评省四星级乡村旅游区（点），全市星级乡村旅游区（点）达到10家。状元洲红色景观雕塑完工并对外开放，耿传公祠、李立三故居、醴陵窑等重点景区的互动体验项目建成开放。在长沙市召开湖南省瓷茶旅融合发展精品线路推介会，与安化县及省旅行社协会签订战略合作协议，发布5条醴陵全域旅游精品线路。举办株洲市工业旅游节中国瓷都之旅、第二届湘赣边红色文化陶瓷体验之旅。组织全市重点景区和陶瓷文创企业参加省旅博会、红博会和中国红色旅游节等。年内，按照上级文旅部门要求，对A级景区开展株洲市域内交叉复核，确保服务质量达标。加强旅游行业管理，联合交通、市场监管、应急等部门开展联合行动，打击黑车、黑导、低价游等行业乱象。开展2020年醴陵市讲解员培训班等专项培训，培训行业人才500余人次。组织各景区点讲解员参加各级举办的专项培训50余人次。

【文物保护】2020年，向上级争取省级文物保护专项资金90万元，用于先农坛安防监控系统工程；争取国家重点文物保护专项资金181万元和121万元，分别用于李立三故居文物本体维修工程和醴陵南四区苏维埃革命活动场所修缮工程。7月30日，醴陵市委、市政府成立醴陵窑遗址保护与利用领导小组，加强对醴陵窑文物保护与利用工作的领导。年内，《醴陵窑枫树坡节点保护展示工程计划书》获得国家文物局审批，同意项目实施;《毛泽东考察湖南农民运动旧址——醴陵火车站旧址保护修缮计划书》《毛泽东考察湖南农民运动旧址——醴陵文庙保护修缮计划书》《陈觉墓保护修缮计划书》获得湖南省文物局审批，同意项目实施。编制《醴陵市革命文物保护利用工程三年行动计划书》，加强项目申报、方案编制、资金争取及工程监管工作，确保项目顺利实施。推进毛泽东考察湖南农民运动旧址——东富寺、先农坛等革命文物陈列展示工程提质升级，组织开展革命教育活动。

【社会文物管理】2020年，市博物馆（毛泽东考察湖南农民运动纪念馆）通过第四批全国博物馆评估定级工作，获得国家二级博物馆称号。截至年末，全市有已备案的博物馆3个，均以图文并茂的形式布展并对公众开放，其中市博物馆（毛泽东考察湖南农民运动纪念馆）为国有综合性博物馆，李立三同志故居陈列馆为纪念性博物馆，市南四区苏维埃革命纪念馆为民办纪念性博物馆。相继对外推出陈明仁故居、耿传公祠、袁昌英纪念馆和左家老屋4个专题纪念馆均完成布展工作并对外开放。年内，利用红色旅游资源开展爱国主义教育活动。截至年末，全市共有爱国主义教育基地11个，其中有李立三故居、渌江书院、市烈士陵园3个湖南省爱国主义教育基地，有耿传公祠、先农坛、市南四区苏维埃革命纪念馆、左权将军纪念碑等6个株洲市爱国主义教育基地，有陈明仁故居、市南四区苏维埃政府会议旧址2个醴陵市爱国主义教育基地。（彭三森　邓安琪）

## 文化市场执法

【概况】2020年，市文化市场综合行政执法大队（以下简称“大队”）对全市1500余家文化、体育、广播影视、新闻出版、版权等市场经营单位开展执法检查，共出动执法人员4万余人次，出动车辆796车次，立案查处违法行政44起，取缔无证网吧1家。年内，大队获全省文化市场综合行政执法工作先进单位、株洲市“扫黄打非”办案有功集体、株洲市“扫黄打非”先进集体等称号，并获第五届株洲市文化市场综合执法大比武团体综合第一名。12月，根据《中共醴陵市委机构编制委员会关于印发〈醴陵市文化市场综合行政执法大队职能配置、内设机构和人员编制规定〉的通知》（醴编办〔2020〕47号），核定大队人员编制和内设机构，确定大队主要职能为担任全市文化、文物、出版、广播电视、电影、体育、旅游市场等领域行政执法工作和“扫黄打非”有关工作。

【“扫黄打非”】2020年，大队贯彻落实“扫黄打非”工作精神，开展暑假整顿、娱乐场所禁毒月、“春雷”、“净网”、“护苗”等专项整治行动，出动执法人员5000余人次，出动车辆227台次，检查经营单位2600余家次，收缴非法出版物2000余册、非法音像制品300余册。全年备案“扫黄打非”案件5起，其中省扫黄打非办备案1起，有效净化文化市场经营环境。

【规范文化市场综合行政执法】2020年，规范文化市场综合行政执法，一是提高执法队伍业务素质。加大执法人员法律知识、技能培训，做好“技术监管和服务平台”线上学习工作，参加岗位练兵活动，全年组织集中学习12次、执法人员线下培训6次、线上集中学习12次和线下法律法规小测44次。大队13名在编人员通过行政执法考试，取得行政执法证。二是规范执法行为。大队依据《中华人民共和国行政处罚法》处理案件，组建听证制度，召开案件办理评审会。使网上办案系统用于巡查和案件办理，做到公开透明，程序规范。全年开展案件办理评审会7次，参加省级执法网络培训3次。三是严格执法办案。大队开展专项整治行动17次，联合公安、市场监督、街道、环保、消防等部门开展执法检查6次，立案调查26件。四是做好文化市场规范经营工作。开展新冠肺炎疫情防控、“扫黄打非”、安全生产、“三创四化”工作，组织培训8次，共有580余家文化市场经营业主参加并签署责任状，下发各类资料1600余份。（刘　荣）

## 博物馆工作

【概况】2020年，市博物馆被评为国家二级博物馆，“全域旅游背景下通过‘总—分馆’模式让藏品活起来的探索”作为优秀文博资源拓展与文旅融合案例入选湖南文物保护利用创新发展百佳案例重点推介项目。原湖南省陶瓷研究所成建制划归醴陵市管理，其中陶瓷展品藏品移交至市博物馆。截至年末，馆藏藏品总计7648套29922件，其中一级文物12套16件、二级文物83套132件、三级文物735套1366件。

【醴陵陶瓷博物馆升级改造】2020年，醴陵市启动醴陵陶瓷博物馆升级改造项目，整合陶瓷博物馆、醴陵·世界陶瓷科普馆和醴陵·中国陶瓷历史文化名城馆，实行“三馆合一”，组建新的醴陵陶瓷博物馆。醴陵陶瓷博物馆提质改造项目是长株潭一体化三十大标志工程之一，旨在打造全国最大的集陶瓷收藏、展示、传承、体验、研究于一体的陶瓷专题博物馆。醴陵·世界陶瓷科普馆和醴陵·中国陶瓷历史文化名城于7月20日闭馆，进行文物打包等工作，醴陵陶瓷博物馆于8月1日闭馆，科学组织施工。闭馆改造时间为期一年，改造后的建筑面积可达1.6万余平方米，展出馆藏文物近3万件，充分展示醴陵陶瓷文化的发展脉络、醴陵釉下五彩艺术的成就以及现代工业陶瓷的生机。（黄　娅）

## 文学艺术

【概况】2020年，经中共醴陵市委机构编制委员会办公室批复，设立文艺服务中心，为市文学艺术界联合会（以下简称“市文联”）下属正股级公益一类事业单位，核定事业编制3名。年末，市文联有专职主席1人、党组书记1人、兼职副主席10人、委员41人，有会员近3000人，设有作家协会、音乐家协会、舞蹈家协会等16个文艺协会团体。

【助力中心工作】2020年，新冠肺炎防控期间，16个协会团体以艺为兵，创作抗疫小说、诗歌、戏曲、散文、图片、舞蹈等作品1000余个。其中市作家协会创作《野味饭局》《早春里的慢时光》《别样年滋味》《抗疫的日子里》，市诗词楹联协会以毛主席《送瘟神》诗句为题拈韵创作抗疫诗词70余篇，市文化交流促进会撰写长篇报道《劲舞东风荡疫魔》，市历史文化促进会撰写醴陵籍抗疫人物、感染病学教授吴安华特别报道，市舞蹈协会制作抗疫抖音短视频，市书画院以“战胜疫情，弘扬正气”为题创作精品画作，市音乐家协会为支援外地抗疫工作返醴的医护工作者举办专场音乐会。《我是一个兵，主动来请缨》《一大批文艺战士涌现，护瓷城》《一片“兵”心安瓷城》等战疫纪实作品分别在《人民日报》新闻网、红网头版头条发表。脱贫攻坚工作方面，市舞蹈家协会参加省文艺轻骑队“精准扶贫”巡演活动，“走向美好生活”等文艺作品在醴陵国际陶瓷文化特色街区上演。市作家协会屈继元创作的剧本《扶贫路上》登上红网头条。市摄影家协会彭雪飞、王界明等参加“走进湘桂黔边·关注老少山穷”第五届全国摄影大展并获奖。

【公益讲座与培训】2020年，新冠肺炎疫情防控期间，市文联搭建“云培训”平台，市舞蹈家协会率先开通线上教学，借助湖南娱乐频道“321动起来”栏目面向全省舞蹈爱好者开展远程线上教学，全年组织公益讲座110场，参训5436人次。其中，市诗词楹联协会在渌江书院五贤堂举办“雄豪深邃隽逸空灵——发掘楹联之美”专题讲座，参学70人次；市汉服文化促进会在渌江书院五贤堂举办公益读经班《中庸》《论语》32场，参学360人次。打造“名师讲坛”，突出育才重点。市摄影家协会邀请株洲市摄影家协会主席李晓英主讲《弱光的力量》，邀请省摄影家协会理事阿诺讲授手机摄影技巧，参学380人次。市书法家协会举办书法高研班2场，参学160人次。市作家协会开展常规培训文学生力军讲座32场，参学450人次。组织16个协会团体参加“人蔚起，书香醴陵”文学讲座10场。

【打造文艺亮点】打造醴瓷文化名片。2020年，参与武汉大学《袁昌英文集》编撰工作。在“1915”特色街区举办“百年五彩瓷、釉下翰墨香”首届陶瓷书法作品展，展出国家级、省级书法家协会会员创作的书法作品126幅。市书画院开展“文心清远——醴陵市书画院首届院展”，展出27名青年艺术家作品。举办《醴泉雅集》——醴陵市首届中国画名家胡进曦、莫晓卫、余博作品邀请展。组织以“打造醴陵陶瓷文艺人才新名片”为主题的青年陶瓷艺术家座谈，政协、文旅、文联机关代表与20余名陶瓷艺术家代表共话醴瓷发展。组织市书画院、陶瓷书画院30余名会员代表到炎陵县开展写生活动。邀请中国美术学院余博、莫晓卫和知名书法家陈阳静等到醴陵授课讲学。市汉服文化促进会参加“醴瓷主播”大赛，团队获得最佳创意奖。市摄影家协会参加“向里看更迷人‘1915’醴陵国际陶瓷文化特色街区摄影大赛”“《美醴风光》画册摄影作品征稿”等活动，10余名会员作品入选。市书法家协会、市诗词楹联协会到沈潭镇等地开展写春联、送春联活动，共创作春联4000余幅。市汉服文化促进会举办首届立本计划成人礼，创新推出“瓷城汉韵”弘扬传统文化项目。市历史文化促进会开展醴陵民俗文化、醴陵民间故事等课题的收集、发掘、整理工作。市诗词楹联协会面向全国征联征赋，共收到楹联爱好者投稿1600余件、辞赋110余件。市作家协会会员杨芝创作的两部影视剧本被拍摄成电视剧，会员刘涛出版个人收藏类书籍《涛藏琢受 积翠楼扎记》。市作家协会“文笔峰杂志社”公众号推出各类作品50余篇。市诗词楹联协会会员作品在《中华辞赋》《运河联声》《潇湘晨报》《韵律诗歌》《湖湘楹联》等报刊发表。市书法家协会开办各种书法培训班30余场，培训青少年学员3000余人次、成人学员300余人次。市书法家协会、书画院、陶瓷书画院26人获评正高级、高级工艺美术师等职称。市书画院组织会员参加北京国际精品陶瓷展览会暨第九届“大地奖”中国陶瓷创新与设计大赛，获特等奖2个、金奖1个、银奖4个。（肖晓菲）

【文家交流与创作】2020年，市作家协会开展醴潭文学交流、北乡片作家基地采风等文学采风活动16次，参与的文学创作者达680人次；开展文学讲座65次，培养文学新人20余人；会员在国家级刊物发表作品2篇，在省级刊物发表作品13篇，在地方刊物上发表作品12篇；《文笔峰》杂志发行量达5000份，“文笔峰杂志社”公众号发布推文20期。（屈继元）

**2020年醴陵市主要文学作品一览表**

表12

| 作品名称 | 作　者 | 获奖（刊载期刊） | 获奖（发表）情况 |
|---|---|---|---|
| 《涛藏琢受·积翠楼扎记》 | 刘　涛 | 团结出版社 | 出　版 |
| 《花朵（组诗）》 | 邓志强 | 《诗刊》2020年第11期 | 刊　发 |
| 《夏日黄昏》 | 邓志强 | 《诗刊》2020年第12期 | |
| 《夏日黄昏（组诗）》 | 邓志强 | 《扬子江诗刊》2020年第1期 | |
| 《一个不喜欢喜剧的人（组诗）》 | 邓志强 | 《星星》诗刊2020年第8期 | |
| 纪实文学《战疫在这“醴”打响》 | 屈继元 | 《湖南报告文学》2020年2期 | |
| 散文《从五贤堂到渌江书院》 | 邬添奇 | 《湖南散文》2020年4期 | |
| 散文《相约茶溪》 | 文志勇 | 《西部散文选刊》2020年3期 | |
| 散文《渌江桥名话当年》 | 刘建安 | 《西部散文选刊》2020年5期 | |
| 散文《军歌嘹亮新兵连》 | 刘鹏展 | 《西部散文选刊》2020年6期 | |
| 散文《时光沙漏》 | 谢艳君 | 《青年文学家》 | |
| 《给失散多年的兄弟的一封信》 | 屈继元 | 《文学人的家书：湖南文学界“潇湘家书”选》 | 登　载 |
| 《给大姨的一封信》 | 肖晓菲 | | |
| 《写给爸爸的一封信》 | 谢艳君 | | |
| 《给女儿的一封信》 | 汪广文 | | |
| 《为贫困户代写家书》 | 魏芸霞 | | |
| 散文《东南西北醴陵人》 | 姚武飞 | 《品味》2020年4期 | 刊　发 |
| 散文《旷古风华醴陵人》 | 丁发明 | 《文艺窗》2020年5期 | |
| 散文《我读肖业武》 | 桂新华 | | |
| 小说《贝小芬的春天》 | 屈继元 | | |
| 小说《开在窗外的拜年钱》 | 江剑阁 | 《文艺窗》2020年4期 | |

续表 12–1

| 作品名称 | 作　者 | 获奖（刊载期刊） | 获奖（发表）情况 |
|---|---|---|---|
| 散文《等她入画》 | 肖晓菲 | 《文艺窗》2020 年 4 期 | 刊　发 |
| 散文《我的斋号积翠楼》 | 刘　涛 | | |
| 小说《长椅上的丑女人》 | 黄金云 | 《文艺窗》2020 年 3 期 | |
| 《同心战疫，醴陵在行动》 | 屈继元 | 《文艺窗》2020 年 1 期 | |
| 散文《家，沿途最美的风景》 | 易耀林 | | |
| 小小说《脱贫》 | 屈继元 | 《株洲文化》2020 年 3 期 | |
| 散文《兄弟》 | 屈继元 | 《株洲文化》2020 年 2 期 | |
| 《独一无二的醴陵情歌》 | 屈继元 | 《湘东文化》2020 年 3 期 | |
| 散文《一只好学的鸟》 | 江剑阁 | 《株洲日报》“世界读书日征文” | 入　选 |
| 散文《烙印》《忆长路，悦孤独》 | 方　喜 | “中国作家网”网络文学 | |
| 剧本《扶贫路上》 | 屈继元 | 湖南省优秀“脱贫攻坚”主题文艺作品展 | |
| 散文《蓝色月亮湾》 | 谢艳君 | “湖湘文学·散文”网络文学 | |
| 《醴陵风景线》 | 肖邦祥 | “动力株洲文旅通　寻梦之旅”主题有奖征文 | 一等奖 |
| 《寻梦醴陵陶瓷历史文化名城馆》 | 肖利飞 | | 三等奖 |
| 《你在细雨中独自仙匪气》 | 谢艳君 | | |
| 《夏日梦王维》 | 张　毅 | 山西祁县第二届“王维杯”诗词大赛 | 优秀奖 |
| 散文《盛夏味之道》 | 谢艳君 | 第一届“香山杯”乡愁诗文大赛 | |

（屈继元）

## 图书发行

【概况】2020 年，湖南省新华书店有限责任公司醴陵市分公司（以下简称“公司”）以社会效益为先，积极履行社会责任，主要经营中外文图书、教材、音像制品、电子出版物、文化用品、数码产品等，再次被湖南省税务部门评为“纳税信用 A 级单位”。年内，公司举办“学习正当时，书香最致远”“学习强国”积分抽奖兑换购书券活动，有来自 97 个单位的 8823 人参与，活动掀起读书热潮，红网等媒体进行相关报道。

【教材及政治理论读物发行】2020 年，公司继续落实国务院关于义务教育阶段学生享受免费教科书的政策，克服新冠肺炎疫情影响，做好教材的余缺调剂工作，免费发放价值 100 万元的义教阶段教材，兑现“课前到书，人手一册”的承诺，并在新华园仓库设立课本零售点，实施课本零售“一站式”服务。为宣传党的理论和路线方针政策，发挥出版发行主渠道、主阵地作用，公司继续做好政治读物的发行工作，全年发行《读有所得》《习近平治国理政》第三卷等政治理论书籍。（卢珊珊）

# 体　育

【概况】2020 年，继续推进实施《全民健身实施计划》，群众体育、竞技体育工作取得成效。市篮球协会醴陵建宸幻影篮球队获得 2020 中国篮球公开赛南区大区赛第一名。市文化旅游广电体育局组队参加“中国红色旅游博览会男子篮球邀请赛”获得亚军，参加湘赣边区第四届“碧桂园公仆杯”男子篮球邀请赛获得季军。市健身气功协会刘虹柳参加

2020湖南省社会体育指导员大赛，获得大舞个人舞第一名。在2020年湖南省第十一届全民健身节暨“舞动中国排舞联赛”中，五彩艺术团获得中年组规定项目特等奖、中年组自选项目特等奖和团体总分第一名，湖南省陶瓷技师学院获得中学生甲组规定曲目特等奖、自选曲目特等奖和团体金奖，市文化旅游广电体育局组织的曳步舞队获得2个个人单项一等奖和团体组合一等奖。年内，市文化旅游广电体育局主办醴陵市第四届机关运动会、柔力球、射箭、足球比赛、跆拳道千人考级及仙岳山街道办、来龙门街道办篮球联赛等活动，营造全民健身的良好氛围。在竞技体育项目上，市全民健身指导中心和市跆拳道协会组建的市跆拳道队在湖南省青少年跆拳道锦标赛中获得1银2铜，在2020年株洲市青少年儿童跆拳道锦标赛中获得4金6银7铜；市体育运动学校范楚译获得2020年省锦标赛蛙泳全能冠军，徐婉欣获得2020年湖南省青少年水球锦标赛女子第二名；市乒乓球协会易睿扬获得2020年湖南省青少年乒乓球锦标赛亚军；市泉湖沁心艺术团参加湖南省广场舞锦标赛，获得团体一等奖。

【职工乒乓球赛】2020年6月28—30日，以“‘中国梦·劳动美’庆‘七一’”为主题的“建宸置业杯”醴陵市职工乒乓球比赛，在市会展中心悦胜体育乒乓球馆举行。此次比赛由市总工会主办，湖南建宸置业有限公司冠名，醴陵悦胜体育文化传播有限公司承办，设立男女混合团体、男子单打、女子单打、男女混合双打四项，有来自全市各机关单位的26支队伍、325名运动员参加。

【第四届机关运动会】2020年10月21日至11月19日，醴陵市举行第四届机关运动会。此次运动会以“运动醴陵，健康醴陵”为主题，由市人民政府主办，市文化旅游广电体育局、市总工会、市渌江集团承办。设有气排球、男子篮球、羽毛球、乒乓球项目，共有36个单位近1000名干部职工参赛。最终，沩东联队获得男子篮球比赛冠军，市教育局队获得气排球比赛冠军。在乒乓球比赛中，市教育局队、湘东医院队、市中（一）医院队分别获得团体冠、亚、季军，市教育局队获得男子双打冠军，市巡查水务联队获得混合双打冠军，市交警队获得男子单打冠军，湘东医院队获得女子单打和双打冠军。在羽毛球比赛中，市教育局队分别获得男子单打40岁以下组、女子单打、女子双打以及混合双打冠军，市人社局队获得男子单打40岁以上组冠军以及男子双打40岁以上组冠军，科工信税队获得男子双打40岁以下组冠军。

【醴北山地自行车挑战赛】2020年11月21日，2020“高新·鼎盛铭城杯”湖南醴陵醴北山地自行车挑战赛开赛，来自长沙市、株洲市、湘潭市及江西省萍乡市等地的50名山地自行车手参赛。比赛起点为中国陶瓷谷国际会展中心旁的“高新·鼎盛铭城”正门，经醴北山区回到会展中心，全长约100公里，线路串联了望仙桥水库、李山原始次森林、耿传公祠、彰仙岭等地。经过角逐，来自浏阳金刚队的汤亿周获得冠军。

【羽毛球俱乐部联赛】2020年12月12—27日，举行了2020醴陵市首届“高新·鼎盛杯”羽毛球俱乐部联赛。旨在树立健康激情的企业形象，培养团结拼搏的企业品牌，引导和鼓励广大群众增强体质，提升全民健康水平。此次比赛设立冠、亚、季军等8个奖项，全市共有16个羽毛球俱乐部、265名选手参赛。（邓安琪　韩芳子）

# 传　媒

【概况】2020年，醴陵市广播电视台（醴陵市融媒体中心）（以下简称“中心”）开通“淘淘醴品”电商平台，打造线上视频品牌“醴视频”，与湖南广播电视台合作打造醴陵交通生活频道“5G智慧电台”，探索实施醴陵云“即时报”新闻播报方式。截至年末，中心拥有13个媒体平台、2个产业公司、1个电商平台，内设12个部门，有干部职工180余人；获得2020全国县市区融媒体影响力十强奖、2020全国县市区融媒体传播力十强奖、2020全国地市新媒体抗疫新闻一等奖、2020年度最具创新影响力区域融媒体中心TOP10、湖南新闻奖融合创新二等奖、湖南广播电视奖二等奖等22项奖励，高分通过湖南省第一批县级融媒体中心验收。全市城乡有数字电视用户和有线信号小片网用户6.4万余户，宽带用户1.6万余户，实现经营收入3268万元。中心紧跟时政热点，紧扣市委、政府中心工作，《醴陵新闻》《瓷城零距离》2个栏目策划推出《春光正好》《新闻扶贫》《温暖企业三百行动》《乡村振兴》《三创四化齐努力》《交通顽瘴痼疾集中整治》《两会》等30余个专栏，完成300余期《醴陵新闻》和260余期《瓷城零距离》的宣传报道任务。历时3个月完成10集《遇见千年醴瓷》拍摄。《今日醴陵》报全年刊发96期，推出《加快迈进县域经济千亿时代》《同心战疫·醴陵一定会赢》《熟悉的醴陵味道正回来》等专版近30个。《特别关注》《生活1＋1》

共播出专题近100期，完成创建工作、瓷博会、脱贫攻坚、瓷茶融合等20余个大型专题汇报片。醴陵交通生活频道转型5G智慧电台，全年完成23档栏目600余期节目的制播。广告公司着眼荧屏美化亮化，改版天气预报，制作公益广告30余条，制作组、播音组发挥专业特长优势，在主题公益宣传和短视频拍摄制作方面担当主力。截至年末，中心在国家级媒体发稿17条、省级媒体发稿277条、株洲级媒体发稿335条，在"学习强国"平台发稿452篇、全国平台发稿42篇，6件新闻作品获省级和株洲市级奖励。

【融媒建设】2020年，按照建成"全省一流县级融媒体中心"目标，从平台建设、运行机制和深度融合等方面探索，完善"新闻＋政务＋服务"功能于一体的"醴陵云"移动客户端，建成以"醴陵云"为主体的"1＋N"融媒体矩阵，新媒体平台注册用户达50万人。9月，与湖南广播电台合作开通"5G智慧电台"，实现传统电台向智慧电台的转型。通过资源重组和体系重构，畅通传播主动脉，打通"台、报、网、微、端"等媒介，构建"一体策划、一次采集、多种生成、多元传播"的现代传播格局。对内宣传多元化，对外宣传精品化，政务服务精准化，把牢宣传主动权。巩固拓展基层宣传舆论主阵地，同时与政务服务、生活服务平台及网格化服务管理中心、新时代文明实践中心有效结合，在"醴陵云"APP和"醴陵发布"微信公众号开设"人才绿卡"申报通道并增设社保缴费通道，在做强主流媒体服务功能的同时扩大影响力。

【新闻宣传】2020年，一是做强媒体品牌。运营的12个媒体平台线上线下全覆盖，形成全媒传播格局。坚持"移动优先"理念，将资源、技术、力量向移动端、新媒体倾斜，开通抖音号、视频号，发布信息300余条。探索实施醴陵云"即时报"新闻播报方式，记者在新闻发生最快30分钟内发布图文或视频简讯，电视、广播和报纸等平台刊播详情报道，推送信息200余条。开通手机直播，疫情抗击新闻《今天，这"醴"英雄凯旋，欢迎回家》首次尝试实时动态、移动式图文直播，全程跟踪、全景传送、同步更新，线上观看量达32万次，开展"淘淘醴品"电商直播10余场，最高点赞数达100万。打造线上品牌"醴视频"，紧跟热点、精心制作、高频推送，共推送"醴视频"120条，《醴陵，动起来了》《扶贫VLOG》《防溺水短视频》《老师，有您真好》等30余个短视频阅读量达50万次，抖音视频《醴陵市融媒体中心提醒您佩戴口罩》单条最高阅读达395万次。二是注重新闻内容。担当使命，强势发声，新冠肺炎疫情防控时期，各媒体平台开设《疫情防控，我们在一起》专题专栏，"醴陵云"APP、"醴陵发布"微信公众号及时推送重点资讯信息；电视、电台、报纸全面复播（刊），《醴陵新闻》延长时长，广播电台播出17小时，《今日醴陵》开设抗疫专刊专版。各媒体平台推送刊播防疫抗疫新闻稿件4000余条，制作防疫抗疫公益广告、短视频、抖音视频、H5图文近100个，刊播发公告、通知和重要提醒近200条，累计阅读量近8000万人次。

【产业发展新突破】2020年，中心克服新冠肺炎疫情和房地产商业广告萎缩等影响，致力产业多元化发展，实现创收逆增长。按照"服务中心、服务群众、服务自身发展"理念，打造"淘淘醴品"电商平台。平台开设醴陵特产、陶瓷文创、扶贫、餐饮、旅游等专区，签约入驻100余个商家，有商品1000余种，带动商家、合作社线上线下交易1000余万元，3000余贫困户受益。全年开展瓷博会、房博会、创新创业大赛、教师节颁奖典礼、礼品街区开街、职工相亲交友、新兵入伍仪式、听友见面会等活动的策划、直播近20场次。密切与行政事业单位及企业的合作，在政务服务、活动策划及企业宣传等方面实现新突破。（沈　培）

# 医疗卫生

## 市卫生健康局

### 综　述

【概况】截至2020年年末，全市有各级各类医疗卫生机构700家（包含2家三级医院和12家二级医院），其中驻醴医疗卫生机构2家、市直医疗卫生机构7家、民营医疗卫生机构16家、建制镇卫生院19家、卫生院分院11家、街道社区卫生服务中心5家、村卫生室495家、诊所和医务室145家。有执业（助理）医师2128人，其中一级及以下机构全科医生189人、乡村医生301人，有执业护士3103人，有床位6251张，每千人口拥有医生、护士、床位数分别为2.19人、3.2人、6.45张。有基层公卫专（兼）职专干257人，其中妇幼专干60人、计免专干37人、传染病专干26人。年内，市卫生和健康局在严格防控新冠肺炎疫情的基础上，以争夺“国务院医改真抓实干表彰、国家卫生城市、全国基层中医药工作先进单位、国家慢性病综合防控示范区”为抓手，扎实推进各项工作，《中国人口报》《湖南日报》《新湖南》《大众卫生报》等媒体报道醴陵卫生健康工作稿件148篇。

【新冠肺炎疫情防控】2020年，全市新冠肺炎疫情防控累计摸排重点人员11492人、处置发热病人17912人、核酸检测136829份。自1月28日以来，全市先后共有8例确诊病例、28例疑似病例，全部治愈出院，无危重和死亡病例。为防控疫情，免费发放中药15.6万份，惠及10余万人；投入1074万元储备防疫物资，建成1家传染病防治区、5家核酸检测实验室、2家快检点、35家规范化发热门诊（诊室），核酸日检测能力达5700人（份）以上；组建525人的核酸采样队伍和应急机动队，培训市镇村三级流调队伍1470人。2月9日以后无新增确诊病例，疑似、待排病例全部清零，是全省最早的低风险县市之一，也是全省复工复产比例较早达到90%以上的县市。全市先后组织39名医务人员支援湖北省黄冈市、武汉市和株洲市渌口区。全市卫生健康系统2个先进集体和7名先进个人获得省政府表彰。

【公立医院改革】2020年，全市新增4家紧密型医共体，累计建成22家。“湘雅乡情·专家醴陵行活动”累计惠及7.6万人，减轻群众直接医疗负担3200余万元。公立医院医疗费用下降13.2%，药占比下降至28.5%，百元耗材下降至17.2元，医疗服务收入占医疗收入比为40.2%。自2015年至2020年年末，县域内基层就诊率由31.2%提高至73.04%，县域住院就诊率由88%提高至93.82%，医保基金县域内占有率由75%提高至84%。《因地制宜推进县域医共体建设的醴陵实践》作为全市唯一入选湖南省基层改革探索100例案例，医改经验先后3次在全省医改工作会推介，同时获得省政府和国务院医改真抓实干表彰。

【中医药发展】2020年，市卫生健康局从多方面着手，促进中医药发展。强化中医人员同质化培训、进修，覆盖基层1400余名医师。成立中医药循证医学中心，开展吴茱萸敷贴法治疗原发性痛经、白醋泡乌梅法治疗寻常疣即鸡眼2个病种的循证医学研究前期评估工作，招募375名志愿者参与课题研究。建成中医药健康文化展示馆并于12月开馆，开馆1个月共接待参观人员1万余人次。截至年末，全市建成8家中医药专家技能传承工作室，建成24家“治未病”门诊，所有镇卫生院、社区卫生服务中心和82.7%的行政村卫生室能提供中医药服务，中医医疗机构诊疗量占比总医疗机构诊疗量19.8%，中医药健康知晓率和群众满意度分别提高至92%和94%。醴陵市成功创建全国基层中医药工作先进单位。

【综合监管】2020年，卫生健康局依法全力做好医疗机构、公共场所、生活饮用水单位、学校等新冠肺炎疫情防控工作。完成国家“双随机”抽查167家；创新医疗机构卫生监督量化分级管理模式，通过对597家医疗机构评审，分A、B、C、D等级信誉度实施卫生监督；开展医疗美容、口腔、妇科、皮肤、中医、非法行医等专项整治行动。全年办理行政处罚案件177件，市卫生健康综合监督执法大队获2020年全省卫生健康综合监督工作表现突出单位。

【健康体系建设】2020年，全市健康体系建设不断加强。共建成2家三级公立医院高血压专科门诊，2家镇卫生院高血压示范化门诊，34家基层医疗机构高血压专病门诊，215家村卫生室高血压监测点。醴陵市成功创建国家卫生城市、国家慢性病综合防控示范区，新增省文明单位1家、省卫生村3家、株洲市文明卫生单位2家、株洲卫生村2家。临床用血全部来自自愿无偿献血，居民健康素养水平提升至21%，全市居民人均健康预期寿命达79.8岁。

【健康扶贫】2020年，醴陵市顺利通过湖南省健康扶贫实地考核。全市定点医疗机构“先诊疗后付费”和“一站式”结算覆盖率达100%。各定点医疗机构救治33种大病贫困患者3474人次（含门诊透析），减免救治金额157.13万元；对无力支付医疗费用的贫困患者兜底救治188人次，减免救治金额37.11万元；免费救治档外人群（低保户、五保户）138人，减免救治金额12.2万元。开展健康扶贫专项督查3次，在全市范围内组织开展脱贫质量大排查，下发问题清单，通报3家单位，追责处理相关责任人11人。市卫生健康局连续4年获得醴陵市脱贫攻坚工作先进单位。

【基层发展】2020年，全市开展“优质服务基层行”活动，重点打造13家医疗机构达到基本标准。对全市93家医疗卫生机构开展医政巡查，进一步落实医疗质量安全管理“巡查、点评、约谈、处罚、通报”五项制度。19家建制镇卫生院至少配齐2名全科医生，基层就诊率达63.2%。建设公有产权标准化村卫生室23家，覆盖率达61.97%。

【生育服务】2020年，全市高质量完成孕产妇免费孕前筛查6550例、农村适龄妇女免费“两癌”检查20595例。加大母婴安全保障力度，孕产妇系统管理率提升至97.1%，0～6岁儿童健康管理率为95.26%，孕产妇死亡率控制为零，5岁以下儿童死亡率为4.24‰，婴儿死亡率2.05‰。强化人口监测预警，符合政策生育率为95.71%。新冠肺炎疫情期间，成功救治和转诊高危孕产妇8例。（陈　准）

## 市卫生健康综合监督执法大队

【概况】2020年，市卫生健康综合监督执法大队（以下简称“大队”）提高依法行政水平，严格落实新冠肺炎疫情防控措施，全面推进省级卫健监督机构规范化和信息化建设试点，全力履行卫生健康监督执法职能。中心共监督指导机构2200余家次，卫健监督覆盖率达90%，办理卫健行政处罚案件185个，同比增长117%，在株洲地区率先适用《中华人民共和国基本医疗卫生与健康促进法》立案4起，“双随机”抽查单位167家，完结率100%，立案23起，立案率13.7%，做到监督执法、信息上报、结果公开“三到位”。中心被评为2020年度全省卫生健康综合监督工作表现突出单位和醴陵市城市创建工作先进单位，成功创建全省“依法办事示范窗口”，卫健行政处罚工作综合排名全省第三、稳居株洲第一，有2个卫健行政案卷入选株洲市优秀案例和典型案例，其中1个获评省二等奖。

【医卫行业监督】2020年，大队始终保持打击无证行医行为高压态势，坚持以整治促规范，以问题为导向，深入开展医疗美容、口腔、妇科、皮肤、中医等专科依法执业专项整治，创新推动医疗机构量化分级管理，以分级管理倒逼行业自律。全年监督检查医疗机构420家次，查处违法违规案件109个，立案率26%。

【公共卫生监督】2020年，大队加强公共场所卫生监督。在创建国家卫生城市的进程中采取抓重点、分阶段、打战役的方法，对标对点完成创建工作任务；打造公共场所示范店，以模范促规范；加大查处打击力度，查处违法违规场所46家；组织行业普法培训4场，培训人数达1000余人。加强生活饮用水卫生监督。开展巡回监督检查，强化部门联动，提升执行合力。联合水利部门推动农村饮用水量化分级，联合疾控中心每季度对“千吨万人”规模农村集中式供水单位进行监督抽检。全年监督检查大型集中式供水单位64家次，持证率达100%，行政处罚7家水质不合格单位。组织开展学校卫生集中专项督查行动4次，联合相关部门开展食品安全“护苗”行动，保障在校师生食品、饮水安全，学校和托幼机构桶装水索证索票制度落实到位，来源票证合格率为100%，全年在学校卫生监管领域立案9个并全部结案。加强餐饮具消毒机构卫生监督。对全市餐饮具消毒工商注册机构进行监督全覆盖，打击取缔违法生产餐饮具集中消毒机构28家，警告并责令整改1家。加强职业卫生监督。新冠肺炎疫情防控期间监督和指导复工复产企业161家次。组织开展职业卫生普法培训，发放宣传手册，推送科普信息，推进尘肺病防治攻坚专项行动。全年职业卫生立案10个（简易程序），打破职业卫生“零办案”冰点。（蔡楠莎）

## 市中（一）医院

【概况】2020年，市中（一）医院（以下简称“医院”）挂牌湖南中医药大学附属医院并开班教学，获“中国县市级标杆医院”“人文品牌医院全国100强”“2020年度风尚人物”等60余项国家、省、株洲市级奖项。医院增设眩晕、遗尿、男科、减肥、失眠、儿保、中医正骨等专病门诊，完成6个学科调整和搬迁，骨伤科、脑病科、心血管病科、肺病科、肿瘤科等品牌优势凸显，康复科、肛肠科、经典科、治未病科中医特色明显。“两型”（服务型和高效型）门诊建设、“医疗护理质量与安全百日行”活动守住了患者就诊安全底线，“三大中心”（胸痛中心、卒中中心、创伤中心）近1万次多科联合救治，医院危急重症抢救成功率节节攀升。

【新冠肺炎疫情防控】2020年，面对年初突如其来的新冠肺炎疫情，医院领导班子靠前指挥，全院干部职工直面挑战，勇敢“战疫”。发挥中医优势，将20余万份扶正抗病毒中药汤剂第一时间送到各个小区值守点和复工复产企业，筑起守护百姓的健康防线；选派19名医护人员支援武汉江夏方舱医院和株洲市新冠肺炎集中隔离定点救治医院。市委、市政府授予医院“新冠肺炎疫情防控嘉奖单位”称号。

【中医药文化推广】2020年，医院率先在全国县级中医院推进失眠、痛经、减肥等中医药循证医学研究。建成全市首家中医药文化馆，开通“中医开放日”，开展三伏贴节、膏方节，让百姓零距离感受中医药的魅力。10种中药自制制剂投入临床使用，疗效显著。药膳月饼、膏方、茶饮等系列中医药养生产品研发推广，实现产学研一体化创新发展。

【中医药科研及人才创新发展】2020年，医院立项2021年省级中医药科研课题3项，中医药科研立项成功率在全省县级医院排名第一。开展全内镜下腰椎椎间融合术、永久性双腔起搏器植入术等10余项医疗新技术，彰显学科技术力量。“湘雅乡情”活动共有80余名专家到院坐诊、手术、查房700余次，用浓浓的乡情搭建起回报父老乡亲的桥梁。丁桃英、谭海彦获“湖南省名中医”和“湖南省基层名中医”称号。4个批次省级中医药师承项目和1个全国基层中医药师承项目让名老中医学术传承发展。新聘89名专业技术人员完成中医类别全科医生转岗培训结业考核。

【医共体建设】2020年，医院紧密型医共体建设实现“一院五区”（中医院，同仁分院、枫林分院、神福港分院、官庄分院、沩山分院），与均楚中心卫生院、茶山卫生院、恒泰医院、枫林中心卫生院、明月镇卫生院、白兔潭卫生院、东郡医院、枫林分院、神福港分院、泗汾卫生院分别建立12个专科联盟。6家紧密型医共体单位门急诊中医药服务20230人次，较上年同期增长20%。分院管理逐步实现同质化，综合救治能力不断提升，紧密型医共体建设成效获得国家卫生健康委员会和湖南省卫生健康委员会肯定。

【互联网医疗】2020年，医院开通互联网医院，成为全省首家县域上线运营的互联网医院，预约挂号、专家问诊、报告查询、核酸预约检测、在线建档等掌上医疗服务一键搞定。启用智能闸机自动核验服务，成为全市首家“刷脸”医院。开展“健康云课堂”APP教学38次，向群众科普医学知识，点击率超70余万次；开展“互联网+居家护理”预约上门服务150次，满意度100%。

【惠民公益】2020年，医院做实“县—乡—村”三级公卫服务体系，“慢病义诊专家团”每月4次基层义诊，派驻专家500人次，基层授课160次，让基层首诊门诊率提高10.5%，糖尿病、高血压等慢性病的新发现率、管理率、控制率均得到明显提高。醴陵“中医+慢病防控”赋能公卫健康服务模式得到中国医院质量大会推介。“第一目击者行动”、“一江两岸”科普教育等活动助推公众急救能力提升。（唐　威）

## 醴陵市妇幼保健计划生育服务中心（醴陵市妇幼保健院、醴陵市儿童医院）

【概况】2020年，市妇幼保健计

划生育服务中心（以下简称“中心”）始终坚持“母亲安全、儿童优先”的服务理念，大力发展特色专科，促进医疗与保健深度融合，服务救治能力明显提升，新妇幼大楼建设稳步推进。中心全年接待门急诊17119人次、住院7269人次、住院手术2132人次，床位使用率60%，实现医疗收入7248万元。中心产科接待分娩孕产妇2048人次，分娩人数占全市比例33%，位居全市第一。抢救危重病人20例，孕产妇死亡0例，抢救成功率100%。开展宫颈环扎手术7台。实施无痛分娩814人次，无痛分娩率达67.2%；利用水囊术使晚孕期引产成功率达到100%。新技术B-Lynch缝合术+子宫下段环扎术在剖宫产术难治性产后出血病例中使用3例，减少切除子宫的机率。新生儿科对危重症新生儿救治能力明显提升，收治的极低出生体重儿较上年增加6人，住院时间超过10天以上的43人。首次开展2例动脉导管未闭患儿的治疗。受新冠肺炎疫情影响，从9月开始开展袋鼠式护理2例，对极低体重儿、早产儿护理取得较好的效果。妇科在湘雅医院教授指导下开展骶棘韧带悬吊术、宫腔镜下电切术等手术40余台，辅助开展穴位贴敷、艾灸等中医治疗。儿内科收治危急重症病种15种，创新开展鼻负压置管技术，应用效果良好。小儿外科、乳腺外科收治住院患儿及患者686人次，开展手术460台。儿童保健科开展低龄婴儿眼保健检查7209人次、儿童中医体质辩证818人次、亚健康儿童家庭康复指导160人次。

【妇幼健康】2020年，中心全力保障母婴安全。全市孕产妇系统管理率提升至95.72%，0～6岁儿童系统管理率为86%，孕产妇死亡率为0，5岁以下儿童死亡率为4.28‰，婴儿死亡率为1.92‰。共完成“两癌”免费检查20595人，完成比例100.02%。2月，中心与省妇幼保健院合作完成“湖南出生缺陷协同防治重大科技专项”中“常见染色体病及基因组病的全链条防控创新示范研究”科研项目，本地孕妇在参与NIPTPLUS检测时可减免1350元，筛查范围扩展至100种，大大提高诊断率和筛查率，同时减轻孕妇的经济负担。2月12日开展以来，共有1050名孕妇享受这项优惠政策，风险人群干预诊断率明显提高。

【医联体建设】2020年，中心先后与湖南省妇幼保健院生殖专科和内分泌专科联盟建立紧密合作。定期邀请上级医院专家坐诊、查房、带教，成立刘氏小儿推拿工作室、不孕不育助孕门诊，携手打造特色专科，提升中心医疗管理、技术和服务水平。自“湘雅乡情”活动开展以来，医学专家范围从最初7名中南大学湘雅医院醴籍专家扩大到22名省内知名专家，接受群众咨询1万余人次，医疗救治5000余人，惠及群众2万余人。加强科研能力建设，通过与中国医学科学院肿瘤医院合作开展“中国HPV疫苗人群接种的卫生经济学评价项目”，与湖南省妇幼保健院合作开展“针对宫颈癌联合筛查用途、针对宫颈癌初筛用途的有效性临床试验研究方案”等科研项目，培养医务人员科研意识，提升科研能力。（朱　瑶）

## 市疾病预防控制中心

【概况】2020年，市疾病预防控制中心（以下简称“中心”）坚持“疫情就是命令，防控就是责任”原则，主动作为，强化担当，全面落实疾病预防控制措施，抓好常态化疫情防控。全市共报告法定传染病19种，发病3935例，报告12例死亡病例（其中11例为艾滋病、1例为乙肝），年报告发病率、死亡率、病死率分别为378.37/10万、1.15/10万、0.3%。无甲类传染病报告。乙类传染病报告13种2147例，死亡12例，年报告发病率、死亡率、病死率分别为206.44/10万、1.15/10万、0.56%。丙类传染病报告6种1788例，无死亡病例报告，年报告发病率为171.92/10万。根据国家疾病监测系统统计，全市网络直报无迟报卡、无重卡、无未登录单位。醴陵市被评为第五批国家级慢性病综合防控示范区；中心获湖南省突发公共卫生事件和传染病信息报告管理工作先进集体、2020年度株洲市职业卫生工作目标管理先进单位及醴陵市新冠肺炎疫情防控嘉奖单位等称号。

【新冠肺炎疫情防控】2020年，中心共报告新冠肺炎确诊病例8例，疑似病例28例。及时有效处理新冠肺炎突发公共卫生事件4起，未发生医务人员感染与院感事件。撰写流调报告36份，累计流行病学调查120人，排查相关人员12476人，密切接触者追踪管理463人，协助周边县市区追踪管理42人；累计采样送检11030人次，开展消杀工作5.5万平方米。分别组织新冠肺炎疫情流调培训、学校秋冬季疫情防控培训、全市新冠肺炎疫情防控千人大培训和核酸检测培训等，共培训2000余人次。对基层医疗机构发热门诊建设进行专项督查指导，完善相关疫情防控工作方案，做好“瓷博会”等大型活动期间的新冠肺炎疫情防控指导。开展疫情防控卫生应急演练，设置核酸采样点，提高核酸检测能力，坚持做好相关人员核酸检测以及进口冷冻食品与相关环境采样检测和消毒指导工作。

【传染病监测】2020年，中心严格按要求开展传染病监测。5—10月间开展霍乱内外环境监测，对江河水系、生活污水、医院排污水、养殖水等每2个月采样监测1次，同时对水产品进行采样监测，共检测水样30份、水产品60份（其中甲鱼样本36份），均未检出霍乱弧菌。各医疗机构上报登记腹泻病人1006人，检索腹泻病人样本158个，检索率为15.71%，均未检出O1和O139群霍乱弧菌。全年无霍乱或疑似霍乱病例发生。采集手足口病病例标本40例，经株洲市疾控中心检测反馈39例阳性、1例阴性，完成监测工作任务并及时进行阳性病例的订正。全市有6819名狂犬病暴露人员接种狂犬病疫苗，有2530人接种狂犬病免疫球蛋白，全年未发生狂犬病疫情。做好不明原因肺炎、人感染禽流感、流行性感冒疫情调查、采样和监测工作，全年未发生人感染禽流感疫情和不明原因肺炎病例。钩端螺旋体病宿主监测捕获鼠类50只，未检出阳性结果。采集散发点和周围部分人群血清标本100份，进行抗体水平的检测，经省疾控中心检测复核，未检测出抗体阳性血清。全年未发生钩端螺旋体病疫情。年内发生布鲁氏病病例1例，为实验室确诊病例。12月对全市各镇兽医站工作人员进行布病筛查，采血87份，均未检出阳性结果。

【卫生应急】2020年，中心开展卫生应急演练，完善应急物资储备，坚持24小时应急值班，撰写53期周分析、12期全市传染病及突发公共卫生事件监测月报和网络质量通报、6期新冠肺炎风险评估和1期鼻病毒风险评估。共报告14种219条预警，其中单病例预警152条，单病例预警中疑似新冠肺炎事件44条，均已及时调查处置或排除。及时有效处理新冠肺炎突发公共卫生事件4起，没有因防控措施不力而导致的甲、乙类传染病暴发疫情和突发公共卫生事件报告。开展学校传染病疫情处置20次，其中16次为散发疫情处置，4次为聚集性疫情处置，及时督导学校防控措施落实情况，指导学校进行疫情处置。

【免疫规划】2020年，中心继续加大疫苗针对性疾病监测力度，主动网上巡视疫情，全市麻疹监测系统累计报告疑似麻疹21例，排除21例；报告AFP疑似病例3例、百日咳8例、15岁以下儿童乙肝2例，均按要求做好个案调查，无新生儿破伤风、白喉、流脑、乙脑等免疫规划针对疾病病例报告；报告AEFI病例63例，均为一般反应病例。全市开展疫苗冷链运转6次，及时下发各类疫苗，保证各接种单位预防接种需要。各镇（社区）均按要求完成儿童预防接种信息化系统客户端软件国家平台对接与使用，管理0～7岁儿童个案信息89835份，其中1月1日至12月31日出生儿童个案信息资料6345份，扫码接种率98.39%，儿童个案信息完整率99.29%，接种信息完整率98.63%。全市26家预防接种门诊客户端电子签核系统完成安装并正常运行。开展常规接种、麻疹类疫苗等免疫规划疫苗查漏补种、适龄儿童免疫规划疫苗接种率调查、春秋两季入托入学儿童预防接种证查验。全市麻疹类疫苗摸底登记儿童60271人，查漏补种实际应种儿童2345人，补种率达95.65%；其他免疫规划疫苗摸底登记60271人，应补种22679人23322剂次，实补种20899人21260剂次，应补种儿童补种率91.75%。全市新入托7889人，新入学11606人，补证86人；应补种1717人，实际完成补种1659人，补种率96.62%，补种后接种率99.7%。在全市范围内开展新冠肺炎疫苗重点人群前期摸底，接种前准备和现场紧急接种工作。

【慢性病防控】2020年，中心以基本公共卫生项目为抓手，完善慢性病、地方病长效管理机制。截至年末，建立电子居民健康档案874472份，建档率为90.36%。全市登记管理高血压患者70460人，规范管理64559人，血压达标人数58615人，规范管理率为91.63%，血压达标率为83.19%。登记管理Ⅱ型糖尿病患者25527人，规范管理23391人，血糖达标人数20789人，规范管理率为91.63%，血糖达标率为81.44%。完成65岁以上老年人体检100872人，健康管理率为85.92%。死因监测报告审核死亡病例5979例，报告粗死亡率为6.17‰。全市医疗机构报告新发恶性肿瘤2169例，心脑血管事件8160例；开展碘缺乏病监测，全市抽取5个镇5所小学，采集盐样300份，8～12岁儿童、孕妇尿样300份，碘盐合格率为99.33%；疟疾监测完成861例不明原因“三热”（临床诊断为疟疾、疑似疟疾和不明原因发热）患者疟原虫血检工作，其中本地居住768例，流动人口93例，复查血片91张，结果均相符，未发现疟疾阳性病例；开展麻风病监测，排查可疑线索82例，发现1例病例，完成治愈存活病例年度随访调查8例，现症病例送药2例等健康管理服务。加强饮水型氟中毒监测，对板杉镇八步桥中学8～12岁病区儿童进行氟斑牙调查，患病率为0%（0/58），采集八步桥村水源水和末梢水样各1份，检测结果均小于0.5毫克/升。

【结核病防控】2020年，中心从强化规范诊治、强化宣传培训、强化归口管理、强化质量控制入手，加大对结核病防控防治规划的实施和项目管理的力度。全市有免费治疗和系统管理的病人625例，同期患者服药规则率99.3%；肺结核患者病原学阳性率为60%；病原学阳性患者耐药筛查率为97%，高危人群耐药筛查率为96%，利福平耐药患者纳入治疗率为100%。国家“十三五”重大专项“肺结核患者密切接触者潜伏感染干预技术研究”课题进展顺利，纳入指示病例112人，密切接触者245人，预防性服药者91人。全市筛查581所学校的67899名入学新生，筛查出学生肺结核患者7人，均已做好疫情处置。

【艾滋病防控】2020年，根据《湖南省遏制与防治艾滋病三年行动计划（2018年—2020年）》的方案和要求，在监测检测、宣教干预、治疗关怀等方面探索防艾新策略。自2003年以来，全市报告HIV / AIDS573例，累计实施抗病毒治疗527人，年内新增报告136例全部接受治疗。完成艾滋病高危人群主动监测1725人次，发放宣传材料10万份，检测1720人。全年自愿咨询免费检测974人，发现阳性28例；免费CD4细胞和病毒载量检测600人次；有25名生活困难的艾滋病感染者和病人被纳入城镇或农村低保范围，生活救助贫困艾滋病人11人。

【职业病防治】2020年，全市有255家企业的5733人参加职业健康检查，筛查职业禁忌症170人，疑似职业病人174人。开展重点职业病监测与职业健康风险评估工作，对164家企业的4150名接触粉尘、噪声的生产作业工人进行职业健康检查，完成个案信息录入，其中疑似职业病人数172人，职业禁忌人数100人；免费对21家小微企业的245名接触粉尘的生产作业工人进行尘肺病主动监测，完成率122.5%；完成全市52家医疗机构和非医疗机构的放射情况调查工作；完成564家用人单位职业病危害因素现状调查工作，完成率达102%；完成51家企业重点职业病危害因素现场监测，采集粉尘样品455个，超标点数为零；检测噪声生产作业点106个，噪声超标19个，超标率17.9%。完成职业性尘肺病随访及回顾性调查工作，核查并上报尘肺病患者信息2247例，随访完成率91%，患者死亡率73%。

【监测检验】2020年，中心完成艾滋病抗体检测1844份，梅毒、丙肝抗体检测1526份；城镇及农村安全饮水检测709份；食品安全风险监测110份；职业卫生粉尘检测标本1092份；食源性疾病监测标本120份（包括5种致病菌分离和病毒、致病菌核酸检测）；包装消毒餐饮具346份；游泳池水检测15份；盐碘和尿碘监测各300份；医疗机构消毒监测120份；完成新冠肺炎病毒核酸采集、检测标本5030份，其中冷冻食品标本258份、环境标本584份、从业人员标本814份、外贸隔离点标本572份、在押人员标本154份、其他人员标本2648份；其他标本采集及检测652份。处理食源性疾病暴发事件4起，分别是食用麻辣引起的食源性疾病事件1起、急性胃肠炎（细菌并诺如病毒双重感染）聚集性疫情1起和食用野生蘑菇中毒事件2起。直接培训辖区内各级医疗机构核酸采样及检验人员200余人，并对辖区内核酸采样点和实验室进行督导和技术指导。开展预防性从业人员体检14680人，合格人数14537人，不合格人数143人，发放健康证26331本。

【健康教育】2020年，中心紧扣新冠肺炎疫情防控知识宣传，围绕“三创四化”“中国居民健康素养”“全民健康生活方式行动”等核心工作内容，结合各个卫生宣传日开展主题宣传活动15次。对城乡19个镇卫生院、4个分院、5个社区卫生服务中心开展新冠肺炎疫情防控健康教育技术指导4次和基本公共卫生服务考核及控烟工作督查，对全市复工复产企业开展新冠肺炎疫情防控现场技术指导。在基层医疗机构开展健康知识讲座331场次、受益居民18870余人；开展健康教育咨询309场次，接受咨询群众27174人次；健康教育讲师团分别在机关、学校、企业、镇村、社区等开展知识讲座21场，受众达18900余人。更新宣传栏162期；播放音像资料15类，播放时长83827小时；印刷宣传资料26类，中医药内容占比50%，发放各类宣传单、宣传折页、海报等243247份，受益居民292170人。全年下发健康教育核心信息6期，刊发健康教育简报6期，印发新冠肺炎疫情防控宣传折页或手册15万份，在“醴陵健康”“醴陵疾控卫士”微信公众号发布疫情防控信息100余条。

【学校卫生】2020年，中心对全市首批复学学校的新冠肺炎疫情防控工作进行督查，对全市31所开设初中学业水平考试考点的中学开展防疫工作，对全市所有学校及托幼机构开展秋冬季新冠肺炎防控督导。举办相关业务培训4次；进行学校传染病疫情处置20次，其中16次为散发疫情处置，4次为聚集性疫情处置。开展儿童青少年视力调查，抽查8所学校（3所幼儿园、2所小学、2所初中、1所高中），调查2357

人，省疾控中心反馈有效数据2341人，其中近视43.78%、视力低下55.32%。（陈路莲）

## 市精神病医院

【概况】2020年，市精神病医院（以下简称“医院”）严格落实疫情防控措施，加强自身能力建设，加大培训力度，进一步完善医疗质量考评体系，各项工作运行平稳。医院开展培训12次，选派14名医务人员到上级医院进行学习培训，把医疗服务全过程、重要环节、核心制度落实等纳入考核内容，检查运行病历390余份，归档病历2500余份，通报并落实整改其中存在的问题。全年实现医疗业务收入3464.1万元，其中住院治疗2463人次，住院收入3072.59万元，门诊治疗1.4万人次，门诊收入391.51万元。

【重性精神病管理】2020年，医院持续推进重性精神病管理工作。一是做好严重精神障碍患者的管理工作。全市登记在册的严重精神障碍患者人数为4605人，在册率4.55%，实施健康管理的患者4500人，管理率97.72%，规范管理4297人，规范管理率93.31%，服药人数4499人，服药率97.70%，规律服药人数4067，规则服药率88.32%。医院对口帮扶基层医疗单位28家，完成诊断评估4514人，联合公安、综治、民政等多部门加强对严重精神障碍患者的管控。将排查的728名重点人员以及43名患有精神疾病史的吸毒人员信息报送市公安局备案，同时对公安部门反馈的44名疑似精神患者进行重点随访管理。二是落实严重精神障碍患者监护奖励和救治救助政策。启动2020年救治救助工作，对符合条件的127名严重精神障碍患者家庭按每人1500元/年（市二医院20名）进行医疗费用补助。启动市残联精神疾病精准康复项目，对符合条件的436名精神疾病患者进行免费发药与心理康复治疗。

【心理援助及服务】2020年，医院与市残联对接，成立儿童孤独症康复中心，有42名儿童在中心接受康复治疗。开通心理援助热线，提供线上心理健康咨询100余次。进入5所边远山区小学，为留守学生开展心理辅导。利用世界精神卫生日开展心理危机干预座谈会、义诊、进企业心理宣教等系列活动，发放宣传折页1000余份，接待心理咨询300余人。（黎　卿）

## 湖南师范大学附属湘东医院

【概况】2020年，湖南师范大学附属湘东医院（以下简称“医院”）克服新冠肺炎疫情带来的困难与阻力，全面落实“健康中国”战略，主动适应医改新形势，推进现代医院管理，各项工作稳步推进。从质量指标看，质量不断改进，技术稳步提高，四级手术率17.44%，同比提高0.21%，平均住院日7.9天，同比降低0.15天。从工作量指标看，因受疫情影响，增速有所放缓，但符合发展预期。全年出院患者31218人次，同比增长1.93%；介入手术505例，同比增长14%。从效益指标看，结构不断优化，药品比例、耗材占比、医疗服务收入占比进一步趋于合理，效益有所攀升。业务建设稳步发展。市麻醉质量控制中心、株洲市血液净化专科护士培训实践基地等相继落户医院。“五大中心”（胸痛、卒中、危重孕产妇、新生儿急救和创伤中心）的建设进一步完善，对临床医技科室绩效的考核督查进一步加强，互联网+护理居家服务的开展和“病友服务中心”的启用等措施使医院医疗服务得到改善。人才队伍建设逐步加强。全年公开招聘医、护、技等毕业生30名，其中研究生6名；完成年度高、中、初级专业技术职称人员专业技术聘任及工勤技能等级聘任工作182人次。医教研协同发展。全年接收实习、见习生、进修生240人，选派24人外出进修。有2人获湖南师范大学附属医院2020年青年教师课堂教学竞赛三等奖，有4人获学校年度优秀带教老师和优秀教学管理工作者。全年派出8名临床中青年业务骨干医生分批次参加省住院医师规范化培训骨干师资及全科师资培训，培训合格率100%。申报科研课题20项，暂立项10项。

【新冠肺炎疫情防控】2020年，医院勇于担当，与全市上下勠力同心打赢新冠肺炎疫情防控攻坚战。一是作为全市唯一定点救治医院，不断完善医院防控方案，筑牢院内感染防线。1月23日至4月2日，医院共接诊发热病人1376人，收治隔离留观病房113人，其中确诊病例8人，疑似病例28人，留观病例77人。医院未发生院内感染事件。二是精心做好外援。1月25日，根据省卫健委的指令，医院精心选派由尹泽黎、林敏、凌芳、周秩权、吴立伟、曾丽佳、刘盼、尹迎珍、许凤姣、何琳珊、龙小娴、彭雨珊、周丽共13人组成的医疗小分队驰援湖北黄冈；2月14日，根据市卫健局指令，医院派遣彭建中、谭江波、刘洋3名医生支援株洲渌口医院。为弘扬抗疫精神，医院在防控一线考察发展党员、提拔评选干部，有5人在防控一线提交入党申请，有2人在防控一线火线入党，有2人因表现突出被火线提拔为科室副主任、护士长。医院获“湖南省抗击新冠肺炎疫情先进集体”，汤建国等5人被授予“湖南省抗击新冠肺炎疫情先进个人”称号，周斌被授予“湖南省优秀共产党员”称号，吴立伟被湖南省总工会授予“先进工作者”称号。医院推送的疫情防控视频——《医者仁心勇担当，大爱无疆师大人》在教育部组织的评比中获二等奖。（徐安利）

## 南华附二醴陵兆和医院

【概况】2020年，南华附二醴陵兆和医院通过整合MDT科室、牵手湘雅医院和南华附属第二医院等省级医院，朝着外科微创化、内科医技化、医技诊疗化方向发展，在泌尿、康复、血透、骨伤疼痛、普外、消化内科等方面取得一定的口碑。全年共诊疗病人5万余人次，开展大中型手术近6500例；其中泌尿外科为市重点学科，与湘雅医院成立专科联盟，完成手术2334台，同比增加24台；普外科与消化内科组成大消化科，在对消化系统疾病一站式诊疗方面取得进步，完成手术821台，门诊胃肠镜检查2053台；妇产科与中信湘雅生殖与遗传专科医院建立不孕不育专科联盟，进一步预防和减少人口出生缺陷，提升出生人口质量。（程　洁）

## 泰安医院

【概况】2020年，泰安医院（以下简称“医院”）进一步规范诊疗行为，提升医务人员整体素质，提高急危重症处理能力，各项业务能力显著增强。通过“湘雅乡情”活动，与省人民医院肝胆外科、湘雅附属二医院建立长期技术合作关系，普外科肝胆胰中心在省级医疗专家团队的帮扶和指导下取得较大进步。助力防疫促复工，开展阳三石街道辖区幼儿园免费体检、“全国高血压日”志愿服务义诊等活动。加强各专业组疾病诊疗指南的学习，每周组织职能科室开展不定期考核，持续开展医保基金专项治理自查自纠整改活动，规范医疗服务行为。加强对各紧密型医共体和松散型医联体的扶持和建设工作，促进基层医院的发展。

【医共体建设】2020年，泰安医院有阳三石街道社区卫生服务中心、浦口镇卫生院、清水江卫生院、贺家桥卫生院4家紧密型医共体医院和石亭镇卫生院、嘉树镇卫生院、枧头洲卫生院3家松散型医联体。为进一步推进医共体建设，医院实施强有力举措。一是派出医疗技术骨干长期到医共体医院进行技术帮扶，每月安排2次以上的坐诊、查房、教学，安排专家团队下乡指导232人次，组织大型义诊3次，受益群众达800人次。医共体医院定期选派卫生专业技术人员到泰安医院进修、轮训。二是加大对医共体医院基础设施建设、医疗设备和办公设备的投入。改造医共体医院门急诊建设，增设门诊注射治疗室、处置室、高血压和糖尿病专病门诊等诊室，改善医务人员的工作条件，为患者营造温馨舒适的就医环境。三是推进医共体医院管理制度等改革，进一步规范诊疗服务和诊疗流程，切实做好分级诊疗。医共体的急危重病人可直接走绿色通道，免挂号费及诊疗费到医院诊治，医院将小病、慢性病、康复期等轻症患者下转到医共体医院，逐步形成“小病在基层、大病到医院、康复回基层”的合理就医格局，解决老百姓就医难、费用高的问题。四是与医共体医院同步开展“满意服务从我做起”的活动，医院党支部和考核组每周到医共体医院进行1次考核，将每月考核结果纳入绩效考核结果，对存在的问题和缺陷进行整改与追踪管理。自签约启动以来，医共体内上转病人1793人次，下转病人1073人次。（杨胜求）

## 株洲市中心血站醴陵分站

【概况】2020年，株洲市中心血站醴陵分站做好新冠肺炎疫情期间采供血的应急调配及防疫相关工作，建成市第一中学右侧爱心献血屋并投入使用，更换全新多功能采血车1辆，并在全市所有用血机构开通用血直报，更好服务群众。

【采集无偿献血】全年采集无偿献血4857人次，采集量8160.6单位，供应红细胞9800单位、血浆4855.5单位，冷沉淀2246单位，机采血小板186个治疗量，手工血小板208单位。（陈　媛）

# 区·街道·镇

## 长庆示范区

【概况】2020年，长庆示范区托管来龙门街道辖区的珊田、清潭、黄沙、双江4个村和马脑、长庆寺2个社区（2019年12月，醴陵市人民政府同意撤销来龙门街道马脑、长庆寺2个建制村，设立马脑、长庆寺社区）。长庆示范区全面落实新冠肺炎疫情防控措施，致力促进经济社会发展，取得一定成效。新型耕地保护机制进一步完善，农业产业结构不断优化，农业基础设施建设逐步完善。先后投入200余万元，实施国家地方农业综合开发项目和现代农业用水保障工程。全年完成税收6683万元，目标完成率94.97%；实现工业产值20.8亿元，同比增长6.9%，有规模工业企业15家；完成工业固定资产投资2.3亿，为年初任务的111%。项目有序推进，完成清零验收项目9个，完成征地38.56公顷、腾地48.98公顷，拆迁房屋8栋（套），移交司法机关强拆2栋3户。

【社会管理逐步规范】2020年，长庆示范区联合组织开展强制拆违行动29次，拆除违法钢棚53个、违法竹棚2个、违法地基8个、违法砖混建筑24处，警告违法动土39处，遏制违法建筑面积约12723平方米。开展新时代文明实践志愿活动，大力整顿农贸市场、马路市场，规范校车管理。城市形象显著提升。推进平安创建，宣传扫黑除恶工作，综合治理井然有序。调处矛盾纠纷4起，其中3起意外死亡纠纷、1起民事纠纷；辖区内社区矫正对象无脱管漏管现象。压实安全生产责任，认真做好危险化学品摸排和安全风险防控等工作，深化落实安全生产责任制，确保安全生产零事故。全年组织执法活动195次，下达执法文书336份，查处安全隐患问题93处，整改到位率100%。

【民生保障水平不断提升】2020年，长庆示范区民生保障机制不断完善。全面完成脱贫攻坚目标，167户545名建档立卡贫困对象全部脱贫，282户889名“四类”对象应保障、应救助、应办理残疾人证、应纳入补贴的全部按政策落实到位。投入100余万元，完成危房改造50户，为31户争取155万元小额信贷，指导完成113.33公顷水稻合作种植，开展巩固脱贫成果“清零”行动。社会保障体系不断完善，截至11月，城乡居民养老保险缴费4203人。社会救济纵深推进，新增低保对象27人、最低生活保障兜底20人、特困供养对象4人、集中供养对象6人。对215名残疾人、47名90岁以上老人、97名特困供养对象进行动态跟踪服务，为223人落实人口计划生育奖扶政策；开展婚前医学健康检查198人；为1054名60岁以上老人进行免费体检。防汛抗旱成效显著。防汛抗旱期间，出动救援队200余人次，为3户受灾群众化解紧急险情，高效转移、安置居民45人，为15户居民转移物资近百万元，减少灾情造成的损失，灾后重建工作井然有序。

【人居环境明显改善】2020年，长庆示范区人居环境进一步改善。设立河长公示牌20余块，开展打击“乱排乱放、乱捕乱捞”等行为40余次，采购垃圾打捞船6艘，组建由13人组成的专业打捞队伍，清理垃圾1500余吨，完成“河长制”交办单10次，完成率100%，清理“僵尸船”32艘。投入资金180余万元用于垃圾清运、广告宣传、环境卫生整治、“牛

皮癣”清理等城市创建工作，组织义务大清扫活动100次，5000余人次参与活动。（李艳玲）

## 来龙门街道

【概况】2020年，来龙门街道辖珊田、东岸、清潭、黄沙、双江5个村和文庙、北门、胜利、丁家坊、上洲、四塘、马放塘、狮子坡、马脑、长庆寺10个社区，实际管理来龙门街道的东岸村和文庙、北门、胜利、丁家坊、上洲、四塘、马放塘、狮子坡8个社区，以及国瓷街道辖区的八里庵、姜湾、国光、车顿桥、五里牌5个社区（除常住人口数是按行政区划所辖村、社区统计外，其他数据均是以实际管理范围为依据），有常住人口100907人。街道党工委下辖12个党委、3个党总支、92个党支部（包括5个直属支部）和188个党小组，有党员2872人。街道克服新冠肺炎疫情不利影响，按照“党建先锋、经济高地、城市客厅、平安街道、幸福家园”的发展定位，深入推进强党建、提品质、促发展、创平安、惠民生“五大工程”，经济社会呈现良好发展态势。全年工业总产值25.7亿元，同比增长12.6%；完成工业固定资产投资7亿元；规模以上商业实现营业收入29.8亿元，同比增长8.52%；限额以上服务业实现营业收入9.21亿元；完成招商引资12.82亿元，其中五百强企业开发项目2个；完成税收41581万元，为年计划的113.83%，税收总量在全市镇（街道）中排名第一。新冠肺炎疫情防控常态推进，扎实做好4名确诊病例密切接触者和涉高中风险地区人员管控工作，确保辖区无新增交叉感染病例。决胜脱贫攻坚取得全面胜利，街道94户314名贫困对象全部脱贫，完成建档立卡贫困户、低保户、“五保”户家庭医生签约服务，履约率达100%。联合市委办等联点单位组织开展企业帮扶活动3次，走访帮扶企业40余次，解决各类涉企问题30余件，为辖区企业在社保、水电气等方面减免费用20余万元，申报各类财政补贴资金40余万元。年内，街道在各级媒体发表新闻信息134篇，其中《人民日报》和省级媒体报道12篇，并获得湖南省文明单位等称号。党工委书记汤文被评为湖南省抗疫工作先进个人。

【项目用地保障】2020年，来龙门街道开展征地拆迁“净地行动”，确保项目建设扎实推进。组织工作人员为项目范围内的拆迁户解读政策，重点攻坚。全年完成征地13公顷，腾地33.65公顷，收回国有土地1.36万平方米，拆迁房屋217栋（套），完成一江两岸·青云桥、申熙路、醴浏铁路地块回收、旗滨玖玺、民寨路、民富路、李畋中路电瓷厂c4区、6号泵站污水收集管网、玉屏山路与320连接线、三三橡胶厂、丁家坊花炮厂补征地11个项目的净地验收工作。

【城市创建】2020年，来龙门街道推进省级文明城市复查、创建国家卫生城市迎检工作。开展针对新冠肺炎疫情防控、创国卫暗访问题以及明检反馈问题的整改销号工作，开展集中整治行动150余次，处置各类事项1300余件，处置率达100%。组织开展拆违行动15次，拆除违章建筑26户、面积3211平方米，其中五里牌社区大塘组居民非法占用385平方米国有土地的违章建筑全部拆除，在已确定的项目用地和项目预征地范围内没有违法建设。配合环保、城管、交通等相关职能部门开展中央环保督察回头看、“蓝天碧水”行动和交通顽瘴痼疾问题整改，开展渌江河省级样板河创建工作，每日组织人员巡查河道和清理沿河垃圾，“三无”船舶上岸64艘，街道环境污染投诉处理率和回复率均达100%。

【社会治理】2020年，来龙门街道多途径有效开展社会治理工作。一是多元共治，综合治理成效凸显。开展“扫黑除恶”专项行动和“平安创建”系列活动，辖区发案率明显下降。打造株洲市规范化禁毒康戒室，对街道609名在册吸毒人员实行分级分类管理，严格落实社区戒毒、社区康复措施，确保吸毒人员不脱失、思想稳定无异常、有效管控到位。二是常态监管，安全生产大局稳定。结合安全生产专项整治三年行动开展打非治违“大排查、大管控、大整治”活动，落实企业安全生产主体责任和企业全员安全生产责任，指导辖区企业复工复产，对辖区各类企业开展安全检查200余次，对发现的62处隐患及时整改到位，实现辖区内无安全责任事故，无人员伤亡的基本责任目标，确保辖区安全生产形势持续稳定。三是多措并举，网群服务全面覆盖。设置网上群众路线微信群610个，其中幸福株洲醴陵微信群79个，入群人数81265人，入户率93.6%，实名制率86%。通过群众路线微信群，转发宣传教育类、防疫类以及市里相关文件通知共31675条，进行村级（社区）财务公开、党费缴纳明细、独生子女费发放明细等各类公示公开1565次，接受居民各类举报信息199次，对谣言、色情、封建迷信类信息进行舆情管控715次，提供便民服务6237次。

【社会保障】2020年，来龙门街道推进“城乡统筹·幸福醴陵”工作，开展义诊活动11次，为

4468名老年人提供免费体检。组织340对夫妇进行国家免费孕前优生健康检查，随访率达100%；完成“两癌”免费筛查1300例，完成农村部分计划生育家庭奖励扶助对象年审202人、计划生育家庭特别扶助对象年审233人。发挥劳动保障网络平台作用，新增就业人员3713人、失业人员2002人、就业困难人员400人、扶贫稳定就业人员123人，援助高校毕业生、被征地农民、低保家庭等特殊群体就业，完成行政机关和事业单位养老保障金领取资格审验工作。全年发放临时救助金36万余元，其中街道本级临时救助28人，发放救助金31300元；慰问残疾人32人，发放慰问金1.6万元；新增城镇低保对象29人，新增农村低保(含低保转兜底)44户72人，其中建档立卡贫困户18户28人，档外低保户、“五保”户、重残疾户24户38人，一般农户2户6人。（黄远水）

## 国瓷街道

【概况】2020年，国瓷街道辖玉瓷、华塘、石塅、古城、土株岭、横店、姜东7个村和八里庵、姜湾、国光、车顿桥、五里牌5个社区，实际管理玉瓷、华塘、石塅、古城、土株岭、横店、姜东7个村（除常住人口数是按行政区划所辖村、社区统计外，其他数据均是以实际管理范围为依据），有228个村民小组，有常住人口71135人。

【经济发展稳中有增】2020年，国瓷街道有规模以上企业19家，全年完成规模工业总产值14.23亿元，同比增长7%，超过全市平均增速；限额以上法人消费品零售额1.15亿元，同比增长7.8%；完成工业固定资产投资5.8亿元；引进湖南世昌建材有限公司、醴陵市乐陶陶瓷有限公司2个项目，实际到位资金约1亿元。累计完成征地83.93公顷，腾地120.68公顷，拆迁176户，瓷城供电所、釉下五彩A道路、陶子湖学校项目等24个征拆任务完成清零。

【城市创建成效显著】2020年，国瓷街道推进国家卫生城市创建和人居环境整治工作，被评为株洲市“十佳”镇（街道）。全面深化“厕所革命”，提前完成200户改厕任务。新增垃圾分拣站1座，垃圾分类推广工作得到国家专家组认可。2020年实现株洲市卫生村全覆盖。

【人民生活持续改善】2020年，国瓷街道坚持学有所教、劳有所得、病有所医、老有所养、住有所居，各项社会保障能力全面增强，形成社会资源共享、社会环境平安和谐的局面。17人得到“雨露计划”资助，86户110人享受教育助学；依托辖区内的企业和农业合作社为贫困弱劳动力提供保洁员、安保等岗位30个，促进农民增收。完成危房拆除重建12户，修缮加固6户。走访慰问低保户、五保户、残疾人、退役军人、困难党员669户，发放慰问金43万元；临时救助80人，发放救助金5万余元。

【生态环境不断好转】2020年，依法取缔辖区混凝土企业3家，实现“两断三清”（断水、断电，清原料、清设备、清场地）；全面实行“河长制”，定期对河道进行保洁、巡查，维持河道整洁；开展河湖综合治理三年行动计划，推进网箱退养工作，拆除网箱40余个、面积6532平方米，退养河鱼29万千克，落实地市两级打造渌江样板河总要求。

【社会大局和谐稳定】截至2020年10月，街道办事处接待来访41批次79人次，来信及网上投诉35件，办结32件，初信初访受理率、按期办结率均为100%；排查各类矛盾纠纷问题94起，其中街道成功调处矛盾10起，村级化解纠纷84起。

【党的建设纵深发展】2020年，成立街道“大工委”，凝聚党建合力，加强基层组织建设，实现更加开放、更加民主、更加有效的区域化街道党建工作新格局。打造玉瓷丽景、华塘村安置区2个小区党支部示范点，完成荣辉、瑞祥、聚心大家庭等6个非公党支部“五化”建设；大力整顿软弱涣散基层党组织古城村党总支，建立蔬菜基地，成立村级供销社。

【新冠肺炎疫情防控态势良好】2020年，新冠肺炎疫情防控期间，组织开展网格化排查，大数据电话核查1297人次，发放各种消毒防疫物资56879份。抓好企业复工复产和学校复学复课工作，监督检查学校传染病防控、饮用水卫生、消毒设备36次，核对复工复产企业人员23406人，为实现疫情防控和经济社会发展“双胜利”奠定基础。（殷婕敏）

## 仙岳山街道

【概况】2020年，仙岳山街道辖6个行政村、4个社区，有169个村（社区）民小组，辖区面积36.5平方公里。街道全体干群凝心聚力，在新冠肺炎疫情防控、经济建设、城镇建设、社会治理、社会事业、党的建设等方面取得显著成绩。全年完成财政税收1.43亿元，为任务数的104.79%；完成工业生产总产值69.89亿元，增长15.03%；社会消费品零售额8.86亿元，同比增长11.55%；申报工业固定资产投资项目12个，完成投资5.45亿元（含上年结转），为全年任务的107%；成功申报“四上”企业6家。以“党支部+业委会+物业”共建共治共享机制建成小区党支部9个；推进离退休支部“五化”建设，创建株洲市离退休示范支部；完成辖区10个村（社区）“两委”换届选举工作。

【经济建设】2020年，仙岳山街道坚持发展为第一要务，辖区实体经济平稳度过新冠肺炎疫情时期，实现强势复苏，取得新冠肺炎疫情防控和经济社会发展“双胜利”。一是工业产业提质升级。依托“产业突围”战役，推进温暖企业“三百”行动，指导企业开展疫情防控工作，在全市率先实现规模以上企业复工率100%；三塘瓷业等企业完成厂房扩建（改造），三塘瓷业新增3条自动化生产线，内贸新增1000万元，外贸同比增长28%；解决新世纪瓷业等企业“用工荒”难题，新世纪瓷业年产值突破1.38亿元，同比增长21%，为所有职工购买养老保险，开启现代化企业管理模式。二是重点项目高效完成。全年有征拆“净地行动”项目6个，完成征地15.6公顷、腾地19.61公顷，签订拆迁协议拆除12户；江源大桥连接线储备土地腾地、仙岳山文化广场一期和二期征腾地等3个项目完成验收，获全市征拆工作年度考核一等奖。三是全域旅游发展壮大。依托仙山公园、渌江书院、一江两岸酒吧街、状元芳洲、袁昌英纪念园及新世纪陶瓷艺术馆等旅游资源，全年接待游客30余万人次。四是招商引资颇有成效。以陶瓷装备产业园为主战场，培育新建新投规模经济体，开展外出招商活动5次，对接江浙等地客商8次，落地项目4个，项目意向投资资金约11.88亿元。注重以商引商，以湘琦服饰有限公司为媒介，推动罗蒙服饰落户进程；以科发窑炉为媒介，与浙江亿达控股集团洽谈“慢炖锅”生产基地落户事宜。

【城乡提质】2020年，仙岳山街道树立生态优先、绿色发展的导向，实现城乡高质量发展。城乡品质进一步提升。开展城乡环境卫生综合整治，开展全民大清扫活动512次，联合对早点夜市等重点场所整治370次。加强水环境治理，书院社区渌江河段成为“水清、河畅、岸绿、景美”的市级示范样板河段。建成1个新时代文明实践所、10个新时代文明实践站，南门社区创建新时代文明实践示范基地，组建“360雷锋家族”等志愿者服务组织，文明劝导和志愿服务实现常态化。做好食品安全、控违拆违执法检查，拆除违法建设面积716平方米。乡村振兴基础进一步夯实。开展农村宅基地房地一体确权登记，完成4292户4516宗地上房屋建筑物调查摸底；指导村级盘活土地要素、闲置资源等，碧山村等3个村集体经营性收入突破10万元。推动基础设施完善，碧山村实现辖区道路水泥路面全覆盖、柏油路覆盖长度达9公里。推进农村厕所革命，完成150户改厕任务；万宜村解决647户村民生活用气问题；江源村建成单村饮水工程，为278户农户解决用水问题。环境治理进一步加强。对各级环保督办件实行专人负责，严防“三废”（在工业生产中产生的废气、废水、废渣）直排；对已“两断三清”的“散乱污”企业进行“回头看”，严防“死灰复燃”；与市环保、工商等部门开展联合执法行动，做好净化设施安装、污染排查整治等工作，环境卫生持续改善，空气质量优良率明显提高。

【社会治理】2020年，仙岳山街道开展平安创建，统筹好发展和安全两件大事，防范化解各类风险隐患。治安防控更严实。开展信访维稳“三无单位”创建及“平安稳定风险排查”活动，化解信访积案3起，调处矛盾纠纷57起；以打击“黄赌毒”为重点，联合派出所开展集中清查行动7次，抓获涉嫌赌博6人、吸毒5人，治安处罚20人，辖区发案率明显下降。安全防线更牢靠。开展安全生产风险隐患“大排查大管控大整治”百日行动等，开展执法检查120余次，整改安全隐患80余处；组建村（社区）灾害信息报送群，及时发布灾害预警信息82条，为辖区2006户村民上报购买巨灾保险。社会管理更稳固。完成街道国土空间概念规划，为辖区未来10年的生态、人文、交通、土地、产业发展规划明确方向，为项目落地实施提供数据保障。对辖区556户“四类对象”房屋进行安全鉴定，改造危房3户，住房安全保障率100%；加强土地动态巡查，玫瑰园小区、河西村李家排2个地质灾害点完成专业治理，核实填写省级下发的916个、国家下发的544个卫星图斑；成立物管办，指导玫瑰园等小区成立业主委员会，进一步规范小区治理。

【民生民利】2020年，仙岳山街道坚持以人民为中心的发展思想，全面落实各项惠民政策。脱贫攻坚“聚民心”。全年安排7支驻村工作队、90名机关干部、45名后盾单位干部参与脱贫攻坚工作，确保结对帮扶到位。截至年末，街道建档立卡贫困户135户422人全部实现脱贫退出，人均年收入达6000元以上，全面打赢脱贫攻坚战。健康服务“心贴心”。卫生健康服务各项日常工作稳步推进，村级卫生室建设公有化达66.67%，达成全年建设目标；常态化推进新冠肺炎疫情防控，全年未出现新冠肺炎确诊或疑似病例，新世纪、楚华等企业成为新冠肺炎疫情防控工作模范单位。民生保障“暖人心”。完成南门社区芙蓉园等3个老旧小区消防设施新装、万宜村农贸菜市场提质改造、江源村天然气安装等19件民生实事；规范城乡低保救助，有在册城乡低保对象811户1429人，在册各类对象补助均及时发放到位；劳动保障力度加大，辖区内城镇新增就业人员825人，402名失业人员实现再就业，社会事业发展稳步推进。（汤林军）

## 阳三石街道

【概况】2020年，面对新冠肺炎疫情冲击，阳三石街道顶住压力，精准发力，夺取疫情防控和经济社会发展“双胜利”，获评株洲市安全生产工作先进单位等称号。经济建设稳步发展。全年完成财政税收28824万元，为年初任务的100.02%；完成规模以上工业产值38.7亿元，同比增长8.3%；限额以上单位零售额为11.9亿元，同比增长6.12%；完成固定资产投资4.72亿元；新增“四上企业”12家。

【社会事业】2020年，房产项目遗留问题得到历史性破解，五环都会项目不动产权证发放工作进展顺利，名都天下城项目第一批111本不动产权证发放工作持续推进；完成中国外运长航集团湖南外运醴陵市有限公司划转醴陵管辖工作，街道物流产业区域优势进一步凸显；全市最大临时过渡市场——阳三石临时过渡马路市场成功搬迁，金荣生鲜市场启用，阳三路真正实现还路于民；李立三故居成功申报国家AAAA级景区；完成国家卫生城市现场测评；完成机关办公场所搬迁，将原阳三石社区一分为二，一部分仍是阳三石社区，另一部分新设立城南社区，村（社区）“两委”平稳换届。社会保障进一步健全。179户616名贫困户全部实现脱贫；全年新增就业人员1740人、失业人员923人、就业困难人员实现再就业130人，为1600户2828名城乡低保户、“五保”户和341名优抚对象发放民政救济经费1.18亿元；玉屏山小学建设写进政府工作报告，纳入“十四五”规划。（刘　琼）

## 李畋镇

【概况】2020年，李畋镇下辖14个村、2个社区，镇域总面积122平方公里，有常住人口54428人。全镇产业特色明显，以烟花爆竹及其相关配套产业和黄金矿产开采为主，是全市花炮企业最多，花炮产业集聚度最高的乡镇。年内，李畋镇落实新冠肺炎疫情防控措施，未发生新冠肺炎感染疫情。完成10个党支部“五化”建设，实现71个党支部“五化”标准建设全覆盖。完成16个村（社区）“两委”换届选举工作，共选出村级党组织委员64人、村委委员52人，其中交叉25人，“一肩挑”比例达100%。核查党员干部违纪违法的问题线索，查办党员违纪案件8起，处理8人，党内严重警告处分1人，警告处分5人，开除党籍2人。

【经济发展】2020年，在确保新冠肺炎疫情防控有力的情况下，推动企业复工复产，助力经济发展。开展企业帮扶专项行动，定期走访和电话回访重点企业，落实省应急厅对自主研发烟花爆竹机械化生产等相关奖补措施，为企业纾难解困。签约市鑫昊机动车检测建设、湖南金为开有机硅深加工项目和市铭泰矿业小洞采石场等项目，招商引资5.9亿元，超额完成招商任务。坚持复工复耕两不误，推进蔬菜产业化经营，按照“一村一品”打造李畋蔬菜名片。农民积极走农产品多样化道路，农户自主养殖龙虾、野禽，种植杨梅、枇杷等农产品。洪源村泰河合作社果园占地面积13.33公顷，种植无花果、猕猴桃、黄桃、冰糖柑、杨梅和枇杷树5000余株，举行“泰河枇杷节”活动，修复翻新洪源河马峰古泉井，接待入园游客数千人。

【安全保障】2020年，李畋镇安全形势平稳，综合治理能力不断加强。安监队伍坚持目标管理制、安全员例会制和“一单四制”等检查方式，开展执法检查2000余次，领导带队检查企业100余次，轮流培训企业主、管理人员、特种作业人员近2000人，保持无重大事故记录。将综合治理工作纳入全镇目标管理进行考核，全力排查纠纷，有效处理矛盾。综治办牵头，镇村干部、网格员包片下户走访，发放宣传资料2500余份，悬挂横幅标语80余条。利用各村组微信群等途径，宣传开展扫黑除恶专项斗争的目的和意义。开展“五进”（进企业、进农村、进社区、进学校、进家庭）宣传活动，粘贴宣传标语3000余份，树立标牌100余条，发放扫黑除恶专项斗争宣传资料2000余份。

【民生事业】2020年，李畋镇稳步推进民生工作。完成农村适龄妇女“两癌”免费检查1418人，完成率为102%；完成免费孕前优生健康检查415对，完成率为102%。发放生育证430本，完成309名计划生育家庭奖励扶助对象和23名计划生育家庭特别扶助对象年审工作，新增计划生育家庭奖励扶助对象25人、计划生育家庭特别扶助对象2人。全镇投保老人意外保险12.36万元，计生幸福家庭险2.3万元。启动S104路基建设，进一步将李畋纳入“株洲半小时、长沙一小时”经济圈。开展大清洁行动12次，集中整治辖区内商业广告，拆除违规店招、大型广告牌48块，清理横幅、喷绘、墙体广告等300处，清理路边乱堆放垃圾30余车。开展“五清一改”（清理农村生活垃圾和杂物、清理村内沟塘、清理畜禽养殖粪污等农业生产废弃物、清除村庄乱搭乱建、清除违章广告和破损、污损宣传标牌，改变影响农村人居环境的不良习惯）行动，通过多种途径发动广大群众针对身边存在的环境破坏行为提供线索，做到及时制止、有效防控，提升管控效率。推进农村“厕所革命”，潼塘村、塘坊村整村推进，完成改厕1075户，对已改造的1200户户厕开展大排查，进行后续管护。

【脱贫攻坚】2020年，李畋镇派出296名帮扶干部结对帮扶686户2358名贫困户。组织“两个帮扶”干部培训6次、参训1826人。开展就业扶贫岗位推送工作，设置公益性岗位23个，参加公益性岗位的贫困人口人均年收入增加18480元。完成危房改造61户，提供慰问物资价值超30万元。党委班子牵头成立16个自查工作小组，通过开展自查和脱贫质量“回头看”，入户调查建档立卡贫困户及档外五保户、档外低保户、档外重病重残户、边缘户，整改问题63个。开展决战扶贫领域腐败和作风问题专项治理，严查扶贫工作不实、作风漂浮、严查基层“微腐败”、政策落实不力等现象，对发现的49个问题全部整改到位。截至年末，686户2358名贫困人口全部脱贫，顺利通过省检实地考核。（罗　莹）

## 白兔潭镇

【概况】2020年，白兔潭镇镇域总面积71.3平方公里，有常住人口44902人，人均纯收入达2.8万元。集镇规划区面积6.6平方公里，建成区面积4.2平方公里，集镇人口3.1万人。年内，白兔潭镇落实新冠肺炎疫情防控各项措施，确保“零确诊、零疑似”前提下，围绕“六稳”“六保”工作目标，引导各村（社区）结合自身特点，引进醴陵金源矿业有限公司、长沙乐科电子有限公司等6家企业，共投资2亿元，项目均落地竣工投产。围绕发展现代农业目标，打造万亩蔬菜基地，确保农业增效、农民增收、农村稳定。完成早稻种植866.67公顷、中稻和一季稻种植506.67公顷、晚稻种植933.33公顷、旱粮种植400公顷，蔬菜种植总面积330余公顷，其中泉源村打造8公顷有机蔬菜及多元化农耕文化学生教育体验基地。白市居委会玫瑰花基地试种成功，着手打造33.33公顷“公司＋农户”经营模式的玫瑰花种植基地。

【新型城镇化建设】2020年，玄武商居广场二期工程完工，进一步提升和改善集镇居住水平。老106国道完成提质改造，4.8公里道路焕然一新。总占地面积约2公顷、日中转量30余吨的垃圾中转站项目即将完工，便于全镇垃圾清理和转运，有利于集镇垃圾规范化管理。

【重点项目建设】2020年，白兔潭镇南联环资50万吨石英砂固废与资源化利用项目完成征地、拆迁以及清表工作，开始动工建设。引进投资1亿元的醴陵金源矿业有限公司竣工试生产，年产值约5000万元，可容纳劳动力120余人。引进投资3000万元的长沙乐科电子有限公司，着力打造汽配电子设备产业。计划总投资约2200万元的市第五中学综合楼提质改造工程，征地1973.33平方米，年内完成征地拆迁、清表和围墙修建。总投资1.3亿元、占地2.1万平方米的市二医院改扩建项目正式启动建设。

【全面小康建设】2020年，白兔潭镇对照“一超过两不愁三保障”（家庭当年农民人均纯收入稳定超过国家现行扶贫标准，不愁吃、不愁穿，基本医疗、义务教育、住房安全有保障）标准，聚焦教育扶贫、健康扶贫、住房安全保障和饮水安全，对市扶贫办反馈的6类28个问题全部整改到位，全面完成42户98名剩余农村贫困人口脱贫目标，截至年末，全镇446户1612名贫困对象全面脱贫。一是严格落实各项扶贫措施，确保帮扶实效。强化驻村工作队帮扶，实行结对帮扶工作“包户”责任制，要求结对帮扶干部每次走访做到“五个一”，提高贫困户满意度。加强社会保障，贫困户中新增低保对象106人，其中全额低保户95人；协助精神残疾患者办证，档内档外对象新办证145人；新增危房改造户12户，其中建档立卡贫困户1户，享受提质改造4户，其中建档立卡贫困户3户。二是持续推动产业扶贫。加大扶贫资金投入，通过“合作社＋贫困户”、扶贫车间、特色种植养殖等形式，提高贫困户的产业参与度和受益度。全年收到3批次80万元产业扶贫资金，带动416户1566名贫困对象增收。三是提高贫困劳动力就业率。组织全镇60余名贫困劳动力参加全市2020年百企千岗就业扶贫招聘会，其中8人达成工作意向；举行“就业扶贫行动日”专场招聘会，24个企业提供132个岗位，有3600余人参加，其中贫困劳动力136人，共招聘922人，其中贫困人口113人；通过市人社部门增设公益性贫困户保洁岗位12个，新增就业援助岗位16个。利用微信工作群，转发招聘公告信息300余条，下发就业扶贫挂历、招聘信息宣传单、政策清单1500余份。截至年末，全镇贫困劳动力就业529人，贫困人口就业率达85.32%。

【人居环境整治】2020年，白兔潭镇围绕“四治一改”工作任务，结合“美丽乡村”示范创建工作开展农村人居环境整治。组织党员、组长发放农户“门前三包”责任牌3400张、“村规民约”告知书10121份；各村（社区）配备足额保洁员，压实保洁员责任，确保主干公路、村组道路、塘、库、堰、河道等公共区域卫生整洁；推广以三格式净化池为主的农村卫生厕所，加强施工队伍培训，严把“首厕过关制”，共完成改厕1709户；推行“河长制”，完成河道乱堆乱占治理整治。

【安全保障】2020年，白兔潭镇开展全行业安全整治，做到安全生产责任“零事故、零伤亡”。组建5人组成的森林消防中队，在特殊时期巡查重点防火地点、单位；每个村居设立一个微型消防站，用于临时应急灭火。开展安全生产大排查、大管控、大整治行动，执法检查辖区28家烟花爆竹企业、4家加油站、2家烟花爆竹原材料经营店，下达执法文书534份，其中责令停产整改企业10家，立案7起，经济处罚11万元；开展专项联合整治行动12次，整治隐患33处，责令4家企业停产，立案查处7起，整治超标违禁产品500余件，销毁超标违禁药饼1000余饼；整治辖区内11家烟花爆竹企业“一证多厂”行为，完成“三统一”（生产销售统一，资金统一，安全管理统一）工作；开展安全生产专项整治三年行动8次，整治安全隐患20余处，责令停产整改企业6家。举办安全生产知识竞赛培训活动，共有500余人次参与；对各企业法人、安全人员开展安全培训30次、受训1000余人次。开展安全生产宣传活动，增强广大群众、企业员工的安全意识，在全镇范围内形成“齐抓共管，群策群防”的良好氛围。开展禁毒和扫黑除恶宣传工作，悬挂、分发宣传单、宣传资料、禁毒布袋、牙签盒等，联合妇联成立巾帼志愿服务队开展禁毒宣传工作，在交通枢纽地段开展扫黑除恶集中宣传活动3次；处理上级交办扫黑除恶相关线索1条，确保辖区内无黑恶势力存在。成立13支巡逻队，按照“平安醴陵”建设的要求，每天不间断开展巡逻行动，不断提高社会治理水平。

【国土规划管控有效】2020年，白兔潭镇对农田、山岭、道路进行严格保护，重点防治非法采砂、用地以及占据农田和路网建设的违法行为。拆除钢棚13处、违建洗砂场5处，制止占用农田建房20处。组建巡查专班，开展对自然资源违法行为巡查和整治百日攻坚行动。

【社会事业】2020年，白兔潭镇以保障和改善民生为重点，发放城乡低保（含兜底保障）资金约350万元，发放孤儿及事实无人抚养儿童生活费约18.5万元，发放高龄补贴14.5万余元，发放残疾人“两项补贴”约80万元。临时救助及节日慰问约340余人次，发放慰问金13万余元。健全“三社联动”机制，通过社区、社会组织、社会志愿者共同建设的方式有效推动社区工作发展，全年多次开展各类活动，有效丰富社区居民生活，提升居民幸福感；新建村卫生室4个，落实农村适龄妇女“两癌”免费筛查等惠民工程；加大投入完善村文化广场、文化活动室、宣传栏、体育设施等，为文化活动提供保障；开展篮球赛、广场舞大赛等文化活动，丰富群众文化生活；进一步规范农家书屋，并全天开放，为广大居民借阅书籍提供便利。镇文化站入选为株洲市社会科学普及基地。（孙　斌）

## 浦口镇

【概况】浦口镇辖12个行政村、4个社区，有244个村（居）民小组，镇域总面积78.5平方公里，有常住人口50363人。全镇有党组织76个，其中党委5个、党总支12个、党支部59个，共有党员1672人。有行政机关、卫生院、学校、建筑房产、商业服务等行政企事业单位21个，专业市场2个，大型超市1个。2020年，浦口镇全面落实新冠肺炎疫情防控措施，未发生新冠肺炎疫情，切实做到疫情防控和经济社会发展两手抓、两推进。实现工业投资7.17亿元，规模工业增加值71.62亿元，均与上年持平或有微增，完成实体税收5693万元，为任务数的102%，高新技术革新带来的GDP增加值比重超30%，规模以上工业企业增至47家，其中华鑫电瓷电器有限公司入选全省上市后备企业资源库。开展温暖企业“三百”活动，走访重点企业400余家次，解决各类问题100余个，办结率99%，综合满意率100%。开展“走出去、请进来”活动，接洽企业近80家，新签项目10个，协议资金3亿元，成功推进德州机电等项目3个。旗滨金盛硅矿业浦口四十八坡项目自2019年在浦口镇落地以来，各项建设稳步推进，年内完成68.2公顷采矿区租山工作以及水、电、路等基础设施建设，具备生产条件。

【脱贫攻坚】2020年，浦口镇加大就业扶贫、产业扶贫、消费扶贫、扶贫小额贷款等帮扶力度，新增扶贫小额贷款115户近520万元，实施村级扶贫项目40余个，就业帮扶52人，产业联结贫困户243户，健全防止返贫监测帮扶机制，及时监测和帮扶农村重病、重残、重灾和突发变故等困难家庭，有86户202名预脱贫对象脱贫。截至年末，全镇558户1856名建档立卡贫困户全部实现脱贫。

【社会事业】2020年，浦口镇各项社会事业全面推进。基础设施不断完善。全年投入近200万元，硬化和修缮道路10余公里，全镇道路硬化到组，形成“三纵两横”完善的道路网。投入800万元推进污水处理中心建设，年内基本完成硬件设施建设。人居环境更加整洁。强化新建农房规划管控，“集中开展一户多宅”清理，整治拆除“四类房”300余栋；推进“厕所革命”，改造无害化厕所530座；筹措专项资金50余万元，聘请专业保洁公司对贯古和联盟集镇进行常态保洁；投入150万元，按照每100～150户配备1名保洁员负责日常保洁工作，全镇有垃圾运输车辆9台；铁腕治污不放松，全面推进污水管网建设、黑臭水体整治和“河长制”落实，尤其是对省环保督查反馈问题进行全面回头看，确保反馈问题及时高效整改到位。文化教育事业投入进一步加大。加强教育硬件建设，完善学校教学设施设备，新建的浦口镇公办中心幼儿园和浦口中学学生公寓楼已经竣工，新装修王坊中学、联盟小学和天符小学教学楼，花椒小学恢复重建工作完成报批手续，即将启动建设。完成村（社区）“两委”换届，选举产生支村“两委”干部87人，其中新进班子36人，村（社区）干部平均年龄下降5岁，大中专以上学历人数翻一番。

【社会保障】2020年，全镇申报低保对象132户356人，年末有低保对象718户1616人，有“五保”对象367户379人，发放低保金441万元、农村“五保”金97万元。动态管理特困供养农户，做好新增残疾人“两项补贴”工作，年内新增享受补贴对象79人。截至年末，全镇有482人享受重度残疾人护理补贴，407人享受残疾人生活补贴，发放残疾人辅助器具36件。开展留守儿童、留守老人入户登记工作，临时救助近百次，发放资金近10万元，为5户家庭申请急难救助。

【安全保障】2020年，浦口镇加强对安全生产和社会环境综合治理的管控力度，社会形势平稳可控。全面推进扫黑除恶专项斗争、高风险领域安全防范和平安创建，打赢防范化解重大社会风险攻坚战，先后化解李美财案、美神农牧案等积案。以宣传为导向，充分利用浦口有线电视、LED屏等载体，宣传打击非法生产、储存、运输烟花爆竹相关法律法规，开展“安全生产月”、“防灾减灾日”、安全宣教“五进”等活动营造安全生产宣传氛围。镇打非队突击检查200余次，查获非法生产户7家，销毁成品、半成品48箱，治安拘留1人，销毁烟球20余件、狗尾草100余箱，查封2家违规企业。打击处理非法采煤采砂采泥行为20余次，收缴挖机、载机12台、非法运输车5台。镇安监站出动执法人员百余人次，下达现场检查记录422份、现场处理决定书74份、责令整改指令书78份，立案72起（一般程序8起和简易执法程序64起），罚款1.1万元。（尹　鹏）

## 王仙镇

【概况】2020年，王仙镇辖10个行政村、2个社区，有常住人口38279人，镇域总面积85.9平方公里，其中耕地面积1406.67公顷。有党组织50个，党员1395人。有中小学10所，幼儿园10所，农家书屋12个，医院3所。镇内有日用陶瓷、电瓷、烟花鞭炮、机械制造、造纸、瓷泥等支柱产业，有各类企业180余家，规模以上工业企业33家。年内，全面落实新冠肺炎疫情防控措施，累计核酸检测500人次，印发个人防护知识传单2万余份，织牢疫情“联防联控网”，未发生新冠肺炎疫情。完成1个软弱涣散党组织整顿并验收，完成12个村（社区）“两委”换届工作。发展集体经济，全镇所有村集体经济收入均超过5万元，三狮村早益合作社通过种植油菜、销售特色农产品等渠道增收，村集体经济收入达37.5万元。

【产业发展】2020年，王仙镇农业产业持续向好。种植水稻666.67公顷，推进种植结构调整，实现种植结构调整点位油菜种植全覆盖，结合“稻油水旱轮作”项目，油菜种植面积突破466.67公顷。工业经济稳中有进。实现工业总产值40.75亿元，同比增长5.9%，完成工业企业固定资产投资7.55亿。有“四上”企业40家，其中工业企业33家、服务业企业1家和商业企业6家。第三产业继续攀升。挖掘提升旅游文化内涵，打造白兰谷、王仙山、三狮洞、温泉湖、大屏山风景区“五张名片”，形成观光旅游、红色旅游、体验旅游等精品旅游路线。

【安全保障】2020年，王仙镇落实安全生产责任，实现安全生产“零事故”。开展“大排查大整治大管控”“强执法防事故”等专项行动，组织联合行动86次，出动执法人员296人次，检查生产经营单位263家次，排查安全隐患354处，其中重大安全隐患22处，均已全部整改并销号，获评湖南省安全发展工作示范乡镇。在106国道两旁、村级主干道、货运源头企业悬挂横幅，宣传禁毒、交通安全法规知识，营造安全稳定氛围。配合市公安局、王仙中心派出所开展扫黑除恶专项行动，打击违法犯罪，辖区内没有出现重大治安案件，获株洲市信访维稳“三无”单位创建达标镇。

【镇村建设】打造美丽乡村示范点。李山村新建停车场2处，完成李山村白兰景区游客接待中心建设并投入使用。三狮村完成6公里主干道提质，建设文化长廊及景观墙3处，完成农村安全饮水工程1个。多项民生工程稳步推进。污水处理厂完成主体建设，王仙中心敬老院完成征地拆迁“四通一平”（水、路、电、通讯通畅，场地平整），猫形潭大桥开工建设。

【人居环境整治】落实“河长制”工作，配合创建渌水省际样板河，成立专门保洁队伍，开展样板河日常保洁，确保河道河岸无垃圾堆放、水面无漂浮废弃物，“河长制”工作由上年倒数第一跃升至全市第一名，标准化建设工作被《中国水利报》典型推介，获评2020年度株洲市“河长制工作标准化建设单位”。加大生猪畜禽养殖监管，规模以上的养殖场修建雨污分离、沼气池等设施，从源头防止畜禽粪污进入河流。继续推进“厕所革命”，完成改厕442户。开展集镇整治，将7月定为王仙镇环境集中整治月，开展“六乱”（乱搭乱建、乱停乱放、乱摆摊、乱拉挂、乱堆挖、乱张贴）专项治理，清理整顿马路市场和占道经营行为。

【脱贫攻坚】2020年，王仙镇579户2020名建档立卡贫困户全部脱贫，人均纯收入超过6000元。大力发展产业帮扶。引导鼓励合作社通过安排贫困户务工、流转贫困户土地、购买贫困户农产品及增股分红等方式，为全镇522户贫困户增收105万元；发展“大户帮扶”，扶持贫困户发展为养殖大户，为211户贫困户免费赠送鸡苗，并组织开展养殖技术培训。引领消费扶贫，倡议辖区企事业单位、后盾帮扶单位、学校、社会爱心人士等购买贫困户和具有扶贫属性经济组织生产的扶贫产品，认购扶贫产品金额达805万元。

（李颖靓）

## 沩山镇

【概况】2020年，沩山镇辖7个行政村，有141个村（居）民小组，有常住人口12203人。镇域面积86平方公里，有耕地面积708.4公顷，其中水田面积632.5公顷；有山地面积6784.5公顷，森林覆盖率达71%。年内，沩山镇全面落实新冠肺炎疫情防控措施，做好重点人员的摸排管控工作，全镇无新冠肺炎感染疫情。全镇经济社会全面发展，获评湖南省文明村镇。完成村级换届选举工作，5个村党总支升格为党委并完成挂牌。完成人口普查、征兵等工作，加强社会综合治理、食品安全和森林防火工作力度，社会和谐稳定。完成粮食生产任务，冬种油菜200余公顷。电瓷产业不断发展壮大，大林村电瓷产业集群效应凸显，醴陵高科电瓷制造有限公司、醴陵恒华电瓷电气有限公司、市红日电瓷电器厂、市太阳电力电瓷电器制造有限公司等产值超2000万元的企业成长为优质电瓷企业。依托沩山古洞天、沩山古窑、沩山豆腐“三沩”品牌文化，第三产业发展势头强劲，境内农家乐发展至20余家，“醴陵窑”接待游客10万余人。全镇GDP达49.94亿元，同比增长3.7%；规模工业生产总值47.2亿元，同比增长3.5%。

【脱贫攻坚】2020年，沩山镇有2个省级贫困村，有建档立卡贫困户559户1806人。截至年末，贫困村全部摘帽，贫困户全部脱贫。7月，7个村的后盾单位主要领导均到村进行现场办公，帮助解决项目建设、产业发展等实际困难。危房改造新建8户、修缮18户，其中修缮漏风漏雨的房屋17户。沩山村将2所学校改成“长者之家”，可安置“五保”户14户，入住11户。泉水村将1所学校改造成老年日间照料中心，可安置低收入老年群体16户，入住8户。全镇新增低保对象82户、“五保”对象3户，为所有贫困户和档外低保户、档外分散供养五保户、档外重病户、档外重残户、边缘户购买医保。落实产业帮扶，发展村级农业合作社，重点发展豆腐、蜂蜜、蔬菜瓜果等“短平快”种养殖业。新东堡村成立“新沩山”合作社，沩山村、泉水村、漏水坪村在已有村级合作社基础上，推行“合作社+贫困户”模式，打造产业扶贫特色。拨付产业扶贫资金130万元，落实易地搬迁后续帮扶30户。帮助贫困户、合作社销售农户产品，发动后盾单位消费扶贫。申报认定消费扶贫企业7家，在村委会、农家乐等人流密集场所设置消费扶贫展柜7个、展室3个，实现交易金额510余万元。推进就业扶贫，完成贫困劳动力信息核实工作，更新820人次贫困劳动力信息，每月电话抽查信息准确率达83%；建立农村劳务经纪人队伍；贫困劳动力转移就业163人，发放贫困劳动力转移就业交通补贴2.5万元；开发公益性岗位49个，其中沩山村13个、泉水村18个。

【人居环境整治】2020年，沩山镇成立农村人居环境整治工作领导小组，通过出动宣传车、悬挂横幅、发放《致村民的一封信》、举行“最美庭院”和清洁卫生户评选等方式，加强对农村人居环境整治工作的宣传。治理“六乱”行为。绿化道路约10公里、面积约3000平方米；制定“四类房”整治实施方案，完成上年存量整治；将垃圾池替换为公共投放桶，及时清运垃圾；实施农村水环境治理长效管理机制，综合运用清淤、截污、活水、保洁、生态修复、畜禽退养等方式，加大黑臭水体整治力度，抓好畜禽粪污资源化利用、大中型休闲农家乐污水治理和尾水回收利用；按照“四统一”（统一标准、统一设计、统一施工、统一验收）要求，坚持农民自愿原则，完成改厕286户。

【落实惠民政策】2020年，沩山镇为372人（年内新增25人）发放计划生育家庭奖励扶助资金和计划生育家庭特别扶助资金46.08万元，其中为12名特扶对象发放资金11.52万元，为360名奖扶对象发放资金34.56万元，另为50人发放独生子女保健费1.2万元。落实镇村两级管理责任，开通医院就诊绿色通道，每年为计划生育家庭特别扶助对象免费体检。做好卫生健康服务工作。完成免费产筛检查190人、“两癌”筛查247人，免费发放叶酸218人，完成国家免费优生检查124例。完成0到6岁婴幼儿（包含流动人口）免疫接种，预防接种建证（卡）率达100%；加强新生儿、孕产妇、严重精神障碍患者管理工作，建卡率达100%。为2680名65岁以上老年人免费体检，开展家庭医生签约、慢病签约服务，满足村民个性化、多元化健康服务要求。注册电子健康卡19875人，注册率达98.39%。落实社会保障政策。全镇新农保参保9493人，其中参保缴费5643人，完成征缴任务的69.1%，待遇领取3850人。推广“智慧人社”APP，年内有1230人通过“智慧人社”APP进行生存资格认证。自11月7日组织村级医保专干召开信息采集、核对专项工作会议，全面部署2021年城乡居民基本医疗保险参保工作。完善村民个人信息，医保缴费工作顺利进行，有15840人参加城乡居民医疗保险，参保率达79.72%。设立工伤保险代办点，更好地为全镇企业服务。　（杨雅慧）

## 东富镇

【概况】2020年，东富镇辖10个村、1个社区，有355个村民小组，有常住人口29400人，镇域总面积80.4平方公里，有耕地面积1602.2公顷。年内，东富镇全面落实新冠肺炎疫情防控措施，未发生新冠肺炎疫情。全镇实现财税总收入1.4亿元，其中税收2540万元；规模以上工业总产值46.06亿元，增长18.96%；限额以上社会零售业总额为2.3亿元；固定资产投资总额27.6亿元，其中工业固定资产投资总额为18.01亿元。

【项目建设】2020年，新增征地36.85公顷，腾地23.91公顷，拆迁房屋6栋，安置到位符合安置条件的拆迁户4户。佛山中宏钢化玻璃、永州茂森钢化玻璃、醴陵晶鼎玻璃等企业启动基础设施建设，中盐红四方湖南基地一期、湖南特诚成套电器和湖南兴诚电瓷电器等企业顺利投产。为保障企业、职工及当地群众的生产生活需求，园区高度重视基础配套设施建设，110千伏变电站基本竣工，客运公交首、末站顺利通车，东富工业园综合配套服务区项目加紧建设综合楼、人才公寓，龙源大道1.46公里完成稳定层施工。招商引资方面，引进醴陵市长益建筑材料有限公司、东森新能源、醴陵市海运石料加工等项目。

【农业生产】2020年，7家种植结构调整实施主体涉及10个村，调整面积达243.61公顷。完成早稻种植任务310.89公顷，中稻面积796.13公顷，晚稻及旱粮面积167.53公顷，冬种油菜760余公顷。流转耕地面积813.27公顷，培育市级优秀种粮大户3家，镇级种粮大户20余家。莲旗村和森冲村的休耕农田除部分参与结构调整外全部完成复耕。完成推进土地确权和产改工作9066户10895栋。

【脱贫攻坚】把握“一超过两不愁三保障”底线，落实“七个一批”（特色产业脱贫一批、劳务输出脱贫一批、易地搬迁脱贫一批、生态保护脱贫一批、教育脱贫一批、医疗保险救助脱贫一批、保障兜底脱贫一批）和健康扶贫、教育助学、兜底保障等帮扶政策，推进脱贫攻坚工作。11支驻村工作队专职开展脱贫攻坚工作，194名结对帮扶干部进行“点对点”帮扶。通过项目投资入股分红、吸纳搬迁对象就业奖补、自主创业奖补等方式，实现33户易地扶贫搬迁贫困户后续帮扶全覆盖。为符合条件的2户贫困户、10户档外“五类人员”进行危房改造，2020年全部完工并通过验收。先后发放产业扶贫资金52万元，以贫困户的名义入股合作社，188户贫困户通过分红实现增收。为贫困户办理小额信用贷款165万元，帮助33户贫困户增收57750元。开展“户帮户亲帮亲，互助脱贫奔小康”和消费扶贫活动，引导社会各界支持、参与扶贫。

【村级换届选举】2020年，东富镇村（社区）两委换届平稳有序，实现支村两委干部年龄、学历“一降一升”。共选出新一届支村两委干部61名，其中女性干部19名，占比31%，较上届增加6名女性干部；新进支村两委班子干部25名，占比41%；平均年龄43.8岁，35岁以下干部13名，较上届平均年龄降低5.8岁；大专以上学历25名，占比41%，较上届增加20人，最高本科学历、学士学位。

【基础设施建设】2020年，东富镇基础设施建设成效显著。全镇有8个村（社区）接通自来水、3个村正在铺设管网。硬化水泥道路10.1公里，道路加宽并硬化2.19公里，“白改黑”沥青油路提质改造7.3公里。破损水泥路面修补100平方米，农村公路建设成效明显。完成蚂蟥塘水库修复工程，牛丫洪水电站验收投入使用，新建水渠1800余米，修缮山塘23口，除险加固水库、骨干山塘10余处，水利基础设施得到有效改善；取缔东富寺和枧头洲马路市场，下半年完成新农贸市场建设并投入使用，交通顽瘴痼疾得到有效整治。枧头洲大桥项目开工建设，莲石村梓板河示范段项目1.3公里河堤完成80%修建工程。岔路口集镇居民活动中心和村级文体广场建设全面完成。

【民生保障】2020年，东富镇启动并完成老年人意外保险和计生幸福家庭保险收缴工作。开展医保和养老保险征缴工作，医保缴费人数达29434人，参保率87%；养老保险缴费人数达15134人，参保率83.2%。实行流动人口婚育证明、计划生育证明等项目一站式服务，发放避孕药具1693人次，发放叶酸395人次，完成“两癌”免费筛查1166例，为248对夫妻完成国家免费婚前健康检查。建立11个新时代文明实践站，成立宣讲队伍11支、志愿服务队伍12支，开展文明实践活动，丰富居民的精神文明生活。

【人居环境整治】2020年，东富镇投资500万元改善人居环境，更换垃圾桶600余个，配备保洁员78名、垃圾清运车3辆、农户垃圾分类设施200余套，新建垃圾分拣中心3个，建成西林、东兴、横新、枧头洲4处整治非正规垃圾堆放点。集中开展村庄清洁行动，清除房前屋后陈年垃圾40余吨。完成改厕任务694户，完成率为116.8%。开展“四乱”整治专项行动，清理“牛皮癣”1万余处，横幅220余处，小幅广告500余处、巨幅油漆广告4幅。完成“四类房”整治247栋，土地增加挂钩验收28公顷。开展“四边”（路边、塘边、山边、河边）绿化行动，补植树木2000余株。新建东富寺荷花池生态湿地和集中式氧化塘小型集中污水处理设施。岔路口集镇污水管网的铺设纳入全市规划，进入招投标程序。东富镇分别于第二和第四季度获株洲市农村人居环境整治“十佳乡镇”。

【安全保障】2020年，以“安全生产专项整治三年行动”为契机，以“大排查大管控大整治”为抓手，压实责任，强化监管，全镇安全生产形势总体平稳。全年检查企业55家，排查非法违法行为和隐患296处，其中重大隐患13处，责令停产整改2家，关闭取缔非法违法生产场所2家，行政处罚3.7万元，打击非法行为2起，行政拘留1人。通过横幅、宣传牌、宣传车、微信平台等形式开展森林防火宣传，召开工作部署会3次，开展森林防火员技能培训2次。开展经营性住房安全隐患摸排，完成摸排225户。抓好抓实食品安全监管，联合多部门对辖区内的食品加工点、超市、市场、餐饮服务业、农家乐、敬老院、机关食堂、学校及周边商店等重点区域督查28次，及时消除食品安全隐患。开展“平安创建”“国家安全”“信访宣传月”“禁毒宣传月”“法治宣传月”等宣传活动，累计张贴标语100余条，悬挂横幅100余条，发放各类宣传单3万余份。接待群众来访80余人次、网上来信来访27件、市长热线63件，办结率100%。（肖　莎）

## 孙家湾镇

【概况】2020年，面对新冠肺炎疫情的冲击，孙家湾镇在确保新冠肺炎零感染的前提下，落实“六保”任务，做好“六稳”工作，夺取疫情防控和经济社会发展“双胜利”。完成税收6392万元，固定资产投资4.2亿元，规模以上工业企业总产值达51.2亿元，同比增长6.8%。规模以上商业企业总销售额达4.91亿元，同比增长11.84%。孙家湾村被评选为“全国文明村”，孙家湾村原支部书记叶志钢被评为株洲市道德模范。农业生产持续发力。着力确保粮食增产，大力调整种植结构，发展特色产业，观前村按照“公司＋农户＋基地”的产业化模式，引进迷迭香种植。年内，孙家湾镇引进并签约3个投资超过1亿元项目，其中湖南布谷鸟农业发展有限公司计划投资1.5亿元，分3期建设迷迭香种植基地，湖南华瑞瓷业有限公司计划投资1亿元用于新建陶瓷智能制造项目，湖南望鑫现代农业发展有限公司计划投资1.2亿元，用于13.33千公顷优质水稻种植加工产业化项目。陶润实业、银和瓷业、富强特瓷、每人美瓷、德兴瓷业等企业扩产扩能项目建设稳步发展。基础设施建设持续推进。桎马线拓宽改造、醴娄高速、镇村污水处理设施建设启动，醴茶铁路恢复客运，G106与S333城市环线平交口交通基础设施建设竣工。农村基础设施建设稳步推进。完成孙家湾村、龙虎湾村、西岸村的农贸市场改造扩建，镇自来水厂完成扩容改造，日供水量由3000吨跃升到1万吨，解决群众和企业“用水难”问题。天然气“进企入户”工作有序推进。决战决胜脱贫攻坚。年内有21户41名贫困人口实现脱贫，全镇168户515名建档立卡贫困户通过脱贫验收，脱贫攻坚取得决定性胜利。污染防治多措并举。开展中央和省环保督察“回头看”交办件监管巡查，省环保督察“回头看”期间，全镇无投诉事件。开展“五大一改”（大宣传、大清洁、大消毒、大保护、大清查，改变农村陋习）和村庄清洁行动，推进垃圾处理付费制度，完成311户改厕工作，农村人居环境得到有效改善。不断强化金融风险防范和化解工作，加大力度预防和处置非法集资，完成4个村的信用户集中评定工作。

【社会事业】2020年，孙家湾镇持续实施民生实事票决制，始终把让群众过上幸福生活作为追求高质量发展的根本目的。镇武装部星级达标创建获五星，圆满完成征兵工作任务。就业保持整体增长。新增农村劳动力就业201人，为建档立卡贫困户新开发就业援助岗位14个，年末共有17个，发放公益性岗位补贴资金79240元。社会保障托底有力。新增特困供养人员55人，申报90岁老人高龄补贴21人，上报核减死亡7人，发放低保、特困救助等补贴130余万元。有计划生育家庭奖励扶助对象316人、计划生育家庭特别扶助对象20人、享受独生子女政策对象33人，共发放补贴约44万元。筑牢安全生产防线，加强对生产经营单位的安全生产监管执法，开展各项专项整治行动56次。社会大局和谐稳定。推进禁毒“六进”工作；司法调处各类矛盾纠纷29起，调解成功率达100%，孙家湾村人民调解委员会获评全国模范人民调解委员会。（黄　婷）

## 泗 汾 镇

【概况】2020年，泗汾镇辖7个行政村、4个社区，有359个村（居）民小组，镇域总面积70.6平方公里，有常住人口32751人。全镇设党委7个，其中村（社区）党委6个，有村（社区）党总支4个，党支部37个，有党员1371名（含19名预备党员）。开展幸福株洲（醴陵）监督与服务微信群建设，通过微信群对群众反映强烈的问题实时交办、限时答复，全镇共建群26个，村民入群率102%，镇村干部入群率100%。年内，泗汾镇严格落实新冠肺炎疫情防控各项措施，针对石虎村确诊病例，镇党委政府按照“一案一专班、一类一对策、一日一督查、一事一调度”要求，运用大数据和网格化管理，发挥各村（社区）党员干部群众力量，迅速切断传播途径，坚决防止疫情扩散，全镇无其他确诊病例。在疫情形势平稳可控的情况下，经济稳步增长。全镇有工业企业298家，私营企业和个体工商户2235家，形成以陶瓷、花炮、信息科技、户外产品、服装五大产业为支柱，以恒凯通信息科技、丰德利瓷业、明维烟花等规模企业为龙头的工业企业群；有集贸市场3个、大型超市4个，形成以喜森奥特莱斯购物广场、万客隆超市、一佳商场等为中心的多功能商贸区。全年规模工业总产值完成额超13亿元，同比增长7.27%；社会商品零售总额完成0.39亿元，同比增长8.38%；新增“四上”工业企业1家。

【项目建设】2020年，泗汾镇加大红色资源开发力度，修建陈觉大道，维护、修缮和固化陈觉烈士墓，保护和开发镇南桥等红色旅游资源，成立泗汾本土宣讲团，传播红色基因。打造恒凯通新一代光纤通信网络系统集成设备及光纤通信器件研发，培育电子信息产业。紧抓佳宜农牧经济产业园项目和枧上社区智能制造产业园项目。规划并促成大唐华银鸭塘水库光伏发电项目建成并投产。

【农业生产】2020年，泗汾镇粮食种植面积达1626.67公顷，其中双季稻种植面积466.67公顷，社会化服务集中育秧＋烘干393.33公顷，种植大豆、玉米、高粱、油菜等经济作物1266.67公顷，逐渐形成一片区多品种格局。枧上、石湾、符田、农场等5个村（社区）200余公顷双季稻高产示范种植基地是全市双季稻高产核心示范区。全面推进种植结构调整工作，17户合作社与个体户申报种植结构调整，调整面积433.33公顷。采用“一户一合同”形式流转耕地566.67公顷，建设佳和农牧种养结合及生态环保现代农业循环经济产业园，培育壮大集娱乐、休闲、商务等于一体的茶田月色生态乐园，探索农业发展新模式。坚决遏制耕地非农化、非粮化。开展耕地及永久基本农田动态巡查，坚决杜绝违法占用基本农田现象发生，保障基本农田质量、数量不减。坚持依法防治、科学防治、依靠群众防治的方针，做好动物防疫工作，对辖区范围内猪、牛、羊、家禽等进行全面免疫。与动物防疫站协同合作，对规模养殖户进行环保登记管理，并做到每月不少于2次的生产排放检查。

【脱贫攻坚】2020年，泗汾镇有建档立卡贫困户433户1600人，通过电商扶贫、消费扶贫、产业扶贫等精准扶贫措施全面实现脱贫。一是强化帮扶救助。通过消费扶贫实现营业额300余万元；通过产业扶贫成立多家水产养殖中心；旱厕“清零”行动消灭20余户贫困户旱厕；爱心助学惠及近10名贫困学子；在驻村帮扶单位的支持下新建4条村级道路、安装路灯162盏；国奶扶贫工程极大解决贫困户健康养育下一代的成本，镇扶贫办联合母婴店开展送婴幼儿羊奶粉活动，为全镇贫困户送出羊奶粉价值近6万元。二是提升贫困户自身“造血”功能。与农业大户合作，让更多的贫困户通过种植丝瓜、茄子、黄瓜、辣椒等经济产值较高的农产品以及养殖小龙虾、草鱼等增收；就业扶贫为50余人解决就业问题，与108家工商企业联合，吸收超过100名建档立卡贫困户就业；安排数名贫困户和致富带头人到长沙市或醴陵市区接受长达数10天的全日制专业技能培训，提升专业技能。三是加强对“四类”对象的帮扶力度。发放辅助器具71件，服务肢体、视力和听力等残障人士63人，阳光增收项目扶持9户残疾家庭，为12名贫困残疾学生及贫困残疾家庭子女申请教育助学金。享受农村最低生活保障564户1235人，享受重度残疾人护理补贴376人和困难残疾人生活补贴251人。全镇有3733人参与“99公益日”活动捐赠，捐赠金额159747.12元。

【人居环境整治】2020年，泗汾镇从多方面着手，整治人居环境。一是完善基础设施建设。完成陈觉大道路基建设和路面稳定层铺设，有效化解集镇交通压力；落实种养结合、雨污分流、集中处理，控制畜禽粪污染，探索推广异位发酵床、无害化处理中心等项目试点，强化畜禽养殖污染防治能力；落实11个村（社区）的农村污水湿地处理项目选址，建设集镇污水处理厂和村级集中式生物净化池，年内有3个小型污水处理点在建；实施沟渠硬化、河道清淤治理等工程；加强畜禽无害化处理中心日常监管，投入300余万元提质改造环保设施；建设垃圾中转站，提高垃圾收集和输送的效率。二是开展治垃圾、治污水、治厕所、治村容村貌行动。加强黑臭水体治理，摸排26处黑臭水体并建立台账，按“谁污染、谁负责”原则进行全面整治；狠抓垃圾清运，全镇11个村（社区）8000余户生活垃圾实现日清日运；对106国道、省道及村级主干道等重点区域开展“六乱”整治行动，清淤、疏通路边沟渠36公里；开展“五边”造林行动，投入30余万元在106国道、泗嘉公路以及各村主干道栽种树苗3.8万余株；完成改厕任务567户，建立“一户一档”和资金拨付台账。三是注重村庄规划。按照株洲市村庄规划要求，评估、修正和完善泗汾、陈家垅等4个规划编制试点村的“多规合一”村庄规划。贯彻落实“一户一宅”政策，协助国土部门对违法建筑下达停工通知书7份，强制取缔和拆除农场社区违建的“金香玉”和“开心农场”；对枧上社区占用基本农田建房的农户下达停工通知书，勒令其还耕并重新选址；推进“四类房”整治工作，对136户“四类房”整治情况进行“回头看”；落实“五大一改”，加强对集镇、农贸市场的管理，开展户外广告、占道经营、交通秩序整治，落实门店“三包”责任制，倡导文明节俭操办婚丧喜庆事宜。

【安全保障】2020年，泗汾镇开展大排查、大管控、大整治行动，不定期开展烟花爆竹零售非法经营打击行动，对学校、超市、宾馆等人员密集场所进行消防、用电等情况检查，执法125次，排查隐患198处，全部整改到位。建立健全生产经营单位负责、职工参与、政府监管、行业自律、社会监督的工作机制，贯彻落实“打非治违”工作要求。成立森林防火应急中队，加大在防汛抗旱、森林防火、安全生产、消防安全等方面的投入力度，完善应急物资储备，全面加强应急管理能力建设。加大扫黑除恶及信访维稳力度。全年安置帮教90人，社区矫正15人，做到底册清、分类明、掌控牢。强化基层司法所职能，加强矛盾纠纷调解力度，深入开展禁毒宣传。全面开展“村霸”“市霸”和宗族恶势力等黑恶犯罪线索摸排工作，扫黑除恶效果显著。禁毒禁赌效果良好，针对群众反映强烈的集镇麻将馆聚众赌博现象，组织专门力量进行打击，禁毒宣传深入人心。（陈　琼）

## 船湾镇

【概况】2020年，船湾镇完成社会总产值64亿元，同比增长12.1%；其中农业总产值6.3亿元，同比增长10.5%。实现规模以上工业产值55.5亿元，同比增长5.1%。服装产业总产值突破26亿元，同比增长10.6%。完成固定资产投资2600万元。为抗击新冠肺炎疫情，全镇干部下沉到网格包干，发动党员群众为疫情防控捐款近15万元，捐赠口罩4000余个、消毒液1300余斤。全面完成村（社区）“两委”换届及人口普查工作。

【产业发展】2020年，船湾镇持续坚持现代农业、服装产业、生态旅游服务业“一体两翼”均衡发展。10月承办2020湖南服饰博览会暨芦淞服饰节——醴陵职业服装展示对接会，经贸项目意向签约金额达12.5亿元，进一步巩固服装主导产业。加快推进服饰产业园项目，吸引梓涵服饰、标兵服饰落地船湾镇，计划投资1.7亿元。推进清水湾畔景区和耸立生态旅游项目向纵深发展，多元化经营。全年流转土（耕）地面积2120公顷，其中调整种植结构面积2080余公顷，进一步拓宽种植产业；新购农业机械30余台，促进农业现代化、集约化，进一步巩固粮食生产地位。

【基础建设】2020年，新修、拓宽道路30余公里，完成S330鸡清线8.8公里基础拓宽。醴茶铁路恢复运营后，取缔非法道口，新建铁路涵洞1处、引道近700米。加固山塘水库30余口、水毁河堤1000余米，新修、疏浚水渠12公里。安装减速带、交通标志等设施200余处，整治马路市场2处。推进污水处理厂、垃圾压缩转运站建设，完成船湾卫生院、铁肩中学、乐家中心小学、玉堂小学等提质改造。

【民生保障】脱贫攻坚完美收官。完成17户“四类对象”危房改造工作，解决涉及住房安全保障问题176个；42户43人享受“雨露计划”补助12.6万元，各阶段学生共305人享受教育助学项目；为贫困户办理小额信用贷款170万元；全镇43户110人享受财政兜底保障政策，266户637人享受低保政策，66户享受农村特困供养政策，165人享受困难残疾人生活补贴政策，170人享受重度残疾人护理补贴政策。污染防治效果明显。到企业、厂区开展环保工作督查暗访30余次，没有发生重大生态环境污染事故。帮助48家登记在册的企业和33家非登记实体企业完成排污许可证网上登记工作。社会保障工作不断加强。全镇有享受农村低保待遇对象668户1461人，月救助金额294249元；城镇低保16户17人，月保障金额7139元；“五保”分散供养人员311户327人，月保障金额153283元；“五保”集中供养人员115人，月保障金额58560元；有优抚人员487人，月救助资金239685元；超额完成城镇新增就业、农村劳动力转移和输出等目标。 （汤泰山）

## 沈潭镇

【概况】2020年，沈潭镇辖7个村、2个社区，镇域总面积53.5平方公里，有常住人口18284人。有耕地面积1432公顷，其中水田面积1223公顷、旱土面积209公顷；有山地面积2200公顷。工业以化工陶瓷和烟花鞭炮为主，农业以种植水稻为主，畜牧业以养殖生猪为主，兼有麻鸭、土鸡、黑山羊、鲜鱼、龙虾等繁育基地。沈潭镇全面落实新冠肺炎疫情防控措施，严格落实“外防输入、内防扩散”的总体要求，建立联防联控工作机制，全年辖区未发生新冠肺炎疫情。沈潭镇注重经济社会协同发展。新引进上新农业发展科技有限公司、振宏牧业发展有限公司2个农业产业项目和兴泰隆实业陶瓷生产、湘绅服饰加工生产基地2个工业产业项目，项目总投资约1.5亿元。深入推进种植结构调整，11个实施主体种植结构调整面积达86.82公顷，其中一年生作物48.25公顷、稻渔综合种养38.37公顷；种植水稻1431.4公顷，种植秋冬种油菜701.27公顷，耕地流转面积1035.67公顷。三星里自来水厂改扩建项目持续推进，完成主体工程建设。完成村（社区）“两委”换届工作，产生新一届村（社区）“两委”成员44人，平均年龄46岁，较上一届“两委”成员平均年龄降低6岁，9个村（社区）均实现书记、主任“一肩挑”。挖掘地方资源，先后完成会真山烈士陵园、三星里烈士纪念园的修缮，美田桥家风馆、三星里热血人文展建成并对外开放。美田桥村获评省级同心美丽乡村，乡贤治乡经验文章——《乡贤“雁归”美田桥村“蝶变”》在《株洲日报》发表，株洲市委统战部组织各县市区到美田桥村参观学习新乡贤工作经验。三星里村获评株洲市文明村。

【脱贫攻坚】2020年，沈潭镇奋力打好脱贫攻坚战。强化驻村工作队，对鳌仙村、柞市村、美田桥村、江田村4个贫困人口在100人以上的村增设市派驻村工作队，贫困人口100人以下的村增设镇派驻村工作队，均分别派驻工作队长1名和工作队员1名。

完成贫困户动态调整，年内贫困户自然增加25人，自然减少49人，其中整户销户7户8人。全年申请“雨露计划”补助17人，30家种养殖合作社携手180余名贫困户超额完成450万元消费扶贫任务，完成11户“四类”对象危房改造和64户房屋漏风漏雨安全问题整改。加大社会保障力度，截至11月，沈潭镇贫困户享受兜底保障政策50户102人，享受低保待遇137户266人，享受重度残疾护理补贴99人，享受“五保”待遇28户30人,做到“应保尽保，应兜尽兜”。全镇262户831名建档立卡贫困户年内全部脱贫摘帽；脱贫监测户5户10人和边缘户8户25人均已消除风险。11月，鳌仙村接受省脱贫攻坚实地考核组实地考核。

【社会事业】2020年，沈潭镇加强基础设施建设，全力抢修因灾受损的水利设施，修复2.49公里堤坝、1座水库、53口山塘和22公里渠道、水圳、引桥及17处机埠、水闸；完成马坡里市场、美田桥三星街市场建设；S330沿线6个村全部启动路基改造工程。贯彻优生优育政策，完成育龄妇女国家免费孕前优生健康检查160例；新增计划生育奖励扶助对象23人，历年对象年审全部到位。

【安全保障】2020年，沈潭镇原有烟花鞭炮企业9家，通过“关停并转”压减至5家（8个工区）。执行“一单四制”、“四不两直”（不发通知、不打招呼、不听汇报、不用陪同接待，直奔基层、直插现场）、交叉执法检查、分类管理四项制度，开展执法检查90余次，消除事故隐患140余处。开展安全生产专项整治三年行动，对辖区高危企业实行零容忍，共立案7家，现场处置10例。坚持“四议两公开”（党支部委员会提议、村“两委”会商议、党员大会审议、村民代表会议或村民会议决议，决议公开、实施结果公开）等民主制度,完善“一村一辅警，一格一助警”联动机制。法治、德治、自治“三治融合”经验被《人民日报》推介。

【人居环境整治】2020年，沈潭镇有序推进农村人居环境整治。加强垃圾分类减量宣传推广，垃圾分类减量工作从试点走向全面推进。完成镇级垃圾中转站建设，于12月底投入使用，新增1124个垃圾收集点，垃圾收转运体系进一步健全。将生活污水治理纳入“河长制”工作范畴，推进集镇污水处理厂建设。推进农村“厕所革命”,完成改厕568户。开展“百万绿荫”行动，在镇村主干道和农户房前屋后种植树木5000余株。开展动员、制定、实施“小手拉大手”“党员联户”“巾帼先行”等工作方案，形成共建、共治、共享的工作局面。8月，沈潭镇作为检查点之一,接受“国家卫生城市”检查验收。

【美田桥家风馆建成开放】2020年，位于全市三大文化古村之一的沈潭镇美田桥村的美田桥家风馆正式对外开放。美田桥家风馆于2019年开始建设，是一座集文化传承、家风教育、科普研学、文艺创作、观光旅游等功能于一体的综合建筑。该馆为新中式两层建筑，第一层为“特展营红色课堂”，主要以“红色教育”为宗旨，以“寓教于乐”为理念，针对中小学生和各类团队需求，设有户外拓展、亲子互动、感恩教育、红色传承、研学旅行、企业团建等多项特色课程，第二层为美田桥人文陈列展，全面展示美田桥村的“昨天”“今天”和“明天”。展厅共五个篇章：一是“诗情画意”，展示美田桥村的秀丽风光；二是“古风雅韵”，反映深厚的文化底蕴和丰富的民间艺术；三是“名流芳华”，陈列为国家和社会作出突出贡献的前辈先贤；四是“英雄赞歌”，讲述荡气回肠的革命传奇；五是“美丽新村”，对未来进行展望和规划。该馆主体建筑采用的是装配式3D打印技术，占地面积500平方米，先后被新华社和“学习强国”平台广为推介，开馆24小时内点击率近百万。家风馆的兴建，对于传承传统文化、留住乡愁民俗、促进乡村振兴具有十分重要的现实意义。（陈利文）

## 嘉树镇

【概况】2020年，嘉树镇辖7个行政村，有91个村民小组，常住人口18031人。全镇有企业109家，其中工业企业58家，规模以上工业企业25家，实现工业生产总值28.37亿元，是全国闻名的“炻瓷之乡”。有32户78名建档立卡贫困户实现脱贫，截至年末，全镇256户842名建档立卡贫困户全部脱贫。嘉树镇获评省“文明乡镇”和湖南（醴陵）国际陶瓷产业博览会先进单位，镇机关支部获评株洲市“先进基层党组织”。年内，嘉树镇全面落实新冠肺炎疫情防控措施，未发生新冠肺炎疫情；代表湖南省迎接中组部基层调研，乡镇公务员干部培养、队伍建设工作获中组部肯定；落实“双培养”和柔性人才引进政策，打造恒辉炻瓷厂、益嘉瓷业有限公司两个非公党建示范点；从民营企业、多元文化、各条阵线等入手，打造“同心”氛围，获省委常委、统战部长黄兰香肯定；推进新时代文明实践及意识形态建设工作，从社会经济、产业发展延伸，全方位推进基层民主建设、平安创建、移风易俗等工作。

【产业发展】2020年，持续推进炻瓷产业发展，截至年末，嘉树镇累计引导炻瓷产业完成投资超过1亿元，完成智能化、自动化生产线69条；指导炻瓷协会参加广交会云展播、醴陵“瓷博会”和中国（北京）国际精品陶瓷展，从展区设计、宣传、工作服装、接待纸杯、产品包装等方面做到统一，取得良好的宣传效果；引导企业面向国内国际双循环发展趋势，开辟国内市场，高峰陶瓷、传奇陶瓷等企业在订单数量上取得明显突破，玉茶瓷业有限公司、益嘉瓷业有限公司等企业的礼品瓷成为赠亲访友佳礼；“双比双看”（比项目建设，看推进力度；比全年任务，看完成进度）在全市名列前茅，嘉树炻瓷特色产业小镇发展得到省、地、市领导高度关注，并纳入株洲市“十四五”规划；引进并签约湖南科臣环保、新井百果鲜园种植、醴陵嘉树炻瓷小镇建设等项目，株洲市重点项目现代渔业完成投资额8000余万元，开始投产试营，推进上禹防水新建厂房等建设项目。

【社会治理】2020年，主动化解矛盾纠纷220条，14个网格上报事件12件，反馈民情民意27件，协助办理准生证40余本，完成老人、残疾人年审认证400余人次；打造市劳动力信息采集试点，摸清百姓就业情况，有效推荐就业信息；全镇共建成“农家书屋”9个，实现村级全覆盖。

【人居环境整治】2020年，嘉树镇人居环境整治工作作为先进典型在株洲市委农村工作会上获得肯定，有三个季度获评“株洲十佳乡镇”。推进“四好农村路”，完成X077线2.6公里“白改黑”工程建设，启动柽马线提质改造工作，推进至路基拓宽阶段；完成12栋1460平方米“四类房”整治；完成“厕所革命”1148户，“连片集中改厕”“首厕”模式（按照规范的农村改厕模式于每年年初建设当地第一个厕所，经过验证切实可行后再全面推广的工作机制）作为株洲改厕样板获得高度肯定，在醴陵市改厕工作现场会上得到推广。年内，获株洲市农村人居环境整治工作“十佳乡镇”。

【农业农村工作】2020年，嘉树镇流转耕地面积633.69公顷，种植早稻162.47公顷，完成秋冬种油菜翻耕397.47公顷。完善河长制阵地建设，强化日常监管，省委常委、统战部长黄兰香到醴陵巡视“河长制”工作现场会在嘉树镇召开，工作信息“加强河道清理，落实河长制工作”被国家水利部采用。

【环境保护】2020年，嘉树镇坚持贯彻“绿水青山就是金山银山”理念，抓好企业排污监管和服务，环保状况明显好转。持续加强环保巡查，严厉打击非法采沙、冶炼，取缔“散乱污”企业4家；启动并推进镇污水处理厂建设，完成主体工程和部分管网配套建设，建成后可日处理污水550吨；抓好2座农村生活污水环保处理设施建设，摸排整治黑臭水体1处，不断改善群众生活环境。

【村庄规划】2020年，根据“炻瓷之乡”乡村振兴规划蓝图，分步推进各村村庄规划“多规合一”，深化第一、第二、第三产业融合发展，循环促进。加强村庄规划建设管理和国土规划管理执法等工作，代表醴陵市接受株洲市人大的《株洲市农村村庄规划建设管理条例》贯彻实施情况执法检查，省农业农村厅调研组就农村宅基地建设管理专题到嘉树镇开展调研指导，并对该项工作给予肯定。

【推行民生实事人大票决制】2020年，嘉树镇推行民生实事人大票决制工作，受到省、株洲市、醴陵市三级人大肯定，在现场观摩后，指定嘉树镇民生实事人大票决制程序为全省样板。“炻瓷文化园”（一期）建设作为全镇第一件人大票决民生实事，基本完成新时代文明实践广场、篮球场、健康步道、乡村大舞台等建设，后续将按规划持续推进。

【村“两委”换届试点工作】2020年，嘉树镇作为全市唯一换届试点乡镇，全镇7个村率先完成党组织换届选举工作，顺利实现组织意图和群众意愿的有机结合，每个村均有30岁左右、大专以上学历的村“两委”成员，村干部平均年龄由换届前的50.3岁下降到42岁，大专以上学历的村干部由14人增加到18人，实现村干部年龄、学历“一降一升”，进一步优化干部队伍结构。（袁璐 邓婉）

## 明月镇

【概况】2020年，明月镇下辖15个行政村、5个社区，有267个村（居）民小组，有常住人口52519人；有党支部61个、党员2420人。镇域面积169.1平方公里，有耕地面积3247.77公顷，林地面积9190.98公顷（含水口山林场），有中型水库1座（藕塘水库），小Ⅰ型水库2座（龙龟山水库、寺冲水库），小Ⅱ型水库17座，蓄水量1740万立方米，有骨干山坪塘540口。年内，明月镇社会总体平稳，经济持续发展，人民收入稳步增加。全镇实现地区生产总值20.15亿元，增长6.2%；工业总产值15.07亿元，增长11.9%，有工业企业38家，其中规模以上企业9家，规模以上工业产值10.41亿元；完成固定资产投资3.46亿元，同比增长72.6%；限上法人消费品零售额4733.2万元，同比增长10.5%，农民人均可支配收入为2.46万元。全面落实新冠肺炎疫情防控措施，保障居民生命安全，未发生新冠肺炎感染疫情。顺利完成村（社区）“两委”换届选举工作，选举出村（社区）党组织书记20人、委员82人（含书记），新一届村党组织班子结构更加合理，综合素质得到提升，组织基础进一步加强。

【农业生产】2020年，明月镇现代农业发展态势良好。一是稳定发展粮食生产，粮食生产正朝着机械化、规模化方向迈进。全镇粮食生产面积5600公顷，其中早稻完成种植1800公顷，中稻完成种植1000公顷，晚稻完成种植2000公顷，旱粮完成种植800公顷，粮食总产量4万吨，有市级种粮大户18户。二是全面完成种植结构调整任务。第一季实施种植结构调整220公顷，涉及6个村15个点位的7个实施主体；第二季实施1152.67公顷，涉及16个村的121个点位。三是突出特色发展农业产业。结合实际情况，以市场为导向，以资源为依托，因地制宜发展特色经济，升级打造中联天地油茶、吉泰农牧鸡苗、云岩社区醴陵玻璃椒、档梓山黄桃和药材等产业基地，重点抓好醴陵特色玻璃椒种植，加快培育特色产业，建立特色基地，培育种植大户，以规模种植带动发展。

【项目建设】2020年，明月镇重点项目建设成果丰硕。一是完成湖南醴陵贺家桥风电场项目建设。该项目总投资5亿元，安装20台单机容量为2.5兆瓦风力发电机组，装机容量50兆瓦，已于年底并网发电，年发电量可达1亿度，节能减排效益显著，有力促进低碳经济发展。二是启动醴陵玻璃椒特色小镇建设。完成云岩辣椒小镇开发项目，建立玻璃椒提纯复壮基地1个，组建醴陵玻璃椒合作经济联村党委，下联6个村和1个公司，实现优势整合、一体发展。三是推动S330、S204路基拓宽改造项目，项目全长约32公里，路基工程预算约2200万元，按照干线公路建设标准改造。其中S330线完成陶家垅至大障路段8公里的路基拓宽，S330线大障至新台路段和S204线马恋至白果路段工期3个月，年内在进行路基施工。四是推进湖南日胜石料有限公司建设项目，该项目位于明月镇天华村境内，总投资1.02亿元，占地面积33.93公顷，建筑占地面积1.2万平方米，已完成租地工作，项目红线内拆迁房屋14栋，年内在新建生产车间、研发车间、办公楼等设施。

【人居环境整治】2020年，加强人民环境整治，一是推进农村生活垃圾治理，垃圾运转体系逐步完善。完成垃圾转运站建设，并于10月25日正式投入使用，实行由村到镇、由镇到市垃圾转运外包机制，做到垃圾日产日清；开展地毯式垃圾堆放排查和整治工作，推进12个非正规垃圾堆放点整治后的复绿工作；推进垃圾处理农户付费制度，垃圾处理农户付费村覆盖率达100%。二是全面改善水域生态环境。大障集镇集中污水处理厂及农村生活污水处理项目完成主体工程建设；开展碧水蓝天保卫战，龙龟山水库至藕塘水库引水渠硬化工程全面完成；将黑臭水体治理工作纳入“河长制”工作，加大黑臭水体巡查力度，及时查处问题并督促整改。三是全面推进“厕所革命”。开展2019年“厕所革命”“回头看”工作，逐户排查1235户农户厕所，62户问题户全部整改到位。进一步推进2020年“厕所革命”工作，并将陶家垅村、水口山村、汪家桥村、天华村、云岩社区等6个村（社区）纳入整村推进方案，完成改厕2565户。四是大力开展“四类房”、非法采挖和“六乱”行为整治工作。全镇拆除危旧房屋150栋，打击乱采乱挖行为10次，收缴非法乱采乱挖工具8台，取缔非法乱采点5处，专项整治大障、马恋、贺家桥集镇马路市场10次，清除墙面小广告100余处，清理侵占道路建筑物垃圾18处，治理“六乱”行为1000余处。

【脱贫攻坚】2020年，明月镇脱贫攻坚取得决定性胜利，799户2719名建档立卡贫困户全部脱贫；产业扶贫725户2455人，危房改造83户109人，易地搬迁15户40人，“雨露计划”助学66人，生态护林员岗位就业34人，享受兜底保障政策153户373人。一是推进产业扶贫。组建醴陵玻璃椒合作经济联村党委，发展玻璃椒产业，联村党委管理下的经济联合体通过土地流转、直接帮扶、入股分红、保底收购和务工就业等模式，带动贫困户221户702人增收近180万元。镇扶贫办联系的省重点产业扶贫企业湖南吉泰农牧股份有限公司为贫困户提供技术培训、物资扶持，助推养殖产业发展。为564户建档立卡贫困户平均每户发放鸡苗或青年鸡108羽、饲料55千克，每户平均增收3000元，带动贫困户共增收200万元以上。二是开展消费扶贫。9月开展消费扶贫主题活动，通过“以购代捐”的方式帮助贫困群众销售富余农产品，活动当天成交金额11万元，

220户830名贫困户受益。“瓷博会”期间开设2个消费扶贫展厅，帮助贫困户销售农产品，成交金额10万元。三是落实就业扶贫。开展大型招聘活动3次，开发就业援助岗位24个、公益性岗位8个；完成汪家垅村扶贫车间建设和档梓山村、湾富村扶贫车间项目申报；依托省劳务协作脱贫综合信息服务平台，点对点为贫困劳动力推送岗位信息，促成贫困劳动力就业135个。四是落实住房保障。完成83户109名档外“五类人员”危房改造，其中新建38户、修缮10户、置换18户、统建17户；完成13户建档立卡贫困户房屋提质改造；为40户无条件改造的对象通过投亲靠友、集中供养等方式解决住房问题；为53户建档立卡贫困户安装楼梯扶手；为93户对象解决房屋漏风漏雨、功能设施不齐全问题；建立村（社区）集中安置点，解决17户贫困人口住房安全问题，实现住房保障问题全面清零。

【社会保障】2020年，明月镇城乡居民社会保障水平进一步提高。基本养老保险参保人数31510人，完成率达101%，参保率全市排名第二；基本医疗保险参保人数57436人，完成率达87.93%。新建成示范性日照中心2处、残疾人辅具站1个、残疾人体育健身示范点2个。新增农村低保对象353户947人、享受90岁高龄补贴31人、持证残疾人187人，增领残疾人“两项”补贴340人，成功申报残疾人助学21人次，为24名残疾人完成无障碍设施改造，临时救助463人次，累计发放各类救助资金达1400余万元。卫计与健康工作平稳发展。新增计划生育家庭奖励扶助对象108人、计划生育家庭特别扶助对象10人；完善妇幼健康服务，落实长效节育措施，参保计生系列保险2196户，完成国家免费孕前优生健康检查431例，完成“两癌”免费筛查1516人，发放叶酸450人，妊娠结局随访280人，早孕随访185人。

【安全生产】2020年，明月镇安全生产工作扎实有效。一是安全生产宣传教育活动深入人心。开展安全教育培训16次，累计培训企业法人、安全管理人员、特种作业人员等1300人次。开展安全生产月、防灾减灾、食品安全宣传周、消防宣传日等宣传教育活动，出动宣传车20次，悬挂横幅200条，张贴宣传标语1000余张，发放宣传资料8000余份。二是安全生产执法活动有序开展。开展安全生产专项整治三年行动、强执法防事故、安全生产隐患大排查大管控、明月镇打非治违等各项专项行动与日常检查，共检查企业640家次，下达执法文书286份，出动执法人员1250次。整治烟花鞭炮企业不合规生产行为，对煤矿企业定期开展井下检查，完成万冲坡煤矿退出关闭验收，严肃查处工序混乱及违规操作行为，抓好企业的隐患排查及措施整改，下达整改指令150余份，落实整改措施356条，实现安全生产零事故。

【社会治理】2020年，明月镇社会治安防控有力。始终坚持“打防结合，预防为主，群防群治，标本兼治”的工作方针。各村治安巡逻队每月不少于4次巡逻，有效减少治安案件的发生；在贺家桥集镇、大障集镇等重要地段和重点企业、单位安装监控系统，推进“城乡末端感知系统”，提高治安安全系数；通过线上微信群、线下发放宣传单等法治宣传活动，增强老百姓的法治意识；由镇政府牵头，组织派出所干警对全镇麻将馆进行3次大型整治行动，对屡劝不改的进行依法打击处理，净化社会风气，群众满意度和安全感大幅度提升。信访维稳有序开展。及时化解矛盾纠纷，共成功调处矛盾纠纷56起，共接待来访群众15批次，按时按质处理好网上信访事件24份。禁毒工作管控有力。镇禁毒办抓住脱贫走访、人口普查等有利时机，入户一对一进行禁毒宣传，极大提升人民群众的防毒拒毒意识。加强对吸毒人员的管控，对辖区内所有在册吸毒人员进行人员摸排，及时掌握了解相关情况，做到底数清、情况明，为人员风险等级划分与管控手段的确定提供有力的信息研判依据。（吴佳慧）

## 茶山镇

【概况】2020年，茶山镇镇域总面积166.8平方公里，辖13个村、5个社区，有村民小组282个，有常住人口42990人。有林地面积9180公顷，耕地面积7066.67公顷。全镇发生1例新冠肺炎确诊病历，2月5日确诊，并于2月18日出院。至此，全镇新冠肺炎疫情全面清零。茶山镇统筹新冠肺炎疫情防控和经济社会发展，完成年度各项目标任务。地区生产总值同比增长5.3%；完成固定资产投资2.6亿元，完成税收1782万元，S333项目顺利建成通车，醴娄高速项目推动顺利，镇域经济社会发展保持健康发展。

【产业发展】2020年，茶山镇种植早稻2133.33公顷，粮食产量较上年增加0.5万吨，申报市级种粮大户32户、镇级种粮大户86户；完成42个种植结构调整点位清零工作，种植结构调整验收177.93公顷。引进“瓷博会”签约项目湖南君旗酒业有限公司，项目投资2亿元，进入试投产阶段；引进中国民营企业500强之一的中国正邦集团，项目投资2亿元进驻建设养殖场。天睿农业有限公司完成道路沥青铺设和大棚新建等基础设施建设；新金富现代农业发展有限公司种植瓜蒌557.73公顷，总投资约1200万元，利益联结贫困户183户，带动贫困户增收297万元。

【镇村建设】2020年，茶山镇整治黑臭水体18处，清理河道约10公里，清除清运渌江、铁河岸体垃圾300余吨，完成S313、神马线沿线道路绿化，完成旱厕改造831户，拆除农村“四类房”303户，创建“最美庭院”4500余户。道路基础建设完成27公里，“白改黑”道路5公里，统筹自然村通水泥（沥青）路建设24公里；查处违法用地41宗；市城乡生活垃圾焚烧发电项目全面启动建设。

【社会事业】2020年，茶山镇1个省级贫困村（石均塘村）、921户建档立卡贫困户均已实现稳定脱贫，边缘户32户105人、监测户15户31人均已消除致贫返贫风险。发现并解决饮水安全问题户36户；全面排查全镇2876户建档立卡贫困户及档外对象住房安全，完成53户住房改造验收。狠抓安全生产工作，组织观看警示教育片200余人次，组织应急救援演练现场观摩100余人次；开展明察暗访70余次，安全执法检查180余次，新改建农村农贸市场10个，进一步消除马路市场安全隐患。（康琛悦）

## 均楚镇

【概况】均楚镇辖11个村、2个社区，有181个村（社区）民小组，镇域面积172.4平方公里，有常住人口26236人。有耕地面积2357.4公顷，有山林面积1.2万公顷，森林覆盖率达70%；有中小型水库27座。镇党委下设村（社区）党委、党总支13个，机关党支部2个，企业、非公经济组织党组织6个，有党员1689人，45个党支部均完成“五化”标准建设。境内有部门站所、医院、学校、敬老院等行政企事业单位28个，有农村集市5个，有私营企业和个体工商户600余家。均楚镇严格落实新冠肺炎防控措施，有效保护人民群众生命安全，未发生新冠肺炎疫情感染现象。2020年，均楚镇实现社会生产总值12.64亿元，完成固定资产投资总额9260万元，实现税收1122万元，招商引资1.6亿元。农业生产持续发展。大力开展粮食生产，全年完成一季稻种植293.33公顷，早、晚稻种植913.33公顷。推进种植结构调整，流转土地面积520余公顷，打造秋冬作物种植示范片4个，落实种植面积约1270公顷。开展水库安全防汛，完成3座水库除险加固和26座水库大坝管护，完成水库安全巡查5200人次。开展畜牧养殖防疫排查，完成春、秋动物防疫6万余羽，无重大动物疫病疫情。工业经济稳中有进。全镇有工业企业248家，从业人员2629人，其中规模以上工业企业10家，规模以上工业企业实现产值3.88亿元，同比增长30.3%。

【重点项目建设】2020年，均楚镇项目建设稳步推进。大西南旅游环线畅通项目全面完工，风电项目完成18个风力发电桩的安装并投产发电，污水处理厂项目和垃圾中转站主体工程全面推进，娄醴高速互通口连接线完成路线测量和国土空间规划设计等前期工作，启动歇军线提质改造项目前期工作，长午新村、黄田村农贸市场完成搬迁，湖南天心股份有限公司生猪养殖项目完成征地。

【安全保障】2020年，均楚镇信访工作稳控有力。“两会”期间实现“零登记、零非访、零事故”目标，开展2次退役军人群体慰问和1次集体体检，全年调解重点领域矛盾纠纷27起。持续推进禁毒工作。开展禁毒宣传教育活动18次，组织参观禁毒教育基地5次，发放禁毒宣传册5万余份、宣传手袋500个；对涉毒人员严格按照“四位一体”（专职人员、派出所民警、村委会干部、家属）抓帮控的原则，实施跟踪监管。安全生产平稳运行。开展“安全生产月”“安全宣传咨询日”活动，组织安全生产知识竞赛活动和新冠肺炎疫情防控期间企业复工复产；开展烟花爆竹、非煤矿山、马路市场、城镇燃气、校车安全等领域的集中整治，组织执法活动81次，出动执法人员174人次，取缔非法液化气储存场所1处，取缔马路市场2处，排查整改重大事故隐患7处；落实2家烟花爆竹生产企业关闭退出。

【村级组织建设】2020年，均楚镇坚持党建引领，进一步规范村级组织设置，9个村（社区）党总支升格调整为党委。高效推进基层公共服务“帮代办”，将25项“帮代办”事项办理权限下放至村，实现“一门式”服务全覆盖。完成金山社区软弱涣散党组织整顿提升，完成5个村级综合服务平台的新建及改建。全面推进村（社区）“两委”换届选举工作，完成13个村（社区）“两委”换届和村（社区）书记、主任“一肩挑”工作任务，实现年龄和学历“一降一升”。

【脱贫攻坚】2020年，均楚镇组织开展问题排查、自查以及脱贫质量“回头看”5次，解决饮水安全、住房保障等问题180余个。通过联村经济合作社，直接帮扶贫困户177户、委托帮扶贫困户19户、吸纳贫困劳动力务工358人、流转贫困户土地365户、股份合作137户。组织开展贫困劳动力产业技能培训5次。组织82名贫困户参加就业扶贫招聘会，帮助10余名贫困户实现就业，设置公益性岗位与援助性岗位，为56名贫困户实现家门口就业。通过社会扶贫网完成扶贫募捐30万元，动员社会力量参与脱贫攻坚社会公益活动10余次，为贫困户发放油米等生活物资30余万元。推进消费扶贫，完成扶贫产品销售额550万元。落实政策帮扶，帮助76户贫困户落实兜底保障，完成49户贫困户和档外“五类人员”危房新建和修缮，通过小额信贷解决贫困户发展资金150万元。年内，全镇贫困户全部脱贫，省级脱贫攻坚实地考核无反馈问题。

【社会保障】2020年，开展助残慰问24人，慰问金额1.2万元。组织5次专项办证行动，办理残疾证63人，发放残疾辅助器具30件。新增低保对象108户227人。“99公益”活动募捐87686元，募捐金额在全市乡镇排名第二。推出“互联网+智能终端”居家式养老服务，设置15个服务点，提供服务200余次。

【社会事业】2020年，均楚镇网格工作发挥管理实效，开展民生、社会服务400余次，发布工作信息371条、民情民意320条。新增公益性岗位3个、援助性岗位24个，组织贫困劳动力参加市级招聘会2次，为418名贫困户发放外出务工就业交通补贴50500元，发放贫困劳动力一次性求职创业补贴20人6000元。在“5·29”计生协会会员活动日为计划生育家庭奖励扶助对象健康义诊。落实奖扶制度，全年发放奖扶资金119.5万元。组织开展妇女“两癌”免费筛查，保障全镇妇女健康。

【人居环境整治】2020年，强化农村垃圾治理，聘请村级保洁员包片管护，落实门前“三包”制度，评选“最美庭院”2108户。落实农户分类投放、分类收集运输，推进垃圾处理农户付费制度。强化垃圾转运外包，确保存量垃圾日产日清。强化非正规垃圾堆放点排查和整治，加快垃圾转运站建设和施工管理。加快治理农村污水，推进污水处理厂建设，加大黑臭水体巡查力度，完成厕所改造1663户。强化“四类房”整治，拆除、修缮59栋，清除墙面小广告380余处，清理侵占道路建筑物垃圾10余处。着力改变农村陋习，践行“三有”（发动有力、整治有效、引导有方）工作方式，开展“五大五改”（大宣传、大清洁、大消毒、大保护、大清查；改不习惯戴口罩为出门和聚集均戴口罩，改不安心居家、无事爱出门为多居家、少出门，改爱群聚为不聚餐、不聚集闲聊、不聚集打牌等，改爱热热闹闹办红、白喜事为白喜事不做酒、红喜事推迟办，改田间地头“出集体工”式生产为尽可能多实施机械化式、分户式生产）专项行动。全面落实“河长制”工作。开展“还一湖清水”三年行动，强化落实各级河长责任，定期开展巡河，及时发现问题、交办问题、整改问题。定期对河道进行清淤、清障和垃圾打捞，确保河道畅通和水质清洁。（钟佳艺）

## 石亭镇

【概况】2020年，石亭镇辖9个村、1个社区，有常住人口25334人，镇域总面积106.2平方公里，有耕地面积2101.1公顷，有山林面积5571.3公顷，森林覆盖率达68%，有小Ⅰ型水库2座、小Ⅱ型水库14座，属于长株潭“两型”社会建设综合配套改革试验核心区、湖南省第三轮城乡统筹示范镇之一。2020年，落实新冠肺炎疫情防控措施，紧扣高质量发展主题，经济保持平稳健康发展，社会大局和谐稳定，各项工作取得较好成效，未发生新冠肺炎疫情，多项工作获评全市先进。《防疫“主心骨”》《风雪中的坚守》等新闻稿件被“学习强国”平台、《人民日报》、新华网等中央媒体推介。

【项目建设】2020年，面对新冠肺炎疫情防控和经济下行压力等不利因素，石亭镇抢抓机遇，加大招商引资和项目推进力度，开展温暖企业“三百”行动，为企业发展破解土地、资金、市场等瓶颈，促进项目竣工投产，促进全镇经济平稳发展。9月30日，醴娄高速项目在境内举行开工仪式，正式启动项目建设，年内完成线路勘测、边沟开挖、实物清点、桥涵勘探、土地报批、风险评估等前期工作。规划醴娄高速公路境内连接线新集镇建设，聘请长沙方圆设计公司规划新集镇，拉开集镇框架，年内完成征拆。渌江防洪堤水毁修复工程如期完工，修复损毁河堤1200米。集镇污水处理厂项目总投资3300万元，建成后能大幅提升集镇污水处理能力，改善人居环境。垃圾中转站建设如期完成，即将正式投入使用。广翰新材项目建设取得新突破，所有建设规划手续齐备，第一期生产设备正在安装。云启生态农业、鸿贤高产油茶、青泥湾生态农业三大农业项目引领石亭现代农业新发展，构建产业发展新格局。云启生态农业产业园流转土地400公顷，种植黄金贡柚、长寿菜等药食两用本草100万株，完成投资6000余万元；鸿贤高产油茶基地流转、平整山地200余公顷，种植湘林、三华等良种油茶苗170余公顷；清泥湾生态农业项目完成投资1.02亿元，建设农产品配送中心、农技创新研发中心、农产品质量安全检测中心、有机肥加工、大型沼气池、屠宰车间等，年底正式投产运行。

【粮食生产】2020年，石亭镇高度重视粮食生产，充分发挥专业化服务组织、种粮大户、农业合作社、家庭农场等新型主体的主导作用，整合惠农政策，提高大户种植积极性，稳步扩大粮食种植面积，完成水稻种植2538.47公顷，比上年增加453.53公顷；打响冬种油菜大会战，完成播种1718.19公顷，超额完成任务，成为全市先进典型。

【安全保障】2020年，石亭镇牢固树立底线思维，汲取2019年抗洪抢险、森林防火等工作经验和教训，在"6·5"洪水来临时主动作为，提前准备，完善各项应急措施，洪峰平稳过境。全面开展安全生产专项整治三年行动，着力提升安全生产治理能力，全面整治辖区内非法加气站、烟花爆竹企业顽瘴痼疾、马路市场安全隐患，取缔聂家垅马路市场，拆除S313两边钢棚设施54处，取缔石亭居委会和姑仙村的非法加气站，排查重大安全隐患6个，全镇未发生安全事故。

【村级组织建设】2020年，石亭镇有8个村（社区）党总支升格为村党委，软弱涣散党组织成功摘帽；村级集体经济不断壮大，永红村获得中央专项资金重点扶持，村集体经济走在全镇前列；配合市委巡察，对巡察组反馈的10个立行立改问题全部整改到位，3个信访交办件全部办结；村（社区）"两委"换届于1月22日圆满完成，当选的56名支村两委干部平均年龄44.2岁，较上届下降7岁，其中有女性干部、大专及大专以上学历干部分别为17人、22人，分别比上届提高10%和20.8%，年龄、学历实现"一降一升"，10个村（社区）全部实现村书记、主任"一肩挑"，班子战斗力进一步提升。

【脱贫攻坚】2020年，石亭镇将脱贫攻坚作为第一民生实事来抓，瞄准实现脱贫攻坚问题清零的总目标，围绕"一超过两不愁三保障"和饮水安全等脱贫主要指标铺排工作，整改房屋漏风漏雨73所，整改旱厕193个，解决饮水安全问题4个。克服新冠肺炎疫情影响，狠抓稳岗就业、产业扶持、消费扶贫、健康扶贫等重点工作，实现全镇档内及档外"五类人员"排查出的251个问题清零。设立市联村经济组织8个，实现产业扶贫全覆盖，三大农业项目流转96户贫困户土地330余公顷，解决贫困户就业55人；大力推进小额信贷，为69户贫困户申请到294万元小额免息信用贷款，为贫困户发展提供内生动力。全镇455户1475名建档立卡贫困户中68户150人年内预脱贫对象脱贫，387户1325人已脱贫对象稳定脱贫，13户边缘户、8户监测户稳定在脱贫标准之上。一季度扶贫工作、十大专项行动等考核名列全市第二，多人获评"醴陵最美扶贫人物"称号。

【人居环境整治】2020年，石亭镇按照"突出重点、分步实施、有序推进"的原则，对标要求、多措并举，扎实推进农村人居环境整治。一是提升村容村貌。全镇新造绿化面积132.43公顷，对S313两侧进行补植补造，栽植红叶石兰约300棵。二是着力改变农村陋习。落实"五有"（有完备的设施设备、有成熟的治理技术、有稳定的保洁队伍、有完善的监管制度、有长效的资金保障）工作，开展"五大一改"专项行动和爱国卫生运动，引导村民自觉养成文明、卫生的健康生活方式。三是加强生活垃圾治理。取缔农村垃圾池，执行由村收集到镇、由镇集中转运进城的机制，清运生活垃圾近3000吨，确保存量垃圾日产日清。四是治理黑臭水体，防治畜禽粪污污染，推动辖区内畜禽粪污资源化利用率达80%。五是实施"厕所革命"。按照卫生厕所和无害化卫生厕所的标准，全年改厕1329户。六是开展"四类房"整治。整治"四类房"54户，其中空心房17户、违建房1户、危旧房34户、偏杂房2户。七是推进省级样板河渌江石亭区段创建工作。组建7人的渌江河道协管队，购置打捞船等河道保洁设备，清理水葫芦、杂物等水面漂浮物近200吨，清运岸线生活垃圾600余吨，将辖区内渌江河道3处3540平方米养鱼网箱与135只"三无"船舶拆解上岸。

【社会保障】2020年，石亭镇落实各项保障措施，提升自身管理水平，推动社会保障工作稳步前进。优化公共服务，推进"一门式"服务，推进简政放权，健全基层公共服务体系，10个村（社区）落实坐班制，实现"一门式"基层公共服务全覆盖，畅通服务群众"最后一公里"。广泛宣传，提高居民新农合、新农保、"老年意外险"、妇女"两癌"等惠民保险参保率，落实低保、医疗救助、粮食直补、高龄补贴等惠民政策，新增"五保"对象34人、低保对象411人，新增残疾人"两项补贴"对象82人，办理档内疑似残疾人办证78人、残疾助学人员25人、残疾人无障碍改造5户，实现应享尽享、应补尽补、应养尽养、应帮尽帮。促进妇幼健康工作，全镇有计划生育家庭奖励扶助对象670人、农村计划生育家庭特别扶助对象38人，发放独生子女保健费81人，关怀计生特殊家庭，做到双岗联系人、家庭医生签约、绿色就医通道“三个全覆盖”。（甘　瑶）

## 板杉镇

【概况】2020年，板杉镇紧扣高质量发展主题，全面落实新冠肺炎疫情防控措施，进一步深化生态文明建设，扎实推进乡村振兴发展，着力提高基层治理能力和治理水平，优质高效完成村“两委”班子换届工作，取得新冠肺炎疫情防控“零感染”的全面胜利，综合实力和可持续发展能力得到提升，人民安居乐业，人民群众的获得感、幸福感和安全感进一步提升。

【农业生产】2020年，板杉镇实施科技兴农，推广良种良法，落实农业保险，实现农业增产增效。水稻种植面积866.67公顷，其中3.33公顷以上种植大户36户，粮食总产11208吨，新增流转土地200公顷。培养和扶持农业产业大户，进一步加强“吕夫子”品牌运营管理，抱团营销形成连锁效应，继腌菜基地后，葡萄基地、高效农业基地、艾草基地陆续投入运营，品牌影响力逐步提升。新增产业发展项目6个，投入村集体资金50万元。

【推进“三大战役”】2020年，板杉镇突出重点，持续推进“三大战役”。精准脱贫圆满收官。年内脱贫68户149人，全镇478户1582名贫困人口全部脱贫。聚力“两个帮扶”，夯实扶贫基础，发展产业扶贫，促进贫困户增收。选取金桥、巾帼等多家运行好、效益佳的专业合作社，通过入股分红、就业等方式和贫困户实现利益联结，使贫困户受益。生态环境持续改善。落实中央和省环保督察“回头看”要求，奥成防水材料有限公司长期污染环境问题销号并完成整改。及时报送“三大一强”（大保护、大治理、大修复，强化生态优先绿色发展理念落实）问题排查清单并落实整改，全覆盖摸排、环保巡查全镇企业、农民专业合作社107次，整改隐患23处，持续打好蓝天、碧水、净土“三大保卫战”。加强污染防治，对寨下石矿、污水处理厂等企业的裸露山地复垦复绿面积4万余平方米。落实“河长制”要求，开展镇级河长巡河118次，村级河长巡河500余次，打造夏坪桥段样板河，河道治理效果成效明显。重大风险有效防控。重点防控政府债务风险，坚决守住“三保”底线，压减一般性支出，缩减“三公”经费支出。全面摸排经济、社会领域和意识形态领域的重大风险隐患，突出抓好金融领域风险防范化解工作，密切关注重点行业领域，不断完善风险防控、监测预警和联合处置机制。

【招商引资】2020年，板杉镇发挥区位优势，坚持“走出去”和“引进来”相结合，招商引资方式多元化。召开招商视频会3场，现场洽谈会12场，外出实地考察4次；共引进项目9个，合同引资3.8亿元，其中板杉千邑文旅中心项目、天文物理实验展览馆二期等产业项目开工建设，污水处理厂、220千伏国网线路等基础设施项目进展顺利，天颐湾老年服务中心正在筹备中。总部经济税收突破100万元，创历史新高。

【基础设施建设】2020年，板杉镇加大基础设施建设力度，着力推进民生工程落地建设。垃圾中转站主体基础施工基本完成；全域高标准农田建设有序推进；污水处理厂完成主体设施建设，管网铺设进入最后阶段；110千伏和220千伏输变电线路项目建设进入尾声，即将交付使用；醴官线拓宽改造建设部分路段启动施工。

【社会保障】2020年，板杉镇推进民生实事，提高社会保障能力。全面落实好农村“五保”、低保、贫困救助等农村惠农政策。全镇有447户978名低保对象，337名“五保”对象，其中散居“五保”对象268人。开展医疗救助及临时救助29人次，发放低保、“五保”、优抚、救灾救济等资金574万余元，发放各类涉农补贴资金453万元。统筹抓好城乡养老保险、就业生活保障机制的落实，保障好困难群众基本生活。按时完成城乡居民养老保险征缴工作任务。坚持教育优先发展，继续指导“东莱”奖教基金奖教奖学工作。

【人居环境整治】2020年，板杉镇加强人居环境整治，推进美丽乡村建设。以村容整洁、生态宜居为目标，全面完成农村人居环境整治三年行动方案各项任务，高质量完成突出问题整改。全面落实“五大一改”行动，发动党员干部、人民群众参与。合理确定村级改厕数量，示范推广整村推进农村改厕；完成新造林240公顷、森林抚育93.33公顷，完成家庭林场登记注册6家；拆除违章搭建23处，推进绿化、亮化、美化。完成“四好农村路”路肩除草16公里，

水沟清理76处，路面提质6.8公里，镇村基础设施日趋完善，镇村面貌焕然一新。（刘传真）

## 左权镇

【概况】2020年，左权镇辖11个村、1个社区，镇域总面积123平方公里，有常住人口32232人。有耕地面积2266.67公顷，山地面积9400公顷，森林覆盖率达50.8%，有小Ⅰ型水库1座、小Ⅱ型水库15座。年内，全镇严格落实新冠肺炎疫情防控措施，未发生新冠肺炎疫情。脱贫攻坚工作通过验收，有104户204名建档立卡贫困户实现脱贫，31户建档立卡重点监测对象人均纯收入超6000元，产业扶贫覆盖率达100%，完成"四类对象"危房改造21户,贫困人口和档外"五类人员"各类贫困问题全面达标解决。完成村级换届工作，按照"一肩挑""双优双强"要求，选出村级"两委"成员70名,村级"两委"成员结构得到进一步优化。扎实抓好安全保障工作，社会秩序平稳有序。镇纪委办理党员违纪案2起，党纪处分党员2人，批评教育1人，廉政谈话12人。

【经济发展】2020年，全镇经济形势整体向好，产业结构由单一趋向于合理转变，第一、第二、第三产业比重持续优化。完成税收1015万元，实现工业总产值8亿元、农业总产值2.9亿元，固定资产投资3.1亿元。一是农业稳中有进。鼓励发展"一村一品"特色农业，有种粮大户20余户，种植双季稻373.33公顷，有花卉、苗木、果树种植及水产养殖等369.07公顷，流转土地面积1546.67公顷。引导德福青蛙和青莲生态农业实施生态种养结合，打造规模特色农业。二是工业转型升级。有工业企业25家，其中规模以上工业企业7家，在建工业项目4个。市中小企业产业园作为产业突围、招商引资、项目攻坚的主平台和主战场，积极承接产业转移，加快产业转型升级。以市久美烟花有限公司为代表的烟花爆竹等传统产业进一步发展壮大，以株洲怡美机车配件有限公司为代表的工程机械、轨道交通零部件深加工等新兴产业体系加快构建。三是服务业提质创优。长沙银行、邮政储蓄银行、供销惠农服务社进驻左权镇，农产品电商、农村淘宝兴起，消费服务促进经济发展作用增强。

【左家老屋建成开放】左家老屋坐落于左权镇将军村，为左权镇生态旅游景区综合开发项目之一。该项目于2017年启动，计划以"将军文化"为主线，以恢复重建左权将军旧居——左家老屋为重点，结合长征精神体验、精致农业、田园游乐、生态休闲、康体养生等建设配套展示区，打造AAAA级旅游景区。左家老屋于2019年开工建设，2020年1月竣工并完成周边提质改造系统工程和配套基础设施建设，并于2020年5月25日对外开放。左家老屋占地约530平方米，包括左权将军起居室、生平事迹和资料物品陈列室，展陈采用声、光、电等先进技术，通过丰富的革命文物、实物资料，充分展示在抗日战争期间顽强抗敌、浴血奋战的老一辈无产阶级革命家的光辉形象和革命精神。

【产业项目建设】2020年，左权镇产业项目建设稳步推进。一是株洲市重点项目醴陵市LNG应急调峰储配站于9月30日开工建设。该项目储存规模为2000立方米，共设置166.66立方米LNG储罐12台，设计供气规模为每小时3万标准立方米，供气压力为2.5兆帕。项目建成后，将作为全市的应急调峰保障气源，保障必要的居民生活用气和其他不可中断用户的用气，确保城市的正常稳定供气。二是湖南联瑞电工有限公司总投资4800万元，一期规划面积0.84公顷，厂房面积1475平方米，新建超微电子元器件复合线材生产线5条，产品应用于电子信息、人工智能、汽车电子、新能源等新兴领域，年底投产试运营。三是湖南浩凯新型材料有限公司项目拟用地面积2.8公顷，其中1.3公顷用于建设厂房、办公楼、宿舍等建筑物，配置蒸压加气轻质砖生产线，有利于全镇制造业的转型升级。

【社会事业】2020年，左权镇各项社会事业全面发展。一是人居环境质量逐步改善。全镇农业用水用电、居民生活用水用电得到基本保障，陈东村、青泥村和篾织街社区基本实现集中供水，镇区天然气管网全面铺开。提质改造村组道路30余公里。开展"四治一改"工作，完成农户厕所改造640户，新建公厕2座。二是国土规划工作进一步规范。按照"一户一宅"和"三规合一"（指将国民经济和社会发展规划、城市总体规划、土地利用规划中涉及到的相同内容统一起来，并落实到一个共同的空间规划平台上，各规划的其他内容按相关专业要求各自补充完成）要求，加速完善国土空间规划，严控东城大道两厢土地开发，抓好土地储备和拆违控违，打击非法开采行为，合理使用土地，切实保护耕地。三是社会保障工作持续加强。城乡居民基本养老保险缴存率达99.98%，城乡居民基本医疗保险缴存率达88.48%，工伤保险缴存率为120%，低收入群体实现"应保尽保"。四是卫健服务水平全面提升。全镇出生人口387人，符合政策生育率96.12%。完成免费孕前优生健康检查257人，“两癌”免费筛查879人。计划生育“两扶对象”新增62人，退出16人，做到100%见面年审。五是文化教育事业稳步发展。开展广场舞、篮球赛等文化体育活动，免费开放乡镇文化站和村图书室。表彰一批“最美乡村教师”和“最美自强少年”，全镇尊师重教的氛围得到提升。九年制义务教育巩固率达100%，小升初312人，初升高194人，其中考取市第一、第二、第四中学的有56人。完成第七次全国人口普查工作。做好兵员征集、民兵整组和国防动员，被株洲市评为“五星”基层人民武装部。（陈　君）

## 枫林镇

【概况】2020年，枫林镇辖11个村和2个社区，有165个村民小组，有常住人口32232人。全镇严格落实新冠肺炎疫情防控措施，取得疫情防控工作的全面胜利，未发生新冠肺炎疫情。全镇34个党支部全部达到“五化”建设标准，修建标准化村级综合服务平台1个；完成软弱涣散党组织整顿验收和村级“两委”换届选举工作，选出党组织委员47人，村委委员41人，交叉27人，“一肩挑”比例达100%。开展离退休老干部、群团组织座谈会以及柔性引才活动凝聚发展合力。强化党风廉政建设，镇纪委共受理本级来信来访2件，上级交办信访线索6件、问题线索3件，另有上年度未办结信访线索9件、问题线索1件，办结线索20件，诫勉谈话1人，党纪立案2人，党纪处分2人。全镇规模工业总产值达6.88亿元，工业固定资产投资4.16亿元，限额以上社会消费品零售总额1.05亿元，完成税收926万元。农业结构不断优化，金桥村的千亩荷花、双井村的猕猴桃、隆兴坳村的醴陵黄菊和白芽等特色农业示范种植基地不断发展壮大，五石村的枫林工业园、蒋家桥村的雅好食品产业园、枫溪谷的生命科技园3个园区发展态势强劲。株洲市将军山生态农业发展有限公司生产的“云霄山·醴陵白芽”夺得2020第十二届湖南茶业博览会“茶祖神农杯”名优茶金奖，隆兴坳村被评为湖南省休闲农业示范点。引进市南楚风鹌鹑养殖、鑫亿源新建等6个项目，招商引资3.51亿元。进一步发挥耿传公祠红色资源优势，讲好红色故事，传承红色基因；成功举办第三届枫溪谷“乘风破浪、慢享生活”红枫节，赏荷、赏油菜花、赏黄菊等活动吸引游客上万人。荷花里农庄获评湖南省休闲农业与乡村旅游五星级企业，耿传公祠、彰仙福地争创AAAA级景区工作稳步推进。

【民生保障】2020年，枫林镇通过新建、修缮等方式解决住房问题85户。为441名建档立卡、低保、残疾等贫困家庭学生发放生活补助，申报“雨露计划”助学补助82人次。下拨财政专项扶贫资金288.3万元，扶持30个合作社，发展带动396户1181名贫困户增收，帮助177户507名贫困户自主发展养殖业。为30余户贫困户和档外对象打水井，解决安全饮水问题。开展临时救助89人次，救助金额4.9万元，完成彰仙村等7个村日间照料中心建设。完成7个标准化卫计站建设，免费发放叶酸370人，完成免费产前筛查380人次、优生检测385人次、“两癌”免费筛查810人；新增安排就业扶贫公益性岗位18人，转移劳动力就业104人。

【社会治理】2020年，枫林镇排查治理重大安全隐患7处，组织各项执法行动152次，出动执法人员330人次，检查生产经营单位149家次，立案调查5起，行政处罚1.4万元，责令企业停产整顿5起。堵疏结合整顿规范烟花爆竹零售市场，打击取缔无证经营零售店37家，规范布置有证合法零售店11家。出动森林防火宣传车200余台次，全面铺开森林防火工作，25名护林员动态巡查，不留死角。开展幼儿园校车安全、敬老院消防安全、校园食品安全、农村用电安全、道路交通安全、旅游安全等专项行动。化解矛盾纠纷140余起，有在册精神障碍患者、在册吸毒人员、刑释解教对象、在册社区矫正人员，管控率达100%。

【环境整治】2020年，枫林镇关停“散乱污”企业2家；集中整治辖区内的非法搅拌站和非法沙场，集中治理集镇“六乱”行为；顺利通过省环保督察“回头看”检查。继续推进“四类房”整治“清零”行动，拆除违章建筑96栋，面积1.3万平方米。隆兴坳村、时轮村等5个村完成“多规合一”规划编制，严格落实“先批后建”，规范村民建房。以村级引导，乡贤牵头的方式，时轮村、枫林市村幸福屋场建设初见成效。投入400万元完成垃圾中转站主体建设，建成后的垃圾中转站可日处理垃圾约60吨，添置垃圾收集桶1100个，12个村（社区）实行垃圾处理农户付费制度。坚持“四统一”要求，全面完成改厕803户。在隆兴坳村试点开展联户（5—10户）生活污水处理项目建设，金桥社区50户规模污水集中处理项目投入使用，投入3500万元的集镇污水集中处理项目主体工程完工。在4个村推进移风易俗试点工作，提倡婚事新办、丧事简办、余事不办，建立健全“一约四会”，村民签字确认率均达95%以上，计划年后启动其余9个村（社区）的移风易俗工作。

【基础设施建设】2020年，枫林镇基础设施建设快速推进。隆兴坳互通项目持续推进；醴官线路基拓宽改造项目全面启动，将原6米宽的路面拓宽至9米；完善河湖水利工程，枫林市村投资400余万元，打造示范河湖1.7公里；完成通村公路新修村道8公里、道路拓宽5.5公里、“白改黑”3公里建设，其中枫林市村投资150余万元，完成村级主道白改黑2公里，道路拓宽1.8公里；金阳村投资30余万元，完成稠光线路基拓宽改造工程，全长2公里。完成新湾桥、垄里屋桥危桥改造项目，S204路基拓宽改造加速推进，醴官线提质改造全面启动。（刘常雨）

## 官庄镇

【概况】2020年，官庄镇辖7个村，有128个村民小组，有常住人口8083人。镇党委下设4个村党委、3个村党总支。官庄镇紧跟市委、市政府“稳中求进，进中争先”总基调部署，坚持新发展理念，打赢“三大攻坚战”，做好“六稳”“六保”工作，统筹做好新冠肺炎疫情防控和经济社会发展各项工作，产业结构明显优化，项目建设明显加快，镇村面貌明显改善，社会事业明显进步，党的建设明显加强。全年实现规模企业总产值8.38亿元，同比增长11.74%；完成固定资产投资9800万元。全镇生态农业集群效应初显，“一村一品”各有优势又形成合力；矿山企业生产和管理能力不断提升，第二产业得到有效巩固；旅游产业逐步壮大，“官庄山水”成为北部旅游环线重要推介品牌。朝天湾分布式农业基地建成运营；引进彰觉斋茶业有限公司和悠然文化旅游有限公司投资开发，将特色农业和优势旅游业深度结合。

【脱贫攻坚】2020年，官庄镇52户96名贫困户脱贫，截至年末，全镇建档立卡贫困人口全部实现脱贫。深入开展人户不一致问题整改和脱贫质量“回头看”，完成排查出的218个问题整改；投入250余万元支持联村经济组织发展，利益联结贫困户329户946人；引进江西“安福柚”，重点培育柚子产业，第一批栽种柚子树5000株，覆盖4个村152户贫困户；开发公益岗位72个，推荐就业岗位25个；全年消费扶贫金额突破1千万元，超过历年消费扶贫金额总和。

【生态环保】2020年，官庄镇实施多项举措，改善生态环境，取得明显成效。将大坝村打造成集中居民点示范村，完成“1＋X”集中居民点的村庄布局规划设计；发动群众参与村庄绿化，新种树苗6.1万株，其中杉树3.6万株、油茶1.6万株；推进“五大一改”和“六乱”整治专项行动，整治乱砍乱伐现象4起、乱搭乱建现象6起；完成129户非卫生厕所改造；全面取缔库区灯光诱捕设施，官庄水库入选全省美丽河湖名录。

【安全保障】2020年，官庄镇加大安全保障力度，确保社会大局和谐稳定。以学校、企业和人口聚集区为重点区域开展相关法律法规宣传，调解各类纠纷100余起；开展扫黑除恶专项斗争，未发现黑恶势力活动迹象；落实安全生产专项整治三年行动等隐患排查行动，组织执法54次130人次，发现并解决各类安全隐患52处，打击非法行为3起，行政处罚2人；完成3户因灾重建和1户因灾修缮房屋的受灾对象补贴工作；45名护林员开展常态化防火巡查，连续6年实现零火灾、零火警目标。

【基础设施】2020年，官庄镇完成道路硬化3.9公里、新修道路10公里、拓宽13.2公里、新建桥梁6座；“五保之家”阳坑、横江集中安置点投入使用；大坝农贸市场投入使用；烂泥冲历史遗留废渣治理工程全面完工；镇垃圾中转站和污水处理厂抓紧建设；S104路基拓宽改造加速推进；醴官线拓宽改造全面启动。

【社会事业】2020年，官庄镇发放低保、“五保”、临时救助、高龄补贴、优抚补助和残疾人“两项补贴”等资金约576万元；推进敬老院和“五保之家”质量和安全管理；完成国家免费优生优育检查168人，新增计划生育家庭奖励扶助对象15人；完成第七次全国人口普查短表、长表登记和对比复查；发放《乡村建设规划许可证》23本；落实危房改造政策7户14人、落实就业帮扶政策22户72人、落实产业帮扶政策35户102人。（罗雯诗）

# 附　录

## 文件选编

# 中共醴陵市委<br>关于深入学习贯彻党的十九届四中全会精神<br>推进县域治理体系和治理能力现代化的实施意见

醴发〔2020〕4号

党的十九届四中全会，是我们党站在“两个一百年”奋斗目标历史交汇点上召开的一次具有开创性、里程碑意义的会议。全会通过了《中共中央关于坚持和完善中国特色社会主义制度、推进国家治理体系和治理能力现代化若干重大问题的决定》（以下简称《决定》），开辟了党治国理政的新境界。为深入学习贯彻党的十九届四中全会精神，按照省委十一届九次全会和株洲市委十二届十一次全会决策部署，加快推进县域治理体系和治理能力现代化，提出如下实施意见。

**一、总体要求**

以习近平新时代中国特色社会主义思想为指导，深入学习贯彻党的十九大和十九届二中、三中、四中全会精神，深入贯彻落实习近平总书记对湖南工作的重要指示批示精神，增强“四个意识”、坚定“四个自信”、做到“两个维护”，坚持党的领导、人民当家作主、依法治国有机统一，坚持解放思想、实事求是，坚持改革创新，突出坚持和完善支撑中国特色社会主义制度的根本制度、基本制度、重要制度，着力固根基、扬优势、补短板、强弱项，构建系统完备、科学规范、运行有效的县域治理制度体系，加强系统治理、依法治理、综合治理、源头治理，把制度建设成果转化为治理效能，为加快建设“四个醴陵”，加快迈入县域经济千亿时代提供有力保证。

**二、目标任务**

到我们党成立一百年时，政治建设、经济建设、社会建设、文化建设、生态文明建设等各领域改革全面推进，在县域治理上积累形成一套更加完善的制度体系，为2025年前迈入县域经济千亿时代提供制度保障；到2035年，基本实现县域治理体系和治理能力现代化，形成与现代化建设相适应的治理效能；到新中国成立一百年时，全面实现县域治理体系和治理能力现代化，使中国特色社会主义制度更加巩固、优越性充分展现。

三、重点工作

（一）全面落实党的领导制度，坚决做到“两个维护”

1. 认真落实党的理论学习教育制度

（1）坚持“不忘初心、牢记使命”制度。坚持把学习贯彻习近平新时代中国特色社会主义思想作为首要任务，把“不忘初心、牢记使命”作为加强党的建设的永恒课题和全市党员、干部的终身课题，提炼主题教育经验做法，持续开展专项整治，建立健全长效机制，锤炼忠诚干净担当的政治品格。（牵头责任单位：市委组织部）

（2）坚持和完善党委（党组）理论学习中心组学习制度。（牵头责任单位：市委宣传部）

（3）全面推行“第一议题”制度。加强对党绝对忠诚教育，深化“全市大学习、机关走在前”活动。[责任单位：各单位党委（党组）]

2. 坚决执行维护党中央权威和集中统一领导制度

（1）全面落实“两个维护”制度机制。严明政治纪律、政治规矩，坚决把维护习近平总书记党中央的核心、全党的核心地位落到实处。[责任单位：各单位党委（党组）]

（2）健全市委对重大工作的领导体制。强化党委议事协调机构职能作用，完善推动中央、省委、株洲市委和市委重大决策督查落实问责机制。严格执行请示报告制度，确保政令畅通、令行禁止。（责任单位：市委办）

3. 坚决执行党的全面领导制度

（1）认真落实党领导人大、政府、政协、监察机关、审判机关、检察机关、武装力量、人民团体、企事业单位、基层群众自治组织、社会组织等制度。各有关党委（党组）每年至少向市委报告两次工作。[责任单位：各有关党委（党组）]

（2）健全党委（党组）工作制度。强化党对经济、政治、文化、社会、生态文明建设等工作的全面领导，确保各级各方面在党的统一领导下，各就其位、各司其职、各尽其责、有序协同。完善党政机构设置和职能配置，把党的领导贯穿到所有机构履行职责全过程。健全市委常委会向市委全会定期报告工作并接受监督制度。（牵头责任单位：市委、市委组织部、市委办）

（3）健全为人民执政、靠人民执政各项制度。完善党员干部联系群众制度，健全党代表发挥作用制度，创新互联网时代群众工作机制，健全联系广泛、服务群众的群团工作体系，走好新时代党的群众路线。深化市级领导“五个一”机制。（牵头责任单位：市委组织部、市委办）

4. 健全提高党的执政能力和领导水平制度

（1）坚持民主集中制。落实发展党内民主和实行正确集中的各项制度，提高党委把方向、管大局、作决策、保落实的能力。认真落实集体领导和个人分工负责相结合制度，建立谁主管谁负责、谁牵头谁协调的工作机制。[责任单位：各单位党委（党组）]

（2）健全科学决策机制。大兴调查研究之风，提高决策质量和水平。[责任单位：各单位党委（党组）]

（3）激励干部担当作为。落实“三个区分开来”，健全容错纠错机制，建立为被诬告陷害的党员和公职人员澄清正名机制，严肃查处造谣、诬陷干部的人和事。健全激励干部担当作为干事创业的各项机制。（牵头责任单位：市纪委监委、市委组织部）

5. 坚决落实全面从严治党制度

（1）深化党的建设制度改革。贯彻新时代党的建设总要求，坚持依规治党，建立健全以党的政治建设为统领，全面推进党的各方面建设的体制机制。（牵头责任单位：市委组织部）

（2）贯彻新时代党的组织路线。健全党管干部、选贤任能制度，注重“六重六用”（一是重忠诚、有信念，二是重本领、有能力，三是重责任、有担当，四是重奉献、有激情，五是重实干、有业绩，六是重清廉、有品行）鲜明用人导向，推进干部年轻化，优化各级领导班子结构，全面推行领导班子和领导干部政治建设考察全覆盖。（牵头责任单位：市委组织部）

（3）建立健全基层党建标准化规范化信息化机制。建立“大数据”平台，推动形成“大党建”工作格局。（牵头责任单位：市委组织部）

（4）落实党内政治生活制度。严格党的组织生活制度，发展积极健康的党内政治文化。[责任单位：各单位党委（党组）]

（5）建立健全防止和克服形式主义、官僚主义的制度机制。改进督查考核，规范调查研究，大力精简会议、文件，切实改进文风会风，减轻基层负担，促进各级干部集中精力抓落实。（牵头责任单位：市委办）

（6）落实全面从严治党责任制度。压实党组织主体责任、纪委监委监督责任、党组织书记第一责任人责任、班子成员“一岗双责”，促进管党治党主体责任和监督责任贯通联动。（牵头责任单位：市纪委监委）

（7）深化纪检监察体制改革。完善纪律监督、监察监督、派驻监督、巡察监督“四个全覆盖”的监督体系。（牵头责任单位：市纪委监委）

（8）构建不敢腐、不能腐、不想腐体制机制。严查大案要案和群众身边“微腐败”，健全金融信贷、工程建设、公共资源交易、执法司法等重点领域监督机制，完善重大项目廉政风险体系和预警机制。聚焦“管人、管事、管钱”等关键环节，健全完善制度体系和监督体系。抓实党性教育、警示教育、家风教育，完善思想道德和党纪国法教育常态化机制。（牵头责任单位：市纪委监委）

（二）加快推动制度建设成果转化为治理效能

1.坚持和完善人民当家作主制度体系

（1）坚持人民代表大会制度根本政治制度。加强市人大及其常委会建设，重视镇（街、长庆示范区）人大工作，支持市人大及其常委会依法履职，健全市人大对“一府一委两院”监督制度，深化联动监督机制。密切人大代表同人民群众的联系，落实常委会联系人大代表、人大代表联系选民的“双联”制度。健全人大组织制度、选举制度和议事规则，完善论证、评估、评议、听证制度。坚持人民当家做主，扩大民主参与程度，逐步推行民生实事项目人大代表票决制。（牵头责任单位：市委、市人大常委会）

（2）完善人民政协专门协商机构制度。加强党对政协工作的领导，健全政协工作制度，完善政协专门协商机制。利用政协云平台，创新民主监督形式，推动民主监督与其他监督相衔接。坚持社会主义协商民主独特优势，统筹推进政党协商、人大协商、政府协商、政协协商、人民团体协商、基层协商以及社会组织协商，完善协商于决策前、决策实施中的落实机制。（牵头责任单位：市委、市政协）

（3）巩固和发展最广泛的爱国统一战线。加强民主党派自身建设，健全相互监督、对重大决策部署贯彻落实情况实施专项监督、民主党派市委直接向市委提出建议等机制。坚持大统战工作格局，做好新时代民族、宗教、侨务工作，健全党外代表人士队伍建设制度，完善同党外人士联谊交友机制。（牵头责任单位：市委统战部）

（4）健全充满活力的基层群众自治制度。加强党对基层治理的领导，推进基层直接民主制度化、规范化、程序化。探索企业职工参与管理的有效方式，保障和维护职工合法权益。完善村（社区）民主政治制度，落实重大事项决策“四议两公开”。加强基层自治制度和群众性自治组织规范化建设，发展社区社会组织。（牵头责任单位：市委、市总工会、市民政局）

2.健全依法治市制度体系

（1）保证宪法全面实施。完善人大及其常委会宪法监督制度，加强备案审查制度和能力建设，健全规范性文件备案审查与清理机制，确保违宪行为及时得到纠正和追究。（牵头责任单位：市人大常委会）

（2）健全社会公平正义法治保障。深化司法体制综合配套改革，落实司法责任制，完善审判、检察、律师制度，坚决排除对执法司法活动干预。深化司法规范化建设，提升司法为民便民利民服务质效，破解“执行难”。按照法律规定的公益诉讼范围加强工作。强化“两法”衔接实施的范围及工作力度。（牵头责任单位：市委政法委、市人民检察院）

（3）加强法律法规实施监督。落实党政主要负责人法治建设第一责任人制度、普法责任制、媒体公益普法制度，建立“法律七进”长效机制。规范随机抽取检查对象、随机选派执法检查人员、公布每批次检查结果的“双随机、一公开”涉企检查。（牵头责任单位：市司法局、市优化办）

3.完善政府治理体系

（1）以推进机构职能优化协同高效为着力点，优化行政决策、行政执行、行政组织、行政监督体制。（牵头责任单位：市人民政府）

（2）完善政府经济调节、市场监管、社会管理、公共服务、生态环境保护等职能，实行政府权责清单制度。深化市场监管、生态环境保护、文化市场、交通运输、农业五个领域综合行政执法改革，推动执法重心向基层一线下移，落实行政执法责任制和责任追究制度。（牵头责任单位：市人民政府）

（3）推进智慧醴陵建设，深入推进“一件事一次办”改革，加快“互联网+政务服务”四级联动建设。（牵头责任单位：市行政审批局）

（4）优化营商环境，深化“最多跑一次”改革，创新审批方式、精简审批流程、提高审批效率。（牵头责任单位：市行政审批局）

（5）严格机构编制管理，统筹利用行政管理资源，盘活机构编制资源。（牵头责任单位：市委编办）

（6）落实镇（街、长庆示范区）权责清单和赋权指导目录，探索向基层下放经济社会管理权限。（牵头责任单位：市人民政府）

（7）积极探索建立运用互联网、大数据、人工智能、区块链等技术手段进行行政管理的制度规则。（牵头责任单位：市人民政府）

4.健全高质量发展制度机制

（1）加快推进产业突围。打造现代产业体系，即打造以陶瓷、花炮、玻璃、服饰、电子信息、新材料、机械装备制造、现代物流，以及其他新兴产业为主体的现代产业体系。加快传统产业转型升级，陶瓷产业重点抓好“一谷一校一所一湖一镇一展会”，推动产业尽快突破千亿产值，打造以中国陶瓷谷为特色的现代产业体系；花炮产业全面推行机械化、自动化生产，加快淘汰落后产能，打造“安全、时尚、环保”的现代产业集群。落实推动发展先进制造业、振兴实体经济机制，健全促进数字经济、绿色经济、平台经济等新经济发展的制度。推进要素市场化配置，健全稀缺性资源、产权交易、人力资源、技术力量等领域制度规则，建立规则统一、公开透明的资源要素交易平台。深化市级领导联系指导产业链工作机制。（牵头责任单位：市科工信局、市委办）

（2）加快发展现代农业产业。坚决稳定粮食生产。以特色农业资源为依托，以现代农业产业园和特色农业小镇建设为抓手，推进优势特色产业规模化发展。（牵头责任单位：市农业农村局）

（3）提升第三产业发展质效。深化全域旅游创建，构建以“五点一谷一片”为重点的全域旅游圈。强化生活性服务业、生产性服务业发展规划指导，统筹推进金融、商贸、物流、研发、设计、养老、家政等服务业健康发展。（牵头责任单位：市文旅广体局、市商务局）

（4）大力支持创新创业。坚持政府引导、企业主导、市场运作，强化政策引领，打造一批创新研发平台、创业孵化平台。鼓励企业扩大研发投入，重点突破陶瓷新材料、玻璃轻量化、环保烟花等制约产业发展的技术瓶颈。加大知识产权保护力度，着力破除掣肘创新创业的制度障碍。（牵头责任单位：市科工信局）

（5）加快推进新型基础设施建设。在5G基建、特高压、城际高速铁路和城际轨道交通、新能源汽车充电桩、大数据中心、人工智能、工业互联网七大领域率先突破，成为新的经济增长引爆点。（牵头责任单位：市发改局）

（6）做大做强产业园区。落实“三个集中”，理顺经开区管理体制，不断完善支持园区发展的政策，统筹推进“一谷一城一园”发展，推动经开区尽快创建国家级园区。壮大玻璃产业园，积极引进玻璃产业上下游企业，打造湖南乃至中南地区最大的玻璃生产基地，申创玻璃特色产业小镇。有序发展镇工业集中区，重点打造以白兔潭镇、浦口镇、李畋镇为核心的花炮产业特色小镇，以船湾镇为核心的服饰产业特色小镇，以孙家湾镇为核心的防水产业特色小镇，以嘉树镇为核心的炻瓷产业特色小镇。（牵头责任单位：经开区、市科工信局）

（7）培育壮大市场主体。推动国有企业转型发展，强化市场主体地位，加快建立现代企业管理制度，加快推进国企混合所有制改革，完善化债工作机制，形成以管资本为主的国有资产监管体制。促进非公有制经济发展，建立服务企业长效机制，加快构建“亲”“清”新型政商关系。鼓励各类社会资本参与投资（参股）基础设施、公用事业等建设，保护各类投资者合法权益。（牵头责任单位：市财政局、市科工信局、市商务局）

5. 构建高水平开放型经济体制

（1）构建开放平台。充分发挥交通区位优势，优化交通格局和物流网络，用好深圳盐田港铁海联运“五定班列”、中欧国际班列、铁路口岸等平台通道资源，打造无水内陆港。成定制举办好陶瓷博览会、花炮博览会。（牵头责任单位：市商务局、市会展中心、市陶瓷烟花产业服务中心）

（2）更大步伐“走出去”、更高水平“引进来”。建立企业境外信息服务和协调联络一体化工作机制，鼓励本土龙头企业融入全球供应链、产业链、价值链。创新招商模式，紧盯北上广深等重点区域，把优秀企业特别是“三类500强”引进来。（牵头责任单位：市商务局）

（3）打造人才高地。充分发挥好“柔性引才”全省试点县（市）机遇，积极探索各类人才引进机制体制，构建全方位的人才政策体系和服务体系，大力引进我市发展需要的各类人才。（牵头责任单位：市委组织部）

（4）加强信用体系建设。持续推进优化环境行动，加快建设全市一体化公共信用信息平台，完善守信联合激励和失信联合惩戒机制。（牵头责任单位：市发改局、市人民银行）

6. 健全和完善城乡统筹发展体系

（1）加速推进株醴融城。围绕由东城大道、沪昆高速、莲易高速、渌江航道组成的水陆立体交通网，抢抓机遇、整合资源，加快建设株醴都市区。大力承接长株潭产业转移，积极导入产业配套，突出特色小镇建设、基础设施建设、物流产业发展，策划实施一批大项目、好项目。（牵头责任单位：市发改局）

（2）加快湘赣边区开放合作。落实反哺支持、强基兴业、美丽边区、红色记忆“四大行动”，积极推动湘赣边区实现重要事务联席、社会治安联防、民生问题联助、基础设施联建、人才培养联动、产业发展联合。（牵头责任单位：市发改局）

（3）加快推进城市创建。深入开展“三创四化”，健全创建国家卫生城市、国家园林城市、全国文明城市长效机制，全面提升城市品位。（牵头责任单位：市创建办）

（4）大力改善农村人居环境。以治垃圾、治污水、治厕所、治村容村貌“四治”为重点，高标准常态化开展农村人居环境整治行动，确保农村安全饮水、危房改造、通组道路、卫生厕所、公益性公墓“五个全覆盖”。（牵头责任单位：市农业农村局）

7. 完善民生保障制度体系

（1）巩固脱贫攻坚成果。推进全面脱贫与乡村振兴有效衔接，建立解决相对贫困的长效机制，加大产业扶贫、就业扶贫力度，促进逐步实现共同富裕。

（牵头责任单位：市扶贫办）

（2）推动更充分更高质量就业。健全覆盖城乡的公共就业服务和终身职业技能培训制度，营造公平就业制度环境，完善支持高校毕业生、去产能职工、农民工、退役军人等重点群体就业体系。健全劳动关系协调机制，构建和谐有序的劳动关系。（牵头责任单位：市人社局）

（3）坚持教育优先发展，加快构建服务全民终身学习的教育体系。全面贯彻党的教育方针，完善立德树人体制机制，加强师德师风建设，推进全员、全程、全方位育人综合改革。加快推进湖南师范大学附属学校、新三中建设，支持和规范民办教育、合作办学，扩大教育资源供给。健全学前教育公共服务体系。完善基层支教、城乡交流制度，推动城乡义务教育一体化、中小学优质均衡发展。推动普通高中多样化、特色化发展。加快构建现代职业教育体系，聚焦重大产业需求，加大高技能人才培养力度，把醴陵陶瓷学院打造成“瓷城工匠”摇篮。健全教育事业优先发展保障机制。（牵头责任单位：市教育局）

（4）提高社会保障水平。统筹完善社会救助、社会福利、慈善事业等制度，加强对重点人群关爱帮扶。健全退役军人工作体系和保障制度。健全完善多主体供给、多渠道保障、租购并举的住房制度。（牵头责任单位：市民政局、市退役军人局、市住房保障中心）

（5）加快建设健康醴陵。深刻总结新冠肺炎疫情防控工作中的经验教训，健全完善疾病预防控制体系、公共卫生应急管理体系、重大疫情防控救治体系、重大疫情应急响应机制。完善覆盖城乡的公共卫生服务体系，深化紧密型医共体建设，全面推进现代医院管理制度改革，常态化开展“湘雅乡情”活动，打造“大联小、城联乡、公联私、同类联”的医共体建设“醴陵样本”。深入实施中医药强市战略，积极创建国家中医药发展示范县（市）。健全统筹城乡、可持续的基本医疗保险制度，落实异地就医结算制度、重大疾病医疗保险和救助制度，提高基本医保和大病保险保障水平，扩大用药保障范围。落实生育政策，完善妇幼健康服务体系。推进医养结合，建立多层次、多方位的健康养老服务体系。（牵头责任单位：市卫健局、市医保局、市民政局）

8. 健全共建共治共享社会治理制度

（1）正确处理新形势下人民内部矛盾。不断完善党委领导、政府负责、民主协商、社会协同、公众参与、法治保障、科技支撑的社会治理体系，着力推进县域治理现代化。严格落实领导干部接访下访包案化解信访制度，建立健全常态化风险发现预警与应对处置责任机制。坚持和发展新时代“枫桥经验”，健全完善矛盾纠纷多元化解、一访多调化解信访矛盾机制。健全社会稳定风险评估制度，建立健全社会心理服务体系和危机干预机制。（牵头责任单位：市委政法委、市信访局）

（2）完善社会治安防控体系。坚持专群结合、群防群治，健全问题联治、工作联动、平安联创工作机制，建立完善立体化、法治化、专业化、智能化的社会治安防控体系，形成城乡统筹、网上网下融合、人防物防技防结合、打防管控一体的“大防控”格局。加快推动县域社会治理云平台及指挥调度、大数据汇聚、社会风险防控、基层社会治理等分平台建设和城乡“雪亮工程”全覆盖。推进一村一辅警、城市快警。深化扫黑除恶专项斗争，建立综合治理机制，铲除黑恶势力滋生蔓延土壤。（牵头责任单位：市公安局、市委政法委、市扫黑办）

（3）完善公共安全体制机制。严格落实属地、部门、企业、社会责任，健全安全防范管理机制，加强烟花爆竹等重点行业监管，完善公共安全隐患排查和安全预防控制体系，坚决杜绝重特大安全事故，减少一般性事故。健全应急管理体制，加快各级应急管理指挥中心、应急救援专业队伍建设，优化应急管理能力、应急物资储备体系，申创国家综合减灾示范县（市）。严格落实食品药品安全监管制度，强化过程监管，建立追溯机制。（牵头责任单位：市应急局、市市场监管局）

（4）构建基层社会治理新格局。坚持党建引领，健全党组织领导下的自治、法治、德治相结合的城乡基层治理体系。扎实推进“城乡统筹·幸福醴陵”创新社会治理系列行动，走好网上群众路线，用好“幸福株洲”醴陵监督与服务微信群。深化网格化服务管理，推进指挥中心和为民办事、市场监管、综合执法、综合治理“1＋4”平台建设，加快资源整合，实现各平台无缝对接。加强城乡社区协商民主建设，深化“三社联动”，推动服务类、公益类、互助类社会组织发展，大力推动志愿者队伍建设。（牵头责任单位：市委组织部、市幸福办、市委政法委、市民政局）

（5）完善维护国家安全体系。完善国家安全领导体制，建立健全国家安全风险研判、防控协同、防范化解机制和情报信息体系。深化反恐防暴斗争和反间谍斗争，加强人民防线建设，建立青少年等群体反渗透工作机制。严防敌对势力渗透、破坏、颠覆、分裂活动，高度警惕和防范“颜色革命”。（牵头责任单位：市委政法委、市公安局）

9. 健全文化创新发展机制，加快建设文明醴陵

（1）落实意识形态工作责任制。坚持马克思主义在意识形态领域的指导地位，建立健全用党的创新理论武装党员干部、教育人民的工作体系。加强

宣传思想文化阵地建设管理，推广使用“学习强国”。健全党委（党组）意识形态领域重大情况分析研判和定期通报制度，常态化开展意识形态工作专项巡察、督查和考核。（牵头责任单位：市委宣传部）

（2）大力培育和践行社会主义核心价值观。完善理想信念教育常态化开展机制，弘扬民族精神和时代精神。完善红色资源保护体系，提质改造李立三故居、耿传公祠、左家老屋、先农坛、东富寺等爱国主义教育基地，传承醴陵红色基因。实施公民道德建设工程，广泛开展公筷行动、排队行动、光盘行动，健全志愿服务体系，加快构建县乡村点四级新时代文明实践中心网络体系。（牵头责任单位：市委宣传部、市文旅广体局）

（3）把握舆论引导工作主动权和主导权。坚持党管媒体原则，坚持正确舆论导向，构建网上网下一体、内宣外宣联动的主流舆论传播格局。大力推进融媒体中心建设，建立以内容建设为根本、先进技术为支撑、创新管理为保障的全媒体传播体系。完善舆论监督制度，健全重大舆情和突发事件舆论引导机制。建立网络综合治理体系，营造清朗的网络空间。（牵头责任单位：市委宣传部、市广播电视台）

（4）保障人民文化权益。巩固国家公共文化服务体系示范区创建成果，鼓励社会力量参与公共文化服务体系建设，提质改造一批“农家书屋”，建设一批街头图书站，提升公共文化数字化水平。健全支持开展群众性文化活动机制，办好渌江讲坛、读书分享会、全民运动会等公共文化活动，扩大基层文化惠民工程覆盖面。（牵头责任单位：市文旅广体局）

（5）促进文化产业发展。坚持把社会效益放在首位、社会效益和经济效益相统一，加快完善文化管理体制和生产经营机制，健全现代文化产业体系和市场体系。完善文化产品创作生产传播激励机制，充分挖掘红色文化、工业文化等文化资源，推出更多群众喜爱的文化精品。健全引导新型文化旅游业态健康发展机制，鼓励文化旅游消费，完善多业态消费平台，促进文化和旅游融合发展。（牵头责任单位：市文旅广体局）

10. 完善生态文明制度体系

（1）实行最严格的生态环境保护制度。构建党委领导、政府主导、部门协同、企业主体、社会参与的生态环境保护工作机制。践行绿水青山就是金山银山的理念，健全源头预防、过程控制、损害赔偿、责任追究的生态环保体系。建立健全生态文明目标评价考核制度、生态环境质量监测和评价制度，落实生态补偿和生态环境损害赔偿制度，完善重大生态环境问题（事件）责任追究办法，实行生态环境损害责任终身追究制度。（牵头责任单位：市委办、株洲市生态环境局醴陵分局）

（2）建立健全资源高效利用制度。建立健全生态保护红线、环境质量底线、资源利用上线和生态环境准入清单“三线一单”管控体系，健全资源节约集约循环利用政策体系。建立垃圾分类和资源化利用制度。建立整治和防控违法违规圈占土地、项目建设长效机制，规范项目用地程序。加快健全国土空间规划和用途统筹协调管控制度，统筹划定落实生态保护红线、永久基本农田、城镇开发边界等空间管控边界，完善主体功能区制度。（牵头责任单位：市自然资源局、市城管局）

（3）构建污染防治攻坚战长效机制。坚决打好蓝天保卫战、碧水攻坚战、净土持久战，推动生态环境质量持续提升。全面落实“河长制”，深入实施渌江综合治理三年行动计划，力争渌江水质全线达到二类以上。全面完成城乡黑臭水体治理和镇区污水处理设施建设。全面封山育林，大力开展国土绿化行动，积极开展矿山整合退出、复绿。[牵头责任单位：株洲市生态环境局醴陵分局、市水利局、市住建局（市人防办）、市林业局]

**四、组织保障**

（一）加强组织领导。各级党委（党组）要强化政治责任，把制度建设和治理能力建设摆到更加突出的位置，科学谋划，精心组织，统筹抓好各方面治理工作。各级领导干部要担当履职、靠前指挥，亲自抓、带头做，突出重点、把握导向，有针对性地做好分层分类指导。市人大、市人民政府、市政协和市纪委监委、市人民法院、市人民检察院等部门单位要履职尽责，协同配合，落实好各方面各领域制度和治理规定，形成推进治理体系现代化的强大合力。

（二）强化执行落实。各相关责任单位要对照本《实施意见》，紧密结合本部门（单位）实际，建立清单台账，跟进制定配套方案，确保各项制度建设任务和治理能力建设要求落实到位。要建立健全权威高效的制度执行、督查评估机制，加强对制度执行的监督，坚决杜绝做选择、搞变通、打折扣的现象。

（三）广泛宣传教育。结合干部群众思想和工作实际，精心安排学习宣传的内容，注重对象化、分众化、互动化，充分利用广播、电视、报刊、网络等媒体，推出更多具有特色的学习宣讲活动，讲好中国特色社会主义制度的故事，把制度自信教育贯穿国民教育全过程，形成强大的正面宣传舆论，营造坚定中国特色社会主义制度自信的浓厚氛围。

（四）鼓励改革创新。创新和完善县域治理制度体系，抓紧制定醴陵高质量发展的急需制度、满足人民对美好生活新期待的必备制度，推动各方面制度不断完善和发展。大胆探索在区域治理、城乡治理、部门治理、行业治理、网络治理等方面的经验，总结推广一批示范典型。

（五）提高治理能力。把提高治理能力作为新时代干部队伍建设的重大任务，通过加强思想淬炼、政治历练、实践锻炼、专业训练，推动广大干部增强战略思维、法治思维、专业思维、创新思维、开放思维、底线思维，严格按照制度履行职责、行使权力、开展工作。落实好干部标准，树立正确用人导向，完善担当作为的激励机制，把制度执行力和治理能力作为干部选拔任用、考核评价的重要依据。

全市各级党组织和广大党员干部群众要更加紧密地团结在以习近平同志为核心的党中央周围，坚定信心、保持定力，开拓进取、担当实干，努力在坚持和完善中国特色社会主义制度、推进县域治理体系和治理能力现代化的实践探索中奋勇争先、走在前列。

（此件发至各镇、街道、长庆示范区，市直各单位，驻醴各单位）

# 中共醴陵市委
# 关于提高新时代人大工作和建设水平的实施意见

醴发〔2020〕6号

为深入贯彻习近平新时代中国特色社会主义思想，全面落实《湖南省乡镇人民代表大会工作条例》《中共株洲市委关于加强新时代乡镇人大工作和建设的若干意见》（株发〔2020〕10号）精神，提高新时代人大工作和建设水平，结合我市实际，特制定如下实施意见。

**一、进一步加强和改进党委对人大工作的领导**

（一）坚持以习近平新时代中国特色社会主义思想统领人大工作。全市各级党委要以习近平新时代中国特色社会主义思想为指导，坚决落实习近平总书记关于坚持和完善人民代表大会制度重要精神和对地方人大及其常委会工作的重要指示，切实增强“四个意识”、坚定“四个自信”、做到“两个维护”。各级人大要强化政治属性，紧紧围绕党委中心工作，依法履行职责，积极发挥作用，保证党的主张通过法定程序成为国家意志。

（二）健全党委领导人大工作制度。各级党委要把人大工作纳入工作总体布局，每届任期内至少召开1次党委人大工作会议，每年至少听取2次人大工作专题汇报，及时研究解决人大工作中的重大事项和重要问题。市委要把党委领导人大工作、党委工作部门支持人大工作、“一府一委两院”接受人大监督的情况纳入领导班子和领导干部考核范围；将镇人大工作纳入对镇领导班子和镇党委书记考核的内容。各级人大召开重要会议、开展重要活动、作出重要决定以及工作中的重大问题，要依程序及时向本级党委请示报告。

（三）营造良好工作氛围。加强人民代表大会制度宣传，确保国家根本政治制度深入人心。各级党委要把人大工作纳入宣传工作的总体部署。党委（党组）理论学习中心组、市委党校要把人大知识、宪法和法律知识纳入学习教育的内容。各级党组织、国家机关、公职人员要带头以宪法为根本活动准则，自觉在宪法法律范围内活动，严格执行宪法宣誓制度，深入推进宪法学习宣传教育。

**二、进一步保障人大及其常委会依法行使职权**

（四）保障人大及其常委会依法行使重大事项决定权。党委要建立健全讨论决定重大事项党委、人大、政府沟通协调机制，对属于人大及其常委会职权范围内的重大事项应当依法及时提出，通过人大及其常委会依法作出决定决议。人大及其常委会讨论决定重大事项要重点加强对重大事项、重大决策草案的合法性审查。建立和完善“一府一委两院”向人大报告重大事项制度，政府要完善重大决策出台前报告制度，确保事关本行政区域内经济社会发展全局、涉及群众切身利益的重大决策出台前依法向本级人大报告。

（五）保障人大及其常委会依法行使监督权。党委要重视发挥人大监督作用，支持人大及其常委会依法行使监督职权，确保党的重大决策部署贯彻落实和法律法规有效实施。市人大常委会要健全听取专项工作汇报、专项工作评议、综合执法检查、专题询问、质询、特定问题调查等工作机制，增强监督实效。“一府一委两院”要自觉接受人大及其常委会监督，严格按照法律规定报告工作、接受询问质询、配合开展检查调研；严格执行人大的决定决议，认真研究处理人大常委会审议意见，对突出问题实行专项督查强化落实，并在规定期限内向人大常委会报告处理结果。

（六）保障人大及其常委会依法行使选举任免权。坚持党管干部和人大依法行使选举任免权相统一，保障党组织推荐的人选通过法定程序成为国家机构领导人员。党委在提出国家机关组成人员人选时，应当及时向本级人大会议临时党组织、人大常委会党组、镇人大主席团通报党委人事安排和被推荐人选的基本情况，听取意见建议，并认真对待和研究。干部考察任用要注重运用人大监督成果。

**三、进一步发挥人大代表主体作用**

（七）把好代表入口关。党委要加强对人大代表选举工作的领导，严格把握人选标准，规范提名推荐程序，加强考察审查工作，切实把好人大代表的政治关、廉洁关、素质关、结构关。党委组织部门会同有关方面提出代表候选人初步建议人选，应听取本级人大常委会党组或镇人大主席团的意见。要完善党委组织部门与人大常委会代表工作部门的沟通协调机制，明确职责分工，发挥人大常委会熟悉代表、服务代表的优势和作用，共同做好人大代表候选人的提名推荐工作。

（八）健全人大代表联系制度。健全各级党委、人大、政府以及市监察委、市人民法院、市人民检察院领导联系人大代表和人大代表联系人民群众制度，丰富联系工作内容和形式。落实市人大常委会领导与列席市人大常委会会议代表座谈交流工作制度。积极推动人大代表参与人大常委会、“一府一委两院”重要会议活动常态化规范化，市人大代表每人每届至少参与2次。各级人大代表要通过调研、视察、走访、代表接待日活动等方式，密切同人民群众的联系。担任领导职务的人大代表要发挥示范作用，主动参加闭会期间的相关活动，带头履行代表职责。

（九）办好人大代表议案建议。完善代表议案建议办理考核评价机制，将办理情况纳入考核体系。市人大及其常委会要加强人大代表提出议案建议的培训，使代表围绕全市发展大局和人民群众的关切提出高质量建议。政府及相关部门单位要高度重视代表议案建议办理工作，主动加强与代表的沟通联系，提高代表议案建议的办结率和满意度。市财政要将代表建议办理专项资金列入年度预算，加强资金保障。

（十）保障人大代表依法履职。各级政府要依法保障县乡两级人大工作经费和代表活动经费，按照市人大代表每人每年3000元、镇（街）人大代表每人每年1800元的标准，足额列入本级财政预算。市人大常委会和镇人大主席团要加强代表培训，提高代表素质和履职能力。人大代表一届任期内学习培训不少于4次，代表小组活动每年不少于2次。依法保障人大代表参加履职活动和学习培训的时间、工资等待遇，给予无固定工资收入的代表执行代表职务适当补贴。建立健全代表联络机构，畅通社情民意表达和反映渠道，密切人大代表同人民群众的联系，做好驻室接待工作，巩固镇（街）人大代表联系选民工作室建设成果。

（十一）加强人大代表履职监管。进一步规范和强化人大代表履职情况监督管理和考核评价，建设代表履职管理系统，加强人大代表履职档案管理，建立健全人大代表履职激励机制和退出机制。加强人大代表教育，引导代表珍视代表身份、牢记职责使命、主动接受社会监督。

**四、进一步重视人大及其常委会自身建设**

（十二）优化人大组织机构建设。落实机构改革要求，规范设置人大专门委员会和常委会工作机构，科学界定和明确其工作职责，按规定配齐配强工作力量。积极与上级有关部门衔接，争取解决“一人委”问题。镇设立人大主席团，街道设立人大工作委员会。镇人大配备专职主席1人，提名为县级人大代表人选，配备专职副主席1人。街道人大工作室配备专职主任1人，由市人大常委会任命，提名为县级人大代表人选，有条件的街道配备专职副主任1人。明确人员协助镇人大主席、街道人大工作室主任开展工作。镇人大主席、街道人大工作室主任为正科职，进同级党委班子。镇人大副主席、街道人大工作室副主任为副科职。

（十三）加强人大干部队伍建设。加大人大干部选拔、培养、使用力度，把人大干部的培养、选拔和任用纳入干部队伍建设总体规划，选派政治立场坚定、经验丰富、具备专业知识的干部担任人大常委会及基层人大干部。规范人大干部学习培训、轮岗交流、挂职锻炼等工作制度。健全人大干部制度化交流机制，有序安排人大干部同党政部门、司法部门干部之间的合理交流。优化人员结构，市人大常委会委办正职、镇（街）人大正职中35岁左右的干部比例不得低于20%。根据新形势下人大职能和工作需要，科学统筹人大编制和工作机构，充实和加强工作力量。

**五、进一步加强镇人大工作和建设**

（十四）加强对镇人大工作的指导和领导。市人大常委会要加强对镇人大在政策法规、工作程序、制度建设、履行职责等方面的指导，每年至少召开1次镇人大主席、副主席工作座谈会。各镇党委要切实重视和加强对同级人大工作的领导，贯彻落实好《湖南省乡镇人民代表大会工作条例》，规范镇人大行使职权的程序，推动镇人大主席团工作常态化制度化。

（十五）高质量开好镇人大会议。镇人民代表大会会议每年一般举行2次、上下半年各1次。镇人民代表大会会议应当有全体代表三分之二以上出席才能举行。镇人大主席团在闭会期间，每季度至少举行1次会议。

（十六）做深做实做活镇人大工作。镇人大主席、副主席和人大工作人员应当突出主责主业，依法依规履行好本职工作。依法对本行政区域民生法治建设、区域发展总体规划、城乡建设、生态环境保护、重大民生事项、重大建设项目、政府债务和国有资产管理等事项作出决议、决定。深化镇民生实事项目人大代表票决制、农村村庄规划建设管理、畜禽养殖污染防治等工作，着力把制度优势转化为治理效能。

中共醴陵市委

2020年12月30日

［此件发至各镇党委，各街道党工委，长庆示范区党工委，市直各单位、驻醴各单位党组（党委）］

# 中共醴陵市委<br>关于加强党的领导、坚决打赢疫情防控阻击战的<br>通　知

醴委〔2020〕2号

各镇党委，各街道党工委，长庆示范区党工委，市直各单位、驻醴各单位党组（党委）：

为认真贯彻落实中共中央《关于加强党的领导、为打赢疫情防控阻击战提供坚强政治保证的通知》《中共湖南省委关于加强党的领导、坚决打赢疫情防控阻击战的通知》《中共株洲市委关于加强党的领导、坚决打赢疫情防控阻击战的通知》精神和相关决策部署，充分发挥基层党组织战斗堡垒作用和共产党员先锋模范作用，切实以最快速度、最大力度激励党员和干部在疫情防控斗争中挺身而出、英勇奋斗、冲锋陷阵，确保做到守土有责、守土负责、守土担责、守土尽责，现就有关事项通知如下。

**一、坚决把思想和行动统一到习近平总书记重要指示精神和中央、省委、株洲市委决策部署上来，切实增强做好疫情防控工作的使命感、责任感和紧迫感**

各级党组织要切实增强“四个意识”，坚定“四个自信”，做到“两个维护”，深入贯彻落实习近平总书记关于做好疫情防控工作的重要讲话、重要指示批示精神，组织动员广大党员干部把打赢疫情防控阻击战作为当前的重大政治任务，把确保人民群众生命安全和身体健康放在第一位，以更坚定的决心、更果断的措施、更严密的部署、更有效的行动，全面落实党中央和省委、株洲市委各项决策部署，紧紧依靠人民群众坚决打赢疫情防控阻击战。

**二、全面开展“防控疫情、党员先行”行动，充分发挥基层党组织的战斗堡垒作用和共产党员的先锋模范作用**

全市各级党组织要围绕疫情防控工作，全面深入开展“防控疫情、党员先行”行动，建立党员责任区，设置党员示范岗，组建党员防控先锋队，号召党员主动亮身份、当先锋、作表率，坚决做到“六个带头”：带头站在防控斗争第一线，确保各项防控措施落实到位；带头发扬无私无畏精神，不畏艰险，挺身而出，顽强拼搏；带头做好群众思想工作，宣传防范知识，解读政策措施，关心关爱群众；带头落实防控措施，不搞串门拜年、不参加聚会聚餐，引导群众移风易俗，弘扬新风正气；带头顾全大局，遵守纪律，团结一心，扶危济困；带头坚守岗位，扎实工作，自觉经受政治考验和党性检验，全力以赴投入疫情防控工作。严格遵守“十不准”要求：不准走亲访友，不准聚会聚餐，不准做酒，不准赶集，不准吃野生动物，不准与湖北回来的人接触，不准进入棋牌室、歌厅、电影院、网吧等休闲场所，不

准不戴口罩进入菜市场、超市等公共场所，不准参加耍龙灯、接“财神”、庙会等活动，不准造谣信谣传谣。严格落实“五包一”防控措施［即1名单位班子成员牵头，与1名村（居）委会同志、1名联组长、1名家属或亲友、1名镇卫生院（社区卫生服务中心）医护人员组成共同监护人，负责1名确诊病例的密切接触者居家隔离医学观察工作］。确保“四个到位”（密切接触者追踪随访到位、医学观察到位、记录登记到位、信息报送到位）。

各镇（街、长庆示范区）党（工）委要视情况在疫情防控工作一线成立临时党组织，选优配强党组织负责人，组织开展重温入党誓词活动，做到哪里任务险重，哪里就有党组织；哪里有困难，哪里就有党员站在第一线。

**三、坚持在疫情防控一线考察识别干部，及时大胆地把勇于担当表现突出的干部选好用好**

把疫情防控阻击战作为巩固拓展“不忘初心、牢记使命”主题教育成果的重要实践，作为考察检验各级领导班子和领导干部政治站位、政治素质、政治表现的第一考场，坚持在疫情防控第一线考察、识别、评价、使用干部，把领导班子和领导干部在疫情防控斗争中的实际表现，作为考察其政治素质、宗旨意识、全局观念、驾驭能力、担当精神的重要内容。

按照株洲市委组织部印发的《关于做好在疫情防控一线提拔使用优秀干部和发展党员的意见》要求，市委组织部要坚持疫情防控阻击战打到哪里、哪里最艰险，对干部的考察识别就跟进到哪里，全过程、全方位掌握干部在疫情防控工作中的德才表现，及时把那些在疫情防控一线表现突出的干部选上来、用上去。要重点关注奋战在疫情防控一线的基层干部、医卫工作人员，对那些挺身而出、迎难而上、敢于担当，在防控一线经受住严峻考验、作出重要贡献、得到群众公认的干部，及时提拔重用，表现特别突出的可以火线提拔、破格提拔、越级提拔，工作程序按照特事特办、特事特快的原则适当从简。

**四、认真做好在疫情防控一线发展党员工作**

按照株洲市委组织部印发的《关于做好在疫情防控一线提拔使用优秀干部和发展党员的意见》要求，对在疫情防控一线挺身而出、表现特别突出且一贯表现良好的同志，按照重大任务一线发展党员程序“火线入党”。入党对象资格条件上，重点向在疫情防控一线向党组织提出入党申请，本人一贯表现好，在疫情防控一线表现特别突出的对象倾斜。在工作程序上，按照特事特办、特事特快的原则，对表现特别突出、可以火线发展的党员，工作程序适当从简。在疫情防控一线成立的临时党组织，也可按程序开展一线发展党员工作。

**五、加大对疫情防控一线党员干部和工作人员的关怀激励力度**

按照株洲市委组织部印发的《关于拨付党费用于疫情防控工作的意见》要求，向每个镇（街、长庆示范区）拨付2万元专项党费，主要用于慰问战斗在疫情防控工作一线的医疗卫生工作者和基层党员、干部；支持基层党组织开展疫情防控工作，包括购买疫情防控有关药品、物资等；补助因患新型冠状病毒感染的肺炎而遇到生活困难的党员、群众。

各基层党组织要及时了解疫情防控一线同志的家庭、生活情况，帮助他们解决实际困难，解除后顾之忧。要注重典型宣传，及时发现、宣传表扬在防控工作中勇于担当作为、作出突出贡献的先进典型和个人，进一步坚定战胜疫情的信心，凝聚起万众一心、众志成城抗击疫情的强大正能量。

**六、从严落实疫情防控工作责任追究制度**

市纪委监委、市委组织部要加大对干部履职尽责情况的跟踪了解，对在疫情防控工作中态度不认真、落实不到位的，进行严肃批评教育。对不能胜任本职工作、履职不力的，果断进行组织处理，该停职的坚决停职，该调整的迅速调整，该免职的及时免职，确保关键部门、关键岗位的干部都是得力干将、精兵强将。对工作失职、甚至渎职的，要严肃查处、严格追责，切实把严的要求贯穿到疫情防控全过程。坚决杜绝疫情防控阻击战中的形式主义、官僚主义，对那些慢作为、不作为、乱作为的，坚决查处、从严处理。

各镇（街、长庆示范区）、村（社区）党组织要全面落实属地管理责任，镇（街、长庆示范区）党（工）委班子成员、村（社区）党组织成员，特别是镇（街、长庆示范区）党（工）委书记、村（社区）党组织书记，要切实担负起疫情防控政治责任，全面、认真做好疫情监测、排查、预警、防控等工作，做到严防死守、不留死角，构筑群防群治抵御疫情的严密防线。

中共醴陵市委

2020年2月3日

# 醴陵市人民政府
# 关于坚决制止耕地抛荒的通告

醴政告〔2020〕2号

为保护和充分利用耕地，稳定粮食播种面积和产量，切实抓好“米袋子”和“菜篮子”工程，根据《中华人民共和国土地管理法》《中华人民共和国农村土地承包法》《基本农田保护条例》等法律法规，现将有关事项通告如下：

一、严禁耕地抛荒。充分发挥耕地的生产潜力，提高耕地效益，积极开展双季稻生产。确实无法种植水稻的耕地，要及时改种旱粮或其它经济作物。

二、严格执行种粮补贴政策。按照“种地得补贴，不种地不得补贴”的原则，对弃耕抛荒的耕地，取消该承包户耕地地力保护补贴和稻谷补贴资金，待复耕验收后再重新纳入补贴范围。

三、鼓励土地依法流转。鼓励以转包、转让、出租、互换、股份合作等多种形式依法流转耕地。对劳动力转移到第二、三产业或其他原因致使耕作劳力确有困难的农户，可以采取长期转租、季节性转租、耕地入股等耕地流转利用办法，签订托管协议，交给有条件的耕作者实行集中经营；也可以交由集体，签订协议实行托管经营。

四、全面推进休耕区复耕。根据中央和省人民政府指示精神，取消所有休耕任务及休耕政策性补贴。休耕耕地要按农时进度全面复耕；对拒不复耕又不同意流转的，依法向其追索因抛荒造成耕地永久性损害的赔偿。

五、各镇（街、长庆示范区）、村（社区）是粮食生产、禁止耕地抛荒工作的责任主体，要充分调动广大农民和新型经营主体的积极性，实现粮食生产“稳面、稳产、提质、提效”。

六、对违反以上内容的，根据相关法律规定进行处理。

七、本通告自发布之日起执行。

醴陵市人民政府
2020年3月16日

# 醴陵市人民政府
# 关于划定畜禽养殖禁养区的通告

醴政告〔2020〕6号

为确保人民饮用水安全，有效防治畜禽养殖污染，保障畜禽养殖业持续健康发展，根据《中华人民共和国畜牧法》《畜禽规模养殖污染防治条例》（国务院令第643号）、《环境保护部办公厅农业部办公厅畜禽养殖禁养区划定技术指南》（环办水体〔2016〕99号）、《生态环境部办公厅农业农村部办公厅关于进一步规范畜禽养殖禁养区划定和管理促进生猪生产发展的通知》（环办土壤〔2019〕55号）、《株洲市畜禽养殖污染防治条例》等法律法规和规定，结合我市实际，划定畜禽养殖禁养区。现通告如下：

一、禁养区范围

（一）饮用水水源保护区。包括官庄水库、望仙桥水库和渌江河三刀石段饮用水水源保护区；15个已获得湖南省生态环境主管部门批复的乡镇集中式饮用水水源保护区［李畋镇潼塘地下水、白兔潭镇自来水公司、浦口镇雪峰山水库、王仙镇自来水厂、嘉树镇铁河、孙家湾铁河、泗汾镇泗新自来水公司、泗汾镇（泗汾自来水厂）铁河、沈潭镇自来水厂、船湾镇（船湾自来水厂）铁河、船湾镇（新平自来水厂）铁河、明月镇藕塘水库、茶山镇栗山坝自来水厂、茶山镇铁河、均楚镇周坊水库等饮用水水源保护区］。

（二）风景名胜区。

（三）自然保护地。

（四）城镇居民区、文化教育科学研究区。包括城市建成区、19个镇（浦口、石亭、明月、白兔潭、板杉、茶山、船湾、东富、枫林、官庄、嘉树、均楚、李畋、沈潭、泗汾、孙家湾、王仙、沩山、左权）人民政府所在地的集镇建成区。

（五）依照法律法规规定应当划定的区域。

二、禁养区管理

（一）饮用水水源保护区、风景名胜区的核心景区、自然保护地、城镇居民区、文化教育科学研究区等人口集中区域禁止畜禽规模养殖场（小区）、养殖户从事畜禽养殖活动。禁养区内原有的畜禽规模养殖场（小区）、养殖户限期关闭或搬迁，搬迁的优先支持异地重建。

（二）畜禽规模养殖场（小区）、养殖户应当履行畜禽养殖污染防治义务，防止环境污染和生态破坏，对所造成的损害依法承担法律责任。

（三）镇人民政府（街道办事处、示范区管委会）应当强化对畜禽养殖污染防治工作的组织领导，加强畜禽养殖污染防治，支持鼓励畜禽养殖废弃物综合利用，在职责范围内做好畜禽养殖污染防治工作。

（四）生态环境部门负责本行政区域内畜禽养殖污染防治的统一监督管理；农业农村部门负责畜禽养殖废弃物综合利用的指导和服务，并在职责范围内做好畜禽养殖污染防治相关工作；自然资源、林业等部门在各自职责范围内做好畜禽养殖污染防治相关工作。

（五）当地村（居）民委员会应当协助镇人民政府（街道办事处、长庆示范区管委会）和有关部门做好辖区内畜禽养殖污染防治相关工作。

（六）后续新增被划入饮用水水源保护区、风景名胜区、自然保护地的区域，自动纳入禁养区管理；原先已退养的区域，不再恢复和新增畜禽养殖，由所属镇（街道、长庆示范区）政府加强管理。

三、其他

（一）畜禽规模养殖场（小区），是指达到《湖南省人民政府办公厅关于印发〈湖南省畜禽规模养殖污染防治规定〉的通知》（湘政办发〔2017〕29号）第一章第三条中养殖规模标准的畜禽集中饲养场所。

（二）畜禽养殖户，是指达到《株洲市畜禽养殖污染防治条例》第一章第二条中养殖规模标准的从事畜禽养殖活动的单位或者个人。

（三）本通告自发布之日起施行，《醴陵市人民政府关于划定畜禽养殖禁养区、限养区和适养区的通告》（醴政告〔2014〕3号）文件同时废止。

醴陵市人民政府

2020年8月28日

# 醴陵市人民政府<br>关于醴陵市渌江流域重点水域禁渔的通告

醴政告〔2020〕9号

为贯彻落实党中央、国务院关于加强生态文明建设的决策部署，保护渔业资源和水生生物多样性，维护水域生态平衡，根据《中华人民共和国渔业法》《湖南省渔业条例》等法律法规以及《农业农村部关于长江流域重点水域禁捕范围和时间的通告》（农业农村部通告〔2019〕4号）、《湖南省人民政府关于湖南省长江流域重点水域禁捕的通告》（湘政函〔2020〕8号）、《株洲市人民政府关于株洲市湘江流域重点水域禁渔的通告》（株政告〔2020〕1号）等文件精神，市人民政府决定在全市重点水域实施禁渔。现将有关事项通告如下：

**一、禁渔水域和期限**

（一）渌江干流及其支流。渌江干流醴陵段（含渌江一级支流铁河、澄潭江）、昭陵河以及其它天然水域自本通告发布之日起，实施10年的常年禁渔，期间禁止天然渔业资源生产性捕捞。

（二）一级饮用水水源保护区。禁止在官庄水库、望仙桥水库、三刀石饮用水水源保护区渌江段、雪峰山水库、均楚周坊水库、栗山坝大坝冲水库、明月镇藕塘水库、王仙自来水厂澄潭江段、孙家湾自来水厂铁河段、泗汾镇泗新自来水公司铁河段、沈潭镇自来水厂铁河段、船湾镇自来水厂铁河段、嘉树自来水厂铁河段、茶山镇东岗村自来水厂铁河段等饮用水水源保护区的一级饮用水水源保护区范围内从事渔业资源生产性捕捞活动和垂钓。

**二、禁止事项**

严禁电鱼、毒鱼、炸鱼，禁渔水域禁止所有生产性捕捞。禁止利用多线多钩、长线多钩、单线多钩、锚（挂）鱼、可视钓、遥控等设备垂钓。禁止利用船舶、排筏、浮动平台等工具垂钓，禁止在跨江大桥上垂钓。禁止使用电捕设备、迷魂阵、桩张网、地笼网、灯光诱捕等禁用渔具在禁渔水域实施捕捞。禁止制造和销售禁用的渔具。禁止在广告媒介、电商平台、店铺标示标牌等各类媒介发布涉及经营非法渔获物的广告内容。禁止销售、收购、运输、经营、加工非法捕捞的渔获物。禁止擅自向天然水域投放外来物种、杂交种等水生生物。

**三、法律责任**

违反禁渔规定的，由行政执法机构依法没收渔获物、违法所得以及渔具、渔船等捕捞设施，并处以罚款；情节严重涉嫌犯罪的，移送公安、司法机关依法处理。

凡暴力抗法、妨碍公务的，由公安机关依照《中华人民共和国治安处罚法》的规定处罚；情节严重涉嫌犯罪的，依法追究刑事责任。

**四、其他事项**

（一）欢迎广大人民群众监督，举报电话：醴陵市渌江流域重点水域禁捕工作领导小组办公室：23280460；醴陵市公安局：110；醴陵市市场监督管理局：23233600。

（二）本通告自发布之日起实施。

醴陵市人民政府

2020年12月1日

# 醴陵市人民政府办公室<br>关于加快充电基础设施建设推动<br>新能源汽车应用的通知

醴政办发〔2020〕3号

各镇人民政府、街道办事处，长庆示范区管委会，市直各单位，驻醴各单位：

根据《国务院办公厅关于加快电动汽车充电基础设施建设的指导意见》（国办发〔2015〕73号）、《湖南省人民政府办公厅关于印发〈湖南省电动汽车充电基础设施建设与运营暂行办法〉的通知》（湘政办发〔2016〕59号）和《株洲市人民政府办公室关于加快充电基础设施建设步伐推动新能源汽车应用的通知》（株政办发〔2017〕14号）文件精神，现将加快我市充电基础设施建设，推动新能源汽车应用的有关事项通知如下：

**一、总体要求**

（一）指导思想

深入贯彻落实中共十九大精神，坚持“创新、协调、绿色、开放、共享”理念，落实国家、省、株洲市的决策部署，加强统筹规划、完善政策措施、激发市场活力、提高服务水平，逐步将我市打造成为竞争力强、布局合理、网络健全的电动汽车充电基础设施发展先行地区。

（二）发展目标

到2025年，建设完善的公共停车场、公交、出租及环卫、物流等公共服务领域充电基础设施，推进居民小区与单位停车位充电桩配建工作，合理布局社会停车场所公共充电基础设施。到2025年末，基本建成“车桩配套、适度超前、布局合理、统一开放、智能高效、平台管理”的电动汽车充电基础设施体系，确保满足电动汽车充电需求；形成标准规范的充电服务市场和可持续发展的“互联网+充电桩”产业生态体系。

1. 到2025年末，纯电动公交车、出租车新增或更新比例达到90%，同时桩车比不低于1:4。

2. 政府性采购和特许经营权购置的车辆以及更新车辆，今后一律使用新能源汽车。政府机关和事业单位公务用车，以及邮政、环卫等公共服务领域用车更新全部采购新能源汽车，同时积极鼓励引导机关单位职工使用纯电动汽车。参考大型公共建筑物配建、社会停车场建设要求，单位配建充电设施不低于总停车位的20%。

3. 积极鼓励引导购买和使用私人纯电动汽车，提升充电设施的服务水平。结合国内外城市的建设经验，以及上位规划的要求，公共快充桩车比不低于1:8，私人慢充桩车比不低于1:1。

**二、主要任务**

（一）加强规划指导。制定充电基础设施建设方案，完善独立占地充电基础设施布局，并将有关内容纳入本地城乡规划和配电网建设改造规划，同步做好与国民经济和社会发展“十四五”规划的衔接。

（二）完善标准规范。按照全省充电基础设施建设标准和技术规范，实现充电标准统一。完善充换电设备、电动汽车电池等产品标准，明确防火安全要求。完善充电基础设施计量、计费、结算等运营服务管理规范，加快建立充电基础设施的道路交通标志。逐步建立以国家、行业标准为主，地方标准为辅，相互衔接、协调配套，符合地方实际的充电设施领域充换电关键技术、工程建设、运营服务、维护管理等标准和道路交通标识体系。

（三）明确配建要求。新建公共建筑物停车场和社会公共停车场，按不少于规划停车位20%的比例配建充电桩；新建住宅小区停车位应全部预留充电桩建设安装条件，配建的充电桩原则上不少于规划停车位的10%。研究制定老旧住宅小区、公共建筑物和社会公共停车场充电桩配套改造实施办法、私人用户居住地充电基础设施建设管理办法、充电桩车位管理办法等。

（四）推进设施建设。着力推进公共服务领域充电基础设施建设，加快推动用户居住地充电基础设施建设，积极开展单位内部停车场充电基础设施建设，大力推进城市公共充电网络建设，尽快形成充电服务、物业服务等企业参与充电设施建设运营管理、单位和个人充电设施向社会公众开放、充电车位分时共享的市场机制。

（五）采取试点推进。制定试点推广实施方案，建立健全试点工作组织机构，建立责任制，由专人负责日常组织管理和协调工作。同时建立健全运行监督管理机制，落实各个环节主体责任，定期进行监督检查。

（六）加大示范推广。结合电动汽车推广应用需要，积极开展“示范小区与单位”评选，充电基础设施建设与运营模式试点示范。政府机关、公共机构及企事业单位，要率先利用内部停车场资源，规划建设电动汽车专用停车位和充电设施。

（七）构建服务平台。研究制定充电智能服务平台建设方案，通过“互联网+充电基础设施”，融合互联网、物联网、智能、大数据等技术，提高充电服务智能化水平，构建信息共享、互联互通的充电基础设施信息服务平台。

（八）引入社会资本。整合公交、出租车场站以及社会公共停车场等各类公共资源，争取国家专项建设基金支持，推动充电基础设施项目建设；积极推进政府和社会资本合作，通过特许经营、购买服务等多种方式，吸引各类投资主体建设运营公共服务领域充电基础设施、城市公共充电网络及智能服务平台。

（九）加强安全管理。研究制定充电基础设施电力安全管理规定，加大对用户私拉电线、违规用电、不规范建设施工等行为的查处力度。依法依规对充电基础设施设置场所实施消防设计审核、消防验收以及备案抽查，并加强消防监督检查。加强对充电基础设施及其设置场所的日常消防安全检查及管理，及时消除安全隐患。

**三、责任主体**

醴陵市充电基础设施建设和新能源汽车推广运用领导小组统筹协调全市电动汽车充电基础设施建设工作中的重大事项，定期调度，督促工作开展。各部门职责如下：

（一）市发改局。负责全市电动汽车充电基础设施建设统筹协调、督促推进与考核工作；牵头制定充电基础设施建设、管理、运营相关产业政策；负责集中式充电设施建设项目的审批；依据《湖南省电动汽车充电基础设施项目验收办法（试行）》，牵头组织市场监管、自然资源、住建、气象、消防、电力等相关部门对充电基础设施建设项目进行验收；主导建立电动汽车充电智能公共服务平台，为电动汽车产业发展提供全面的数据支撑。

（二）市科工信局。编制全市新能源汽车产业发展规划，完成新能源汽车推广目标；督促新能源汽车生产企业和经生产企业授权经营的整车销售机构自行或委托具备充电桩安装服务能力的企业为新能源汽车用户履行购车建桩义务；负责指导全市新能源汽车充电基础设施智能化、信息化建设以及技术创新。

（三）市财政局。落实国家、省、株洲市关于新能源汽车推广应用和充电基础设施建设方面的财政、税收优惠政策。

（四）市自然资源局。负责指导全市新能源汽车充电设施建设规划，并纳入新一轮国土空间规划；负责新建充电设施建设项目规划审批手续和土地供应保障工作；配合发改部门共同做好电动汽车充电设施验收工作。

（五）市住建局（市人防办）。负责为新建独立占地充电设施建设项目办理施工许可审批手续；负责对各类新建的、配建的充电设施施工图图审把关；配合发改部门共同做好电动汽车充电设施验收工作。

（六）市交通运输局。负责公交车、出租车和特许经营权车辆购置新能源汽车的推广应用及配套充电设施建设的推进工作。

（七）市应急局。负责综合指导、协调相关部门加强充电设施生产和服务企业日常安全运营工作。

（八）市城管局。负责公共停车场配建充电设施建设的协调和推进工作；指导办理充电设施建设项目的临时占道、排水等相关审批手续；负责新能源环卫车的推广应用；负责充电设施建设中占用（挖掘）城市道路相关协调工作；负责充电设施建设中与绿化带管理有关的协调工作；配合主管单位进行新能源汽车推广的户外宣传。

（九）市市场监管局。负责用于贸易结算的充电桩设备的计量备案，督促进行首次检定和营运中的周期检定、校准工作；监督全市充电设施运营企业收费标准执行情况；配合发改部门共同做好电动汽车充电设施验收工作。

（十）市机关事务中心。负责协调推进党政机关及其他公共机构办公场所内充电设施建设工作。

（十一）市气象局。负责加强充电设施防雷安全管理；配合发改部门共同做好电动汽车充电设施验收工作。

（十二）市消防大队。依法对充电设施进行消防安全监督检查。

（十三）市供电公司。按照国家相关政策要求执行充电设施的建设和维护，并严格执行国家关于充电设施建设相关费用的收取与减免政策。

（十四）各镇、街道，长庆示范区。负责本行政区域内电动汽车充电设施建设的协调推进落实工作；督促村（社区）及时协调解决辖区内充电设施建设遇到的困难和问题，确保年度建设目标任务顺利完成。

**四、建设管理**

（一）充电设施分类

1. 自用充电设施。指单位、个人为满足其新能源汽车使用需要而建设的充电和支持设施，按照“桩随车走、按需配置”的原则建设。鼓励新能源汽车生产或销售企业向具备安装充电设施条件的消费者提供或推荐合格的自用充电设施及相应的安装等服务。鼓励消费者所在住宅小区（办公场所）支持和配合充电设施建设。

2. 专用充电设施。指专门为满足公交、出租、邮政、物流、环卫等特定领域新能源汽车使用需要而规划建设的充电设施，其建设数量、选址、运营管理等由车辆使用单位、车辆生产企业和具备相应条件的充电设施建设运营企业三方根据实际情况协商确定。鼓励专用领域在满足专用车辆充电服务需求的基础上，向社会开放提供充电服务。

3. 公用充电设施。指在公共区域为满足社会新能源汽车使用需要而规划建设的充电设施。按照“因地制宜、合建为主”的原则，在购物中心、车站、码头、公园、社会停车场、路边停车位、高速公路服务区加油站、地下空间等场所规划建设配套充电设施。注重发挥财政资金杠杆作用，支持社会资本参与公用充电设施投资、建设、运营、管理，逐步向市场化过渡。

4. 独立占地的集中式充电站。指不与公共停车场、建筑物配建停车场等合并建设的，独立占地且符合用地规划的充电基础设施。一个集中式充电站不少于 3 个充电桩，桩间距不大于 10 米。

（二）建设设计要求

充电设施的安装设计应符合国家和行业统一标准，符合规划、建设、环保、供电、消防和防雷等方面相关规定。

（三）建设审批要求

各居住区、单位在既有停车泊位及个人在自有车库、车位安装充电设施的，无需办理建设用地规划许可证、建设工程规划许可证和施工许可证。建设城市公共停车场（楼）时，无需为同步建设充电桩群等充电基础设施单独办理建设工程规划许可证和施工许可证。新建独立占地的集中式充换电站应符合城市规划，并办理建设用地规划许可证、建设工程规划许可证和施工许可证。

**五、运营服务**

（一）充电设施运营单位需满足的准入资质，参照《株洲市人民政府办公室关于加快充电基础设施建设步伐推动新能源汽车应用的通知》（株政办发〔2017〕14 号）执行。

（二）充电设施运营场所必须按照国家统一标准建设完备的充电设施标识标志以及安全消防设施。

有关部门要配合设施周边道路标识标志，提供明确引导。

（三）充电设施运营企业可向用户收取电费和充电服务费，电费和服务费收取标准按照《湖南省发展和改革委员会关于我省电动汽车用电价格政策有关问题的通知》（湘发改价商〔2018〕407号）执行。

（四）充电设施运营企业严格按照核定价格收费，在经营场所显著位置明码标价，支持银联卡、微信支付等多种支付方式。

**六、完善机制**

（一）加强组织领导。各部门要高度重视新能源汽车推广应用和电动汽车充电桩建设工作。各职能部门按照职责分工，紧密配合、协同推进，切实承担起统筹推进充电基础设施发展的主体责任。

（二）完善服务机制。各部门要结合职责分工，明确措施，落实责任，按照简政放权、放管结合、优化服务的要求，研究制定充电基础设施建设施工安装报建流程，减少充电基础设施报建报装环节。同时开辟绿色通道，加快办理审批手续，减免税费、用地、用电等成本，支持充电桩建设运营企业发展。

（三）落实财政政策。发改、科工信、财政等部门要贯彻落实好国家、省、株洲市促进充电基础设施建设的相关政策，加大对充电基础设施建设的支持力度，积极争取上级专项补助资金。党政机关、事业单位、学校、医院、工业园区、旅游景区、文体场馆等单位，要安排专人负责、专项资金推动充电设施建设。

（四）鼓励社会资本。按照多主体、多方式投资建设经营管理公用充电设施的模式，鼓励和支持有实力的社会力量参与投资建设管理电动汽车充电设施，形成统一开放、竞争有序的充电服务市场。

**七、工作措施**

（一）首先推进机关事业单位充电设施建设。党政机关、事业单位、工业园区、医院、学校等全额财政拨款单位和旅游景区、文体场馆等为民服务单位要带头完成3 ~ 5个充电桩建设任务。

（二）重点推进公用充电设施建设。在不新增建设用地的情况下，积极利用既有停车场（库），特别是公共停车场等现有场地，增建公用充电基础设施。

（三）加强政策宣传和舆论引导。充分利用各种媒体加大充电基础设施建设的宣传力度，引领广大消费者积极参与电动汽车推广及应用，提高社会各界的认知度，创造良好的投资建设环境，激发建设充电设施的积极性。加强舆论监督，曝光阻碍充电设施建设、损害消费者权益等行为，形成有利于充电基础设施发展的舆论氛围。

醴陵市人民政府办公室
2020年9月4日

**2020年度中共醴陵市委、市委办公室重要文件一览表**

表13

| 文 号 | 文件标题 |
|---|---|
| 醴发〔2020〕2号 | 关于印发《中共醴陵市委常委会2020年工作要点》的通知 |
| 醴发〔2020〕4号 | 关于深入学习贯彻党的十九届四中全会精神推进县域治理体系和治理能力现代化的实施意见 |
| 醴发〔2020〕6号 | 关于提高新时代人大工作和建设水平的实施意见 |
| 醴委〔2020〕2号 | 关于加强党的领导、坚决打赢疫情防控阻击战的通知 |
| 醴办发〔2020〕1号 | 关于印发《醴陵市2020年度重点工作绩效评估实施方案》的通知 |
| 醴办发〔2020〕4号 | 关于印发《醴陵市支持外贸企业十二条》的通知 |
| 醴办发〔2020〕7号 | 关于印发《醴陵市市管职级公务员管理有关规定（试行）》的通知 |
| 醴办发〔2020〕9号 | 印发《关于加快推进优势产业链发展的实施意见》的通知 |
| 醴办发〔2020〕11号 | 关于印发《醴陵市优化营商环境三年行动方案（2020—2022年）》的通知 |
| 醴办〔2020〕1号 | 关于印发《醴陵市部分行政区划调整工作方案》的通知 |
| 醴办〔2020〕3号 | 关于进一步做好新型冠状病毒感染的肺炎疫情防控工作的通知 |

续表 13-1

| 文　号 | 文件标题 |
| --- | --- |
| 醴办〔2020〕11 号 | 关于印发《醴陵市全域推进美丽乡村建设实施方案（2019—2020）》的通知 |
| 醴办〔2020〕13 号 | 关于印发《醴陵市 2020 年“产业项目建设年”活动实施方案》和《醴陵市 2020 年招商引资工作方案》的通知 |
| 醴办〔2020〕14 号 | 关于印发《醴陵市 2020 年温暖企业“三百”行动实施方案》的通知 |
| 醴办〔2020〕17 号 | 关于印发《醴陵市全面小康决胜年工作方案》的通知 |
| 醴办〔2020〕32 号 | 关于印发《醴陵市 2020 年“民生 100”工程实施方案》的通知 |
| 醴办〔2020〕37 号 | 关于印发《醴陵市保居民就业工作方案》《醴陵市保基本民生工作方案》《醴陵市保市场主体工作方案》《醴陵市保粮食安全工作方案》《醴陵市保产业链供应链稳定工作方案》《醴陵市保基层运转工作方案》的通知 |

**2020 年度醴陵市人民政府、政府办公室重要文件一览表**

表 14

| 文　号 | 文件标题 |
| --- | --- |
| 醴政发〔2020〕1 号 | 关于对新冠肺炎疫情防控工作表现突出的单位和人员予以奖励的决定 |
| 醴政发〔2020〕2 号 | 关于认真做好醴陵市第七次全国人口普查工作的通知 |
| 醴政发〔2020〕4 号 | 关于公布《醴陵市第六批县级非物质文化遗产名录项目》的通知 |
| 醴政告〔2020〕2 号<br>LLDR-2020-00001 | 关于坚决制止耕地抛荒的通告 |
| 醴政告〔2020〕3 号 | 关于取缔茶山镇 S313 汤家坪村新铺市场周边马路市场等 37 处马路市场的通告 |
| 醴政告〔2020〕4 号 | 关于开展醴陵市农村宅基地和集体建设用地房地一体确权登记发证工作的通告 |
| 醴政告〔2020〕5 号 | 关于取缔左权镇永兴村马路市场等 17 处马路市场的通告 |
| 醴政告〔2020〕6 号<br>LLDR-2020-00002 | 关于划定畜禽养殖禁养区的通告 |
| 醴政告〔2020〕7 号 | 关于鸣放防空警报的通告 |
| 醴政告〔2020〕8 号 | 关于切实做好油茶（桐）采摘工作的通告 |
| 醴政告〔2020〕9 号<br>LLDR-2020-00003 | 关于醴陵市渌江流域重点水域禁渔的通告 |
| 醴政办发〔2020〕1 号 | 关于印发《醴陵市征地拆迁和房屋征收资金管理办法（第三次修订）》的通知 |
| 醴政办发〔2020〕2 号 | 关于印发《醴陵市落后烟花爆竹企业关闭退出工作实施方案》的通知 |
| 醴政办发〔2020〕3 号<br>LLDR-2020-01001 | 关于加快充电基础设施建设推动新能源汽车应用的通知 |
| 醴政办发〔2020〕5 号 | 关于开展第一次全国自然灾害综合风险普查的通知 |
| 醴政函〔2020〕7 号 | 关于表扬 2019 年度见义勇为先进个人的通报 |
| 醴政办函〔2020〕2 号 | 印发《关于支持企业应对新型冠状病毒感染的肺炎疫情的政策措施》的通知 |
| 醴政办函〔2020〕5 号 | 关于印发《醴陵市 2020 年农贸市场建设改造实施方案》的通知 |

续表 14-1

| 文 号 | 文件标题 |
|---|---|
| 醴政办函〔2020〕6 号 | 关于印发《醴陵市“信用户、信用村（社区）、信用镇”评定管理办法》（试行）的通知 |
| 醴政办函〔2020〕7 号 | 关于做好城乡居民基本养老保险、城乡居民基本医疗保险、企业职工基本养老保险扩面征缴工作和就业工作的通知 |
| 醴政办函〔2020〕9 号 | 关于印发《醴陵市房屋安全隐患排查整治实施方案》的通知 |
| 醴政党组〔2020〕1 号 | 关于印发《醴陵市人民政府党组 2020 年工作要点》的通知 |
| 醴政党组〔2020〕2 号 | 关于印发《醴陵市政府系统 2020 年度廉政工作要点》的通知 |

（李玉伟　张真源）

## 公报选编

# 醴陵市第七次全国人口普查公报[1]

醴陵市统计局
醴陵市第七次全国人口普查领导小组办公室
2021 年 7 月 1 日

根据《中华人民共和国统计法》《全国人口普查条例》和国务院的决定，我国以 2020 年 11 月 1 日零时为标准时点进行了第七次全国人口普查[2]。我市人口普查在市委、市政府的坚强领导下，在全体普查对象的支持配合下，通过各级普查机构和广大普查工作人员的艰苦努力，圆满完成了普查现场登记和普查主要数据的汇总工作。现将全市主要数据公布如下：

**一、常住人口**

全市常住人口[3]为 885987 人，与 2010 年第六次全国人口普查的 947387 人相比，减少 61400 人，下降 6.48%，年平均下降率为 0.67%。

分区域看，城区 4 个街道[4]人口 286732 人，占全市常住人口比重为 32.36%，19 个镇[5]人口 599255 人，占全市常住人口比重为 67.64%。

**二、户别人口**

全市共有家庭户[6]268356 户，集体户 4919 户，家庭户人口为 855458 人，集体户人口为 30529 人。平均每个家庭户的人口为 3.19 人，比 2010 年第六次全国人口普查减少 0.56 人。

**三、城乡[7]人口**

全市常住人口中，居住在城镇的人口为 566537 人，占 63.94%；居住在乡村的人口为 319450 人，占 36.06%。与 2010 年第六次全国人口普查相比，城镇人口增加 117476 人，乡村人口减少 178876 人，城镇人口比重提高 16.54 个百分点。

**四、性别构成**

全市常住人口中，男性人口为 448979 人，占 50.68%；女性人口为 437008 人，占 49.32%。总人口性别比（以女性为 100，男性对女性的比例）为 102.74，比 2010 年第六次全国人口普查下降 0.94。

**五、年龄构成**

全市常住人口中，0 ~ 14 岁人口为 166918 人，占 18.84%；15 ~ 59 岁人口为 527318 人，占 59.52%；60 岁及以上人口为 191751 人，占 21.64%；65 岁及

以上人口为138945人，占15.68%。与2010年第六次全国人口普查相比，0～14岁人口的比重上升3.63个百分点，15～59岁人口的比重下降10.36个百分点，60岁及以上人口的比重上升6.73个百分点，65岁及以上人口的比重上升5.75个百分点。

**六、受教育情况**

全市常住人口中，拥有大学（指大专及以上）文化程度的人口为59442人；拥有高中（含中专）文化程度的人口为160815人；拥有初中文化程度的人口为360581人；拥有小学文化程度的人口为238894人（以上各种受教育程度的人包括各类学校的毕业生、肄业生和在校生）。与2010年第六次全国人口普查相比，每10万人中拥有大学文化程度的由4112人上升为6709人；拥有高中文化程度的由16580人上升为18151人；拥有初中文化程度的由46498人下降为40698人；拥有小学文化程度的由24771人上升为26964人。

与2010年第六次全国人口普查相比，全市常住人口中，15岁及以上人口的平均受教育年限[8]由9.16年上升至9.50年。

全市常住人口中，文盲人口（15岁及以上不识字的人）为3479人，与2010年第六次全国人口普查相比，文盲人口减少2690人，文盲率[9]由0.65%下降为0.39%，下降0.26个百分点。

注释：

[1] 本公报数据为初步汇总数据，部分数据因四舍五入的原因，存在总计与分项合计不等的情况。

[2] 普查登记的对象是指普查标准时点在中华人民共和国境内的自然人以及在中华人民共和国境外但未定居的中国公民，不包括在中华人民共和国境内短期停留的境外人员。

[3] 常住人口包括，居住在本乡镇街道且户口在本乡镇街道或户口待定的人；居住在本乡镇街道且离开户口所在的乡镇街道半年以上的人；户口在本乡镇街道且外出不满半年或在境外工作学习的人。

[4] 4个街道包括阳三石街道、仙岳山街道、国瓷街道、来龙门街道。

[5] 19个镇包括白兔潭镇、浦口镇、王仙镇、泗汾镇、沈潭镇、船湾镇、均楚镇、东富镇、石亭镇、孙家湾镇、官庄镇、嘉树镇、板杉镇、沩山镇、枫林镇、李畋镇、明月镇、左权镇和茶山镇。

[6] 家庭户是指以家庭成员关系为主、居住一处共同生活的人组成的户。

[7] 城镇、乡村是按国家统计局《统计上划分城乡的规定》划分的。

[8] 平均受教育年限是将各种受教育程度折算成受教育年限计算平均数得出的，具体的折算标准是：小学=6年，初中=9年，高中=12年，大专及以上=16年。

[9] 文盲率是指常住人口中15岁及以上不识字人口所占比例。

# 索 引

## 说 明

1. 本索引编有主题分析索引和地名索引，主题分析索引和地名索引按汉语拼音顺序排列，同音字按声调排序，同音同调字按下一字的音序排列。

2. 标引词后的数字表示内容所在页码，字母 a、b、c 分别表示左栏、中栏、右栏。

3. 类目、专题稿标题和地名用黑体字标明。

### 数 学 首



### A



### B



### C

## D



## E



## F



## G

## Z

## 区·街道·镇